혁명의 현실성

혁명의 현실성

20세기 후반 프랑스, 칠레, 포르투갈, 이란, 폴란드의 교훈

콜린 바커·이언 버철·마이크 곤살레스·마르암 포야·피터 로빈슨 지음

김용민 옮김

책갈피

Revolutionary Rehearsals
By Ian Birchall, Colin Barker, Mike Gonzalez, Maryam Poya and Peter Robinson
First published in July 1987 by Bookmarks Publications
Copyright © Bookmarks and the authors

Korean translation edition © 2011 by Chaekgalpi Publishing Co.
Bookmarks와의 협약에 따라 이 책의 한국어 판권은 책갈피 출판사에 있습니다.

혁명의 현실성
20세기 후반 프랑스, 칠레, 포르투갈, 이란, 폴란드의 교훈

지은이 | 콜린 바커·이언 버철·마이크 곤살레스·마르얌 포야·피터 로빈슨 지음
옮긴이 | 김용민
펴낸곳 | 도서출판 책갈피
등록 | 1992년 2월 14일(제18-29호)
주소 | 서울 중구 필동2가 106-6 2층
전화 | 02)2265-6354
팩스 | 02)2265-6395
이메일 | bookmarx@naver.com

첫 번째 찍은 날 2011년 7월 25일

값 18,000원

ISBN 978-89-7966-087-6 03300
잘못된 책은 바꿔 드립니다.

혁명의 현실성

차례

일러두기

1. 이 책은 Colin Barker, ed., *Revolutionary Rehearsals* (London, Bookmarks, 1987)를 번역한 것이다.
2. 인명과 지명 등의 외래어는 최대한 외래어 표기법에 맞춰 표기했다.
3. 《 》부호는 책과 잡지를 나타내고, 〈 〉부호는 신문과 주간지를 나타낸다. 논문은 ""로 나타냈다.
4. 본문에서 [ ]는 옮긴이가 우리말로 옮기면서 독자의 이해를 돕고 문맥을 매끄럽게 하려고 덧붙인 것이고, 지은이들이 덧붙인 것은 [— 바커] 식으로 지은이의 이름을 넣어 표기했다.
5. 본문의 각주는 모두 독자가 이해하기 쉽도록 옮긴이가 설명을 첨가해 덧붙인 것이다.

한국어판 머리말

이 책이 1987년에 출간되고 거의 사반세기가 지났다. 이 책은 1987년 이전의 20년 동안 일어난 몇 가지 중요한 사건을 다뤘다. 그 사건들 속에서 매우 특별한 가능성이 열린 듯했다. 다시 말해, 대중적 노동자 운동이 국가권력에 도전할 수 있을 것처럼 보였다. 이 책의 각 장은 그 가능성을 탐구하고 있다.

1987년 이후는 일어난 혁명의 횟수만 봐도 두드러진 시기였다고 말할 수 있다. 한 가지 확실해 보이는 것은 혁명이 세계적으로 소멸하기는커녕 건재하다는 것이고 더 나아가 현대 자본주의 세계 정치 과정의 '정상적' 일부라는 것이다.

결정적으로 중요하고 극적인 정치체제 변화가 잇따랐다. '민주화' 물결로 여러 독재 정권이 완전히 무너졌다. 1970년대에 그 물결이 그리스, 포르투갈, 스페인에서 시작했다면 1980년대에는 라틴아메리카 전역에서 그리고 필리핀과 한국에서 독재 정권을 무너뜨렸다. 이어서 동유럽의 '공산주의'(실제로는 국가자본주의) 체제들도 무너졌다. 1990년대에는 남아프리카공화국의 아파르트헤이트 체제가 붕괴하고 인도네시아의 수하르토 독재가 몰락했다. 아프리카 사하라 사막 이남의 몇몇 나라에서도 민주화 운동이 벌어졌다. 이 추세는 21세기까지 이어졌다. 2011년 봄 이 머리말을 쓰는 동안 새로운 혁명적 투쟁의 물결이 북아프리카와 중동의 많은 독재 정권에 도전하고 있다.

그러나 역설이 있다. 한편에서는 '자유민주주의'의 영향력이 세계적으로 확산됐고, 그 확산을 거든 것은 파업 물결과 대중 시위를 포함해, 전에는 상상할 수도 없었던 규모의 광범한 대중 저항이었다. 그러나 동시에 '신자유주의'가 득세해 국민경제와 세계경제의 정책 결정을 좌우하면서 빈국에서든 부국에서든 사회적 불평등이 커졌다. 신자유주의라는 정책의 의도와 결과는 노동계급한테서 자본가계급으로 권력과 부를 이전하는 것이었다. 실제로, 지난 수십 년간 소득과 자산에서 부자가 차지하는 몫이 엄청나게 늘어났는데, 호황기에만 그런 것은 아니었다.

자본주의 은행 시스템이 위기에 빠지자 주요 자본주의 국가들은 수조 달러를 쏟아부어 은행을 구제했다. 또, 그에 따른 재정 적자는 노동자들이 메워야 하고 공공서비스 사유화(자본가계급에게 새로운 이윤의 원천을 제공하는 것)도 계속돼야 한다고 주장했다.

이 모든 것은 이제 세계 노동계급 대다수에게 널리 알려져 있다. 그러나 그런 교훈을 얻는 데는 시간과 쓰디쓴 경험이 필요했다. 그리고 그 교훈에 따라 혁명들의 형태가 달라졌다.

1981년 12월 폴란드 군부가 노동자 운동인 연대노조를 파괴하자, 살아남은 반체제 지하운동은 그 이데올로기 기반을 바꿨다. 1981년 가을 연대노조의 첫 대회는 민주주의를 작업장과 경제 분야까지 확대하는 '자치공화국'을 요구했다. 그러나 패배를 겪은 후 그 운동의 지도자들과 자문단은 폴란드의 경제적·사회적 질병을 치유하는 해결책으로 '시장'을 고려하기 시작했다. 서방 자본주의에 대한 환상이 확산됐다. 이들은 사회를 재구성하기 위해 노동자의 조직적 힘에 의지하기는커녕 마침내 자유와 자유 시장을 동일시하게 됐다. 그러나 시장을 확신하게 된 것은 그들만이 아니었다. 폴란드 국가자본주의 경제의 마비가 갈수록 심해지자 폴란드 지배계급의 상당수도 시장과 사적 소유 말고는 대안이 없다는 주장을 받아들였다. 이 두 상황 변화가 나란히 발전하다가 나타난 결과가 1989년 봄 연대노조 지도자들이 정부 대표자들과 '원탁회의'를 열어 폴란드의 '협상을 통한 이행', 즉 의회 민주주의와 사적 자본주의의 부활에 합의한 것이었다.[1] 이웃 나라인 헝가리와 마찬가지로, 한 체제에서 다른 체제로의 이행은 파업과 시위가 거의 없이 이뤄졌다. 동유럽의 다른 나라들(특히 동독, 체코슬로바키아, 루마니아)에서는 구체제를 축출하는 데 민중 봉기와 대중 시위가 필요했다. 많은 노동자들이 참여했지만, 아래로부터 새로운 대중 기관이 발전하는 조짐은 거의 없었고 작업장에서는 경영자의 권력에 도전하는 산발적 투쟁만이 있었다. 1989년 이후에는 수익성 높은 부문의 사유화가 재빠르게 진행됐고 실업이 증가하고 불평등이 확대됐다.

남아프리카공화국에서는 대중 파업과 흑인 거주지의 반란으로 마침내 아파르트헤이트 정부가 협상 테이블에 참가할 수밖에 없었다. 그 결과 1994년 선거에서 아프리카민족회의(ANC) 정부가 대중의 압도적 지지를 받으며 수립됐다. 그러나 2년도 안 돼 ANC 지도부는 IMF와 세계은행의 조언을 받아들여 기존 경제정책을 포기하고 신자유주의 전략을 수용했다. 노동자들은 엄청나게 불리한 처지로 몰렸다. 남아프리카공화국은 여전히 세계에서 가장 불평등한 사회 가운데 하나이고, 국민소득에서 흑인들이 차지하는 몫은 사실상 줄어들었다. 아파르트헤이트 체제가 몰락한 이후 일상적 대중 저항의 수준은 여전히 세계에서 가장 높은 축에 들지만, 연이어 들어선 ANC 정부들은 대중의 저항을 억제하고 빗나가게 하는 데 골몰했다.

따라서 이 책이 처음 출판되고 난 이후의 시기는 우리의 전망과 별로 맞지 않았음이 드러났다. 도리어 혁명적 도전은 일부 정치 논평가들이 말하는 '협상을 통한 이행'이나 체코슬로바키아인들이 재치 있게 이름 붙인 '벨벳 혁명'으로 억제되고 빗나갔다. 이런 형태는 1976년 스페인에서 처음 나타나 라틴아메리카·동유럽·남아프리카공화국으로 번졌다고 볼 수 있다.

이런 식의 정치 변화에는 몇 가지 전제 조건이 있는 듯하다. 지배계급 진영에서는 '구체제'의 일부가 불길한 징조를 예감하고 그동안의 권력 독점을 포기할 태세가 돼야 한다. 더 중요한 점은, 반정부 진영에 '온건한' 지도자들이 있어야 한다. 즉, 자기 지지자들의 행동이 '안심할 수 있는 한계'를 벗어나지 못하게 단속하고 적어도 구체제의 핵심 세력 대다수의 재산과 안전을 보장하는 데 주력하는 지도자들 말이다. 그러면 민중 혁명이 일어날 '위험'이 줄어들 수 있고, 정권 교체가 이뤄지더라도 구체제의 가장 통찰력 있는 자들이 만족스러운 '연착륙'을 달성할 여지가 생길 수 있다. '협상을 통한 이행'이 이뤄지는 기구에는 '협약', '원탁회의', '사면 위원회', '진실과 화해 위원회' 등이 포함된다. 이런 기구들은 과거에 살인과 고문을 하고 부정축재한 자들을 사면해 줄 수 있다. '협상을 통한 이행'에는 지배계급 내부의 '개혁파'와 반정부 진영 내부의 유력한 '개혁주의 분파'가 모두 필요하다. 반정부 진영의 개혁주의 지도자들은 틀림없이 반대 세력을 포섭도 하고 중상모략도 해서, 그리고 이견을 배척해서 대중의 요구와 조직을 억누르려 할 것이다. 또, 더 일반적인 조건도 있다. 정치와 경제가 별개의 영역으로 취급돼야 한다. 그래야 투표장의 정치적 평등과 급격하게 심화하는 경제적 불평등 사이의 모순이 분명히 드러나지 않게 된다. 동유럽의 '시장 개혁 열망', 즉 누구나 자유로워지고 평등해질 것이라는 기대의 바탕에는 정치와 경제의 이러한 이데올로기적 분리가 깔려 있었다.

그러나 신자유주의가 득세할수록 그것의 이데올로기적 호소력은 힘을 잃어 갔다. 정치적·경제적 권력이 더 집중되고 더 밀접하게 결합되면서 신자유주의의 사회적·경제적 결과가 확연히 드러났다. 전 세계에서 공공서비스와 '공유지'의 사유화, 가난한 사람들을 희생시키면서 부유한 기업들에 사적 소유권을 허용한 조처들, 상품 투기꾼들이 가격을 좌우하는 식품과 연료에 대한 빈민들의 의존 심화 등을 보면서 대중의 의심과 반감이 널리 확산됐다. 점차, 신자유주의에서는 '자유'의 냄새가 아니라 부를 좇는 공직자 비리의 냄새가 났다. 대규모 환경적·경제적·사회적 위기가 정책 결정권자와 가까운 특권층이나 투기꾼에게는 새로운 기회였다. 즉, 생활이 파탄난 대중의 희생에서 이득을 얻을 기회였다.

신자유주의가 크게 확산될 수 있었던 것은 노동계급이 크게 패배했기 때문이었다. 흔히 평론가들은 이러한 패배를 노동계급이 더는 저항의 구심이 아니라는 증거로 해석했다. 그들이 놓친 것은 지난 역사에서 그랬듯이 이런 패배가 흔히 새로운 출발을 위한 기회이자 노동운동이 재구성되는 기회였다는 사실이다. 오래된 산업과 업종이 쇠퇴했지만, 새로운 부문에서 프롤레타리아가 대거 출현해 반란이 부활하도록 자극을 주고 있었다. 멕시코 오악사카의 교사들부터 이집트 카이로의 전투적인 세무 공무원들까지 '화이트칼라' 노동자들이 대중 저항에서 훨씬 더 중심적인 구실을 하게 됐다. 노동자와 학생 사이의 격차도 계속 좁혀졌다. '고등교육'이 관료적이고 자본주의적인 노선에 따라 운영되는 대규모 산업이 됐기 때문에 학생들은 1968년 5월 프랑스에서 뜻밖의 중요한 구실을 했다. 농민이었던 수많은 사람들은 '제3세계'의 엄청나게 커진 도시들로 몰려들어, 조직하고 투쟁하는 능력을 새롭게 발전시켰다. 일부 운동에서는 인상적이고 급격한 변화들이 일어났다. 볼리비아 노동운동의 핵심이었던 조직된 광원들은 1980년대 중반 혹독한 패배를 겪었다. 그러나 15년이 지나 재구성된 민중운동이 코차밤바에서 물 사유화에 반대해 놀라운 승리를 쟁취할 수 있음을 입증하면서, 이후 5년간의 혁명적 격변이 시작됐다.

따라서, 신자유주의의 실체가 그 과정을 경험한 사람들의 뇌리에 각인되는 데 시간이 걸리기는 했지만 1990년대 말에는 이런 대중적 각성의 증거를 도처에서 찾아볼 수 있었다. 민중 혁명이 정치 변화의 매커니즘으로서 '협상을 통한 이행'으로 무난하게 대체될 수 있었던 시대는 끝나 가고 있었다. '경제 정의'를 둘러싼 쟁점들은 경제투쟁과 정치투쟁을 결합하면서 다시 한 번 반란의 의제들 사이에서 더욱 두드러지고 있었다. (신자유주의 강령에서 핵심적 진척이라 할) 1994년 북미자유무역협정(NAFTA)의 공식 발효와 함께 치아파스 반란이 시작됐고, 여기서 울려 퍼진 시(詩)적 구호들은 이후 다양한 주장과 운동에서 채택되고 널리 확산됐다. 20세기가 저물기 직전 시애틀에서 열린 세계무역기구(WTO) 회담에 반대하는 국제적 시위에서는 이후 10여 년 동안 운동에 영감을 줄 구호들이 등장했다. 바로 "세계는 상품이 아니다"와 "다른 세계는 가능하다"였다.

　자유라는 사상은 더는 시장이라는 개념과 어울리지 않았다. 오히려 이제 새로운 세대는 시장을 불의와 착취의 주된 원인으로 여겼다. 자본주의 세계경제의 실제 작동에서 비롯하는 경제 위기와 불의는 21세기가 시작되자마자 거대한 민중 반란의 물결을 촉발했다. 2000년 에콰도르와 2001년 아르헨티나에서는 경제 위기 때문에 반란이 일어나 정부가 무너졌다. 볼리비아 코차밤바에서는 새로운 세기가 시작할 무렵 물 사유화에 반대하는 대중운동이 승리했다. 2002년 베네수엘라에서는 대기업의 지원을 받은 우파 쿠데타가 거대한 민중운동으로 패배했다. 그 운동 덕분에 우고 차베스는 4년 전에 선출된 대통령직에 다시 복귀할 수 있었다. 2003년 볼리비아에서는 대중의 요구에 꿈쩍도 않은 대통령들을 연이어 쫓아내는 민중 반란이 일어났다. 2006년 네팔에서는 대중운동이 정부를 전복했다. 이런 투쟁들은 점차 경제적·사회적 요구에 집중하는 대중 파업 운동이나 민중 반란과 결합됐다. 이 점은 2011년 튀니지와 이집트의 혁명에서도 마찬가지였다.

따라서 지난 24년 동안 '혁명의 예행연습'에 추가할 사례들이 더 많이 벌어졌다. 앞으로도 분명히 더 많은 일들이 벌어질 것이다. 세계는 제2차세계대전 이후 최악의 경제 위기로 여전히 비틀거리고 있다. 그 위기의 여진은 세계 제국주의의 중심부와 주변부를 여전히 흔들고 있다. 곳곳에서 국민국가와 초국적 기구들은 노동자들의 실질임금, 복지 서비스, 연금을 삭감해서 금융 위기를 벗어나야 한다고 주장한다. 그렇지만 정작 위기의 책임을 져야 할 자들은 오히려 더 많은 봉급과 보너스를 얻는다. 각국 정부가 신자유주의 정책에서 벗어나지 못하도록 하는 IMF·세계은행·세계무역기구 같은 초국적 기구들은 민중 운동과 민중의 요구에 반응하는 시늉조차 하지 않는다.

따라서 대중운동이 재차(그것도 다음 사반세기가 채 지나기 전에) 사회의 사회주의적 변혁 가능성을 직접적으로 제기할 것이라고 얼마든지 생각할 수 있다. 그러나 가능성은 필연성이 아니다. 이전의 경험을 숙고해 보면 성공의 조건들이 어느 정도 드러난다.

혁명적 시기가 시작될 때의 특징은 피억압·피착취 대중이 정치생활에 대거 진입해 능동적으로 참여하는 것이다. '아래로부터의' 대중투쟁이 시작되면 정치적 '정상상태'가 붕괴한다. 미국 역사학자인 로런스 굿윈은 이런 정상상태를 다음과 같이 잘 묘사했다. "강력한 권한이 있는 비교적 소수의 시민은 독재적 방식으로 행동하는 반면 그런 권한이 없는 대다수는 더 온순하게 행동한다."[2] 정상상태는 흔히 중요한 변화 가능성에 대한 불신과 두려움이 뒤섞여 있기 때문에 유지될 수 있다. 정상상태가 붕괴하면 대중의 에너지와 상상력이 해방된다.

그렇다면 다음과 같은 질문을 할 수 있다. 이런 해방은 어떤 형태로 나타나는가? 대중의 염원은 어떻게 정식화되고 표현되는가? '정치적' 요구와 '경제적' 요구 사이의 오랜 구분은 유지되는가? 아니면 (잘알려진 대로 로자 룩셈부르크가 대중 파업을 설명하면서 분석하듯이) 사라지기 시작하는가?[3] 자본주의 지지자들은 항상 이 분리가 유지되기를 바란다. 최근 영국 자본가들의 유력 신문인 〈파이낸셜 타임스〉는 이집트의 혁명적 상황이 두무지 진정될 기미가 없자 다음과 같이 걱정했다. "경제 자체에서는 정치색이 배제돼야 한다."[4] 경제생활에서 "정치색을 배제"하는 것은 1989년 동유럽 혁명들에서 자본가계급이 선호한 바였다. 사회주의자들의 견해는 정반대인데, 대중의 실제 희망이 **정권** 교체만인지 아니면 임금과 물가, 노동조건, 노동조합민주주의, 작업장의 경영자 권력 등과 관계된 요구들도 포함하는지를 질문할 것이다. 아래로부터 도전은 정치적 부패만이 아니라 경제적부패도 겨냥해야 하는가? '사네아멘투'(1974년 포르투갈에서 유래한표현), 즉 구체제에서 권력을 휘두르던 자들을 '정화'하는 과정이 필요한가? 사회생활의 기초 자체를 변화시킬 잠재력이 있는 모든 대중반란에는 '경제'문제에 초점을 둔 투쟁의 확장이 반드시 수반된다.

이와 연관된 문제로 구체제를 약화시키고 무너뜨리는 문제뿐 아니라 사회생활의 모든 영역에서 새로운 종류의 관계와 제도를 만들고확산시키기 시작하는 문제도 있다. 어떤 종류의 새로운 체제가 가능한가? 어떤 새로운 체제든 그 체제를 탄생시킨 운동에 비례해 민주적이라 할 때, [앞의 질문에 대답하려면] 우리는 다음과 같은 질문을 던져야 한다. 혁명적 분출에 참여한 사람들이 단지 명백한 '정치적' 영역에서뿐만 아니라, 지역사회와 작업장에서, '치안'과 사법 기구에서, 민중운동 자체의 기관들에서, 노조와 정당에서, 민중 의회와 노동자·농민 평의회에서도 새로운 종류의 민주적 조직들을 건설하고 있는가? 사회생활의 모든 영역에서 민주주의와 대중 참여가 실현돼야 한다는 **일반적** 요구가 등장해서 저항 운동 전체에서 이론화되고 널리 알려지고 있는가?

오직 아래로부터의 대중운동만이 이런 일이 일어날 수 있는 조건을 창출할 수 있다. 왜냐하면 그런 운동에서는 — 일단 숙명론과 두려움이라는 낡은 장벽이 무너지기 시작하고 "더 온순하게 활동하는" 사람들이 자신의 힘이 강해지고 있음을 느끼(고 기존의 권력자들을 조롱하고 끌어내리기) 시작하면 — 대중의 각성과 발전이 엄청나게 빨라지기 때문이다. 사회 전체가 정말로 새로운 기초 위에서 재건될 수 있다는 생각이 갑자기 현실적으로 보이기 시작한다. 전에는 극소수 사람들끼리 토론하던 쟁점들이 수많은 사람들의 실천적 문제가 될 수 있다. 예컨대, 우리가 바라는 경제는 어떤 경제인지, 노동자들이 스스로 사회를 운영할 수 있는지 하는 문제가 그렇다.

바로 이런 문제들과 연관해서만 민중 혁명의 심화 수준을 가늠할 수 있다. 기존 정부를 무너뜨리는 '정치'혁명은 결의에 찬 소수로도 가능하다. 어떤 계산을 보면, 이집트 국민의 약 20퍼센트가 무바라크 정권을 무너뜨리는 데 적극적으로 참여했다(대단히 많은 사람들이 참여한 것이지만 여전히 소수다). 그러나 **사회주의 혁명 과정에는** 반드시 훨씬 더 많은 사람들이 참여할 것이다. 왜냐하면 사회주의 혁명은 일상생활의 모든 측면과 형태에 훨씬 더 깊숙이 파고들어야 하기 때문이다. 노동자들이 민주적 의사결정 수단을 발전시키면서 자신들의 힘으로 생산 활동과 조직 활동을 관리하기 시작하는 수준만큼 그들 자신의 협동 능력에 대한 자신감도 발전할 수 있다. 노동자들의 개인적·사회적 변화와 성장은 수단이자 목적이 된다. 그러한 '심리적·문화적' 발전은 대단히 중요하다.

혁명운동이 분출하면 낡은 억측과 편견을 몰아내는 것이 가능해진다. 그런 편견이 종교적·인종적·민족적 적대감이든 아니면 성적 우월감과 차별이든 말이다. 그러나 그런 발전은 결코 저절로 이뤄지지 않는다. 그런 발전을 이루려면 공공연하게 투쟁해야 하고, 새롭고 확장된 연대 의식을 옹호하며 낡은 분열적 방식의 지지자들을 제압해야 한다. 민중운동은 옛 지배자들에 맞서 싸우기만 하는 것이 아니다. 민중운동 자체의 형태, 자체의 일 처리 방식, 자체의 의미와 목적을 두고 심각하고 격렬하게 논쟁하기도 한다. 운동은 (좋은 쪽으로든 나쁜 쪽으로든) 대중의 학습 과정을 통해서 발전한다. 즉, 대중이 구세력과 그 지배 도구들에 맞선 다양한 전투 과정에서 패배와 승리, 극적 전환과 반전을 겪으며 얻은 교훈을 토론하고 검증하고 흡수함으로써 운동은 발전한다. 레온 트로츠키는 이처럼 경험을 통한 깨달음과 학습 방법을 대중운동이 이런저런 경험을 통해 올바른 대안을 찾아 나가는 방법으로 묘사했다. 이런 방법은 상호 신뢰의 붕괴와 격렬한 내부 논쟁뿐만 아니라 인식과 상상력의 엄청난 도약을 동반한다.

운동이 새로운 조직 형태를 발전시키고 낡은 권력 형식들에 도전하면서 자본주의 권력의 제도적·문화적 버팀목들을 허물어뜨리게 되면 독특한 형태의 권력 경쟁 — 때로 '이원 권력'이나 '복수 주권'이라고도 부른다 — 이 혁명적 시기를 규정하게 된다. 옛 지배계급과 그들의 권력 원리는 심각하게 손상됐지만 아직 완전히 대체되지는 않은 상태다. 노동자 운동의 힘은 증대했지만 아직 완전히 발휘되지는 않고 있으며 자신감도 부족한 상태다. 엄청나게 불안정한 상태이지만, 트로츠키의 표현으로는 정치적으로 매우 '무기력한' 상태이기도 하다. 그 순간 질문은 가장 냉혹할 수밖에 없다. 대중운동이 전진해서 자신의 새로운 민주적 기관들을 이용해 스스로 권력을 장악할 것인가? 아니면 옛 지배계급의 일부가 대중운동의 불확실한 상황을 이용해서 운동의 에너지를 일탈시키고 운동을 와해시킬 방법을 강구해 낡은 권력을 모종의 새로운 형태로 부활시킬 것인가?

이 책에서 다룬 칠레와 폴란드에서 지배계급 권력의 부활은 각별히 야만적인 자본주의 지배 형태인 **군사독재** 형태로 이뤄졌다. 1979년 이란 혁명에서 좌파와 세속주의 세력이 패배한 후에 수립된 이슬람주의 독재도 그에 못지않게 야만적이었다. 그러나 포르투갈에서는 지배계급에게 다른 가능성이 있었는데, 특히 **사회민주주의** 정치에 의지할 수 있었다. 즉, 자본과 국가가 대중운동과 직접 대결하지 않고 선거를 치른다는 것이다! 바로 이런 식으로 볼리비아에서는 2000년 코차밤바의 '물 전쟁'에서 크게 승리하면서 시작된 5년 동안의 혁명적 대결이 2005년 에보 모랄레스의 좌파 정부 선출로 끝을 맺었다. 대중의 에너지가 선거 과정에서는 사라져 버렸다. 어떤 의미에서 모랄레스의 당선은 볼리비아 민중의 커다란 승리였지만 볼리비아 사회의 위기를 해소하는 데는 실패했다. 자본가계급의 소유와 권력은 여전했고 볼리비아 대중의 빈곤은 지속됐다.[5]

'이원 권력' 상황에서 혁명적 마르크주의 정당의 구실은 그 어느 때보다 중요하다. 그런 상황은 사회주의의 전진을 위한 기회이자 개혁주의 정치인들이 대중의 불만과 행동을 이용해 정부에서 한자리 차지할 기회이기도 하다. 개혁주의 정치인들의 프로젝트가 성공하려면 대중운동의 사기가 저하되고 그 염원의 수준이 낮아지면서 오히려 의회 영역에 매달리게 되는 것이 필수적이다. 그런 상황에서는 혁명적 사회주의자들이 운동에 능동적으로 개입하는 것이 결정적으로 중요해진다. 왜냐하면 혁명적 사회주의자들은 운동의 독자적 행동과 조직을 유지하고 더욱 발전시켜야 한다는 점을 강조하며(진정한 사회 변혁의 가능성은 의회가 아니라 운동 안에 있다), 대안적 주장과 선동의 축을 발전시킬 수 있기 때문이다.

위기에 빠진 세계에서 반란의 불길이 다시 한 번 타오르고 있으니 이런 문제들이 다시 실천적 문제로 부각될 것이다. 이 책의 번역·출간은 시기적절한 듯하다.

콜린 바커
2011년 5월 1일

머리말

사회주의의 핵심은 전 세계에서 인간에 대한 착취와 억압을 폐지하기 위한 투쟁이다. 일찍이 칼 마르크스는 이러한 시각을 가장 명료하게 표현했다. 그는 1866년 제1인터내셔널 창립 규약에서 자기 사상의 핵심을 제시했다.[1]

그 규약은 이렇게 선언했다. 노동계급의 해방은 노동계급 스스로 쟁취해야 한다. 노동계급의 자기해방을 위한 투쟁이 중요한 까닭은 그것이 계급 지배를 완전히 없애기 위한 투쟁을 내포하기 때문이다. 현대 사회에서 벌어지는 모든 사회적 비극의 근원은 생산수단을 독점하고 있는 자들에 대한 노동계급의 경제적 종속이다. 그러므로 현대의 모든 정치 운동은 ─ 과거의 패배를 거울로 삼아 ─ 노동계급의 경제적 해방을 목표로 삼아야만 한다. 노동 해방은 단지 일국 차원의 문제가 아니라 이 시대의 핵심적인 국제적·사회적 문제다.

지난 100여 년 동안 많은 현학자들은 그러한 전망이 낡고 시효가 지난, 다 끝난 일이라고 거듭 선언했다. 동시에, 그러한 전망과 짝을 이루는 자본주의에 대한 설명도 시대에 뒤처진 것이라고 선언했다.

그들의 설명에 따르면, 자본주의는 그 내적 속성 때문에 위기를 겪는 게 아니다. 즉, 자본주의의 내적 모순 때문에 전쟁이나 혁명적 상황 따위의 거대한 사회적·경제적·정치적 격변이 벌어지는 건 아니라는 것이다.

거의 주기적으로, 현실은 이러한 현학자들이 틀렸음을 입증했다. 20세기 초에 에두아르트 베른슈타인은 자본주의가 스스로 모순을 해결할 것이라고 주장했다. 그러나 자본주의는 그의 이론에 제1차세계대전이라는 가혹한 판결을 내렸다. 1950년대에는 미국의 다니엘 벨이 '이데올로기의 종언'을 선언했다. 공민권운동과 베트남 전쟁이 이에 대한 미국의 대답이었다. 1968년에 프랑스 노동계급이 세계 역사상 최대 규모의 총파업을 벌이기 겨우 2년 전에, 앙드레 고르는 왜 노동계급이 다시는 그러한 일을 할 수 없는지를 열심히 설명하고 있었다.

자본주의가 일시적으로 안정되고 좌파가 패배하는 시기에는 그런 사람들이 부각되기 마련이다. 그들의 주장은 오래가지 못한다. 그들의 주장에 뭔가 진지한 내용이라고는 전혀 없기 때문이다. 그들은 침체기에 잠시 반짝하는 하루살이 같은 존재일 뿐이다.

1980년대 중반에도 한 무리의 새로운 현학자들이 등장해 낡은 주장의 변종들을 양산해 냈다.[2] 이 시기는 전 세계에서 노동계급 투쟁 수위와 강도가 하락하던 때였다. 그러나 이것은 국제 노동계급의 역사에서 처음 있는 일도 아니고, (아직까지는) 그 결과가 가장 심각하다고 할 수도 없다.

때로 침체기도 있었지만 전체적으로 볼 때 20세기는 가히 '혁명의 세기'라 부를 만하다. 최근 20년도 예외가 아니다.

그러나 모든 혁명이 그 안에 사회주의적 대안의 씨앗을 내포하고 있는 것은 아니다. 사회주의에 관한 마르크스의 전망이 실현되기 위해서는 단순히 반란에 나선 '민중' 이상의 무언가가 존재해야만 한다. 마르크스의 주장에서 핵심을 이루는, 그리고 오늘날에도 여전히 결정적으로 유효한 것은 **노동계급**이 그 자신의 '경제적 해방'을 추구하는 과정에서 수행하는 독립적이고 의식적인 구실에 대한 강조다.

이렇게 좀 더 엄밀한 의미에서 볼 때, 지난 20년 동안 특히 사회주의적 주장이 뚜렷이 그 가능성을 드러내고 시험한 사례가 크게 다섯 번 있었다. 1968년 5월과 6월 초 프랑스를 뒤흔든 파업 운동, 1972년과 1973년 칠레 아옌데 정부 아래에서의 노동자 운동, 1974~75년 포르투갈 혁명, 1979년 이란 혁명, 1980~81년 폴란드에서 벌어진 '솔리다르노시치(연대노조)' 운동이 그것이다.[3]

이 다섯 사건이 이 책의 주제다. 우리는 이 책에서 최근의 다른 주요한 민중 혁명들, 예컨대 베트남 혁명, 포르투갈의 식민지였던 모잠비크·기니·앙골라에서 일어난 혁명, 그리고 니카라과와 필리핀에서 벌어진 혁명들은 다루지 않는다. 이 모두가 대단히 억압적인 정부들에 맞선 광범한 혁명적 투쟁을 수반했지만, 이 책에서 다루는 사건들의 특징인 매우 각별한 요소, 즉 대규모의 독립적 노동계급 행동이라는 요소가 두드러진 사례는 아니기 때문이다. 이 점에서는 그중 어떤 것에도 앞의 다섯 사건에 견줄 정도의 **사회주의 혁명**의 가능성은 없었다.

이 다섯 운동이 프랑스, 칠레, 포르투갈, 이란, 폴란드에서 일어났을 때, 전 세계의 사회주의자들은 엄청난 영감을 얻었고 여전히 그렇다. 그러나 동시에 이 운동들은 쓰라린 교훈들로 가득하다. 패배로부터 배우지 못하는 노동자 운동은 결코 성공할 수 없다. 그리고 이 운동들은 엄청난 힘과 잠재력을 보였지만 모두 패배했다. 그중 둘(프랑스와 포르투갈)은 혁명 세력이 부르주아 민주주의의 평범한 일상으로 되돌아가는 실망스런 후퇴로 끝났다. 칠레와 폴란드에서는 운동이 반혁명 군대의 개입으로 분쇄되고 진압됐다(칠레에서 특히 잔혹한 양상으로 진행됐다). 이란에서는 노동계급과 그 밖의 민중 세력이 '반제국주의적' 이슬람주의 반혁명에게 유혈 낭자한 패배를 겪었다.

이 운동 각각은 사회주의로 발전할 커다란 가능성을 내포하고 있었다. 모든 경우에 노동계급은 자본주의적 사회관계의 지속적 헤게모니에 강력히 도전했다. 노동자들은 다른 사회 세력과 독립적으로 자신들의 계급 조직을 건설했고, 자신들의 계급적 요구를 분명히 제기하며 투쟁했다. 사회주의적 관점에서 볼 때, 이 다섯 사건들은 혁명적 마르크스주의 사상이 여전히 ― 그리고 더욱 ― 타당함을 극적이고 흥미진진하게 보여 준다.

또, 이 사건들 모두에서 '개혁이냐 혁명이냐'라는 고전적 물음이 대단히 중요한 실천적 문제로 제기됐다. 모든 운동은 결정적 전환점, 즉 더 나아가 국가권력과 부(富)의 기존 구조에 도전하든지 아니면 후퇴하든지 해야만 하는 상황에 이르렀다. 20세기의 잠재적으로 혁명적이었던 모든 위기 때마다, 주요 개혁주의 정치 세력은 대중 반란을 제한하고 와해시키는 데 앞장섰다. 그러한 세력은 성격이 다양했다. 노조 지도자, 지식인, 사회당, 공산당, 성직자, 심지어 게릴라도 있었다. 이들이 노동자 운동에 제시한 전략과 전술은 모두 노동자들을 패배로 이끌었다.

특수한 지역적 상황에 따른 차이도 많지만, 이런 경험들에는 또 다른 공통점이 있다. 사회주의적 좌파의 실천적·이론적 약점이 그것이다. 상당한 규모의 혁명적 사회주의 정당이 이렇다 할 대안적 경로를 제시한 경우는 단 한 차례도 없었다. 우리는 바로 이 실종된 요소야말로 이 운동들이 패배한 주된 요인이었다고 생각한다.

분별없는 열정은 사회주의에 별 도움이 되지 않는다. 우리의 진정한 강점과 약점을 일국적으로 그리고 국제적으로 냉정하게 살펴보는 것은 미래의 전진을 위한 필수적 전제 조건이다. 오늘날의 세계에서 사회주의에 반대하는 주요 세력들을 비판적으로 고찰하는 것도 마찬가지로 필수적이다. 특히 개혁주의 정치는 — 지역마다 형태가 다양하긴 하지만 — 노동자 운동이 이뤄 낼 수도 있었던 전진을 번번이 가로막았다.

쓸모 있는 사회주의자가 되려면 우리는 우리 시대의 역사와 가능성을 이해해야 한다. 오늘날 우리는 두 가지 상호 불가분하게 연관된 두 가지 문제에 직면해 있다. 즉 우리는 개혁주의 정치의 영향력을 줄이는 동시에 세계 노동계급 내에 강력한 혁명적 사회주의 경향을 발전시켜야 한다. 우리가 다만 몇 명의 독자라도 이러한 목표를 위해 활동하도록 설득한다면 이 책은 성공한 셈이다.

콜린 바커, 이언 버철
마이크 곤살레스, 마르얌 포야, 피터 로빈슨

감사의 말

편집자와 필자들은 격려와 비판적 논평을 해 준 많은 분들께, 개인적으로나 전체로서나, 감사드린다. 우선 이 책을 만드는 데 참여한 필진들끼리 서로 감사의 인사를 전한다. 대니얼 버철, 알렉스 캘리니코스, 노라 칼린, 토니 클리프, 크리스 하먼, 필 마셜, 애니 네마드, 존 로즈, 카라 웨버, 스티브 라이트, 앤디 제브로프스키에게도 감사드린다. 특히 피터 마스던에게 많은 신세를 졌다. 그가 없었다면 이 책은 출간되지 못했을 것이다.

약어 설명

APOC: 영국페르시아석유회사, 이란

CDE: 민주선거위원회(야당들의 선거 연합), 포르투갈

CFDT: 민주노조연맹, 프랑스

CGT: 노조총연맹(공산당이 주도하는 노조 연맹), 프랑스

CIA: 중앙정보국, 미국

CIL: 리스본산업벨트(노동자위원회들의 회의), 포르투갈

COPCON: 대륙작전본부(급진적 군 장교 단체), 포르투갈

CRTSM: 병사·수병·노동자 혁명평의회, 포르투갈

CUF: 화학 재벌, 포르투갈

CUT: 노조총연맹, 칠레

FGDS: 민주사회주의좌파연합(1965년 대선에서 사회당의 미테랑 지지), 프랑스

FO: 노동자의 힘(반공주의 성향의 노조 연맹), 프랑스

JAP: 지역공급배급위원회, 칠레

KOR: 노동자방어위원회, 폴란드

KPN: 독립폴란드연합(민족주의 정당), 폴란드

LCI: 국제공산주의자동맹(트로츠키주의 단체), 포르투갈

MAPU: 민중연합행동운동(좌파 정당), 칠레

MAPUOC: MAPU-노동자·농민(MAPU에서 분리해 나온 우파), 칠레

MDP: 포르투갈민주주의운동(좌파 정당), 포르투갈

MES: 좌파사회주의자운동(좌파 정당), 포르투갈

MFA: 군인운동(좌파 성향의 하급 장교 조직), 포르투갈

MIR: 혁명적좌파운동(게릴라 조직·정당), 칠레

MKS: 기업연계파업위원회, 폴란드

MRP: 혁명적빈민촌운동(MIR의 빈민 단체), 칠레

MRPP: 프롤레타리아당재건운동(마오주의 단체), 포르투갈

NSZZ Solidarnosc: 독립적 자주 노조 '연대'(연대노조), 폴란드

OAS: 비밀군사조직(우익 폭력 조직), 프랑스

PCI: 국제주의공산당(트로츠키주의 단체), 프랑스

PIDE: 국제 국가수호경찰(보안경찰), 포르투갈

PRP/BR: 프롤레타리아혁명당/혁명여단, 포르투갈

RAL-1과 RALLIS: 급진적 보병 연대, 포르투갈

SAVAK: 국가안보국(보안경찰), 이란

SUV: '단결한 병사는 승리한다'(사병 조직), 포르투갈

TAP: 포르투갈항공

TKK: 임시조정위원회(연대노조의 기구), 폴란드

UDP: 민중민주통일전선(마오주의 단체), 포르투갈

01

프랑스 1968년
"상상력에 권력을!"

이언 버철

1968년 5월 계급의식이 매우 투철한 주간지 〈이코노미스트〉는 프랑스 드골 정부 10년을 평가하는 노먼 머크레이의 논설을 "늙은 프랑스, 걸음을 재촉하다"라는 제목을 달아 특집으로 게재했다. 비판이 없는 것은 아니었지만 이 논설에서 머크레이는 프랑스 경제에 대해 끊임없이 찬사를 늘어놨다. [그에 따르면] 프랑스의 생활수준은 영국과 대등했고, 육류 섭취량이나 자동차 보유 수준에서는 영국보다 나았다. 프랑스에는 노조가 "형편없이 허약하다"는 "엄청난 국가적 이점"도 있었다.

특히 머크레이는 어느 프랑스인이 "우리의 목적의식이 뚜렷한 교육혁명"이라고 부른 것에 찬사를 보냈는데, 이는 프랑스의 관리자와 기술자의 수준이 독일보다 우수하다는 뜻이었다. 그는 또 계속해서 토니 벤이나 피터 쇼 같은 영국 노동당 각료들이 극찬한 프랑스의 경제 계획 수립 시스템을 검토하고 어떻게 프랑스 경제가 개입주의적 계획과 자유 시장의 힘 사이에서 적절한 균형을 이뤘는지 설명했다. 머크레이는 드골이 죽거나 정계 은퇴하고 난 뒤의 미래를 전망하면서, "드골이 떠난 뒤에도 프랑스의 산업 확장과 현대화, 현명한 경제적 자유주의로의 전환은 여전히 세계를 놀라게 할 것"이라고 결론 내렸다.[1]

머크레이의 기사가 신문 가판을 장식한 지 채 1주일도 지나지 않아 프랑스는 정말로 세계를 놀라게 했다. 인류 역사상 가장 거대한 총파업이 벌어진 것이다 프랑스의 모든 산업부문과 미동 천문대, 폴리베르제르 극장에 이르는 모든 영역에서 900만 명이 넘는 노동자들이 파업에 참가했다. 대부분의 경우 노동자들은 단순히 파업을 벌이는 것이 아니라 작업장 점거를 통해 소유관계의 신성불가침한 핵심에 도전했다.

자신의 믿음이 완전히 박살 났다는 것을 깨달은 것은 머크레이 같은 부르주아 논평가들만이 아니었다. 좌파 역시 충격에 휩싸였다. 1968년 1월에 출판된 그해의 《소셜리스트 레지스터》는 프랑스의 가장 저명한 마르크스주의 이론가 중 한 명인 앙드레 고르의 논문을 실었는데, 그는 이 논문에서 이렇게 선언한 바 있었다. "가까운 장래에 유럽 자본주의가 극적인 위기에 빠져 노동 대중이 자신의 중요한 요구를 달성하기 위해 혁명적 총파업이나 무장봉기에 나서는 일은 없을 것이다."[2]

1968년 5월의 사건들 때문에 논평과 분석이 홍수처럼 쏟아졌다.

1968년 말까지 100권이 넘는 책과 셀 수 없이 많은 글이 프랑스어로 출판됐다.[3] 세계 도처에서 프랑스의 파업은 영감과 기쁨의 원천이었다. 당시의 분위기는 〈블랙 드워프〉의 표지를 장식한 다음과 같은 슬로건에 잘 반영돼 있다.[4] "우리는 파리, 런던, 로마, 베를린에서 싸울 것이고 승리할 것이다."

프랑스의 1968년 5월은 하나의 온전한 정치 세대를 탄생케 한, 학생과 청년의 전 세계적 급진화 물결의 일부였다. [그러나] 그 세대의 많은 이들은 개혁주의로 이동하거나 옛 질서와 화해하게 되면서 자신의 정치적 뿌리를 어느 정도 부끄러워하게 됐다. 5월의 사건은 이제 거의 언급되지 않는다. 내가 아는 한, 1968년의 프랑스를 다루는 영어판 책은 더는 출판되지 않는다.

그러나 1968년 5월은 기억할 만한 가치가 있다. 1968년 이래 유럽에서는 반란이 계속됐다. 1974~75년의 포르투갈과 1980~81년의 폴란드에서는 노동자들이 여러 면에서 1968년의 프랑스보다 더 나아갔고, 더 독창적인 조직 형태를 창출했다. 그렇지만 두 나라 모두 부르주아 민주주의와 개혁주의적 노동자 조직의 전통은 존재하지 않았다. 포르투갈은 낡아 빠진 식민주의의 유산으로 고통받고 있었고, 폴란드는 국가자본주의와 러시아의 위협이라는 특수한 문제를 안고 있었다. 악의적 평론가들은 이 두 나라 모두 [이 책이 출판된] 1980년대의 영국과는 비교할 수 없는 사례라고 주장하려 할 것이다. 향후 수십 년 내에 영국이나 서독, 미국 같은 선진 자본주의적 민주주의 사회에서 사회주의 혁명이 현실적 선택의 문제가 될 수 있다는 주장은 여전히 1968년 5월 프랑스의 경험에 크게 의존할 수밖에 없다.

다가오는 위기

　노동자의 처지에서 볼 때 1968년 초의 프랑스는 노먼 머크레이가
본 것과 달리 장밋빛이 아니었다. 사실 그 전 20년 동안 [노동자 운
동은] 장기간 침체를 겪었다. 1940년대 말에는 프랑스 공산당(PCF)
이 매우 전투적인 파업의 물결을 이끌었다. 그러나 공산당은 프랑스
노동계급이 성장하기 위한 명확한 전략을 따르기보다는 냉전 상황의
필요에 따라 움직였고, 1950년대 초에 이르면 노동자들의 사기가 상
당히 저하됐다. 1954년에 알제리 전쟁이 발발했을 때, 프랑스 노동운
동은 아무런 효과적 저항도 조직하지 못했고, 전쟁에 반대한 소수의
좌파 활동가들은 점점 고립됐다.

　1958년에 제4공화국이 전쟁의 여파로 붕괴했고, 드골은 별다른 저
항 없이 권력을 장악할 수 있었다. 대통령이 된 그는 부르주아 민주
주의의 형식을 유지하면서도 권력은 자신의 수중에 집중시켰다. 그
는 알제리 전쟁을 끝냈을 뿐만 아니라, 프랑스 자본주의의 현대화라
는 제4공화국의 과업을 계승하고 강화했다. 당시 노동계급이 상당히
침체되고 사기 저하돼 있던 탓에 드골은 이렇다 할 저항도 받지 않은
채 이런 일을 할 수 있었다.[5]

　1960년대 말까지도 프랑스 노동자들에게는 여전히 심각한 문제들
이 많았다. 실질임금은 증가 추세에 있었고 영국과 비슷한 수준에 이
르렀지만, 대다수 노동계급은 여전히 저임금에 시달리고 있었다. 전
체 임금 소득자의 4분의 1이 월 500프랑(약 46파운드) 이하를 받았
고 150만 명가량의 미숙련 노동자와 농업 노동자는 여전히 월 400프

랑(약 33파운드) 정도를 받았다. 실업자 수가 늘어나 50만 명을 넘었는데, 이는 전후 장기 호황이 아직 지속되고 있었다는 점을 감안하면 여전히 높은 수치였다. 젊은이들의 경우 특히 심각해서 부르고뉴 지방에서는 25세 이하 청년의 29퍼센트가 실업자였다.[6]

노조가 허약하다 보니 — 1945년에는 조직 노동자 수가 700만 명이었는데, 당시에는 겨우 300만 명이었다 — 작업장 조건은 형편없었다. 프랑스의 일부 대기업주들은 가장 기본적인 노동조합 권리마저 유린할 수 있었다. 미슐랭은 30년 동안 파업 노동자들과 단 세 차례만 교섭했다고 으스댔다. 푸조는 1967년 6월에 진압경찰 투입을 요청했고 두 명의 노동자가 살해당했다. 시트로엥은 온건파 노조조차 사실상 전혀 인정하지 않았다.[7]

그리고 정부는 1967년 여름에 사회보장제도 재편을 통해 노동자들의 생활수준을 또 한 차례 공격하는 데 성공했다. 의료비 지출에 대한 정부 보조가 삭감됐고 사회보장제도 운영에 대한 노동자 참여가 축소됐다.

기존의 조직된 노조 운동은 노동자들이 반격에 나서는 데 거의 아무런 도움도 못 됐다. 프랑스의 노조는 노조총연맹(CGT, 사실상 공산당이 통제했다), 프랑스민주노조연맹(CFDT, 처음에는 가톨릭계 노조였으나 개혁주의 좌파와 가까워졌다), '노동자의 힘'(FO, 냉전기에 CGT로부터 분열해 나왔고 지도부가 지독하게 반공적이었다) 이렇게 세 연맹으로 분열돼 있었다. 이러한 분열 때문에 대다수 노동자들은 이따금 특정 행동에 동참하긴 해도 굳이 특정 노조에 가입해 조합비를 내려 하지는 않았다. 운동에 대한 통제력을 유지하고 자신의 협상력을 유지하기 위해 노조 지도부는 주로 부분파업 전술을 이용했다. 한편으로는 협상을 뒷받침할 힘을 상징적으로 과시하기 위해, 다른 한편으로는 전면적 충돌 가능성을 방지하기 위해, 거듭 하루 파업 — 심지어 한 시간 파업 — 이 호소됐다.

그러나 1968년 이전에도 수면 아래에 들끓고 있는 불만의 징후가 나타났다. 1963년 초에는 광원 파업이 두 달 반 동안이나 지속됐다. CGT가 미온적으로 대처하고(CGT는 부분적 행동과 비밀투표를 원했다) 정부가 사법 처리를 들먹이며 작업 복귀를 강제하려 했지만(결국 무위에 그쳤다) 광원들은 적어도 부분적 승리를 쟁취했고 정부에 심리적 패배를 안겨 줬다.[8] 프랑수아 미테랑이 드골을 상대로 놀랄 만큼 높은 득표를 한 1965년 12월 대선은 노동자들이 정권에 대해 더는 참기 어려운 상태에 있음을 보여 주는 또 다른 징후였다.

1967년과 1968년 초 몇 달 동안 파업과 공장폐쇄의 큰 물결이 일었고 광범한 부문의 공공 노동자들뿐만 아니라 엔지니어와 자동차 노동자들, 철강과 조선소 노동자들이 여기에 참가했다. 1968년 3월부터 5월 초까지 르노의 빌랑쿠르 공장에서는 임금 인상, 노동시간 단축, 노동조건 개선을 요구하는 노동조합 투쟁이 적어도 80여 차례나 있었다.[9] 리옹의 로디아세타 합성섬유 공장에서는 장기 투쟁이 벌어졌는데, 1967년 3월에 벌어진 23일간의 파업에 총 1만 4000명의 노동자가 참가했다. 그해 말 고용과 상여금 수준을 둘러싸고 추가 파업이 벌어지자 경영진은 부분적 공장폐쇄와 92명의 활동가를 해고하는 것으로 대응했다. 투쟁은 1968년까지 지속됐고 추가 직장폐쇄와 대중 시위가 이어졌다.[16] 서서히 그러나 확실하게, 거대한 사회적 폭발을 향한 압력이 고조되고 있었다.

기폭제 구실을 한 학생운동

그러나 사회적 폭발이 노동계급 투쟁의 단순한 양적 증가에서 비롯한 것은 아니었다. 오히려 역사는 사회의 다른 부문을 거치는 우회로를 택했는데, 점점 그 수가 늘어나고 있던 학생 대중이 바로 그들이었다.

1960년대에 진행된 고등교육의 대규모 확대는 프랑스 자본주의를 현대화하려는 드골 정부의 시도에서 근본적으로 중요한 부분이었다. 앞서 언급한 글에서 노먼 머크레이는 (1968년 5월 이전의) 이 과정에 대한 어느 프랑스인의 견해를 다음과 같이 소개했다.

"독일에서는 직업학교가 과거의 산업에 필요한 숙련 노동자를 배출하는 반면 프랑스에서는 대학이 미래의 산업에 필요한 전문 인력을 배출하고 있다"고 어느 프랑스인은 만족스러운 듯 말했다.[17]

그 수치만 봐도 어마어마했다. 1958~68년에 프랑스의 고등교육 과정 학생 수는 17만 5000명에서 53만 명으로 증가했다. 파리에서만 1958년에 6만 8800명에서 1967년에는 13만 명으로 증가했다. 1968년 이전 6년 동안 대학 부지의 총 면적은 갑절 이상이 됐다. 그

런데도 대학의 과밀화는 만성화됐고 교육 시설은 턱없이 모자랐다.[12]

1960년대 초 캘리포니아의 버클리와 런던 정경대학(LSE)에서 시작된 학생 반란은 1968년 무렵에 전 세계적 현상이 됐다. 학생 반란은 특히 프랑스에서 격렬했는데, 이는 프랑스가 다른 선진국들을 따라잡기 위해 정신없이 대학을 늘린 데다 프랑스 교육체계의 구조가 대단히 중앙집권적이고 보수적이었기 때문이다. 그러나 고등교육의 위기는 자본주의의 위기와 무관하기는커녕 바로 그 위기의 일부였다. 학생운동과 계급투쟁이 서로 무관하다고 생각하는 사람들은 학생이 체제에 통합되고 무감각해진 노동계급을 대신할 새로운 혁명적 전위라고 추켜세우거나(허버트 마르쿠제와 그 추종자들처럼) 학생 급진주의를 노동계급과는 어울리지 않는 것으로 치부하는(공산당처럼) 경향이 있었다. 그러나 일부 사람들은 학생운동의 사회적 성격을 강조했다.

자본주의의 중심적 모순은 마르크스가 사용가치라고 부른 것의 생산과 [교환]가치 생산 사이의 모순이다. 전자는 자연스러운 것인 데 비해 후자는 자본주의적 사회질서의 고유한 특징이다. 대학에서 이 모순은 사회적·정치적·이데올로기적 속박으로부터 자유로운 제한 없는 지적 발전이라는 이상과 자본주의가 강요하는 엄격한 지적 굴레 사이의 모순으로 나타난다. 교육에 대한 자유주의적 환상은 교육의 사회적 내용과 충돌하게 된다.[13]

제2차세계대전 이전에만 하더라도 학생들은 비교적 소수의 엘리트였고, 지배계급의 성원이나 높은 급료를 받는 지배계급의 하수인(변호사, 교수, 성직자, 과학자 등)이 되도록 훈련받았다. 그러나 대학이 엄청나게 늘어남에 따라 대다수 학생들은 장차 기술직이나 관리직이 될 처지에 놓이게 됐다. 이런 직업들은 노동계급보다 약간 더 특권이 따랐지만 노동계급과 완전히 동떨어진 것도 아니었다. 더구나 대학의 팽창이 빠르고 무계획적이었기 때문에 많은 학생들은 좀처럼 자신의 전공에 맞는 일자리를 구할 수가 없었다. 당연히 불만과 비판이 자자해졌다.

새로운 문제에는 새로운 조직 형식이 필요했다. 알제리 전쟁 동안 전투적이고 믿음직한 구실을 해낸 바 있는 프랑스전국학생회연합(UNEF)은 쇠퇴하고 있었다. 학생 수가 증가했는데도, UNEF의 회원 수는 5만 명으로 줄어들었고 이것은 1960년대 초의 4분의 1 수준이었다.[14] 그렇지만 새로운 학생 세대가 국내외의 새로운 쟁점들 때문에 급진화하고 있었다. 한편에서는 미국의 베트남 전쟁에 대한 반감 때문에 많은 학생들이 제3세계와 체 게바라(1967년 가을에 살해됐다), 중국의 문화혁명에 열광했다. 다른 많은 사람들은 프랑스 대학가를 지배한 보수주의에 크게 분노했다. 파리 교외의 낭테르에서는 학생들이 '비판 대학'을 열어 교과과정의 이데올로기적 내용을 공격했다.[15] 아마도 대부분의 행동은 '자유 왕래', 즉 대학 기숙사에서 남학생과 여학생이 서로의 방을 오갈 권리에 대한 요구를 계기로 촉발됐을 것이다. 1968년을 앞둔 2~3년 동안 이 쟁점 때문에 항의와 시위가 벌어졌다.

새로운 쟁점들을 통해 새로운 지도자들이 나타나기 시작했다.

1968년에 체육청소년부 장관 프랑수아 미소프가 신설 수영장의 개관 행사에 참석하기 위해 낭테르 대학을 방문했다. 여기서 그는 몇 달 뒤 세계적으로 이름이 알려지게 될 다니엘 콩방디라는 한 학생 활동가와 맞닥뜨리게 된다.

"장관께서는 프랑스 젊은이들에 관해 무려 600쪽에 이르는 보고서(당시 막 출판된 체육청소년부의 문서를 가리킨다)를 쓰셨습니다. 그런데 그 보고서는 성 문제에 관해서는 단 한 마디의 언급도 없습니다. 왜입니까?"

"나는 그 문제를 신뢰할 만한 사람들과 기꺼이 토론할 생각이네. 그렇지만 자네는 분명 그런 사람에 해당되지 않네. 나는 개인적으로 성교육보다 스포츠를 더 좋아하는 편인데, 만약 자네에게 성적인 문제가 있다면 차라리 저 수영장에나 뛰어들라고 충고하겠네." 장관은 불쾌한 빛이 역력했다.

콩방디도 천연덕스럽게 받아쳤다. "히틀러 청년단이 바로 그렇게 말했죠."[16]

이즈음부터 투쟁 수위가 급격히 고조됐다. 베트남 쟁점이나 학생 쟁점으로 시위가 꼬리를 물고 이어졌다. 활동가들을 처벌해도 항의 시위는 더욱 확대될 뿐이었다. 5월 들어 파리의 상황이 거의 통제할 수 없는 지경에 이르자 정부는 5월 3일 소르본 대학에 휴교령을 내렸다. 분명 정부는 시험 기간이 다가오고 있으니 학생들이 시험 준비에 바쁠 것이고, 따라서 별문제 없이 활동가들을 솎아 낼 수 있을 거라고 예상했을 것이다. 그러나 이것은 엄청난 오산으로 드러났다. 그 다음 주에도 학생들은 날마다 시위를 벌이며 경찰과 충돌했다. 한편 극우 세력도 출현했는데, 옥시당* 그룹의 파시스트들은 소르본 대학의 한 학생회실에 불을 지르기도 했다.[17]

중대 고비는 5월 10일 밤에 찾아왔다. 며칠 동안 경찰의 구타에 시달린 학생들은 물러서지 않고 투쟁하기로 결심했다. 자정 무렵이 되자 학생들은 파리의 라탱 지구를 점거하고, 경찰의 침탈을 막기 위해 바리케이드를 쌓기 시작했다. 당시 파리의 거리는 여전히 자갈로 포장돼 있었는데, 마침 지나가던 어느 건축업자가 공기드릴로 포장도로를 파헤치는 요령을 학생들에게 보여 줬다는 이야기가 있다.[18] 그때부터 상황은 빠르게 전개됐다. 근처에서 구경하던 많은 사람들이 학생들 편에 가담했다. 라디오 방송은 무슨 일이 벌어지고 있는지를 현장 생중계로 전했고, 이를 들은 사람들은 밖으로 나와 가세했다. 어느 목격자는 이렇게 말했다.

말 그대로 수천 명이 바리케이드 쌓는 것을 도왔다(유럽 제1라디오는 거리 곳곳에 60개가 넘는 바리케이드가 세워졌다고 보도했다). 여성, 노동자, 행인, 잠옷 차림의 사람이 인간 사슬을 이뤄 바위, 나무, 철제 구조물을 날랐다. 거대한 운동이 시작됐다. 우리 일행(학생 여섯 명, 노동자 열 명, 이탈리아인 몇 명, 행인들, 그리고 나중에 합세한 예술가 네 명으로 이뤄져 있었는데, 대부분 전에 만난 적도 없었고 심지어 서로

---

* Occident. 파시스트 대학생 연합.

이름조차 몰랐다)은 게이 뤼삭 거리와 생자크 거리가 만나는 교차로 모퉁이에 바리케이드를 쌓았다. 100여 명이 잡동사니를 날라 와서는 거리를 가로질러 쌓았다. 그때부터 나는 바리케이드 설치 작업을 조율하느라 너무 바빠서 다른 데서는 무슨 일이 일어났는지 전혀 알 수가 없었다. 사람들 말로는 우리가 바리케이드를 쌓는 동안 거의 비슷한 방식으로 라탱 지구 전역에 바리케이드가 설치됐다고 한다. 우리는 바리케이드를 이중으로 설치했다. 자갈 더미를 3피트 높이로 쌓고 그 뒤에 20야드 정도의 간격을 두고 다시 9피트 높이로 나무, 자동차, 철제 기둥, 쓰레기통 따위를 쌓았다. 우리의 무기는 거리에서 흔히 찾을 수 있는 돌이나 쇠붙이 따위였다.[19]

이 같은 광경은 봉기 때 바리케이드를 쌓는 파리의 오랜 전통을 떠올리게 했다. 벨기에 출신 트로츠키주의자 에르네스트 만델은 바리케이드 위로 올라가 이렇게 외쳤다고 한다. "이 얼마나 아름다운가! 이것이 바로 혁명이다!" 자신의 승용차가 불타는 것을 바라보면서도 말이다.[20]

그러나 바리케이드는 결코 낭만적 행위가 아니었다. 그 주 내내 파리 경찰은 학생들에게 체계적으로 폭력을 휘두르고 있었다. 경찰은 곤봉으로 마구 때리는 것은 물론 최루탄과 ─ 나중에 밝혀진 바에 따르면 ─ 베트남전에서 사용됐던 CS가스도 사용했다. 학생들을 숨겨 준 카페나 가정집은 무자비하게 침탈당했고, 사진기자들은 필름을 빼앗겼으며, 심지어 임신한 여성마저 구타당했다.[21] 5월 10일 밤에 열린 긴급 국무회의는 필요한 모든 폭력을 사용하도록 파리 경찰 수뇌부에 지시했다. 경찰청장 그리모는 그 같은 조치가 어떤 결과를 초래할지 모른다고 생각하고는 서면으로 지시를 내려 달라고 요청했고, 그 요청은 받아들여졌다.[22]

그러나 다음 날이 되자 정부는 자신이 심각한 딜레마에 빠졌음을 깨달았다. 학생들의 용기와 경찰의 무자비한 야만성 때문에 학생들의 행동에 대한 대중적 공감대가 형성된 것이다. 노동조합 연맹들은 다가오는 월요일인 5월 13일에 하루 파업을 하고 파리에서 대중 시위를 벌이자고 호소했다.

이제 정부는 물러설 수밖에 없었다. 해외 순방 중이던 총리 조르주 퐁피두가 5월 11일 파리로 돌아왔다. 그는 곧바로 소르본 대학의 휴교령을 해제했고 구속된 학생들을 석방하라고 지시했다. 나중에 회고록에서 밝혔듯이, 그에게는 선택의 여지가 없었다.

일부 사람들은 … 내가 소르본 대학 휴교령을 해제하고 구속 학생을 석방함으로써 약한 모습을 보였고 그 때문에 사회 혼란이 계속됐다고 생각했다. 내 대답은 간단하다. 5월 13일 월요일까지도 여전히 소르본 대학이 경찰 보호 아래 휴교 상태였다고 가정해 보자. 당페르로슈로 광장으로 몰려나온 군중이 범람하는 강물처럼 그 앞의 모든 것을 휩쓸어 버리며 [학교로] 쳐들어오지 않았으리라고 어느 누가 확신할 수 있는가? 나는 학생들이 힘으로 소르본을 빼앗는 걸 지켜보느니 차라리 내주는 쪽을 택했을 뿐이다.[23]

그러나 퐁피두의 양보는 한 주 전 경찰의 행위가 무자비했을 뿐 아니라 효과도 없었음을 보여 줄 뿐이었다. 만일 하루만 더 빨리 양보했더라면 '바리케이드의 밤'과 뒤이은 모든 일은 일어나지 않았을지도 모른다. 정부는 급격히 신뢰를 잃었고 주도권은 시위대 쪽으로 기울고 있었다.

5월 13일 시위는 바로 이런 상황에서 벌어졌다. 그 시위의 규모를 정확히 파악하기란 사실상 불가능하지만, 100만 명에 달하는 시위대가 파리를 가로질러 행진했다. 어느 목격자는 그 도취감을 이렇게 묘사했다.

그들은 끝도 없이 대열을 이뤄 지나갔다. 모든 병원의 직원들이 하얀 가운을 걸친 채 시위에 참가했고, 일부는 "병원을 뛰쳐나간 환자들을 찾습니다" 하고 적힌 포스터를 들고 있었다. 모든 공장, 모든 주요 작업장이 참가한 듯했다. 철도 노동자, 우편배달부, 인쇄공, 지하철 노동자, 금속 노동자, 공항 노동자, 시장 일꾼, 전기 기사, 변호사, 재봉사, 은행 노동자, 건설 노동자, 유리 화학 노동자, 웨이터, 지방공무원, 도장공과 도배공, 가스 노동자, 점원, 보험사 직원, 환경미화원, 영화 제작진, 버스 운전사, 교사, 최신 플라스틱 산업 노동자 등 수많은 단체와 사람이 꼬리에 꼬리를 물고 이어졌다. 이들은 현대 자본주의 사회의 피와 살이고, 영원무궁할 대중이며, 하려고만 한다면 앞을 가로막고 있는 모든 것을 휩쓸어버릴 수도 있는 세력이었다.[24]

노동조합들은 하루 파업으로 들끓는 상황을 진정시킨 뒤 협상 테이블로 돌아가는 기존 전술을 재차 사용하려 했다. 그러나 이번에는 그런 전술이 먹혀들지 않았다. 즉, 일단 대중의 힘이 어렴풋하게나마 드러난 이상 운동은 계속될 수밖에 없었다.

총파업

계급투쟁의 특정 국면에서는 의식보다 자신감이 더 중요하다. 노동자들은 체제가 부패했고 자신들이 착취당한다는 것을 모르는 것이 아니다. 그러나 자신들의 집단적 힘으로 상황을 바꿀 수 있다고는 믿지 않는다. 1968년 5월 13일 전까지 많은 프랑스 노동자들이 바로 그런 상태에 있었다. 역설적이게도, 드골 정부의 예외적 성격을 강조한 좌파의 선전은 드골을 꺾을 수 없다는 생각을 강화하는 데 일조했을 것이다.

그러나 이제 상황이 바뀌고 있었다. 학생들은 정권이 양보하도록 강제할 수 있음을 입증했다. 5월 13일 하루 행동을 통해 노동자들은 자신들의 힘을 느꼈다.

이제 행동의 중심지는 파리에서 프랑스 서부 지역의 낭트로 이동했다. 5월 14일에 쉬드아비아시옹 항공기 공장 노동자들은 하루 행동으로는 충분치 않다고 판단했고, 무기한 공장 점거 파업에 들어가기로 결정했다. 어떤 면에서 이 행동은 자생적이었다. 어떤 전국적 노조 연맹이나 정치조직도 전면전을 호소하지 않았다. 그러나 그 자생성은 이 공장의 유서 깊은 전투성과, 더 특수하게는 몇 달 전부터 FO 지부의 소규모 트로츠키주의 그룹이 한층 더 일반화된 투쟁 형

태를 주장해 왔다는 사실에 뿌리를 두고 있었다.[25]

쉬드아비아시옹 점거는 처음에는 아무런 반향도 얻지 못했다. 좌파 성향이든 우파 성향이든 중앙 일간지들은 이 파업에 별 주의를 기울이지 않았다. 그러나 며칠이 지나지 않아 프랑스 전역의 공장에서 비슷한 점거가 일어났다. 흔히 그런 행동은 계획되지 않거나 자생적으로 시작됐다. 어느 파리 철도역의 조차장 사무소에 근무하는 한 젊은 노동자는 점거가 어떻게 시작됐는지를 다음과 같이 설명했다.

5월 17일 오후 6시 30분 우리가 야간 근무를 하러 출근했을 때, 몽파르나스 철도 노동자들이 파업에 들어갔다는 소식을 들었다 우리는 파업 찬반 투표를 할 필요도 없이 열정적으로 파업에 돌입했다. 사실 야간조는 대체로 젊은 노동자들로 이뤄져 있다. 경험이 부족한 탓에 첫날 저녁에는 사무소를 점거할 생각조차 하지 못했다. 다음 날 아침 일부 주간조 노동자들이 사무소에 들어오려 했고, 우리는 그들을 설득해야 했다. 그때서야 우리는 사무소를 점거하고 피케팅으로 파업을 사수해야 한다는 점을 깨달았다.[26]

오늘날의 평가들은 파업의 자생성을 훨씬 더 강조하곤 하는데, 이를 부정할 수는 없을 것이다. 어떤 집행위원회나 중앙위원회도 파업을 호소하기는커녕 그럴 생각조차 하지 않았다. 파업을 가능하게 만든 것은 수천 명의 평범한 활동가들이 보여 준 주도력과 단호함이었다. 그러나 순전히 자생적인 행동이란 없는 법이다. 다시 말해, 수백만 명의 노동자들이 아무런 지도도 없이 움직이지는 않는다. 초기 국면에서 결정적 구실을 한 것은 이러저러한 방식으로 파업을 확대하려 한 수천 명의 정치 활동가들이었다. 한 역사가는 당시 파업을 이렇게 설명한다.

르노 공단이 파업에 참여하게 된 것이 르노 플랭 공장 주변의 소규모 공장들에 결정적인 심리적 영향을 미쳤다. 그리고 여기에는 모든 소규모 공장을 순회하며 노동자들이 파업에 들어가도록 이끈 청년 노동자 단체들의 실천적 노력을 덧붙여야만 한다. 다른 곳의 경우, 단호한 정치 활동가들의 노력이 있었다. 낭트에서는 트로츠키주의 그룹인 국제공산주의조직(OCI)이 5월 초부터 — 그 전부터 그랬는지는 불확실하지만 — 학생·노동자·교사 총파업이라는 사상을 선전하고 있었다. 또, 리옹의 마오주의 학생들도 리샤르 콩티낭탈 중공업 공장에서 근무 교대하는 노동자들과 토론했는데, 일부 노동자들은 그곳에 남아 200~300여 명의 학생들과 현 상황에 대해 토론했다.[27]

파업이 확대되자 노조 관료들, 특히 초기에 크게 당황했던 CGT의 관료들이 나서서 파업을 독려했다. 파업이 자신들의 통제에서 완전히 벗어나지 못하도록 하기 위해서였다. 파업이 거침없이 확산되면서 투쟁의 전통이 없는 작업장들도 영향을 받았다. 시트로엥의 자벨 공장은 1952년 이후 처음으로 파업에 돌입했다.[28]

2주 만에 900만 명이 넘는 노동자들이 파업에 참가했다.[29] 모든 부문이 참가했다. 어느 목격자는 다음과 같이 말했다. "수요일에는 장의사들이 파업에 들어갔다. 지금 죽으면 곤란하다."[30]

총파업은 필연적으로 권력, 즉 공장과 사회와 국가 수준에서의 권력 문제를 제기한다. 프랑스 노동자들이 학생들의 본보기를 따라 작업장을 점거했다는 사실[31]은 파업에 새로운 차원의 의미를 더했다. 신성불가침한 재산권과 경영권이 위협받게 된 것이었다. 이 점은 쉬드아비아시옹 같은 가장 전투적인 점거 투쟁에서 매우 분명히 드러났다.

쉬드아비아시옹에서는 경영진 스무 명이 2주 넘게 감금당했다. 노조가 이들을 풀어 주라고 몇 차례나 호소했지만 소용이 없었다. 경영진은 사무실에 갇혔지만 테라스는 쓸 수 있었다. 그 가족들이 보내온 음식물과 침낭 등의 반입이 허용됐고 전화도 사용할 수 있었다. 스무 명이 넘는 파업 노동자들이 우중충한 분위기의 복도에 앉아 두 시간씩 교대로 이들을 감시했다. 처음에는 "이데올로기적 수고 없이 사장들에게 〈인터내셔널가〉를 가르치기 위한 효과적 방법으로" 확성기를 통해 〈인터내셔널가〉를 틀었지만, 노동자들 자신이 더는 견딜 수 없게 되자 그만뒀다. 경영진에게 여러 제약이 가해졌다. 그들은 감시자 없이 화장실에 갈 수 없게 됐고 음식물 반입도 제한돼 닭 요리 같은 것 대신 파업 노동자들과 똑같은 음식을 먹어야 했다. 총회가 열릴 때마다 경영진을 풀어 줄지 말지를 결정하는 투표가 있었다.[32]

그러나 총파업을 통해 분출한 거대한 힘은 여러 문제도 낳는다. 어느 부문별 파업의 경우 대개 그 목표는 파업에 불참하는 작업장이 나오길 바라는 고용주나 관료의 농간에 맞서 생산을 완전히 중단하는 것이다. 그러나 만약 전체 노동자가 일제히 일을 멈춘다면, 노동계급 자신이 아사 위기에 직면하게 될 것이다. 따라서 총파업에서는 필연적으로 통제의 문제가 등장한다. 즉, 일부 생산과 서비스는 유지돼야 하지만 어떤 생산과 서비스를 어떻게 유지할지는 노동자들이 결정해야 한다.

5월 투쟁의 마지막 몇 주 동안 이런 문제들이 표면으로 떠올랐다. 많은 경우 파업 노동자들은 전면적이든 부분적이든 계속 서비스를 제공했다. 가스와 전기 노동자들도 파업에 합류했지만 공급은 유지했다. 몇 차례 경고 차원의 일시적 단전은 있었다.[33] 상수도 노동자들도 파업위원회의 지시를 받아 파리에 계속 물을 공급했다.[34] 식품의 경우 몇 차례 잠시 공급이 중단된 뒤 평소처럼 파리에 안정적으로 식품을 공급하도록 하는 협정이 맺어졌다.[35] 파리 중심부의 체신 노동자 파업위원회는 생명이 위급함을 알리는 긴급 전보를 배달하는 데 합의했다.[36] CGT 소속 인쇄 노동자들은 상황의 엄중함을 고려할 때 철저히 정부 통제를 받는 텔레비전과 라디오가 정보를 독점하는 것은 바람직하지 않으며, 따라서 신문이 "자기 본연의 임무인 정보 전달 활동을 공정하게 수행"한다는 조건으로 신문 발행을 계속하는 데 합의한다는 성명을 발표했다.[37] 몇몇 경우에 인쇄 노동자들은 헤드라인 교체를 요구하거나, 〈르 피가로〉나 〈라 나시옹〉 같은 우파 신문들이 이런 조건을 위반했을 때는 아예 신문 인쇄를 거부했다.[38]

서비스 제공의 유지에 관한 그 모든 전술적 결정을 이제 와서 돌이켜 평가하기는 어렵다. 중요한 사실은 노동자들과 그 조직들이 결정하고 있었다는 것이다. 즉, 무엇이 긴급한 일인지, 무엇이 객관적 보도인지를 결정한 것은 바로 **노동자들**이었다. 평상시 당연시됐던 생활필수품들이 이제 확연히 인간 노동의 산물로 드러났다.

그러나 일부 경우에 노동자들이 수중에 있는 권력을 철저히 활용하지 않았다는 결론을 부인할 수 없다. 적어도 전기 공급을 중단하겠다고 위협하는 것보다는 훨씬 더 나아갈 수 있었을 것이다. 인쇄 노동자들은 부르주아 신문을 완전히 침묵시킬 수도 있었고, 점거한 인쇄소를 이용해 노동자의 관점을 제공하는 신문을 발행할 수도 있었다(물론 당시 상황에서 이것은 해결하기 어려운 딜레마, 즉 학생들을 비난하고 노동자의 작업장 복귀를 획책하는 공산당 기관지 〈뤼마니테〉를 어떻게 할 것이냐는 문제를 제기했을 것이다).[39] 파업이 협상이라는 틀 안에 머물기를 바란 누주 관료들은 체제와의 정면 대결 과정에서 분출한 현장 조합원들의 힘을 결코 달가워하지 않았다.

몇몇 곳에서는 노동자들이 단순히 서비스 공급 수준 ― 전면적 또는 부분적 제공 ― 을 조절하는 단계에서 더 나아갔고 전체 생산과정을 자신들의 통제 아래 두려 했다. 에르네스트 만델이 쓴 글에 몇 가지 중요한 사례가 기록돼 있다.[40]

브레스트의 CSF 공장 노동자들은 생산을 계속하기로 결정했지만, 스스로 중요하다고 생각하는 것만을 생산하기로 했다. 특히 파업 노동자와 시위대가 무력 탄압에 맞서 스스로를 방어하는 데 필요한 무전기를 생산했다. …

뮈로의 시멘트 공장 노동자들은 총회에서 투표를 통해 공장장을 해고하기로 결정했다. 노동자들은 투표를 다시 하자는 사장의 제안을 거부했다. 그러자 문제의 공장장은 곧바로 그 회사의 다른 공장으로 전출됐다. 그러나 그 전출 간 공장의 노동자들 역시 뒤로의 동료 노동자들에 대한 연대 의식으로 즉각 파업에 돌입했고, 이것은 그 공장 역사상 최초의 파업이었다. …

생투앙의 원더 배터리 공장의 파업 노동자들은 파업위원회를 선출했고, CGT의 개혁주의 노선에 거부감을 나타내기 위해 공장에 바리케이드를 쌓아 노조 관료들의 출입을 막았다. …

사클레 핵 에너지 센터 노동자들은 파업을 계속하기 위해 공장 자재를 징발했다. …

파리의 시트로엥 공장들에서는 파업 노동자들에게 제공하기 위해 트럭을 징발했는데, 그나마 이것은 초기에 취한 별반 대단치 않은 조치였다.

어떤 곳에서는 파업 노동자들의 참여가 매우 높은 수준이었고, 노동자들이 파업을 완전히 통제했다. 한 젊은 활동가는 르노 플랭 공장의 파업을 이렇게 묘사한다.

도합 1000명 정도가 파업 피케팅에 참가했다. 그리고 매일 아침 열린 집회에도 그 정도 규모의 인원이 참가했다. 통근 버스가 운행되는 동안에는 매일 아침 최소 5000여 명이 모였다(그 공장 노동자 수는 1만 500명 정도였다).[4]

오를리노르 공항의 정비 공장에서는 능동적인 파업위원회가 파업 운영의 책임을 맡았다.

파업은 21일 동안(5월 17일부터 6월 6일까지) 지속됐고 모든 부서의 노동자들이 대부분 파업을 적극 지지했다. 선출된 합동파업위원회는 파업이 확산되면서 그 수가 늘어난 현장위원회 대표들과 날마다 만났다. 매일 아침마다 총회에서 3500명에 가까운 노동자들이 여러 노조 대표의 제안 설명을 들었고, 그에 대해 거수로 투표했다. 요구 사항 목록은 노조 관료들의 제안뿐만 아니라 현장위원회 대표들의 제안에 기초해 작성됐다. 파업 지속 결정이 내려진 것도 바로 이런 방식이었다. 각 현장위원회는 작업장에서의 근무 교대, 안전, 출입구와 초소 경비, 음식물 조달, 연료 쿠폰 배급 등을 조직하는 책임을 맡았다. 그러나 동시에, 각 노조도 자신의 조직을 유지하며 활동을 계속했다. 따라서 작업장과 공장 수준에서도 개별 노조원들과 대표자들은 자신들의 조직에서 이미 상세히 논의되고 다듬어진 제안을 내놓고 있었다. 그러므로 노조들이 운동을 확고히 통제하고 있었던 게 분명하다. 사람들은, 항공기 수리 업무에 관해 솔직히 말하자면, 조직이 효율적으로 운영되고 장비도 잘 관리되고 있으며 '평소'보다 낫다고까지 말했다! 이 경우 효율성과 규율은 나무랄 데가 없었다. 파업위원회의 주도력을 보여 주는 또 하나의 흥미로운 사례는 여성 노동자들에게 공장 단위로 결집해 자신들 나름의 '실행위원회'를 만들라고 호소한 것이었다.[42]

안타깝게도, 이것이 이야기의 전부는 아니다. 1968년 5월은 노동자 권력의 몇몇 탁월한 사례를 보여 주지만, 동시에 노동운동에 대한 노조 관료의 통제력 역시 매우 분명히 보여 준다. 노조 지도부 — 특히 CGT — 는 파업이 통제를 벗어나 자신들의 정치적 의도와 어긋나는 방향으로 발전하는 일이 없어야 한다고 굳게 마음먹고 있었다. 그들은 파업에 대한 통제를 강화해 파업을 통해 분출한 노동계급 창조성의 거대한 잠재력을 질식시켰다.

극소수의 작업장에서만 민주적으로 선출된 파업위원회가 파업을 이끌었다. 대다수 작업장에서는 기존 노조 기구가 파업위원회를 건설했고, 당연히 기존 노조 활동가들과 대표들로 파업위원회가 구성됐다. 파업을 통해 새롭게 급진화하거나 자신감을 얻은 사람들에게는 — 이 사람들이 가장 창의적이고 능동적이었을 텐데도 — 아무런 직책도 주어지지 않았다. 얼굴이 알려진 혁명적 사회주의 그룹의 회원들도 용의주도하게 배제됐다.

이것은 이중으로 불행한 일이었다. 많은 작업장에서 소수의 노동자들만이 노조에 가입돼 있었기 때문이다. 900만 명의 파업 노동자 중 대략 300만 명만이 노조원이었다. 총파업 시기에 노동자들에게 진작에 노조에 가입했어야 한다고 훈계하는 것은 터무니없는 짓이었다. 오히려 모든 수단을 강구해 이 노동자들을 행동에 끌어들여야 했다. 그리고 그렇게 했다면 적어도 그중 상당수는 노조에 가입했을 것이다. 그러나 노조 관료들은 자신들의 통제력이 무슨 천부의 권리라도 되는 양 이를 고수하는 쪽을 택했다.

더욱이, 노조 관료들은 공장 안에서 정기적으로 대중 집회를 여는 것에도 전혀 열의가 없었다. 그들이 보기에, 이것은 자신들의 전략에 도전할지도 모를 혁명적 부위에게 강연장을 제공하는 셈일 뿐이었다. 마찬가지로, 적극적인 피케팅도 많은 노동자들이 혁명적인 학생들과 접촉하게 될 위험이 있었다. 그래서 많은 경우 파업위원회 자신이 점거 유지를 책임졌고, 나머지 노동자들은 집으로 돌려보냈다. 노동자들이 집에서 부르주아 언론과 정부가 통제하는 라디오와 텔레비전에 노출됐음은 물론이다.

이런 상황에서 많은 청년 노동자들이 — 실제로 배척당하지 않은 곳에서조차 — 공장을 외면한 것은 놀라운 일이 아니다. 그들은 학생 시위와 소르본 대학 등에서 계속된 대중 집회에 참가하는 것을 통해 더 큰 자극을 받았다. [반면] 흔히 공장은 노동계급의 요새이기는커녕 소수의 노조 상근자들이 차지한 텅 빈 껍데기나 다름없었다.[43] 따라서, 여러 가지 점에서 1968년 5월은 1936년 6월에 미치지 못했다. 1936년에 인민전선 정부의 등장은 공장 점거를 동반한 대중 파업으로 이어졌다. 당시 노조 운동은 덜 안착돼 있었고, 자생적 조직은 훨씬 더 멀리 나아갔다.

당연하게도, 5월 말 무렵에는 사기 저하가 시작됐다. 관료들은 바라던 바를 이뤘고, 그 대가는 역사상 가장 강력한 노동자 운동 중 하나가 될 수 있었던 운동이 와해되는 것이었다.

권력을 향한 모색

대부분의 작업장에 민주적으로 선출된 파업위원회가 있었다면, 그것을 토대로 1917년 러시아의 소비에트 같은 노동자평의회들의 네트워크가 등장할 수도 있었을 것이다. 그것이 존재하지 않았기 때문에, 당시 고조되던 민주적 통제를 향한 열망은 실행위원회를 통해 드러났다. 이 기구는 5월 중순부터 우후죽순 급조됐는데, 대의원이나 대표자도 두지 않으려 했고 노동조합과의 공식적 연계도 거부했다. 이 기구는 실무적·정치적 과제를 해결하기 위해 모인 활동가들의 소규모 모임들에서 발전했으며, 흔히 혁명적 투사들에 의해 주도됐다. 일부는 지역에, 일부는 작업장에 기반을 두고 있었던 반면, 나머지는 명백히 노동자와 학생의 공동 기구로서 건설됐다.[44]

총파업이 확대되면서 실행위원회의 수는 빠르게 늘어났다. 5월 19일 파리에서 개최된 집회에는 약 148개의 실행위원회가 참석했다. 5월의 마지막 주에는 파리에만 450개의 실행위원회가 있었고, 나머지 지역에도 수백 개가 더 있었다(공산당과 통합사회당(PSU)에 의해 건설된 실행위원회는 이 수치에 포함돼 있지 않다. 이 실행위원회들은 공산당과 통합사회당의 당 조직을 그대로 옮겨 놓은 것에 불과했다). 실행위원회는 그 속성상 깨지기 쉽고 오래 못 가는 경우가 많았지만 여러 모임과 조정 기구가 실행위원회와 연관을 맺었다.

실행위원회에 공식적으로 규정된 업무란 존재하지 않았다. 오히려 그때그때 상황의 필요에 맞춰 대응했다. 기본적으로 실행위원회의 활동은 크게 두 가지로 나뉘었다. 첫째, 파업 때문에 필요해진 실무적 일들을 처리했다. 실행위원회는 거리에 쌓인 쓰레기를 치우고, 대중교통이 운행되지 않는 곳에서 차량을 함께 타도록 조직했다. 파업 노동자들의 가족을 위한 모금도 했다. 무엇보다, 일부 지역에서는 실행위원회가 식량 공급을 조직했는데, 이따금 폭리를 취하는 중간상인을 건너뛰어 농민과 직접 거래했다. 둘째, 실행위원회는 소식을 알리고 선전하는 일을 했다. 엄청나게 많은 유인물을 작성하고 복사하고 배포했다. 포스터를 만들어 곳곳에 부착했다. 거리 회합을 조직하고, 영화를 상영하고, 사진 전시회(예컨대 경찰 폭력에 대한)를 열었다.[45]

한 참가자는 파리의 일부 실행위원회의 활동을 다음과 같이 묘사했다.

우선, 이런 실행위원회는 파리는 물론 때로는 플랭처럼 멀리 떨어진 곳에서 벌어지는 투쟁의 예기치 못한 상황에도 대처해야 했다. 이를 위해 우리는 빠르고 효과적으로 소식을 전달할 수 있도록 해야 했다. 투쟁에 참가한 학생들이 자신들의 메시지를 널리 알리고 고립을 피할 수 있는 길은 되도록 많은 지역 주민에게 알리는 것뿐이었다. 당시에는 누구든 일단 경찰이 하는 짓을 보고 나면 기꺼이 시위대에게 연대를 표시하려 했고 다음 행동에 참가하려고 했다. 먼저, 사람들은 부상자 간호를 돕고, 기금을 모았다. 그리고 무엇보다 농성 중인 파업 노동자들에게 양식을 공급하는 일을 맡아 처리했다. 예컨대, 파리 제13구 한 곳만 해도 매주 거의 2톤의 과일과 야채가 배급됐다. 또, 우리는 연대를 위한 모임을 열고 파업 사수 활동을 지원하고 파업 지지 포스터를 제작하는 등 파업 노동자들을 직접 지원했다. 지역 차원에서는 잘 알려진 장소에 정보 교류와 토론을 위한 상설 센터를 설치해 운영했다. 날마다 집회에 참가하고 온 사람들은 개인적 경험과 파리 나머지 지역의 사정 그리고 파업 참가자들이 잘해 나가고 있는지를 설명했다. 필요할 경우, 수천 명의 활동가가 한 시간 안에 집결하는 것이 가능했다(2800명에서 3500명에 달하는 사람들이 공장동원상설위원회의 소집에 응해 6월 3일 월요일 오전 9시부터 6월 5일 수요일 오후 1시까지 대기했다).[46]

실행위원회의 자생성은 강점인 동시에 약점이었다. 당연히 활동가들은 어떤 정치조직이든 실행위원회를 장악하거나 조종하는 것을 마뜩찮아했다. 그러나 이런 태도는 종종 정치조직 자체를 적대하는 데까지 나아갔다. 그 결과 다양한 조직의 구성원을 결집하는 공동전선 기구로서 활약할 수도 있었을 실행위원회가 스스로 정당을 대리해 행동하려 애쓰는 상황이 벌어졌다. 일단 운동이 침체하기 시작하자 실행위원회는 정치적 논쟁 — 예컨대, 1968년 8월에 벌어진 러시아의 체코슬로바키아 침공에 대한 태도를 둘러싼 논쟁 — 으로 마비되곤 했다. 실행위원회는 투쟁의 분출 속에서 태어났지만, 투쟁이 가라앉자 그와 함께 시들었다.[47]

운동이 학생들에게서 처음 노동자들에게 확산된 곳도, 그리고 이 운동이 최고조에 이른 곳도 모두 낭트였다. 5월의 마지막 주에는 사실상 노동자 조직들이 낭트를 운영했다. 경찰과 정부는 무기력하게 수수방관하기만 했다. 하나의 도시에 두 개의 권력이 존재한 사례였던 것이다.

5월 24일에는 낭트 교외의 농민들이 도시로 통하는 모든 주요 도로에 바리케이드를 쌓았다. 이것은 농민 단체가 농민의 요구를 알리고 노동자와 학생에 연대하기 위해 조직한 이른바 '경고의 날' 행동의 일환이었다.[48] 그 뒤 트럭 운전사 등의 운수 노동자들이 이 바리케이드를 책임졌고, 이들은 그다음 주 내내 중고등학교 학생들, 대학생들과 함께 도시를 왕래하는 모든 교통을 통제했다.

노동자들은 연료의 공급도 통제했다. 노동자들의 허가 없이는 어떤 유조 트럭도 낭트에 들어올 수 없었다. 시내에서 유일하게 작동하는 급유기에는 파업 사수대가 배치됐는데, 이곳에는 의사들이 쓸 연료가 비축돼 있었다.[49]

주변 지역의 농민 단체들과 교류가 이뤄졌고 이 덕분에 식량 공급이 가능해졌다. 중간 유통 단계를 없앴기 때문에 상당히 큰 폭으로 가격을 인하할 수 있었다. 평소 80상팀에 팔리던 우유 1리터가 50상팀으로 인하된 가격에 판매됐고, 감자 1킬로그램은 70상팀에서 12상팀으로, 당근 1킬로그램은 80상팀에서 50상팀으로 할인돼 팔렸다.[50] 이 기간에는 폭리를 취득하는 영업이 이뤄지지 않는다고 확인하는 조치로 상점들이 창문에 다음과 같은 내용의 스티커를 붙여야만 했다. "이 상점은 영업 허가를 받은 곳입니다. 이곳의 가격은 노동조합의 지속적 감독을 받고 있습니다." 이 스티커에는 사실상 지자체의 도시 행정을 맡게 된 중앙파업위원회 내의 세 노조, 즉 CGT, CFDT, FO의 서명이 있었다.[51]

학교가 문을 닫았기 때문에 교사들은 학생들이나 다른 사람들과 함께 탁아소, 놀이방, 무료 급식소 등 파업 참가자 자녀들을 위한 활동을 조직했다. 여성들은 파업 참가자로서뿐 아니라 가정주부로서도 대단히 능동적이었다. 파업 참가자 아내들의 위원회가 결성됐고, 이들은 식량 수급을 조직하는 데서 주도적 구실을 했다.

낭트(와 그 정도에는 미치지 못한 다른 도시들)의 경험은[52] 관료와 착취자가 없이도 스스로 삶을 운위할 수 있는 노동계급의 잠재력을 보여 준다. 물론 한계 — 특히 공장 내 노동자 통제가 발전하지 않았다는 점 — 가 존재했고, 이 모든 체험은 5월 막바지 무렵에는 끝나게 된다. 그렇지만 낭트의 경험은 어느 평범한 지방 도시에서 구현된 혁명적 잠재력의 사례로 남을 것이다.[53]

비등하는 사회

1968년 5월의 프랑스에서 가장 흥미로운 일 가운데 하나는 사상과 견해가 한 부문에서 다른 부문으로 급속히 퍼져 나가는 방식이었다. 학생의 급진주의는 그에 노출된 젊은 노동자들을 금방 사로잡았다. 어느 르노 노동자는 이렇게 설명했다.

5월 들어 처음 며칠 동안 나는 저녁마다 대여섯 명의 노동자 — 주로 공산당원이었다 — 를 차에 태우고 소르본 대학으로 갔다. 다음 날 공장으로 돌아왔을 때 그들은 완전히 딴 사람이 돼 있었다. 그들은 공산당에서 받지 못했던 정치 교육을 학생들과 '서클들'을 통해 받았다. 공장의 권위주의적 분위기와는 사뭇 달리 대학에는 완전히 자유로운 분위기가 존재했다. 학생 시위에서는 사람들이 자기 나름의 구호를 자유롭게 창안해 낼 수 있었다. 공식적 노조 시위에서는 중앙에서 결정된 특정 구호만이 허락됐다. 르노 공장이 점거됐을 때 노동자들은 최신 통제 기법을 이용한 경영자들의 통제가 공산당 관료의 통제로 바뀌는 것을 경험했는데, 그것은 완전히 권위주의적이었다. 르노에서는 그들의 자유가 무시당했지만 소르본 대학에서는 자유가 느껴졌다. 노동자는 소르본 대학에 가면 영웅 대접을 받았다. 반면 르노 공장에서는 하찮은 존재일 뿐이었다. 대학에서 노동자는 비로소 한 명의 인간이 됐다. 인간으로 대접받는 느낌을 준다는 점에서 이런 자유로운 분위기는 젊은 노동자들에게 엄청난 투쟁 의지를 불러일으켰다.[54]

파리 의과대학 벽에는 다음과 같은 슬로건이 쓰여 있었다. "우리가 강해야만 두려움을 느끼는 사람들이 우리 편에 설 것이다."[55] 어떤 계급투쟁에서든 사회의 압력에 짓눌리거나 겁을 집어먹은 채 어정쩡한 태도를 취하는 사람들이 있기 마련이다. 사회운동이 앞으로 나아간다면 이런 사람들을 끌어들이는 것은 물론이고 스스로 해방을 꿈꿀 수 있도록 도움을 줄 것이다. 그러나 운동이 도중에 멈춘다면, 이들은 기존 질서의 편으로 황급히 되돌아갈 것이다. 1968년의 프랑스는 이러한 과정의 교과서적 본보기다.

5월 총파업에는 전통적 공업 부문 노동자뿐 아니라 상대적으로 평온한 시기에는 자신을 '중간계급', '전문직'이나 그 비슷한 것으로 여길 법한 사람들도 많이 참여했다. 1만 명의 직원 가운데 압도 다수가 연구원, 기술자, 엔지니어, 대학의 연구 조교인 사클레 핵 연구 센터가 노동조합 쟁점뿐 아니라 권력과 통제라는 근본적 문제를 제기하며 매우 선진적인 파업을 벌일 수 있었던 것도 바로 이 때문이었다.[56] 의료계에서는 병원과 의과대학 내의 낡아 빠진 위계제 전통에 의문을 제기하는 열띤 논쟁이 벌어졌다. 이 논쟁은 심지어 가톨릭 교단에도 영향을 끼쳐, 파리에서는 젊은 가톨릭 신자들이 라탱 지구의

한 성당을 점거하고 미사 대신 토론을 요구했다.[57] 파업이 끝난 뒤, 이러한 급진주의는 사라져 버리거나 현대화라는 순전히 개혁주의적인 과정으로 흡수됐지만, 잠시나마 이러한 사회 부문에서 얼마나 엄청난 혁명적 변화가 일어날 수 있는지를 언뜻 보여 준 셈이었다.

교육, 스포츠, 연예계와 언론 모두가 영향을 받았다. 대학생들 사이에서 시작된 운동은 이내 중고등학생들을 끌어들였고, 모든 수준에서 엄청나게 집중되고 형식에 치우친 프랑스 교육의 구조에 맞선 일련의 도전이 촉발됐다. 5월 22일에는 축구 선수들이 프랑스축구연맹 본부를 점거했는데, 사무총장을 감금하고는 붉은 깃발과 "축구 선수를 위한 축구"라고 적힌 팻말을 내걸었다.[58] 폴리베르제르 극장에서는 무용수와 무대 담당자, 분장실 직원 300여 명이 파업을 벌이고 극장을 점거했다.[59]

총파업은 자본주의적 착취의 토대에 도전할 뿐만 아니라 사회에 내재된 여러 형태의 억압을 전면에 드러내기도 한다. 1968년 5월에 이 말은 특히 이주 노동자와 여성에 대한 억압을 가리켰다.

1968년 프랑스에는 남유럽과 북아프리카, 서인도제도에서 온 대략 300만 명에 이르는 이주 노동자들이 있었다. 이들의 처지는 전투성이 발전하는 데 불리할 수밖에 없었다. 많은 이주 노동자들이 회사 기숙사에서 생활했는데, 기숙사는 과밀한 데다 비위생적이었다. 게다가 기숙사 방문 금지, 신문 구독 금지, 심지어 어떤 경우에는 식사 중 대화 금지 따위의 엄격한 규율이 부과됐다.[60] 시트로엥에서는 같은 언어를 사용하는 노동자들이 함께 있지 못하게 이주 노동자들을 국적에 따라 [섞어서] 생산 라인에 배치했다.[61] 만일 이주 노동자들이 너무 전투적이다 싶으면, 기업은 언제든 경찰을 데려와 그들의 노동 허가증을 빼앗게만 하면 됐다.[62]

그러나 이러한 어려움 속에서도 이주 노동자들은 운동에서 상당히 중요한 구실을 했다. 르노 플랭 공장에서 파업 사수대가 처음 만들어졌을 때, 많은 이주 노동자들이 참가했다.[63] 파리의 5월 13일 시위에도 전례 없이 많은 서인도제도 출신 이주 노동자들과 포르투갈 이주 노동자 단체들이 참가해 "프랑코,* 드골, 살라자르**는 살인마다!" 하고 외쳤다.[64]

해고의 위협 때문에 그 뒤 이주 노동자들의 시위 참가가 줄어들었지만 투쟁은 계속됐다. 5월 말에 '프랑스 식민지령 출신 노동자학생실행위원회'는 이민자지원국(BUMIDOM)[65] — 서인도제도와 프랑스령 레위니옹 섬, 프랑스령 기니 출신 노동자의 프랑스 이주를 관할하는 국가기관 — 파리 본부를 점거했다. 이들은 이민자지원국이 수천 명의 젊은 노동자들을 프랑스로 데려오는 '현대판 노예무역'을 자행하고 있고, 이 때문에 모국의 발전이 지체되는 한편 프랑스에서는 저임금과 실업이 확대되고 있다고 고발했다.[66] '마그레브 출신자 실행위원회'는 (비록 이 실행위원회에 실제로 어떤 기반이 있었는지는 알 수 없지만) 북아프리카 출신 노동자들에게 파업 지지를 촉구하고 튀니지, 알제리, 모로코의 독재 정부를 비난하는 유인물을 배포했다.[67]

틀림없이 파업은 프랑스 노동자와 이주 노동자 사이의 단결을 강

---

* 스페인의 독재자.

** 포르투갈의 독재자.

화했다. 르노 플랭 공장의 어느 이주 노동자는 자신이 파업을 통해 얻은 것은 없었지만 그래도 파업은 반가운 일이었다고 말했는데, 파업 전에는 완전히 외톨이였다가 이제 모두와 친밀해졌다는 게 그 이유였다.[68] 6월 19일 르노에서는 재계약을 하지 않겠다는 사측의 협박에 맞서 이주 노동자들을 방어하기 위한 파업이 벌어졌다.[69] 5월 투쟁의 전반적 국제주의 정서는 콩방디에 대한 우익의 공격에 맞서 학생들이 외친 "우리는 모두 독일계 유대인이다"라는 구호에 잘 드러났다.

그러나 여성 억압에 관한 쟁점은 훨씬 덜 부각됐다. 많은 혁명적 구호의 어조에는 마초적 태도가 배어 있었고("혁명을 하면 할수록, 더욱 섹스가 간절하다"), 일부 구호는 명백히 성차별적이었다("강간과 폭력 만세").[70] 한편, 낭테르 대학에서 있었던 화장실과 세면장의 남녀 구분 철폐가 정치적으로 썩 중요한 일이었다고 하기도 어렵다.[71] 점거한 공장에서 노동자들을 집으로 돌려보내는 상황이다 보니 전업주부들을 운동에 끌어들이려는 시도도 거의 없었다. 학교와 대중교통이 멈췄기 때문에 많은 여성들이 평소보다 훨씬 더 집에 묶여 있을 수밖에 없었을 것이다.

그런데도 투쟁이 최고조에 달했을 때 여성들은 운동에 깊숙이 참가했다. 목격자들에 따르면, 5월 10일 바리케이드 전투에 많은 여학생들이 참가해 싸웠다.[72] 앞서 봤듯이, 여성들은 낭트 파업위원회의 활동에서 핵심적 구실을 했다. 오를리노르 공항 정비 공장에서는 파업위원회가 여성 노동자들에게 스스로 실행위원회를 구성하도록 독려했다.[73]

'여성해방' 사상은 1968년 프랑스에서 그리 큰 주목을 받지 못했고, 5월의 흥분된 분위기에서도 발전할 기회를 거의 얻지 못했다. 그러나 해방과 자주적 조직을 강조하는 5월의 정신이 그 뒤 몇 년 동안 프랑스에서 발전하게 될 여성운동의 토대가 됐다는 데는 의심의 여지가 없다.

많은 학생들에게 영감의 원천은 중국의 '문화혁명'(또는 학생들이 상상한 문화혁명)이었고, 5월 프랑스에서도 일종의 문화혁명이 일어났다고 할 수 있을 것이다. 전통적인 문화적 관습은 위기에 빠졌다. 오케스트라가 파업했고 칸 영화제가 취소됐다. 예술가, 저술가, 음악가는 자신들의 사회적 역할을 재평가하기 위해 토론회를 열었다.[74] 장 폴 사르트르, 마르그리트 뒤라스와 여러 저술가들은 소르본 대학생들 앞에서 지지 연설을 했다.[75] 오데옹 극장이 점거됐고 상설 토론장이 됐다. 장 주네 등 여러 사람이 이곳을 방문했다. 그곳에는 다음과 같은 구호가 쓰인 현수막이 걸려 있었다. "국회가 부르주아 극장이 됐으니, 모든 부르주아 극장은 국회가 돼야 한다."[76] 소르본문화선동위원회는 19세기 중엽의 화가 퓌비 드 샤반이 그린 의(擬)고전주의 풍의 프리즈* 위에 석고를 발라 버리자는 제안을 가까스로 부결시켰다.[77]

그러나 전통문화에 대한 이러한 도전들보다 더 의미심장한 것은 운동이 자신의 문화적 형식을 창출해 내기 시작하는 방식이었다. 실행위원회는 거리와 지하철 역사에 부착할 벽보를 제작해 주류 언론의 거짓 선전을 반박했다.[78] 파업 중인 텔레비전 방송국 기자와 기술자들

---

* frieze. 건축물의 외면이나 내면에 붙인 띠 모양의 장식물.

은 정치 집회나 모임에서 상영할 영상물을 만들었다. 예술을 공부하는 학생들은 '민중 작업장'을 만들었는데, 이 작업장은 350여 종의 포스터를 10만 부 이상 찍어 냈다.[79] 더 개별적인 — 그러나 1968년 5월에는 전형적이었던 — 창의성은 파리 소재 대학들의 벽을 뒤덮은 구호에서 드러났다.[80] 일부 구호들은 운동의 정신을 절묘하게 포착("금지하는 것을 금지한다")한 반면 또 다른 구호들은 정치적 정통을 반어적으로 비꼬기도 했다("나는 그루초 경향의 마르크스주의자요").[81] 많은 구호들이 앙드레 브르통 같은 초현실주의 시인의 작품이나 상황주의자 같은 1960년대 문화 혁명가들의 저작에서 유래했다.

위기에 빠진 국가

사회가 심각하게 동요하고 있었지만 자본의 지배는 여전했다. 권력의 위계질서가 작업장과 거리에서 도전받았지만 국가기구는 여전히 건재했다. 5월 마지막 주가 되자 운동은 중대한 갈림길에 도달했다. 즉, 운동이 계속 앞으로 나아가려 한다면 계급 지배 기구 전체에 맞서야 했다. 총리였던 퐁피두가 회고록에 썼듯, 판돈이 매우 컸다.

위기는 말할 수 없이 심각하고 깊었다. 정부가 버티느냐 전복되느냐 하는 상황이었다. 개각만으로는 위기를 모면할 수 없었다. 문제는 내 자리가 아니라 드골 장군, 즉 제5공화국이었고, 상당 정도 공화국 통치 자체가 걸려 있었다.[82]

체제는 경제적으로 심각한 곤경에 빠졌다. 사람들은 가방 가득 돈을 챙겨 벨기에나 스위스 국경을 넘고 있었다. 전 세계 상업은행들은 프랑스 프랑화(貨)로 이뤄지는 거래를 거부했다. 그리고 "프랑스 중앙은행에 전화를 해도 누군가 전화를 받을지 확실치 않았다."[83] 주말인 5월 25~26일에 정부는 노조 지도자들과 포괄적 협상을 벌였고, 파업이 끝나길 바라며 상당한 양보를 했다. 그러나 5월 27일 월요일이 되자, 처음엔 르노 노동자들이, 그다음엔 다른 대공장 노동자들이 정부 측 양보안이 불충분하다며 거부했다. 노조 지도자들은 파업을 지속하는 수밖에 없었다.

5월 24일 드골은 1958년 이래 권력을 유지하기 위해 몇 차례 써먹었던 수법, 즉 국민투표 제안을 꺼내 들었다. '참여'라는, 유명한 드골주의 만병통치약과 함께 무척 모호하고 어설픈 교육·사회·경제 분야 개혁 방안이 제안됐다. 드골은 이 투표가 자신에 대한 신임투표이며, 투표에서 지면 사임할 것임을 분명히 했다.[84]

노조들은 국민투표가 해결책이 될 수 없다고 분명히 밝혔지만 — CGT의 세기는 "노동자들이 원하는 것은 더 좋은 생활수준과 노동조건이지 국민투표가 아니다" 하고 발표했다[85] — 국민투표의 공식적 보이콧을 주장하지는 않았다. 그러나 국민투표는 현실적으로 불가능한 것으로 드러났다. 프랑스에는 국민투표에 쓰일 투표용지를 제작하려는 인쇄소가 단 한 곳도 없었다. 투표용지를 벨기에에서 만들려는 시도는 벨기에 인쇄공들이 프랑스 노동자들과의 연대를 밝히며 거부했기 때문에 무산됐다.[86] 5월 30일 방송에서 드골은 국민투표가 "물리적 방해"를 받고 있어서 연기할 수밖에 없다고 시인해야 했다.[87]

정부가 선택할 수 있는 카드는 줄어들고 있었고, 노동자와 국가 억압 기구들 사이의 정면충돌 가능성이 어느 때보다 높아 보였다. [그러나] 이 점에서도 정부는 문제를 안고 있었다. 분명 정부는 상당한 규모의 '무장 병력'을 보유하고 있었다. 악명 높은 진압경찰인 CRS 1만 3500명을 포함해 여러 무장한 경찰 병력이 대략 14만 4000명이었다. 또한, 프랑스와 서독에 약 26만 1000명의 군인이 주둔하고 있었다. 이것은 명백히 위압적인 무력이었다. 그러나, 이들이 900만 노동자의 일을 대신하거나 노동자를 죄다 총부리로 위협해 억지로 일하게 만들 수는 없었다. 게다가 군대가 대개 징집병으로 이뤄졌기 때문에 대부분의 병사들은 가족 중에 파업 노동자가 있었을 것이고, 따라서 파업 파괴자 노릇을 하고 싶어 하지 않을 터였다. 오직 운동이 퇴조하고 파편화될 때라야 특정 작업장의 점거를 분쇄하는 데 무장 병력을 사용하는 것이 가능했다.

게다가 5월 내내 경찰과 군대 기층에서는 상당한 불만의 징후가 나타나고 있었다. 5월 둘째 주와 셋째 주에 경찰노조의 대표자들은 정부의 상황 대처를 비판하는 성명을 몇 차례나 발표했다.[38] 그들은 특히 퐁피두가 5월 11일에 발표한 성명이 불만스러웠는데, 많은 경찰들은 정부의 후퇴가 정부의 명령을 수행한 사람들을 저버리는 것이라고 느꼈다. 전체 경찰의 80퍼센트를 대표하는 어느 경찰노조는 5월 13일에 다음과 같은 성명을 발표했다.

[우리는] 총리의 담화가 학생들의 정당성을 인정하는 것이고, 따라서 정부의 명령에 따른 경찰력 행사를 완전히 부정하는 것이라고 생각한다.

이런 정황을 고려할 때, 작금의 유감스런 충돌이 있기 전에 학생들과 효과적 대화를 모색하지 않았다는 사실은 어이없는 일이다.[69]

이후, 그 주에 파리 경찰노조의 한 지도자는 라디오 룩상부르의 청취자들에게 다음과 같이 말했다. "노조 총회에서 총리의 태도에 반대해 경찰이 파업을 벌여야 한다는 요구가 빗발쳤다."[70] 또, 경찰은 자신들 나름의 부문적 요구도 제기했는데, 〈타임스〉의 보도에 따르면, "학생 활동을 취급하는 정보 부서가 수당 지급을 요구하며 학생 지도자들에 대한 정보를 일부러 누락해서 보고했다."[71]

물론 이런 일들이 파리 경찰이 혁명 진영으로 넘어오는 문턱에 있었음을 시사하는 것은 결코 아니다. 의심할 여지 없이 많은 경찰들은 학생들에게 완전히 무제한적인 폭력을 휘두를 권한을 얻고 싶어 했다. 그러나 불만에 차 있고 사기가 꺾인 경찰력이 정부의 파업 분쇄정책의 든든한 지원 세력이 될 가능성은 거의 없었다.

노동조합의 권리가 없는 군대 내의 불만을 상세하게 기록하기란 더 어렵다. 그렇지만 5월의 분위기가 군대라고 그냥 비켜 가지 않았음은 분명하다. 5월 마지막 날 핵실험을 위해 태평양으로 항해하던 항공모함 클레망소에서 선상 반란이 일어나 툴롱으로 회항했다는 보도가 있었다. 당시 세 가족은 자식들이 "항해 중 실종됐다"는 통보를 받았다.[72] 또, 군대 안에서 실행위원회(1970년대 중반에 생겨난 사병위원회의 선구자라고 할 수 있다)를 조직하려는 움직임도 일부 있었다. 예컨대, 스트라스부르 근처 무지크에 주둔하는 제153기계화 보병연대 병사들이 발행한 전단에는 다음과 같은 구절이 있다.

군사훈련은 모두에게 동등한 권리여야만 한다. 군사훈련과 성교육은 행정구역별·지역별·연령별로 어린 시절부터 시작되는 국민교육의 일부로 자리 잡아야 하며, 현재 대학이나 중고등학교에서 필요한 원리와 마찬가지로 대화와 공동 운영의 원리에 따라 이뤄져야 한다. …

모든 징집병처럼 우리는 병영 안에 갇혀 있으며 진압군으로 투입될 준비를 강요받고 있다. [그러나] 노동자들과 청년들은 다음과 같은 사실을 알아야 한다. 우리 부대의 병사들은 **결코 노동자에게 발포하지 않을 것이다**. 우리 실행위원회는 어떤 희생을 치르더라도 병사들이 공장을 **통제하는 데 반대할 것이다.**

우리는 내일이나 모레쯤 300여 명의 노동자들이 일하고 있고 점거하려 하는 군수공장을 통제하는 데 투입된다고 한다.

우리는 노동자들과 우애를 나눌 것이다.

병사들이여, 여러분의 위원회를 조직하라!⁷³

부르주아 국가의 힘이나 그 힘을 지배하고 휘두르는 자들의 무자비함을 과소평가하는 것은 잘못일 것이다. 이런 자들에 맞서지 못한다면 사회주의 혁명은 결코 성공할 수 없다. 그러나 마찬가지로 내전을 들먹이는 협박에 굴복하는 사회주의 혁명 역시 결코 성공할 수 없다. 부르주아 국가가 스스로 무장해제하기를 바란다면, 우리는 아마도 영원히 기다려야 할 것이다. 1968년 5월 막바지에 프랑스 국가는 상당한 혼란에 빠져 있었다. 단결을 유지하며 대담하게 앞으로 나아갔다면 운동은 두려움을 떨치고 국가에 맞설 수도 있었다.

국가가 불리한 처지에 있다는 판단은 정부 최고위층까지 퍼져 있었다. 5월과 6월에 대통령 드골과 총리 퐁피두 사이에 상당한 불화가 있었다는 것은 공공연한 비밀이었다. (1974년 퐁피두가 사망하기 전까지 쓴 노트를 바탕으로 그 아내가 출판한 퐁피두의 회고록에는 이러한 불화가 생생하게 기술돼 있다. 비록 이 설명이 완전히 퐁피두의 처지에서 쓴 것이긴 하지만 말이다.)[94]

5월 29일에는 드골의 행방이 묘연하다는 이상한 소문이 나돌았는데, 이것은 정부가 이 기간에 겪은 혼란을 보여 주는 것이다. 그날 아침 드골 내외가 항공기 편으로 파리를 떠났을 때, 모두들 드골이 고향 집이 있는 콜롱베로 간다고 생각했다. 그날 오후가 되자 그들이 콜롱베로 가지 않았고 지금 어디 있는지는 아무도, 심지어 총리주차 모른다는 사실이 분명해졌다. 얼마 안 돼 드골이 서독의 바덴바덴에 있고, 그곳에서 알제리 전쟁 때(특히 그 유명한 '알제* 전투'에서) 잔인한 폭력과 고문을 자행해 악명을 떨친 마쉬 장군을 만났다는 사실이 알려졌다. 퐁피두의 회고록을 보면, 드골은 "갑자기 무기력증에 빠진" 환자였고 정계에서 은퇴하고 서독에 머무를 작정이었다. 물론, 드골이 실제로 그렇게 했다면 당시 상황에서 그 여파는 엄청났을 것이다. 학생들과 파업 노동자들이 드골을 물리쳤다고 믿게 됐다면 그 자신감은 정부가 도저히 막을 수 없을 만큼 커졌을 것이다.

회고록에 따르면,[95] 마쉬는 드골이 파리로 돌아가 강경한 태도를 취하도록 설득하는 데 성공했다. 마쉬는 퐁피두의 설명 중 핵심 내용들을 시인했다.[96] 드골의 측근들은 이 얘기를 부인하지만 말이다.[97]

---

* 알제리의 수도.

관련자들이 개인의 명예나 자신이 속한 정치 파벌의 평판을 신경 쓰기 때문에 그 진실이 완전히 밝혀지기는 어려울 것이다. 또 다른 시나리오는 드골의 잠적이 그가 없어서는 안 될 인물이라는 점을 정부 인사들과 국민 전체에게 시위하려는 계산된 행동이었다는 것이다. 이것이 사실이라 해도, 드골의 행동은 실로 위험천만한 책략이었을 것이고, 정부가 얼마나 곤혹스러운 처지에 놓이게 됐는지 드러냈을 것이다.

1968년 5월 마지막 주의 사나흘 동안 프랑스에는 권력의 공백이 있었다. 정부는 사실상 상황 통제력을 상실했고, 이를 재빨리 회복할 방법도 없었다. 지도부만 대담하다면 운동에 열린 가능성은 엄청났다. 혁명적 상황이 임박했었다는 얘기는 아니다. 공산당이 조만간 '인민민주주의' 국가를 수립할 것이라는 생각은 우파 저널리스트들의 상상일 뿐이었다.[98]

실제로 나중에 공산당은 자신들이 혁명적 길로 나아가려 한 적이 없다고 자랑스레 떠들었다. 그러나 공산당은 당시 운동이 직면한 선택의 본질을 왜곡했다. 당시 공산당 사무총장 발데크 로셰는 다음과 같이 말했다.

5월에 할 수 있었던 선택은 사실상 다음의 둘 중 하나였다.

파업으로 노동자들의 핵심 요구들을 성취하고, 동시에 정치적 수준에서 합법적 수단으로 필수적인 민주개혁들을 이루는 정책을 추구하는 것. 우리 당의 견해가 바로 이것이었다.

아니면 그야말로 힘 대 힘의 대결로 나아가는 것, 다시 말해 봉기로 나아가는 것으로서 폭력에 의한 정권 타도를 목표로 한 무장투쟁이 필요하다. 이것은 일부 초좌파 그룹들의 모험주의적 견해였다.[9]

이런 식의 양자택일만이 존재했다는 것은 진실이 아니다. 명백히 5월 29일에는 엘리제 궁으로 쳐들어 갈 것인지 말 것인지가 문제가 된 적은 없었다. 그리고 학생들 중에 실제로 일부 못 말릴 초좌파들이 있긴 했지만, 그들 중에서도 그런 대안을 선택해야 한다고 믿는 사람은 거의 없었다. 무엇보다 학생들이 가장 선호한 슬로건 중 하나인 "이제 시작일 뿐이다. 투쟁을 지속하자"는 구호는 분명히 장기적 투쟁이라는 전망을 바탕으로 한 것이었다

진정 선택해야 할 문제는 운동이 전진해야 하는지 아니면 후퇴해야 하는지였다. 5월 마지막 주에 가장 중요한 문제는 봉기가 아니었다. 어떻게 모든 작업장에서 현장 조합원에 기반을 둔 진정한 파업위원회를 확립할 것인지, 그리고 어떻게 이 위원회들을 노동자 대표들의 지역적·광역적·전국적 수준의 평의회들과 연계시킬 것인지가 가장 중요했다. 그리고 여기에는 추가적 문제들, 특히 작업장을 물리력으로 지키는 것과 노동자 통제 아래 생산을 재개하는 문제가 수반됐을 것이다.

계급의식은 고정돼 있지 않다. 노동자 대부분이 총파업을 국가권력에 관한 문제가 아니라 더 높은 임금과 노동조건 개선에 관한 문제로 생각한다는 것은 분명히 사실이다. 그러나 경제와 정치 사이에 만리장성이 있는 것은 아니다. 대단히 다양한 쟁점들 — 노동조합 권리나 경영권 제한 같은 쟁점들 — 은 둘을 결합한다. 운동이 고양되

는 동안에는 점점 더 많은 노동자들이, 걸려 있는 것이 단순한 노동조합 요구만이 아님을 자신들의 경험을 통해 깨닫게 된다.

물론, 파업이 계속 발전했더라면 어떤 일이 벌어졌을지 따져 보는 것은 추측에 지나지 않을 것이다. 그러나 겨우 몇 주만 더 늦게 타협이 이뤄졌더라도 노동자들이 훨씬 더 나은 성과, 예컨대 더 큰 경제적 보상, 훨씬 더 강력한 작업장 조직, 드골의 퇴진 같은 것이 가능했을 것이다. 가장 좋기로는, 몇 달 안에 무장봉기를 의제로 올려놓을 수도 있는 과정이 시작됐을 수도 있다.

그렇지만 이 중 어떤 것도 실현되지 않았다. 국가가 혼란에 빠져있긴 했지만 노동자들에게도 결단력 있는 지도자들이 없었기 때문이다. 이 간극은 거의 지배계급만큼이나 노동자들의 힘에 겁을 집어먹은 개혁주의 지도자들에 의해 메워지고 말았다.

회피하는 관료들

확실히 1968년에 프랑스 좌파 중 가장 강력한 조직은 공산당이었다. 공산당은 1947년에 [연립]정부에서 쫓겨났고, 그 뒤 21년 동안 등장한 연립정부들에 참여하지 못했다. 그러나 공산당은 CGT에 강력한 기반을 둔 덕분에 세력을 유지했다. CGT 내에서 공산당원들은 노조와 사내 복지시설의 간부 자리를 얻을 수 있었다. 게다가 노동계급 거주지에 있는 꽤 많은 지자체들을 차지한 덕분에 공산당은 제법 많은 사람들에게 일자리를 나눠 줄 수 있었다.

1968년까지만 해도 공산당은 이탈리아 공산당(PCI)보다 훨씬 더 확고하게 소련을 지지했다(처음으로 심각한 균열이 생긴 것은 1968년 8월에 프랑스 공산당이 소련의 체코슬로바키아 침공을 반대하면서부터였다). 공산당 정치 전략의 핵심은 의회 권력을 차지하는 것이었다. 이것은 연립정부 참여를 궁극적 목표로 비(非)공산당 좌파(좌파연합 FGDS에 모여 있었다)와 선거 연합을 맺어야만 이뤄질 수 있었다. 이 때문에 공산당은 자신이 의회적 수단에 충실한 정당이고 헌정 질서를 존중한다는 점을 입증해야만 했다.[100]

따라서 학생운동 내 혁명적 경향의 부상은 공산당 지도부에게 상당한 근심거리였다. 첫째, 공산당은 자신이 프랑스의 유일한 미르그스주의 정당이자 노동계급의 정통성 있는 대표자라는 주장을 계속할 수 있기를 원했다. 둘째, 프랑스 정치가 폭력으로 치달으면, 공산당은 그간 합법성을 위해 쌓은 평판을 상실하든지 아니면 왼쪽에서 공격받을 위험이 있었다.

그 결과 공산당 지도부는 5월 초부터 좌파 학생들과 자신 사이에 분명하게 선을 긋는 데 몰두했다. 1968년 5월 3일에 조르주 마르셰 ― 머지않아 당 지도자가 된다 ― 는 소규모 좌파 그룹들을 맹렬히 비난하는 글을 발표했다.

이 사이비 혁명가들은 학생 서클에서 벌인 선동 ― 학생 대중의 이익에 어긋날 뿐 아니라 파시스트의 도발을 조장하는 선동 ― 에 만족하지 못하고 이제는 노동계급 운동마저 가르치려 든다. 이들이 공장 입구와 이주 노동자 거주지에서 리플릿과 선전물을 나눠 주는 모습이 더욱 자주 보이고 있다.

이 가짜 혁명가들이 쓴 가면을 가차없이 벗겨 내야만 한다. 사실상 이들은 드골 정부와 거대 독점자본들의 이익에 복무하고 있기 때문이다. …
이 '혁명가들'의 사상과 행동은 비웃음을 살 만하다. 이들이 대개, 노동계급 출신 학생들을 경멸하는 상층 부르주아지의 자제라는 점을 감안하면 더욱 그렇다. 이들은 머지않아 '혁명의 열정'을 삭인 채 아버지의 회사를 경영하며 가장 지독한 자본주의의 전통에 따라 노동자를 착취할 것이다. 그러나 노동자들과 특히 청년들 사이에서 혼란과 의심, 회의주의를 유포하려는 이들의 간악한 활동을 얕잡아 본다면 이는 잘못일 것이다. … 반공주의를 부추김으로써, 소규모 좌파 그룹들은 부르주아지와 대자본의 이익에 복무하고 있다.[101]

공산당은 자신의 출판물을 통해 혁명적 학생들을 겨냥한 이러한 비난을 계속 퍼부었다. 연설 등으로는 훨씬 더 야비하게 비난했다. 동시에, 당내 좌파가 동요하지 않도록 주의해야 했다. 5월 13일의 대규모 시위 이후에는 학생들이 경찰에 맞서 싸우는 과정에서 보여 준 용기 때문에 학생들에 대한 동정 여론이 상당히 확대됐고, 따라서 공산당은 이들을 노골적으로 비난했다가는 고립을 자초할 것임을 깨달았다. 이제 어조는 확연히 달라졌다.

총파업은 분명 공산당이 주도한 것이 아니었다. 쉬드아비아시옹 점거 첫날 공산당이 발행하는 일간지에는 이 소식이 고작 일곱 줄짜리 기사로 실렸는데, 그것도 눈에 잘 띄지 않는 9면이었다.[102] 5월 16일이 되자 그간 총파업 호소는커녕 사실상 전투적 지침을 내리는 것조차

용의주도하게 자제하던 CGT도 확산되는 파업 물결에 대응할 수밖에 없다고 느꼈다.

CGT는 노동자들, 특히 CGT의 호소에 따라 파업과 점거를 결정한 국영 르노 기업의 노동자들에게 경의를 표한다.
CGT는 모든 노동자가 노조 간부들과 함께 작업장에서 모임을 열고 총파업에 참여할 시기와 제기할 투쟁 요구를 결정해야 한다고 호소한다.
CGT는 노동자들 사이의 광범한 협의에 기초해, 그리고 노조의 단결을 유지하는 속에서, 노조 활동가들이 투쟁의 수위를 제고하는 데 필요한 모든 주도력을 발휘할 것을 호소한다.[103]

신중하게 다듬어진 이 성명은 CGT(와 공산당)가 총파업에 동의한다는 인상을 주면서도 그에 따를 수 있는 위험은 피할 수 있도록 하려는 것이었다. 이 성명은 조심스레 '모험주의'를 배제하는 한편, 운동이 반드시 자신들의 통제 아래 있어야 한다는 점을 활동가들에게 확실히 상기시켰다. 현장에서 CGT가 취한 전술은 충성파를 임명해 파업위원회를 구성하고, 현장 조합원들을 집에 돌려보내고, 혁명적 학생들을 작업장에서 쫓아내는 것이었다. 단결을 연상시키는 좋은 말들이 흔히 현장에서의 종파적 실천을 은폐하는 데 쓰였다. CGT 조합원들은 CFDT 대표들이 자신들의 지역 본부 사무실로 연락하는 것을 막기 위해 적어도 한 차례 이상 공장 전화 교환대를 점거했다.[104]

5월 말이 되자 공산당은 권력 문제에 직면할 수밖에 없었다. 5월

29일 공산당 일간지의 헤드라인은 다음과 같았다. "노동자는 공산당이 참가하는 민중민주 연립정부를 요구한다."[105] 이것은 혁명을 호소하는 것보다 비할 데 없이 온건한 요구였다. 또한, 유감스럽게도 실제 성취한 것에 비하자면 훨씬 어마어마한 요구였다. '현실주의자'야말로 종종 최고의 몽상가라는 것을 공산당은 또 한 번 입증한 셈이었다.

공산당은 '도발'을 피하는 데만 계속 관심을 기울였다. 한 논평가는 이를 강간범의 요구를 받아들여 그 허를 찌르겠다고, 즉 강간범의 행동이 더는 '강간'이 아니게 만들겠다고 결심한 여성에 비유했다.[106] 종종 경찰은 공산당의 대규모 시위대가 평화롭게 지나가도록 놔두면서 다른 좌파들에게는 폭력적 공격을 가하는 것으로 이에 보답했다. 공산당을 헌법의 틀 안에 확고히 묶어 두는 편이 정부로서는 최선이었기 때문이다.[107]

공산당의 관점에서 보자면 1968년 5월은 나쁘지 않았다. 5월 13일 이후 그달에만 1만 5000명이 새로 가입했다는 공산당의 주장이 전혀 터무니없는 과장은 아닐 것이다. 왜냐하면, 많은 곳에서 공산당이 운동을 이끄는 것처럼 보였기 때문이다.[108] 총파업 당시 공산당의 행동은 이 당이 산업에서 누리는 막강한 위세와 함께 합법성에 대한 신념 또한 보여 줬다. 물론, 이를 증명하기 위해 공산당은 역사상 가장 위대한 자생적 대중운동의 숨통을 조여야 했다. 그러나 공산당 지도자들이 보기에는 하찮은 대가임이 분명했다.

사회민주주의 좌파의 정치적 영향력은 공산당에 비해 매우 미미했다. 도통 믿을 수 없는 지도자 기 몰레가 이끌던 사회당(SFIO)은 알제리 전쟁과 드골의 정권 장악을 지지한 탓에 지지자들로부터 엄청나게 신뢰를 잃은 상태였다. 5월 13일에 시위대는 사회당 당사 앞을 지나면서 "기 몰레를 박물관으로" 하고 외쳤다.[109] 몰레와 사회당은 1968년 5월에 아무런 의미 있는 개입도 하지 못했다.

그러나 일정한 영향력을 지닌 두 개혁주의 정치인이 있었는데, 제4공화국에서 장관을 지낸 프랑수아 미테랑과 1954년 인도차이나 전쟁이 끝날 당시 총리였던 피에르 망데스프랑스였다. 둘 다 처음부터 드골을 반대했고, 미테랑은 1965년 대선에 출마해 드골을 상대로 선전한 바 있었다.

공산당과 달리, 그들은 염려해야 할 대중 기반이 없었고, 따라서 훨씬 더 대담하게 학생들에게 공감을 표시할 수 있었다. 동시에, 이 둘은 여느 때라면 드골과 공산당이 선거에서 맞붙을 경우 무조건 드골이 이기겠지만, 중도 좌파 인사라면 불만이 있거나 좌익 성향인 드골 지지자들과 공산당, 양쪽의 지지를 이끌어 내 다수를 차지할 수 있다는 것도 알고 있었다. 미테랑의 5월 28일자 성명 — 자신이 대선 후보를 맡고 망데스프랑스가 임시 내각의 구성을 맡아야 한다는 내용 — 뒤에는 바로 이러한 논리가 깔려 있었다.[110]

미테랑의 선거운동은 철두철미 기회주의적이었다. 드골이 자본주의와 공산주의 사이의 '제3의 길'을 말했을 때, 미테랑은 사회주의와 자유를 포괄하는 좌파연합만이 제3의 길을 제공할 수 있는 정치 세력이라고 응수했다.[111] 그러나 그는 공산당이 엄두도 못 낼 방식으로 좌파 학생들의 마음을 끌 수 있었다. 아나키스트인 콩방디조차 이렇게 말할 정도였다. "프랑수아 미테랑이 우리의 동맹은 아니다. 그러나 필요하다면 우리에게 유용할 수 있다."[112]

망데스프랑스가 임시 내각을 이끌기를 바라는 이유에 대한 미테랑의 설명에서도 그 둘이 추구한 흡수와 공조 정책이 드러난다.

망데스프랑스는 통합사회당과 UNEF를 이어 주는 구실을 하면서 투쟁에 나선 학생들 사이에서 커다란 신망을 얻었고, 샤를레티 집회에 참석하면서 그 위신은 더욱 높아졌다. 그의 정통적 경제관 덕분에 온건파들도 안심했다. 이런 경향은 중도민주당 지도자 아벨랭이 망데스프랑스에게 위기 타개 임무를 맡기라고 드골에게 요구한 것에서도 드러났다. 이렇게 보면 당시 그는 내가 촉구한 광범한 여론의 수렴과 프랑스인들의 화해를 도모하는 데 다른 어느 누구보다 적격이었다.[113]

5월 내내 망데스프랑스는 폭력이 확대되는 것을 막기 위한 노력의 일환으로 정부·경찰 당국과 학생 지도자들 양측 모두와 접촉하는, 학계 인사와 변호사로 이뤄진 작은 위원회와 협력했다.[114] 그러나 5월 27일 월요일에 그는 샤를레티 경기장에서 열린 약 5만 명 규모의 집회에 참석했다(연설은 않고 연단에 앉아 있기만 했다). 이 집회는 공산당 왼편에 있는 경향들을 재규합하려는 시도였고, 여러 소규모 혁명적 그룹들이 참가해 적극적으로 활동했다. 망데스프랑스가 이 집회에 참가한 것은 비(非)의회적 좌파 지도부가 출현하는 것을 방지하려는 것임이 분명했다. 나중에 그가 언급한 것처럼, "우리는 청년을 대표하는 사람들과 관계를 끊을 수 없었다."[115]

망데스프랑스가 좌파와 정치적 공통점이 거의 없었는데도 좌파의 신뢰를 얻을 수 있었던 것은 그가 통합사회당의 당원이었기 때문이다. 통합사회당은 알제리 전쟁에 대한 사회당의 태도에 불만을 느낀 사람들이 분리해 나와 만든 조직이었다. 여러 면에서 통합사회당은 전형적인 중간주의 조직이었고 규율도 형편없는 데다가 혁명적 사회주의를 지지하는 사람들과 좌파 개혁주의자들이 뒤섞여 있었다. 이 당은 마르크스주의적 미사여구를 늘어놓다가 기술 관료와 정책 대안 제시를 지향하는 쪽으로 방향을 바꾸곤 했다. 통합사회당이 5월에 급격히 좌선회하자 그다음 달 망데스프랑스는 탈당했다.

미테랑과 망데스프랑스 둘 다 5월에 의미 있는 성과를 거두지는 못했다(미테랑이 훗날에 도움이 될 어느 정도의 신뢰를 얻었다는 것은 분명하지만 말이다). 그러나 공산당과 마찬가지로 그들도 운동을 합법적 테두리 안에 머물게 하는 데 일조했고, 따라서 독립적인 혁명적 지도부의 출현도 방해했다.

파편화된 전위

거대한 사회운동이 자생적으로 시작될 수는 있다. 그러나 그 운동이 잠재력을 완전히 발휘하는 것은 전혀 다른 문제다. 1968년 5월에 꽃핀 수많은 참신함과 전투성이 6월 들어 거의 소진된 주된 이유 중 하나는 중앙집권화된 국가권력에 맞선 도전을 이끌 혁명 정당이 없었다는 것이다.

혁명 정당의 부재에 대한 순환논법(왜 혁명 정당이 부재했는가? 계급투쟁이 혁명 정당을 배출할 만큼 충분히 높은 수위에 이르지 못했기 때문이다. 왜 계급투쟁은 충분히 높은 수위에 이르지 못했는가? 혁명 정당이 부재했기 때문이다)에 몰두하는 것은 쉽지만 허망한 일일 것이다. 두 질문에 대한 답은 오직 1917년까지 거슬러 올라가며 주·객관적 요인들을 구체적으로 평가해야만 얻을 수 있다.

그러나 굳이 그런 부질없는 사색까지 하지 않고도, 1968년 5월 내내 노동계급이 개혁주의의 지도부와 결코 단절하지 못했고, 그 때문에 기존 체제의 틀 안에서 타협하는 쪽으로 이끌렸다고 간단히 말할 수 있다. 만일 노동계급에 깊이 뿌리내린 혁명 정당이 존재했다면 자생적으로 분출하는 전투성을 독려하고 일반화하고자 했을 것이다. 또, 모든 투쟁을 가장 발전된 수위까지 끌어올리기 위해 각각의 경험을 연결하고, 부르주아 언론의 거짓과 왜곡에 즉각 대응할 중앙집중화된 신문을 발행하고, 정부가 군대와 내전을 언급하며 위협할 때 그것이 허세임을 단번에 폭로했을 것이다.

당시 존재했던 혁명적 경향은 엄청난 용기와 주도력을 과시했지만, 간단히 말해 이러한 과제를 떠맡을 만한 위치에 있지 않았다. 이들은 규모가 매우 작았을 뿐 아니라 지난 몇 년간 노동운동의 주류로부터 고립돼 있었다. 또, 모두가 그런 것은 아니지만 주로 학생층에 한정돼 있었고, 정치·조직 노선에 따라 심각하게 분열돼 있었다.

수많은 소규모 그룹들은 아나키스트, 마오주의자, 트로츠키주의자의 세 가지 주요 경향으로 구분할 수 있다.[116] 이런저런 아나키스트들은 1968년 5월의 기상에 대단히 크게 기여했다. 기여했다. 그 자유분방함과 기성 질서에 대한 경멸이 반란의 핵심 요소였다. 그러나 바로 그 변덕스러움 때문에 일관된 구실을 하지 못했고, 그 정치의 특징은 혁명 정당을 떠올리는 것조차 거부하는 것이었다. 아나키스트 중 가장 유명한 인물인 다니엘 콩방디는 이런저런 '볼셰비즘'이 드골 정권보다 더 위험하다고 여기는 듯했다.[117] 이 때문에 공산당이 그에게 쉽사리 '반공주의자'라는 딱지를 붙일 수 있었을 뿐 아니라, 혁명 조직 건설 시도라는 중차대한 과제에서 그는 부적합한 인물이 됐다.

마오주의자들 — 이들 가운데 일부는 공산당이 갈수록 의회주의로 기울면서 떨어져 나온 사람들이었다 — 도 5월의 정신에 독특한 기여를 했다. 그들은 스스로의 힘으로 산업화를 이루려는 중국 공산당의 시도로부터 주의주의 정치를 받아들였는데, 그 정치는 개혁주의자들의 입에 붙은 '현실주의'와 판이하게 달랐다. 그러나 그들은 스탈린주의 전통 전체에 내재한 심각한 혼란도 물려받았다. 그 결과 '제3기'의 종파주의에서 인민전선 정책까지 [코민테른의] 옛 정책 가운데 되는 대로 아무 슬로건이나 뽑아다 썼다.[118] 그들은 대단히 헌신적이었지만, 전략 문제에는 거의 기여하지 못했다.

트로츠키주의 분파는 세 주요 그룹이 존재했다. 가장 인상적인 활약을 펼친 그룹은 아마도 혁명적청년공산주의자(JCR)일 것이다. JCR은 1966년 공산당의 학생 조직에서 분리돼 나왔고, 그 지도부는 제4인터내셔널 프랑스 지부인 국제주의공산당(PCI)과 긴밀한 연관이 있었다. JCR은 가두 투쟁과 대중 시위에서 중요한 구실을 했지만 학생 특유의 정서나 태도에 지나치게 타협하는 경향이 있었다. 주요 지도자의 이름을 따 흔히 '랑베르주의자'라고 알려진 국제공산주의 조직(OCI) 역시 매우 활동적이었다. OCI의 학생조직인 혁명적학생연맹(FER)은 5월 10일 바리케이드 전투 참가를 거부한 것 때문에 일부의 비웃음을 샀지만,[119] 낭트의 쉬드아비아시옹 점거를 주도한 것은 바로 OCI의 전투적 활동가들이었다.[120] 〈부아 우브리에르〉*라는 신문을 중심으로 활동한 세 번째 그룹은 작업장 조직에 가장 체계적으로 접근해 있었지만 초(超)볼셰비키적 태도(ultra-Bolshevik)와 비밀결사에 가까운 활동 방식 때문에 대중 활동에 다소 적합하지 않았다.

1968년 5월에 혁명적 좌파가 거둔 성과를 폄하해서는 안 된다. 많은 경우에 5월 13일 이후 성공적으로 점거를 밀어붙인 것은 바로 이런저런 경향에 속해 있던 개별 혁명적 활동가들이었고, 이는 그들이 오랫동안 참을성 있게 혁명적 선전·선동 활동을 벌여 온 덕분이었다.[121] 예컨대, 르노 빌랑쿠르 공장에서 CGT의 반대를 물리치고 점거를 이끌어 내는 데 성공한 것은 바로 〈부아 우브리에르〉와 FER 회원들 덕분이었다.[122]

그러나 혁명적 좌파에게는 짧은 기간 내에 자신의 뜻대로 극복할 수 없는 두 가지 중대한 약점이 있었다. 첫째, 매일 계속되는 투쟁에서 (비록 전부는 아닐지라도) 많은 활동가들이 비(非)종파적 정신을 보여 줬지만, 혁명적 좌파들 사이의 뿌리 깊은 분열을 극복하는 것은 불가능했다.[123] 개혁주의자들의 대안으로서 신뢰할 수 있는 구심이 되어 사람들을 끌어당길 만큼 상당히 큰 규모의 조직이 전혀 없었다.

둘째, 많은 혁명적 좌파들은 심각한 초좌파주의 경향을 드러냈다. 소그룹들의 개혁주의 비판은 참신했지만 개혁주의가 그저 비판만으

---

* Voix Ouvrière. 노동자의 목소리.

로 사라지는 건 아니다. 공산당과 그 밖의 개혁주의자들의 영향력을 허물기 위해서는 공동전선 전략을 세심하게 적용하는 것이 필요했다. 혁명가들이 개혁주의 지도자들에게 공동 행동을 제안함으로써 기층의 개혁주의 지지자들을 획득하는 것이 필요했다. 그러나 극좌파들은 분열돼 있고 전략이 불명료해서 이런 일을 해낼 수 없었다.[124] 그래서 우익이 반격에 나섰을 때 혁명가들은 그것을 막아 낼 수 없었다.

우익의 재결집

5월 30일 목요일 오후 드골이 [라디오로] 대국민 방송을 했다. 그것은 4분 30초 분량의 짧은 메시지였고,[125] 프랑스텔레비전의 파업 탓에 텔레비전으로 방영될 수 없었다는 점에서 드골이 여전히 위기에 처해 있음이 드러났다.[126] 그러나 드골의 어조는 자신감에 차 있었고 단호한 기세였다. 그는 전에 제안한 국민투표를 철회하고 총선을 치르겠다고 발표했다. 드골은 공산당("전체주의적 야심을 품은 정당")이 선거를 방해할 경우 공화국 수호를 위해 "제2의 수단"을 동원할 것이라고 위협했고, 당장 "시민 행동"을 조직하라고 호소했다. 아리송한 표현을 쓰긴 했지만 드골은 군대를 동원할 수 있다고 위협하는 한편(파리 주변 군부대의 이동에 관한 소식이 있었고 교외에서 탱크가 목격됐다)[127] 지지자들에게 좌파에 대항해 비(非)의회적 수단을 사용하라고 부추기고 있었다.

드골의 전략은 매우 교활했다. 공산당과 개혁주의자들은 국민투표가 드골 개인의 권력 강화를 위해 여러 번 사용된 권위주의적이고 상투적인 책략이라고 비판할 수 있었지만 총선은 자신의 정치 전략의 타당성 전체를 송두리째 포기하지 않는 한 반대할 수는 없는 노릇이었다. 그런 일은 상상조차 할 수 없었기 때문에 이제 그들은 드골이 정한 룰에 따라 움직일 수밖에 없었다.

대국민 방송이 있던 날 저녁 100만 명의 군중이 파리 시내를 가로지르며 친정부 시위를 벌였다. 이제 지난 몇 주 동안 숨죽이고 있던 극우파가 난데없이 모습을 드러냈다. 〈알제리는 프랑스의 것〉(극우파의 주제가)이라는 노래의 리듬에 맞춰 자동차 경적이 울렸고, 시위대 일부는 "콩방디를 다하우*로" 하고 구호를 외쳤다.[128] 극우파의 환심을 더 사기 위해 드골은 수감 중이던 살랑 장군을 포함해 비밀 군사조직(OAS) 지도자들을 석방했는데, OAS는 프랑스의 알제리 지배를 위해 암살 작전을 벌인 것으로 악명 높았다. 또, 모든 주요 혁명적 소그룹을 불법화했는데, 공산당 등의 개혁주의자들은 자신들의 합법적 지위를 보장받는 데 너무 열을 올린 나머지 항의의 목소리를 거의 내지 않았다.

그러는 사이에 드골주의자의 '시민 행동'이 확산되기 시작했다. 선거 기간에 공산당의 사무실과 좌파 활동가들은 쇠 파이프나 심지어 총을 든 드골주의 깡패의 습격을 받았고[129] 아라스에서는 어느 젊은 공산당 활동가가 벽보를 붙이다가 살해됐다.[130] 그러나 개혁주의자들은 자신들의 의회 정당 이미지가 훼손될까 봐 너무 염려한 나머지

---

* Dachau. 나치의 강제수용소가 있던 독일 도시.

좌파의 폭력 때문에 표가 날아가고 있다고 불평할 뿐이었다. 그 결과, 드골주의자들은 거리에서 폭력을 휘두르면서도 '법과 질서'를 지키기 위해서라고 주장할 수 있었다.

이제 파업은 정부와 노동운동의 관료들 모두에게 성가신 존재가 됐다. 정부는 점거를 분쇄하기 위해 무력을 사용하기 시작했다. 5월 31일 이른 아침 무장 경찰이 점거 상태에 있던 루앙의 우체국을 탈환했다.[131] 연이어 진압경찰 CRS가 점거된 작업장들을 공격했다. 6월 10일 플랭에서 학생 한 명이, 11일 소쇼에서 젊은 노동자 한 명이 살해됐다.[132]

동시에 경제적 양보가 이뤄졌다. 협상은 작업장마다 따로 타결됐지만, 대체로 10퍼센트 이상의 임금 인상, 주당 노동시간 1시간 단축, 노동조합 권리의 확대 등을 얻어 냈다.[133] 이런 것들은 명백히 실질적 성과였고, 혁명적 투쟁이 개혁을 얻어 내는 가장 효과적인 방법임이 드러났다. 그러나 여기엔 몇 가지 단서를 달아야만 한다. 임금 인상은 체제, 또는 적어도 체제의 강력한 부문들이 어려움 없이 감당할 만한 수준이었다. 일부 대기업 경영자들도 임금 인상을 지지했는데, 소기업들을 시장에서 몰아내고 산업 집중을 촉진할 수 있었기 때문이다.[134] 또, 정부가 사실상 가격 통제에 나서지 않을 것임을 분명히 했기 때문에 임금 인상의 이득이 얼마나 유지될지도 매우 의심스러웠다.[135] 시트로엥은 선거가 무사히 끝날 때까지 기다렸다가 925명의 노동자를 해고했다.[136]

이 모든 것을 고려할 때 공산당이 발행하는 일간지가 6월 6일자 헤드라인에 다음과 같이 쓴 것은 상당히 경솔했다. "다 함께 개선장

군처럼 일터로 복귀하자."[137] 실제로는 공산당과 CGT의 전략이야말로 파업이 기대만큼 승리를 거두지 못하게 만든 원인이었다. 노동자들이 작업장별로 협상하도록 한 방침은 운동의 단결과 연대를 파괴했고, 일부 작업장에서는 운동의 단결이 무너지면서 파업의 성과도 줄어들었다. 아직까지는 전투성이 유지됐고, 일부 노동자들이 거의 6월이 끝날 무렵까지 파업을 지속했다. 그러나 CGT의 방침 때문에 가장 전투적인 노동자들조차 바로 고립되고 말았다. 부르주아 지도자들은 흔히 그러듯 비밀투표를 종용했다.[138] 그러나 다음 설명에서처럼 CGT는 작업 복귀 찬반 투표 과정에서 노련한 책략을 구사했다.

찬반 투표에서 CGT의 구실은 좋게 봐도 혼란을 조장하는 것이었고 나쁘게 보면 범죄나 다름없었다. 시트로엥에서는 1차 투표가 회사 측의 주관 아래 공장 밖에서 무기명 비밀투표로 치러졌는데도 CGT는 아무런 조치도 취하지 않은 채 그저 "투표의 자유"를 말할 뿐이었다. 2차 투표에서는 색깔이 다른 투표 용지가 사용됐고 CGT가 파견한 참관인들은 노동자들이 어떻게 투표하는지 꼼꼼히 체크했다. 폴리메카닉(팡탱)에서 CGT는 작업장 복귀에 대한 찬반 투표가 아니라 사측의 제안에 대한 찬반 투표라고 발표함으로써 쟁점을 흐렸다. 크레디리오네 은행 파리 지점에서는 아예 투표 감독관조차 없어서 몇 번이고 중복 투표가 가능했다. 톰슨제네빌리어에서는 투표가 시작되기 전에 CGT가 리플릿을 나눠 주며 〈뤼마니테〉를 판매했는데, 여기에는 톰슨 노동자들이 커다란 성과를 거둔 채 작업에 복귀했다는 '기사'가 실려 있었다. 그리고 이 '기사'가 사실이 될 수 있도록 CGT는 파업 불참자들에게도 투표권을 줬다.

이시르물리노의 세브마샬에서는 파업 불참자는 물론 현장 주임과 관리자, 심지어 경영자까지 투표에 참가할 수 있었다.

이렇듯 개별적으로 작업장 복귀가 이뤄지는 상황에서, 정보의 구실은 매우 중요했다. 한 작업장의 복귀 결정이 명백히 다른 작업장의 결정에 달려 있었기 때문이다. 부르주아 국가와 언론이 CGT와 협력했다. 교사들은 자신들이 작업장으로 복귀하리라는 소식을 라디오 방송에서 처음 들었다. CGT가 주로 사용한 책략은 작업장 복귀 찬반 투표를 앞둔 공장에서 다른 공장들은 이미 작업 복귀를 결정했다고 발표하는 것이었다.

파리 운송 부문 ─ 지하철과 버스 ─ 에서는 노조 대표자들만이 여러 역을 옮겨 다닐 수 있었다. 가는 역마다 그들은 노동자들에게 이렇게 말했다. "여러분은 작업 복귀에 반대합니다. 그렇지만 당신들뿐입니다. 다른 노동자들은 모두 작업 복귀를 바라고 있습니다." 그래서 르브랭 차량기지 노동자들이 파업을 지속하기로 결정했는데도, 다른 기지의 노동자들은 르브랭 기지 노동자들이 작업장에 복귀하기로 결정했다고 들었다. 직선으로 선출된 르브랭 파업위원회는 노조 관료한테서 다른 모든 기지에서 작업장 복귀가 이뤄졌다는 얘기를 듣고 난 뒤, 앞선 투표 결과를 무시하고 작업장 복귀를 명령했다. 결국 이러한 책략들 때문에 운송 부문 노동자들은 파업 4주차가 지나면서 사기가 저하됐고 마침내 작업장 복귀에 찬성했다.[139]

드골의 책략이 성공함으로써 6월 말에 총선이 열렸다. 드골주의자와 그 동맹의 의석수는 전체 487석 중 240석에서 358석으로 늘어났다. 공산당은 73석에서 34석으로, 좌파연합은 118석에서 57석으로 줄었다. 공산당은 60만 표 가까이를 잃었고, 좌파연합은 약 57만 표를 잃었다. 한 가지 반가운 소식은 통합사회당 — 학생들과 실행위원회들을 분명히 지지한 유일한 정당 — 이 37만 9000표를 더 얻었다는 것이다. 비록 전에 있던 3석을 모두 잃긴 했지만 득표는 1967년 총선 때보다 75퍼센트나 늘어났다. 혁명적 좌파는 후보를 내지 않았고, 대체로 선거 참여에 반대했다.[140]

얼핏 보면, 1968년 5월 정도의 거대한 사회운동이 그토록 급속히 우파의 압도적 선거 승리로 귀결됐다는 것은 납득하기 어려워 보인다. 분명 여러 요인들을 고려하면 수치만으로는 현혹되기 십상이라는 것을 알 수 있다. 의석수로 나타난 결과는 실제 투표 경향과는 상당히 동떨어져 있었다. 예컨대, 드골파 국회의원은 2만 7000표당 한 명이 선출됐지만, 공산당 후보 한 명이 당선하려면 13만 5000표가 필요했다.[141] 5월 투쟁의 가장 전투적 부위는 학생들과 청년 노동자들이었지만 선거권은 21살이 넘어야 주어졌다. 만약 16~21살 청년 500만 명에게 선거권이 주어졌다면 이들이 어떻게 투표했을지는 짐작만 할 수 있을 따름이다. 200만 명의 이주 노동자 역시 투표권이 없었다. 군인들에게 선거 유인물을 돌리려던 공산당원들은 체포된 반면, 해군 기지 내에서는 드골 지지 선전물이 배포됐다.[142]

그러나 이런 사실들 덕분에 상황이 더 잘 이해된다 하더라도, 좌파가 선거에서 매우 부진했다는 것은 부인할 수 없는 현실이다. 주된 이유는 노동운동 내 개혁주의 지도자들이 선거 때까지도 퇴각하기에 급급했기 때문이다. 5월의 사태에 겁을 집어먹었지만 운동이 발전하는 동안에는 감히 아무 짓도 하지 못한 채 고개를 숙이고 있던 자들 가운데 다수가 이제 법과 질서를 위해 투표함으로 몰려들었다. 드골 선거 캠페인의 극우적 논조와 옛 OAS 지도자들을 향한 환대 덕분에 분명 드골은 이전 선거에서는 얻지 못했던 일부 극우파의 표까지 얻을 수 있었다. 반면, 일부 공산당 지지자들은 파업 기간에 공산당이 보인 기회주의적 태도에 환멸을 느낀 나머지 등을 돌렸다. 그중 일부는 통합사회당을 지지했고, 나머지는 굳이 투표하려 하지 않았다. 좌파는 미취업 여성들을 [운동으로] 이끌어 내는 데 실패한 대가 역시 치러야 했는데, 아마도 그들 가운데 상당수는 우파 후보들에게 투표했을 것이다.[143]

그러나 가장 중요한 교훈은 노동계급이 드골과 대결하는 영역이 선거여서는 안 됐다는 것이다. 노동자 고유의 힘은 투표소가 아니라 작업장에서 발휘된다. 앞서 언급한 개별적 난점들 때문만이 아니라, 선거 정치라는 환경 전체가 필연적으로 우파에게 유리하기 마련이다. 선거 참패는 사실상 작업장 복귀가 시작된 6월 초의 패배를 확인한 것에 불과했다.

유산

1968년 프랑스의 5월 투쟁이 국제 노동계급의 역사에서 차지하는 중요성은 여전히 변함이 없다. 당시의 경험에서 몇 가지 기본적이면서도 매우 중요한 교훈을 얻을 수 있다.

첫째, 심지어 매우 발전한 선진 자본주의 나라에서도 노동계급은 체제 전체에 도전할 수 있는 힘과 잠재력이 있음이 드러났다.

둘째, 대중 파업이 어떻게 사회의 모든 부문에 영향을 미치는지, 또 어떻게 노동조합주의의 한계를 뛰어넘는 요구들을 제기하며 통제의 문제를 투쟁의 중심에 가져다 놓는지 보여 줬다.

셋째, 혁명적 지도력이 존재하지 않는다면 개혁주의가 심지어 가장 급진적인 운동에 대해서도 통제력을 회복할 수 있고, 운동을 다시 기존 질서의 틀 안에 가둘 수 있다는 점도 드러났다.

게다가 1968년 5월은 개혁주의와 혁명적 정치 사이의 투쟁의 시대를 열었고, 그것은 여전히 계속되고 있다. 1968년 5월은 프랑스 좌파의 지형을 완전히 뒤바꿔 놓았다.

가장 먼저 희생된 것은 1968년 11월에 붕괴한 좌파연합이었다. 공산당은 처음에는 훨씬 더 빨리 세력을 회복하는 듯 보였다. 1969년 대통령 선거에서 잃었던 표를 회복했고, 당원 수도 1970년대 중반까지 계속 늘었다. 그러나 사실 1968년은 공산당에게 장기적 쇠퇴의 시작이었다. 1968년 이후 공산당은 더는 혁명적 조직이라고 자처할 수 없었고, 스스로도 제도권 정당임을 확고히 선언했다. 그러나 공산당이 사회민주주의 정당을 흉내 내면 낼수록 유권자들은 진짜 사회민주당을 더 선호했다. 양가죽을 쓴 늑대보다는 진짜 양이 더 낫다는 것이었다. 프랑수아 미테랑이 새로이 재편한 사회당은 1970년대에 공산당을 파죽지세로 추월하는 데 성공했다. 1968년 당시 미테랑이 좌파에게 개방적 태도를 보였던 것이 젊은 세대의 활동가와 유권자를 획득하는 데 큰 이점이 된 것이 분명하다.

1981년 미테랑이 대통령에 당선했을 때 많은 논평가들은 대중의 환호 분위기가 1968년의 상황과 비슷하다고 했다. 그러나 미테랑은 1968년의 투사들을 다수 끌어들인 것과 마찬가지로 그 투사들의 적 가운데 일부 역시 받아들였다. 첫 내각에 1968년 파업 때 르노의 경영 책임자였던 피에르 드레퓌스가 입각했고, 1968년 당시 파리 경찰 청장이었던 모리스 그리모가 내무부의 요직을 차지했다.

1968년 5월은 혁명적 좌파에게 커다란 활력을 제공했다. 전에는 소규모 그룹들의 전유물이던 사상들이 이제 더 광범한 신뢰와 영향력을 획득했다. 그 뒤 선거에서 혁명적 후보들이 얻은, 많진 않아도 의미 있는 수준의 득표는 여전히 1968년의 사상에 귀를 기울이는 청중이 있음을 보여 준다.[144]

그러나 혁명적 좌파는 1968년을 겪고 나서 심각한 문제에 직면했다. 1968년에 국가권력 문제가 수면 위로 떠오르는 것을 목격한 혁명가들은 투쟁 수준이 다시 하락했음을 인정하는 데 어려움을 겪곤 했다. 이 때문에 1968년 이후 일부 좌파는 의지만으로 봉기를 일으키려 애쓰면서 무모한 초좌파주의의 나락으로 떨어졌다. 결국 마오주의 조직인 '라 코즈 뒤 푀플'(인민의 대의)은 1970년 살인, 절도, 약탈, 방화 등을 선동한 혐의로 불법화됐다. 다른 조직들은 광범한 국가적 대안 차원에서 정치에 개입하려 하다 보니 선거에 참여하거나 사회당과 공산당의 연정 구성을 촉구하는 데 몰두하게 됐다. 흔히 그러한 활동은 소규모 파업에 개입하는 것보다 더 매력적으로 보였다. 그러나 그 때문에 혁명가들은 진정한 과제, 즉 노동계급 운동 안에 뿌리내리기라는 과제에서 이탈했다. 1968년의 그 짧은 찬란한 나날은 이따금 혁명적 좌파의 목을 죄는 벗어날 수 없는 멍에가 된 것처럼 보였다.

그러나 세계가 여전히 침체기에서 헤어나지 못하고 있고 프랑스의 '사회주의' 정부 아래에서 우울한 5년을 보낸 지금,* 1968년 5월의 기억은 여전히 살아 있다. 그것은 혁명가들이 꾸는 가장 무모한 염원조차 현실이 되는 때가 있다는 사실을 상기시켜 준다. 바로 그 때문에 ― 설사 그 외엔 다른 이유가 전혀 없을지라도 ― 1968년 5월을 결코 잊지 말아야 한다.

---

* 이 글은 1981년 집권한 사회당 미테랑 정부의 첫 임기가 끝날 무렵인 1987년에 쓰였다.

02

칠레 1972~73년
노동자들이 단결하다

마이크 곤살레스

1972년 10월 27일 칠레의 화물 운송업자들이 차량 운행을 전면 중단했다. 이는 의식적 계급 적대 행위였다. 이들은 임금노동자가 아니라 화물차 소유주였고, 그중 일부가 이 길고 좁다란 나라의 도로를 따라 화물을 운송하는 차량을 거의 대부분 소유하고 있었다. 이것은 사장들의 '파업'이었다.

칠레 철도망의 범위가 제한적이었으므로 화물차주들이 경제적으로 매우 중요한 구실을 했고,[1] 마음먹기에 따라 실질적 힘을 행사할 수도 있었다. 그해 10월, 화물차주들은 칠레 최남단 아이센 지역의 한 작은 운송업체를 국유화하겠다는 정부의 결정을 빌미로 행동에 돌입했다. 파업을 발표한 것은 화물차주 단체의 수장인 레온 빌라린이었다. 변호사인 빌라린이 유명한 극우 정치인이기는 했지만,[2] 소수 우익의 음모로 파업이 일어난 것은 아니었다. 이 파업은 칠레 지배계급의 총체적 전략(자신들이 잃어버렸다고 느끼는 칠레 국가에 대한 지배권을 회복하기 위한 전략)에서 중요한 조처였고 화물차주들은 [지배]계급 전체를 위한 돌격대 임무를 맡은 것이었다.

10월 파업은 정치적·경제적 전략에서 두 번째 단계의 시작을 뜻했다. 그 전 몇 달 동안 중간계급의 동원 규모가 커져 왔고, 정부에 맞서 몇 차례 정치적 승리를 거두기도 했다. 10월이 되자, 우익 반정부 세력의 지도자들은 이제 공세로 전환해 정부를 무너뜨릴 적기라고 판단했다.

나중에 밝혀지게 되지만, 사태는 살바도르 아옌데 정부만큼이나 칠레 부르주아지에게도 전혀 예기치 못한 방향으로 흘러갔다. 사태 발전의 방아쇠는 1970년 아옌데의 대선 승리였다. 아옌데는 자본가들이 속수무책으로 당할 수밖에 없었던 노동계급 투쟁 물결을 타고 정부 수반에 오를 수 있었다. 1970년 12월 대통령 공식 취임과 동시에, 아옌데는 일련의 매우 제한적인 사회적·경제적 개혁 법안 제정에 착수했다. 법안 자체만 놓고 보면 개혁 조치는 옛 지배계급 가운데 가장 보수적인 파벌만을 겨냥했다.[3] 그러나 칠레 부르주아지는 이런 개혁 조처를 엄청난 정치적 위협으로 느꼈다. 개혁의 **내용**이 아니라 개혁이 시행된 맥락 때문이었다. 아옌데의 당선은 노동계급의 정치적 자신감이 고양된 결과였고, 그의 승리는 다시금 노동계급의 자신감과 힘을 강화했다. 새 정부가 들어서고 첫 아홉 달 동안 부르주아지의 정치 지도부는 혼란에 빠졌다. 그들의 정치적 대응은 법원과 의회에서 법안 통과를 가로막거나, 부르주아 계급을 결집하기 위해 항의 집회나 시위를 벌이는 정도였다.

그러나 1972년 말이 되자 빌라린 같은 적극적 우익 지도자들은 아옌데에 대한 노동계급의 지지가 줄어들고 있다고 판단했다. 취임 첫해의 경제적 성공이 심화하는 경제 위기에 자리를 내주면서 인플레이션과 투자 회피, 고의적 감산이 나타났다.[4] 아옌데 정부와 아옌데에게 투표한 노동자·농민 사이의 갈등은 점점 더 악화됐다. 아옌데 정부가 계획했던 모든 개혁 조처를 양보할 태세가 돼 있다며 (갈수록 필사적으로) 부르주아지를 안심시키려 했기 때문이었다. 경제 상황은 갈수록 어려워졌고, 지배계급의 방어적 전략 — 기본적으로, 투자를 거부하면서 생산과 유통 부문에서 체계적으로 태업하는 것 — 은 이제 경제적 혼란을 야기하기 위한 더욱 끈질긴 노력으로 전환되고 있었다. 화물차주들의 파업은 바로 이런 노력의 일부였다.

그러한 노력은 성공할 수도 있었다. 노동계급이 정치 무대로 쏟아져 나와 거리와 공장의 통제권을 장악하지 않았다면 말이다. 노동계급 조직들은 정치적 주도력을 발휘했고, 힘을 결집한 부르주아지와의 정면 대결에서 1년도 채 안 되는 기간에 두 차례나 승리했다. 그리고 두 번의 대결 모두에서 노동운동의 보수적 지도자들 — 아옌데와 함께 국가를 통제한 — 은 적대 계급보다 칠레 노동자들의 힘과 조직을 더 두려워한다는 사실을 몸소 보여 줬다.

칠레에서 일어난 사건들은 대단히 역설적이었다. 노동계급은 성과를 지키고자 자신의 힘을 직접 행사했다. 그러나 그런 방어적 행동이 부르주아 국가 자체에 맞선 도전으로 발전하기 시작하자, 노동계급 운동 내의 보수적 지도부는 군대를 끌어들여 국가권력을 회복하는 것으로 대응했다. 그 결과, 겁에 질린 지배계급이 계급투쟁에 대한 가장 야만적이고 잔인한 해결책 — 1973년 9월 11일의 군사 쿠데타 — 으로 나아갈 수 있는 상황이 조성됐다.

쿠데타 이후, 전 세계 공산당과 사회민주당은 모두 오늘날의 조건에서 그 어떤 변화라도 부르주아지가 용인할 수 있는 수준에 머물러야 함('역사적 타협')을 보여 주는 실례로 칠레를 들었다. 이런 점에서 칠레의 사례는 그런 정당들이 노동계급의 권력 장악 투쟁 지도를 포기하는 것을 정당화하는 데 이용돼 왔다.[5] 그러나 그런 정당들이 이끌어 낸 결론은 그 극적인 계급투쟁 시기의 실제 경험을 왜곡하고 각색한 것이었다.

민중연합의 제한된 약속

살바도르 아옌데는 '민중연합'(UP)이라고 불린 6개 정당 연합의 대표로 권력을 잡았는데, 이런 종류의 광범한 연합체 후보로 선거에 나선 지 여섯 번째 만이었다. 민중연합의 핵심 세력은 아옌데가 속한 사회당과 칠레 공산당이었다. 두 조직 모두 칠레 노동계급의 정치적 지도부를 자처할 만한 자격이 있었다. 그들의 영향력은 20세기 초 질산염 광산 노동자들의 영웅적 파업에서 시작된 부단한 노동계급 투쟁 역사에서 비롯했다.

칠레 공산당은 1920년 라틴아메리카에서 가장 영향력 있는 혁명적 조직가인 루이스 에밀리오 레카바렌이 창설했다. 1940년대 초에 창설된 사회당⁶ 역시 혁명적 조직을 자처했다. 실제로, 심지어 1970년에도 사회당 강령은 여전히 자본주의 국가의 무력 전복을 표방했다. 그러나 두 정당은 6년마다 대통령 선거가 벌어질 때면 광범한 연합체를 구성하면서 선거 연합에 대한 변함없는 신념을 보여 줬다. 그렇긴 해도 그들은 노동계급에 깊이 뿌리내리고 있었고, 그런 덕분에 1970년 대선에서 아옌데가 36퍼센트를 득표할 수 있었다.

아옌데가 확실한 과반을 득표하지 못한 것 때문에 사람들은 흔히 아옌데가 이끈 민중연합의 승리가 부르주아지의 분열 덕을 본 것으로 여겼다.⁷ 확실히 '자유주의 혁명' — 에두아르도 프레이의 기독민주당 정부(1964~70년)가 약속한 위로부터의 발전과 개혁 프로그램 — 이 실패한 뒤 지배계급 조직들은 말다툼과 분파주의의 늪에 빠졌다. 그러나 부르주아지의 실패로만 설명하는 관점은 노동계급의 능동적 구실을 무시한다.

프레이 정부가 약속한 개혁이 좌초하자 점차 전투성이 고양되던 노동자 운동이 행동에 나섰다. 예컨대, 1967년에 정부는 농업 노동조합 금지 조항을 삭제했고 동시에 토지개혁 법안을 통과시켰다. 대지주들은 여기에 완강히 저항했는데, 프레이는 이들에 맞서 싸울 준비도 안 됐고 그럴 의지도 없었다. 안정적 소농 계층을 창출하려 시행한 토지개혁은 원래 농촌 지역의 갈등을 누그러뜨리고자 기획됐다. 그러나 결과는 정반대였다. 토지개혁의 혜택을 바라며 기독민주당에 투표했던 사람들은 이제 속았다고 느꼈다. 다른 한편, 아무런 보장도 받지 못한 무토지 농민은 이미 대대적으로 토지 점거에 나선 상황이었다.

프레이는 산업 성장을 약속했고, 이를 믿은 농촌 무직자들이 도시로 몰려들었다. 초기 농촌 이주자들은 빈 땅에 무허가 판자촌을 이루면서 노동계급 주거지를 형성했고, 주거권과 기초 편의 시설을 요구하며 조직을 건설하고 투쟁하기 시작했다.[8] 이 조직들이 1972~73년에 중요한 구실을 하게 된다.

무토지 농민과 도시 빈민은 전통적 노동계급 조직들과 그 정치적 지도에 영향받지 않았다. 그들은 그 시기에 급진화한 세 번째 부문, 즉 학생운동의 정치적 영향을 받았다. 1968~69년에 교육개혁을 요구하는 광범한 운동이 칠레에서 벌어졌고, 이 운동은 칠레 전역에서 수도 산티아고로 향하는 대행진에서 그 절정에 이르렀다. 이 운동에는 여러 조류가 뒤섞여 있었다. 첫 번째 조류는 1959년 쿠바 혁명과 체 게바라로 상징되는 혁명적 낭만주의의 영향을 받은 청년 혁명가 세대였다. 칠레에서 이 조류는 1965년 혁명적좌파운동(MIR)의 결성으로 표현됐다. 두 번째로 변화를 위한 비(非)혁명적 대안을 제공하려 한 프레이의 개혁주의적 실험이 실패하면서 형성된 급진화된 청년 개혁파 그룹이 있었다. 이들은 민중연합행동운동(MAPU)과 기독교좌파(Christian Left)[9]로 조직돼 있었는데, 주로 토지개혁 강령을 조직하는 데 힘을 쏟았다. 프레이 정부가 이 강령의 이행을 포기하는 듯 보이자, MAPU는 민중연합에 가담했다.

프레이 정부의 위기에 이런 미조직 부문만 영향을 받은 것은 아니었다. 사회당 내부에서 오랫동안 지속된 정치적 분열이 노동조합 조직과 선거운동 중 어느 쪽을 당 활동의 중심으로 삼아야 하는지를 둘러싸고 다시 불거졌다.[10] 이렇게 된 것은 우연이 아니라 노동계급 운동의 발전이 가하는 압력 때문이었다. 1968년 초 칠레 노조 총연맹(CUT)은 프레이 정부의 무파업 협약 체결 계획에 반대해 전국 파업을 호소했다. 이 파업이 성공하자 노동계급 전투성이 급격히 고양됐다. 1968~69년에 노동자들은 약 50퍼센트에 이르는 물가 인상률과 실업 증가, 점점 더 심해지는 정부 탄압에 직면했다. 1969년에 1939건이었던 파업 건수(참가자 수 23만 725명)가 1970년에는 5295건(참가자 수 31만 6280명)으로 늘어났다.

이것이 1970년에 아옌데가 대통령으로 당선됐을 때의 분위기였다. 민중연합의 정치 강령은 민중연합이 의존하는 사회 세력들 간의 이해관계(때때로 충돌하는)를 절충하려 했다. 모든 사안에서, 아옌데는 현행 법체계 안에서 시행 가능하고 우익이 지배하는 의회에서 통과될 만한 개혁 조처만을 법제화하자고 했다. 이 때문에 할수 있는 일의 범위가 심하게 제약됐고, 사실상 우익이 개혁의 속도를 좌우할 수 있게 됐다. 완고한 선거주의 관점 때문에 아옌데는 선거에서 승리를 안겨 줄 수 있는 중간계급 유권자들 — 그가 침이 마르도록 예찬한 '중간 부문' — 이 등을 돌리게 만들 일은 결코 하지 않으려 했다. 역설적이게도, 중간계급의 표는 정부가 노동계급 활동을 통제·제한하는 능력을 어느 정도나 보여 줄 수 있느냐에 달려 있었다.

경제 분야에서 민중연합은 전반적 임금 인상으로 소비를 진작하고 이를 통해 칠레 유휴 산업 설비의 다수를 재가동함으로써 프레이가 채 이루지 못한 성장과 현대화 프로그램을 완수하는 데 착수했다. 농업 분야에서 아옌데는 1967년의 토지개혁법을 **원안 그대로** 시행하기 시작했는데, 이 법안에는 지주들에게 후한 보상금을 약속하는 조항은 물론 지주들이 가장 비옥한 토지 500에이커와 가장 좋은 농기계를 계속 소유하도록 보장하는 내용이 담겨 있었다.

그러나 아옌데의 정책 중 핵심은 미국 소유 구리 광산의 보상 없는 국유화였다.[11] 미국 기업들이 몇 년째 투자를 중단한 상태이긴 했지만, 구리 광산 국유화로 아옌데 정부는 칠레의 주요 수출산업에 대한 통제권을 확보했다. 다른 한편, 민중연합의 전체 강령은 국가 핵심 산업과 금융기관의 국유화를 포함했지만 나머지 대다수 기업은 사적 소유로 남겨 뒀다.[12] 민중연합은 3500개 기업 가운데 단지 150개만 국영 부문으로 전환하려는 구상을 갖고 있었다. 이것은 총 생산의 40퍼센트에 해당하는 규모였고 나중에 이 수치는 더 낮아졌다.

전 세계 언론은 칠레에서 최초로 '마르크스주의자' 대통령이 당선했다고 호들갑을 떨었지만, 민중연합의 정책에 혁명적 내용은 전혀 없었다. 민중연합의 정책은 내용 면에서 프레이의 개혁 강령과 거의 다를 바 없는 정통 케인스주의적 경기 부양 정책이었다. 민중연합의 개혁 강령에는 사적 자본의 지배에 도전하는 정책이 전혀 없었다. 도리어 산업 부르주아지에게는 각종 안전판을, 지주에게는 관대한 보상을 제공했다.

민중연합과 프레이의 실질적 차이는 노동계급과의 관계였다. 칠레 자본주의의 부흥에 민중연합이 기여할 수 있는 것은 노동계급을 통제하고 경제성장 계획에 대한 노동계급의 지지를 이끌어 낼 수 있다는 점이었다.

그러나 이것조차 부르주아지의 의구심을 누그러뜨리기에 충분치 않았다. 그래서 부르주아 국가와 그 유지에 대한 충성과 헌신을 보여주는 확실한 증표로서 — 그리고 우익 정당들이 1970년 11월에 그의 대통령직 취임을 반대하지 않은 보답으로서 — 아옌데는 '헌법준수협정'[13]에 서명했다. 이 문서에서 아옌데 정부는 국가와 국가기구를 존중하고 부르주아지가 자신의 계급 이익을 지키기 위해 발전시킨 모든 제도 — 교육제도, 교회, 언론, 군대 — 를 손대지 않겠다고 약속했다. 이 협정은 사실상 비밀에 부쳐졌고 민중연합 지지자들에게 결코 공개되지 않았다. 헌법준수협정의 존재는 민중연합이 나머지 국가기구를 공격하기 위한 기초가 될 "권력의 일부를 장악했다"는 (일부 공산당 이론가들의) 주장을 무망하고 공허한 것으로 만든다. 사실상 헌법준수협정은 칠레 사회의 근본적 변화를 지향하는 어떠한 조치도 취하지 않겠다는 약속이었다.

그러므로 민중연합의 전략은 경제성장을 위해 사기업과 국가가 협력하는 것이었다. 구리 광산뿐 아니라 일부 은행과 보험회사도 국유화한다는 계획이 있었다. 그렇지만 정부는 사기업들에게 각종 국가 보조금을 제공할 계획도 갖고 있었다. 장기적 목표는 세 부문 — 국영기업, 사기업, 민관합작기업 — 의 혼합경제였다.

물론 민중연합의 전략은 정치적 수준에서도 경제 부문에 준하는 협력을 포함했다. 아옌데는 취임 초 대통령 연설에서 '민중 권력'을 언급하긴 했지만,[14] 기층의 주도력이나 노동자 권력을 위한 투쟁을 의도한 것은 결코 아니었다. 헌법준수협정과 아옌데와 부르주아지 사이의 계속되는 협상은 — 노동계급에게 자제를 촉구하는 아옌데의 끊임없는 호소와 짝을 이뤄 — 부르지아지가 계속 정치적 주도권을 갖게 만들었다. 1971년 초 몇 달 동안 정부의 후원 아래 만들어진 조직들 — 예컨대 지역공급배급위원회(JAP)나 민중연합의 지역 '지부'인 민중연합위원회 — 은 본질적으로 정부의 정책을 시행하거나 그에 대한 지지를 얻어 내는 수단이었다. 취임 초 몇 달 동안 아옌데가 여러 차례 '민중 권력'을 언급했을 때, 분명 그것은 민중연합 지도부의 결정을 무비판적으로 따르라는 뜻이었다.

조금씩 표출되는 불만

민중연합 집권 첫해 동안, 아옌데의 신망은 대체로 변함없었다. 그러나 물밑에는 해소되지 않은 긴장들이 있었다. 선거 승리가 투쟁 수준의 고양 덕분이었기 때문에 투쟁을 통해서만 성과를 얻을 수 있다는 생각이 더욱 강화됐기 때문이었다. 많은 노동자와 농민은 아옌데가 대통령궁에 입성했으니 자신들은 집으로 돌아가야 한다고 생각하지 않았다. 예컨대, 민중연합의 토지개혁 공약에 고무된 무토지 농민 조직들은 토지 점거에 박차를 가했다. 1971년 5월 아옌데는 무토지 농민들에게 토지 점거를 중단하고 합법적 절차를 기다리라고 요구했다. 그는 또한 농민과 빈민 조직들에 영향을 미치고 있던 MIR의 지도부에 연락해서 농민과 빈민 조직들이 법의 테두리를 벗어나 행동한다고 나무랐다.

이때만 해도 아옌데는 문제를 토론할 의사가 있었다. 그러나 집권 첫해가 지나면서 아옌데와 그 동료들은 이러저러한 독립적 선제 행동을 점점 더 강하게 비난했다. 한편, 노동계급 조직들은 대체로 좀 더 고분고분해 보였다. 1971년 상반기에는 조직노동자들과 정부 사이에 충돌이 거의 없었다. 한 가지 이유는, 민중연합 소속 정당들이 노동조합을 확실히 통제했다는 점이다. 그리고 노조원들은 경제 회복에 따른 임금 인상과 신규 일자리의 주된 수혜자이기도 했다. [민중연합 집권] 첫해에 블루칼라 노동자의 임금은 38퍼센트, 화이트칼라 노동자의 임금은 120퍼센트가 올랐다. 실업률은 10퍼센트 아래로 떨어졌고, 국내총생산(GDP)은 총 8퍼센트나 증가했다.[15]

처음 몇 달 동안이 비교적 평온했던 것은 폭풍 전야의 고요함일 뿐이었다. 부르주아지는 단지 때를 기다리고 있었다. 상처를 추스르며 적당한 반격의 시기를 찾고 있었던 것이다. 칠레 기업주들은 1971년을 가만히 보내지 않았다. 그들은 자본을 최대한 해외로 빼돌렸고 재투자는 전혀 하지 않았다. 공장으로 유입되는 자금은 대개 국가보조금뿐이었다.[16] 노동자들의 생활수준이 향상되면서 소비 수요가 급증하고 물자가 부족해졌다. 중간계급의 고의적 사재기로 상황은 더 악화됐다. 물자 부족과 불안감이 만연한 분위기 속에서 부르주아지는 아옌데에 처음으로 도전할 적절한 환경을 찾았다.

시기는 신중하게 선택됐다. 1971년 11월 피델 카스트로가 칠레를 방문했다. 방문 이틀째에 그는 한 시위대 ─ 이른바 '빈 냄비 행진' ─ 와 맞닥뜨렸다. 우익 정당들이 조직한 중간계급 여성 수백 명이 거리에 나와 물자 부족을 상징하는 빈 냄비를 흔들어 댔다. 얄궂게도 상당수는 하녀를 대동했다. 아마, 그들 자신은 한 번도 직접 써

본 적이 없을 냄비와 팬을 대신 들도록 하기 위함이었을 것이다. 그러나 물자 부족 항의 시위의 이면에는 다른 더 심대한 목적이 있었다. 그것은 바로 중간계급을 동원하고, 부르주아지에게 다가올 국제적 차원의 전투를 경고하고, 민중연합의 노동계급 통제 능력에 대한 부르주아지의 강한 의심을 표현하는 것이었다.

이유는 민중연합이 파업 노동자들과 토지 점거자들을 달래도 보고 거의 노골적으로 공격도 해 봤지만 아옌데가 노동계급 운동을 완전히 통제할 수는 없다는 것이 분명했기 때문이다. 1971년 1~12월에 파업이 1758건, 토지 점거가 1278건 있었다.[17] 부르주아 정당들은 정부를 비난하고, 내무부 장관 호세 토아 경질을 추진했다. 그리고 의회에서 국유화 법안을 저지하는 것으로 대응했다. 의회 밖에서는 "불법 점거는 초좌파들만 저지르는 일이 아니다. 농민·노동자·광원도 자생적으로 그런 행동에 나서고 있다"며 불평했다.[18]

흥미롭게도 아옌데와 그의 적들은 한 가지 점에서는 의견이 일치했다. 즉, 아옌데 정책의 바탕이 되는 [부르주아지와 민중연합 사이의] 지속적 협상을 가장 위협하는 것은 바로 노동계급의 독립적 행동이라는 것이었다! 민중연합은 야당과 각종 전문직·기술직 단체들과 오랜 시간에 걸쳐 1971년도 경제계획을 논의했다. 그러나 공개 토론을 거치거나 노동조합의 승인을 구하려 한 적은 단 한 번도 없었다. 그러므로 암시장 확대, 물자 부족, 인플레이션 상황에서 노동자들은 당연히 이미 쟁취한 성과를 지키고자 전통적 투쟁 조직, 특히 노동조합에 다시 의지할 수밖에 없었다.

동맹의 균열

민중연합이 집권 2년 차에 접어들자 우익의 공세와 그에 대한 노동계급의 독자적 대응으로 새로운 논쟁이 촉발됐다. 아옌데가 이런 사태 전개에 부르주아지를 달래는 식으로 대응하다 보니, 민중연합과 그 지지자들 사이에 긴장이 조성됐고 이른바 '사회주의로 가는 칠레식 길'에 대한 근본적 물음이 제기됐다. 매우 상이한 두 전략이 민중연합 내에 공존했고, 사태 발전은 결단을 요구했다. 민중연합은 생활수준을 보호하고 지난해에 거둔 성과를 부르주아지에게 빼앗기지 않으려 투쟁에 나선 노동자들을 지지해야 하는가 말아야 하는가? 지지해야 한다면, 어떤 정치 전략이 필요한가?

민중연합 참가 단체들의 정치적 대표자들이 1972년 2월 엘 아라얀 대회에서, 그리고 6월 로 쿠로 임시 대회에서 재차 직면한 핵심 문제가 바로 이것이었다. 민중연합의 향후 전략을 둘러싼 논쟁의 핵심에는 '공고화할 것인가, 전진할 것인가'라고 불린 쟁점이 있었다. [민중연합 내] 우파는 개혁 과정을 중단하고 획득한 성과를 공고화하는 한편 전진에 앞서 더 광범한 유권자들의 지지를 얻자고 주장했다. 사실상 이것은 우파들이 그토록 애지중지하던 중간계급 부문에게 '사회주의로 가는 칠레식 길'을 내맡기자는 것이나 다름없었다. 좌파는 개혁의 속도를 높이고 국유화를 확대하고 현실 투쟁을 이끌어야 한다고 주장했다. 그들은 노동계급이 투쟁을 전진시킬 태세가 돼있음을 보여 줬다고 주장했다. 남은 문제는 이것이었다. 노동계급의 정치적 지도자들이 계급의 선두에 설 것인가?

논쟁 내내, 민중연합 밖에서 활동하자고 주장한 조직은 하나도 없었다.[19] 언제나 논쟁은 민중연합이 국가 안의 자신의 위치에서 무엇을 해야 하는지에 관한 것이었다.

공산당과 아옌데가 이끄는 사회당 우파는 정부가 국가 부문을 더 확대해서는 안 되고, 노동계급을 통제할 수 있음을 실천으로 보여 줌으로써 정부가 부르주아지와 협상할 태세가 돼 있음을 거듭 천명하고, 정부 정책에 대한 광범한 합의를 추구하자고 주장했다. 여기에는 그러한 타협으로 부르주아지가 기존의 성과들을 존중하리라는 희망이 깔려 있었다. 사태는 이미 그 반대가 진실임을 보여 줬는데도 말이다.

MAPU, 기독교좌파, 사회당 좌파는 반론을 제기했다(토론에 참가하지는 않았지만 MIR도 이들을 지지했다). 좌파는 공공 부문을 확대하고, 대기업 90곳을 국유화한다는 민중연합의 애초 공약을 재천명하고 — 정부는 그 수를 43곳으로 줄인 상태였다 — 이데올로기 투쟁에 적극 개입해 새로운 지지를 모을 것을 촉구했다.

우파와 좌파 사이의 이견은 질적이라기보다는 양적인 것이었다. [90곳이냐 43곳이냐 하는 식의] '숫자급진주의'에서 벗어나서 국가와 사적 자본의 관계, 경제 전체에 대한 통제와 감독이라는 문제를 제기하는 좌파는 전혀 없었다. 모든 좌파가 '권력의 일부'를 장악했다는 데 동의하는 듯했다. 아옌데가 부르주아지에게 보장한 나머지 '권력의 일부'에 대해 걱정하는 사람은 아무도 없었다. 혼란스러운 미사여구가 난무했다. MAPU는 정부가 "국가기구를 대중적으로 활용"하라고 요구했는데 이것은 명료한 대안 정책과는 거리가 한참 멀었다! MAPU의 우유부단함은 이미 1972년 1월 이 단체의 전국대의원 대회에서 드러난 바 있다. MAPU는 CUT와 민중연합이 함께 제출한 노동자 산업 참여 계획을 열렬히 지지했는데, 사실 이 계획은 국유화 요구에서 **후퇴**한 것이었다. MAPU는 민중연합의 다른 세력과 한 목소리로 MIR의 '초좌파주의'를 비난하기도 했다. MAPU는 대체 좌파인지 우파인지 알 수 없었다.[26]

민중연합 대회에서 벌어진 토론과 논쟁을 살펴보면 많은 주장들이 비현실적이었음을 실감하게 된다. 연설들은 훌륭하고 감동적이었지만 칠레 정치의 향방이 의회 밖에서, 그리고 라 모네다의 대통령궁과는 한참 떨어진 곳에서 결정된다는 사실을 간과했다. 엘 아라얀 대회가 열리기 전인 1월에 이미 아옌데는 군대를 모독한 죄로 내무부 장관 호세 토아를 경질하라는 요구에 굴복해 토아의 사임을 수용했다. 3월 케니컷(미국 구리 회사로 칠레에 있는 그 자회사가 국유화됐다)은 칠레산 구리에 대해 세계적 금수 조처를 시행하자고 주장했다. 기독민주당 소속 상원 의원 카를로스 아밀톤은 추가 국유화 조치를 모두 무효화시키려고 잇달아 동의안을 제출했다. 아옌데는 너무 유약하게 대처했고 그래서 4월에는 민중연합 좌파를 달래야만 한다고 느꼈다. 아옌데는 좌파 전체를 염두에 둔 제스처로서 MIR과 공식 대화를 시작했다. 그러나 자신과 MIR 사이의 전략적 이견들에 관해서는 타협할 생각이 없었다.

5월 12일 주요한 산업 도시인 콘셉시온에서 벌어진 사건은 향후 전개될 사태의 윤곽을 뚜렷이 드러냈다. 우익 학생 조직이 도심 행진 계획을 발표했다. MIR을 포함해 많은 좌파 조직들이 대항 시위를 벌이자고 주장했다. 그러자 공산당원인 시장은 모든 행진을 금지하고는 대항 시위 진압을 위해 진압경찰을 출동시켰다. 그 뒤에 벌어진 폭력으로 MIR 지지자 한 명이 사망했다. 정부는 공산당 대변인 다니엘 베르가라를 통해, 좌파와 우파 모두의 폭력을 비난했다.[21]

또, 5월에 전국섬유산업노동자대회는 노동자 산업 참여를 거부하고 산업에 대한 노동자 통제와 모든 관리자에 대한 임면권을 요구했다. 이에 대한 답변은 6월에 발표된 민중연합의 새 내각 구성안에서 드러났는데, 특히 독립적 좌파 인사로 국유화 확대 정책을 공공연히 지지한 덕분에 우익의 주요 표적이 된 페드로 부스코빅이 내각에서 배제됐다.

같은 달에 민중연합의 정책 대회가 로 쿠로에서 재소집됐다. 대회에서 우파가 마침내 승리를 거뒀다. 한 가지 이유는 좌파가 내놓을 만한 명확한 대안이 없었다는 것이다. 비록 좌파 사회주의자들이 전국섬유산업노동자대회에서 제기된 '민중 의회'나 '민중 권력' 같은 요구 가운데 일부를 두고 로 쿠로에서 토론하기 시작했지만 말이다.22 동시에 아옌데는 기독민주당과 (한 달 전 잠시 중단됐던) 협상을 재개했고, 사회 평화와 법질서 확립에 대한 의지를 재차 강조했다. 이것이 실제로 뜻하는 바는 1972년 6월 산티아고 부근 멜리피야에서 극적으로 드러났다.

이 지역의 많은 농장이 토지개혁법에 따라 몰수 대상이 되는 대규모 농장이었다. 그러나 지방법원 판사인 올라테는 토지 재분배 과정에 거듭 법적 제약을 가하고 시종일관 지역 지주들에게 협력했다. 6월 22일 시내에서 시위가 벌어졌고 농업 노동자 조직의 핵심 활동가 스물두 명이 체포됐다. 일련의 항의 시위가 이어졌다. 30일 도시로 이어지는 모든 고속도로가 봉쇄됐다. 7월 12일에는 대규모 시위대가 스물두 명을 석방하고 올라테 판사를 즉각 파면하라고 요구하며 산티아고 중심부를 행진했다. 정부는 사태를 외면했다.[23]

멜리피야에서 벌어진 사건들은 곱씹어 볼수록 훨씬 더 깊은 의미가 있었다. 시위가 벌어지는 동안 세리요스 인근의 산업 지구에서 온 노동자들이 농촌 동지들의 투쟁에 가세했다. 세리요스는 노동쟁의로 연이어 들끓고 있었다. 6월 말 페를락앤드폴리크론 섬유 공장, 라스아메리카스알루미늄 제련 공장, 세리요스 치킨 공장이 파업 중이었다. 파업 노동자들은 이제 멜리피야의 형제자매들과 합세했다. 한 농업 노동자는 다음과 같이 말했다. "우리에겐 먹여 살려야 할 사람과 부양할 가족이 있다. 인내심이 바닥났다." 그리고 이 노동자를 인터뷰한 사람은 그 연설을 들은 농촌과 도시의 노동자들이 "의회는 우리의 이익을 대변하지 않는다"는 주장에 공감했다고 적었다. 시위대는 한편으로는 아옌데 지지를 외치면서, 의회와 다른 국가기구들이 민중연합 프로그램의 이행을 가로막는 가장 큰 장애물이라고 불평했다.

그런데 농업 노동자와 공업 노동자 사이의 공동 행동으로 여러 새로운 가능성이 열렸다. 왜냐하면 공동 투쟁에서 새로운 형태의 **조직**이 등장했기 때문이다. 이 조직은 세리요스의 파업 물결 속에서 형성됐고 '산업 벨트', 즉 코르돈이라고 불렸다. 또 다른 코르돈은 비쿠냐 마케나 지역에서 발전했다. 세리요스 코르돈은 7월 초 선언문을 발표했다. 노동자가 생산을 통제하고 국회를 노동자 의회로 대체하자는 이 선언은 이제껏 좌파 정당들이 공개적으로 논의한 모든 것을 뛰어넘는 요구였다. 그러나 이 단계에서 여전히 코르돈은 급진적 일간지 〈칠레 오이〉*의 기사에서조차 생산 유지와 정부 경제정책의 이행을 위한 위원회로 묘사됐다. 아직 어느 누구도 사회적·정치적 조직의 대안적 토대로서 코르돈의 잠재적 가능성을 인식하지 못했다.[24]

공산당과 사회당 우파는 당원들에게 코르돈과 어떤 관계도 맺지 말라고 명령했다. 모든 행동이 공식 노조 지도부, 즉 CUT에 의해 조정돼야 한다는 것이었다. 이 태도는 로 쿠로 총회에서 승리를 거둔 '공고화주의자들'의 관점이 반영된 것이었다. 우파가 볼 때, 사적 자본을 침해하거나 국가에 도전하는 일은 더는 없어야 했다. 아옌데는 부르주아지에게 양보해야 부르주아지도 헌정 질서를 존중할 것이라고 주장했다.

계급투쟁이 제자리걸음을 할 수 없다는 사실, 즉 이미 거둔 성과를 지킬 유일한 길은 투쟁을 강화하는 것이라는 점을 깨달은 것은 오직 노동자들 자신뿐인 듯했다. 그러지 않는다면 부르주아지가 자신들이 잃은 것을 되찾기 위해 투쟁하도록 놔두는 수밖에 없었다. 역설적이게도, 노동자들 사이의 그러한 각성은 민중연합에 대한 대중의 점증하는 지지(7월에 코킴보에서 치러진 보궐선거와 CUT 집행부 선거 결과[25]에서 보듯이)로 표현됐다. 그러나, 우파는 그러한 지지를 달리 해석했다. 민중연합의 계급 협조 노선에 대한 지지로 말이다.

---

* Chile Hoy. 오늘의 칠레.

연이은 사건에서 정부가 노동자, 농민, 학생, 빈민과 충돌을 빚자, 이런 상황에 내재된 모순이 모두의 눈에 점차 분명해졌다. 7월에 은행을 습격한 초좌파 단체 회원들이 보안경찰 — 아옌데가 직접 임명한 콘트레라스가 그 책임자였다 — 에 체포돼 고문당했다. 정부는 광산 지역에서 지역 쟁점을 둘러싸고 일어난 파업을 분쇄하려고 비상사태를 선포했고, 그 결과 군대가 광산 지역을 직접 통제하게 됐다.

8월 18일 경찰과 군대가 산티아고의 에르미다에 있는 빈민 밀집 지구를 습격했다.[26] 표면상의 이유는 초좌파 게릴라 단체의 회원들을 찾기 위해서였다. 사실, 에르미다 지역은 민중연합의 정치력이 전혀 미치지 못하는 곳이었다. 다른 빈민 지역과 마찬가지로 이곳에서도 MIR이 '혁명적빈민촌운동'(MRP) 같은 외곽 조직을 이용해 정치적 영향력을 강력하게 행사하고 있었다.[27] 경찰 작전이 대대적 저항을 불러일으키자 이들은 우선 철수한 뒤 다음 날 무장 병력 400명을 이끌고 되돌아왔다. 뒤이은 공격으로 한 명이 죽고 한 명이 치명상을 입었으며 열한 명이 부상당하고 160명이 체포됐다. 나중에 아옌데가 이 공격에 대해 에르미다 주민들에게 사과하긴 했지만, 정부가 그 사건을 이용해 혁명적 좌파를 공격하고, 헌법의 틀을 넘어서려는 모든 사람에게 경고를 보내고, 부르주아지에게 법과 질서를 수호하려는 정부의 의지를 재차 보여 줬다는 것은 분명한 사실이다. 부르주아지의 처지에서 보면, 에르미다 공격 같은 일들은 군대의 힘과 과단성을 시험해 볼 수 있는 소규모 충돌이었다.

아옌데게 핵심적 문제는 민중연합의 정치적 권위였다. 의심할 여지 없이 민중연합이 노동계급 운동 내에서 정치적 헤게모니를 유지하고 있었지만, 투쟁 자체가 민중연합의 개혁주의 테두리 안에서는 해결할 수 없는 정치적 문제들을 제기했다. 민중연합의 통제에서 벗어나 있다는 이유로 노동자와 농민의 조직들을 해산한다면, 그 대신 정부는 집회와 시위의 권리가 경찰에게 제약되거나 우익 무장 단체들에게 위협받지 않을 것이라고 보장할 수 있는가? 노동자들이 직접 나서지 않는다면 아옌데가 공장 소유주들을 압박해 공장폐쇄를 막고 생산을 방해하지 못하게 할 수 있는가? 계급투쟁이 격렬해지면 아옌데는 노동자들 편에 설 것인가, 아니면 여전히 심판 노릇이나 하려 할 것인가?

바로 이런 질문들이 7월 말 콘셉시온에서 열린 '민중 의회'에서 가장 중요한 문제가 됐다. 대표자 3000여 명이 참가해 정세 토론을 벌였다.[28] 그들은 좌파 조직뿐 아니라 광범한 조직들 — 노동조합, 민중, 학생 — 을 대표했다. 유일한 불참 세력은 공산당이었는데, 그들은 늘 하던 식으로 콘셉시온 '민중 의회'를 "초좌익 분파들을 앞세운 반동과 제국주의의 책략"으로 낙인찍었다. 아옌데 자신은 한술 더 떠서 7월 31일 발표한 성명에서 다음과 같이 말했다.

지난 석 달 동안 두 차례 열린 콘셉시온[민중 의회]은 결과적으로 민중연합 운동의 통일성을 해칠 수밖에 없는 분열 책동의 장이었습니다. 이것은 혁명적 대의를 적대하는 자들의 이익에 봉사하게 될 것이라고 확신합니다.

아옌데는 같은 연설에서 자신은 부르주아 민주주의를 신뢰하며

"역사적으로 [칠레와] 다른 조건에서 사회적 기반도 지지도 없는 반동적 권력 구조에 맞서 등장했던" 이원 권력 상황의 발전에 반대한다고 매우 분명하게 선언했다. 그는 칠레 정부가 전체 노동계급의 이익을 대변하므로 칠레에서 이원 권력 기구를 창출하는 행동은 "터무니없이 무책임한" 짓이라고 주장했다. 그는 사리 분별을 할 줄 아는 혁명가라면 "우리 사회를 통제하며 **민중연합 정부의 일부가 된 제도적 시스템을 무시하는 일은 상상조차 할 수 없다.** 여기에 동의하지 않는 사람은 반혁명 분자로 간주돼야 마땅하다"고 결론 내렸다.[29]

'민중 의회' 내에도 견해 차이가 존재했다. 특히 아옌데와의 관계가 문제였다. MAPU와 사회당 좌파는 '민중 의회'가 조직적 압력을 가해 정부가 자신의 강령을 추진하도록 해야 한다고 생각한 반면 MIR은 혁명 강령을 가다듬어야 한다고 주장했다. 그러나 MIR조차 구체적 결론을 내리는 것에는 주저했다. 그리고 단 한 번도 '민중 의회'에 참가한 투쟁 조직들을 바탕으로 새로운 혁명적 조직을 건설하자고 호소하지 않았다. 투쟁과 그 일반화의 속도가 점점 빨라지고 있었으므로 단지 지지를 보내는 것 이상이 필요하다고 깨달은 것으로는 여전히 부족했다. 연이은 사태에서 국가 자체가 문제 — 국가는 누구의 이익을 대변하고 방어하는가? — 가 됐다. 그러나 그런 문제는 권력 문제를 의제에 올려놓을 준비가 돼 있는 혁명적 지도부가 제기할 수 있는 것이었고 또 그런 지도부가 아니고서는 할 수 없는 것이었다.

몇 주 뒤 비오비오 주(州)에서 우익의 공격을 받은 친정부 성향 라디오 방송국을 지키려 시위대가 행동에 나서자 다시 비상사태가 선포됐고, 이것은 에르미다에서 벌어진 사건의 중요성 — 되돌아보건대 더욱 불길한 의미에서의 중요성 — 을 새삼 부각했다. 아옌데가 자신의 지지자들에 맞서 국가기구를 사용할 태세가 돼 있고 현행법과 기존 (부르주아) 질서를 회복하기 위해 군대와 경찰에 의지할 태세가 돼 있다는 것이 갈수록 분명해지고 있었다.[38]

확산을 막으려는 노력이 있었는데도, 계급투쟁은 아옌데와 민중연합의 통제를 빠르게 벗어나고 있었다. 부르주아지는 아옌데의 우유부단함이 자신들에게 유리한 요인이라고 생각했고, 정치적 반대와 경제적 사보타주를 선동하는 활동을 공공연히 조직했다. 극우 성직자 아스분 신부는 이미 7월 말부터 '채널9' 방송에 나와 아옌데에 맞서 군사 쿠데타를 일으키자고 선동했다.

민중연합 지도자들은 폭력과 내전을 비난하는 한편 노동계급에게는 우익의 준동에 대한 대처를 정부에 맡겨 달라고 요구했다. 그러나 정부는 우익의 위협에 대처하기는커녕 위협에 눌려 아무런 대처도 하지 않았고 경찰과 군대를 신뢰한다는 것이 이미 드러난 상태였다. 따라서 9월 말 아옌데가 예정대로 '무기통제법' 발효를 공표한 것은 명백히 노동자 조직들을 겨냥한 것이었고, 군대에게 노동자 무장해제를 맡기겠다는 뜻이었다. 이런 양보 조처 가운데 어떤 것도 아옌데가 약속한 효과를 거두지 못했다. 도리어 노동운동 지도자들이 싸울 의사가 없음을 선언할 때마다, 부르주아지는 점점 더 기세등등해졌고 노동계급이 자신들의 공격에 어떤 대응도 하지 못할 것이라고 확신하게 됐다.

이처럼 9월에 칠레 상점주들이 가격통제와 물자 부족에 항의하는

'파업'을 시작했을 때 지배계급 분파들은 확실히 자신감에 차 있었다. 화물차주들이 무기한 파업 개시를 선포한 10월 11일에는 자신감이 훨씬 더 커졌다.

화물차주들의 파업은 예상치 못한 반발에 부딪혔다. 이미 권력을 향한 근본적 투쟁이 벌어졌다는 사실을 한사코 부인해 온 아옌데와 그 동맹들이 아니라, 투쟁을 직접 통제하며 노동자 권력을 향한 투쟁의 방법과 승리의 가능성을 언뜻 보여 준, 일련의 새로운 조직 형태들을 창출해 낸 노동계급의 반발이 그것이었다.

부르주아지의 반란

화물차주들의 파업은 주도면밀했다. 부르주아지 전체가 전반적으로 파업에 찬성했지만, 네오파시스트 조직인 '파트리아 이 리베르타드'*가 파업을 실제 조직하는 데서 가장 적극적이었다. 이 단체의 회원들은 10월 11일 화물차주들의 차량들이 결집한 칠레 주요 도시 외곽의 요새화된 차고지에서 무장 경비대 노릇을 했다.

파업은 예기치 못한 사건도, 유달리 비밀리에 추진된 일도 아니었다. 9월에 상점주들이 파업을 벌이고 우익이 의회에서 민중연합의 모든 법안에 반대해 조직적으로 저항한 것은 명백한 사전 경고였다. 두 좌파 기관지도 파업 시작 2주 전에 그 파업(파업의 암호명은 '9월 작

---

* Patria y Libertad. 조국과 자유.

전'이었다)을 상세히 보도했다.[31] 무엇보다 10월 10일 산티아고에서 열린 대규모 우익 집회의 열광적 분위기와 연단에 선 연사들의 연이은 반정부 대중행동 촉구를 볼 때 이제 뭔가 일이 벌어지리라는 것은 불 보듯 뻔했다. 심지어 그 집회의 연사 중 한 명은 기독민주당원이자 CUT의 부위원장인 보헬이었다.

그러나 아옌데나 민중연합은 아무런 대응도 하지 않았다. 그 전 몇 달 동안 아옌데는 위기가 벌어지려 할 때마다 군대에 질서 회복을 요청하는 것으로 대처했다. 그러나 이제 화물차주들의 파업이 가시화되는 상황에서 아옌데는 마치 아무 일도 없다는 듯 우익의 준동을 의도적으로 무시하는 것처럼 보였다. 또, 정부에 대한 우익의 반대를 염려하기보다 독립적 대중행동을 더 두려워하는 것처럼 보였다.

파업의 효과는 당장 드러날 것으로 예상됐다. 도로 운송이 중단되면 식량, 예비 부품, 원자재, 특히 노동계급을 위한 식료품 유통 등 일체의 공급이 순식간에 중단될 수 있었다. 더욱이 파업은 고립되지 않았다. 상점주들은 점포를 철시함으로써 화물차주들을 지지했고, 공장주들은 도움이 된다면 사보타주를 해서라도 공장 가동을 중단하려 했다. 의사, 변호사, 치과의사 등 전문직 단체들도 파업 참가를 결정하고 모든 영업을 중단함으로써 공포 분위기를 부추겼다. 실제로 바로 이것이 우익의 전략이었다. 자신들의 경제 권력 — 여전히 거의 손상되지 않은 권력 — 을 이용해 물자 부족과 경제 혼란을 일으키는 것이었다. 그들의 예상은 다음과 같았다. [물자 부족과 경제 혼란에 대한] 두려움 때문에 아옌데는 어쩔 수 없이 물러나거나, 더 좋기로는 대통령직을 지키되 필요한 긴축 조처를 취해 민중연합의 대중 기반으로부터 완전히 버림받아 결국 1973년 3월 총선에서 완패할 것이다.

이 전략이 실패한 것은 순전히 노동계급 덕분이었다. 노동자들도 부르주아지와 마찬가지로 상황을 분명히 인식했다. 긴급한 문제는 운송 체계를 유지하고, 공장을 가동하고, 식료품과 생필품을 원활히 공급하는 것이었다. 파업이 시작된 날 아침부터 노동자들이 거리로 쏟아져 나왔다. 자원자들이 사용할 수 있는 운송 수단을 모두 징발해 운행했다. 공장에서는 감시위원회가 구성돼 사보타주를 막고 생산을 유지했다. 노동자 거주지에서는 사람들이 상점과 슈퍼마켓 앞에서 긴 줄을 서면서도 참을성 있게 행동했다. 또, 사람들은 가게를 열라고 주인을 설득하든지, 아니면 스스로 가게를 연 뒤 상설 감시원을 선정해 영업을 유지했다. 산티아고 중심가에서는 8000명이 넘는 사람들이 운전수로 자원했고, 몇몇 코르돈은 사람들을 보내 화물차를 '회수'하도록 했다.[32]

정부의 첫 대응은 뒤죽박죽이었고 사람들에게 혼란을 안겨 줬다. 아옌데는 생산 활동을 유지하라고 촉구하면서도 곧장 화물차주들과 협상에 들어갔다. 그는 지방 버스업자 단체를 협상 중재자로 선택했는데, 이들은 전혀 믿지 못할 세력이었다. 1주일 뒤 그들도 화물차주들 편에 합류해 버린 것이다. 민중연합의 방침은 대체로 질서와 냉정을 유지하고 공식 노조와 정치조직의 명령에 따를 것을 촉구하는 것이었다. 그러나 CUT와 민중연합 모두 어떤 구체적 지침도 내리지 않았고, 파업에 맞서 대중행동을 호소했다가 이틀 뒤 철회하기도 했다.

그러나 파업이 야기한 문제들은 시급히 해결돼야 했다. 당연히, 가장 활기차고 단호한 대응은 노동계급 연대 조직들이 이미 발전해 있던 지역에서 시작됐다. 최초의 코르돈 소속 공장들이 가장 신속하게 움직였고 다른 공장들을 조직하는 데 앞장섰다. 비쿠냐 마케나 코르돈의 엘렉메탈과 세리요스마이푸 코르돈의 페를락, 루체티파스타, 크리스탈레리아스칠레 공장 등이 모범을 보였다. 그들의 요구는 6월에 처음 제출된 강령을 반영하고 있었는데, 그 내용 — 즉각적 국유화를 포함해 사용자에 맞선 즉각적 행동 — 이 급진적이면서도 매우 선명했다. 동시에, 자본가들의 다른 책동들에 대해서도 노동자들은 신속하고 창의적으로 대응해야 했다.

예컨대, 크리스탈레리아스칠레 유리 공장에서 경영진이 회사의 은행 계좌를 동결시키자 노동자들은 상품을 직접 유통하는 방식을 고안했다. 누군가 다음과 같이 설명했다. "이제 우리가 직접 협동조합과 소매상들에게 판매하고 현금으로 대금을 받는 거야. 그러면 은행을 전혀 이용하지 않고도 임금을 지급할 수 있지."[33]

엘 멜론 시멘트 공장에서는 노동자들이 이미 진행되고 있던 파업을 즉각 중단하고 작업에 복귀했다. 페를락 직물 공장 노동자들은 농촌에서 오던 우유가 부족해지자 자녀들에게 먹일 영양가 높은 수프 공급을 조직했다. 폴리크론 공장은 노동계급 거주지로 직물을 가져가 직접 판매했다. 원자재와 완제품이 공장들 사이에서, 그리고 노동자와 농민 사이에서 교환되기 시작했다.

10월 17일 의사협회가 [화물차주들의] 파업을 지지하고 나서자, 병원 노동자들은 병원을 계속 운영하기 위해 공동위원회를 구성했다. 어느 노조 조직자는 자신의 뒤에서 벌어지는 지지 시위를 배경으로 다음과 같이 말했다. "우익이 파업을 일으켰지만, 이 병원이 담당하는 60만 민중은 우리가 노동계급 거주지의 대표자들을 포함한 지역보건위원회와 협력해서 더욱 질 높고 효과적인 서비스를 제공할 수 있음을 보게 될 것입니다."[34]

같은 날 언론노조는 부르주아 언론의 행태를 비난하는 집회를 열었고, 우익 언론에 대항하는 새롭고 진취적인 조처들을 촉구했다. 연설자 중 한 명인 언론인 하이메 무뇨스는 아옌데가 1970년에 서명한 헌법준수협정을 비판했다. 그 협정이 대중매체의 기존 소유권을 존중한다는 내용을 담고 있었기 때문이다.[35] 그는 파업이 조직되는 과정에서 우익 언론이 한 구실을 두 신문사 ― 탈카의 〈라 마냐나〉*와 콘셉시온의 〈수르〉** ― 노동자들의 대응과 대비시켰는데, 이 노동자들은 자기 회사 신문이 계속해서 노동계급 운동을 공격하자 사무실을 점거해서 장악해 버렸다. 무뇨스는 "우리가 인정하는 협정은 노동계급에게 서약한 협정뿐이다" 하고 주장했다.[36]

좌파 조직들 사이에는 헌법준수협정에 관해 언급하지 않는다는 암묵적 합의가 있었으므로 무뇨스의 주장은 핵심 비밀문서에 대한 최초의 공개적 발언 가운데 하나였다. 10월 이후에는 몰수한 두 신문사의 반환 문제가 좌파들 사이에서 주요한 논란거리가 됐다.

자치 조직들이 급속하게 성장하게 된 데는 다른 이유도 있었는데, 스스로를 방어할 필요성 때문이었다. 부르주아지 대다수는 경제 권

---

* La Mañana. 아침.

** Sur. 남쪽.

력을 사용하는 데 만족했지만, '파트리아 이 리베르타드'가 이끈 극우파는 독자적으로 테러리스트 집단을 조직해 거리 전투를 벌이려 했다.[37] 주로 최고 부유층 청년들로 구성된 이 폭력 집단은 일련의 직접적인 물리적 공격에 착수했다. 10월 12일 칠레의 최남단 도시 푼타 아레나스에서는 사회당과 공산당의 간부들이 동시에 습격당했다. 13일에는 북쪽으로 2000마일 떨어진 아리카로 가는 철로가 봉쇄됐고, 같은 날 발파라이소, 콘셉시온, 비냐 지역의 주요 도시에서 다수의 개인과 차량이 공격받았다. 이런 직접적 공격의 양상은 그 뒤로도 며칠간 계속됐다.

여러 공장에서 노동자들이 사용자들의 사보타주 시도에 맞서 생산을 직접 통제했다. 예컨대, 산티아고의 수마르 직물 공장에서는 공장주가 기계에서 부품을 빼내려다 노동자들에게 저지당한 뒤 공장 밖으로 쫓겨나기도 했다. 노동자위원회가 보기에 이것은 협상할 사안이 아니었다. 무엇보다, 생산 유지를 무조건적 우선 사항으로 삼은 것이 바로 정부 자신이었기 때문이다. 파브릴라나에서 일하는 스물두 살의 젊은 여성 노동자는 매우 명료하게 문제를 제기했다.

나는 아옌데 동지가 이제껏 너무 유약했다고 생각합니다. 그는 폭력을 피하고 싶어서라고 말하지만, 나는 우리가 더욱 강력하게 대응해야 하고 저들이 생명의 위협마저 느끼도록 만들어야 한다고 생각합니다. 그들은 우리가 쟁취한 것을 모두 빼앗아 가려 합니다.[38]

알루사의 포장재 공장 노동자들도 같은 생각이었다.

경영진은 사무직 노동자들에게 파업을 지시했고 업무가 중단됐습니다. 그러나 우리는 이런 책동을 모르는 척할 수 없었습니다. 사장들은 우리에게 아무 일도 시키지 않으려 합니다. … 그래서 우리는 창고를 열고 원자재를 꺼내고 생산을 계속했습니다. 그 덕분에 이곳에서는 생산이 한순간도 멈추지 않았습니다. 앞으로도 멈추지 않을 것입니다. 이곳에서 사람들은 진심으로 기쁘게 일하고 있습니다. 내가 생각하기에 최근 며칠 동안 우리는 우리가 지키고 있는 것이 단순한 콩 한 접시 이상의 어떤 것임을 깨달았습니다.[39]

누구나 우익의 공격을 받을 가능성이 있었다. 예컨대, 바타 구두 체인점의 노동자들은 매장 113곳에 방어위원회를 구성했다.

공격을 물리치기 위해 모든 매장에 방어위원회를 구성했습니다. 우리는 이미 수많은 공격을 받았는데 중간계급과 상류층 거주지[의 매장들 — 곤살레스]에서 특히 심했어요. 그러나 단 하루도 문을 닫은 적이 없습니다. 우리는 이 [사장들의] 파업에 반대하고, 어떤 상황이 닥치더라도 결코 굴복하지 않을 것입니다. 저들이 하는 짓거리는 이제 신물이 납니다.[40]

레디믹스 콘크리트 공장의 어느 노동자는 그 경험을 다음과 같이 간결하게 요약했다.

어찌 됐건 우리는 파시스트들에게 감사해야 합니다. 구슬치기하듯 혁명을 할 수는 없다는 것을 알려 줬으니까요. 문제가 생길 때마다 우리 노동자들이 선두에 섰습니다. 우리는 요 며칠 사이에 지난 2년간 배운 것보다 더 많은 것을 배웠습니다.[61]

그 밖의 지역에서도 비슷한 결론에 도달했다. 특히, 배급과 주택 문제 등을 놓고 벌어진 초기 전투에서 조직을 건설한 노동자 지구에서 그랬는데, 이 조직들이 10월 노동계급 투쟁에서 전면적이고 핵심적인 구실을 했다. 원래 정부가 설치한 배급위원회인 JAP는 여러 지역·공동체 조직 — 주민위원회, 부녀회, 토지 점거자 모임 등 — 의 조직적 핵이 됐고 이 조직들이 지역사회에서 저항의 책임을 떠맡았다.[62] 그러나 가장 중요한 것은 10월을 거치면서 이런 지역사회 조직들이 노동자들과 직접 연계를 맺게 됐고 둘 사이의 공동 행동이 가능해졌다는 점이다. 이제 코르돈은 스스로 약속한 대로 수많은 투쟁의 조직적 중추가 됐고, 그런 투쟁들을 조율하며 노동계급의 지도력을 발휘했다.

노동자들이 즉각 행동에 나서지 않았다면, 십중팔구 부르주아지의 공세가 성공을 거뒀을 것이다. 경제는 마비되고, 아옌데는 이른바 '칠레의 목록'에 제시된 기업주들의 요구를 수용할 수밖에 없었을 것이다. 그러나 노동자들은 굴복하기는커녕 운송 수단을 징발했고 경제를 가동시켰다. '파트리아 이 리베르타드'의 물리적 공격은 지역 방어위원회나 공장 규찰대 같은 조직 노동자들의 저항에 부딪혔다. 이 조직들은 투쟁 과정에서 일어난 변화를 탁월하게 설명해 주는데, 왜냐하면 생산을 감독하기 위한 위원회로 출발해서 사장들의 파업을 겪으며 그 기능이 변화해 노동자들의 작업장 통제 기구가 됐기 때문이다. 또, 배급을 감독하고자 설립된 위원회들인 JAP도 물자를 구입해 배급하고, 상점과 슈퍼마켓의 영업을 유지시키며, 우익의 공격을 막고, 빈민 지구에서 가사 활동의 일부를 집단화 — 특히 '오야 코문'*이라는 집단 취사장에서 아이들의 식사를 해결했다 — 하면서 전투적 기층 조직으로 발전했다.

10월 정국의 여파 속에서도 노동자들이 자신들의 구체적 경험에서 적절한 정치적 결론을 이끌어 내는 데 주저했음은 의심할 여지가 없다. 구체적 상황에서 비롯한 생각들은 자생적으로 일반화되지 않는다. 일반화에 체계를 부여하고 그 체계 안에서 과거 노동계급 투쟁에 대한 이해를 증진시킬 수 있는 혁명적 사회주의자들의 이서저 개입이 필요하다. 그러나 칠레에서는 여러 정치조직이 사실상 정치적 학습을 가로막았다. 그런데도 노동계급은 10월의 경험으로 자신들의 집단적 잠재력을 완전히 새롭게 자각했고, 이 때문에 아옌데와 민중연합은 심각한 곤경에 처했다.

민중연합은 노동자 조직들이 공식 지도부, 즉 CUT와 민중연합에 '충성'하리라고 예상하고 처음에는 정부를 수호하라고 촉구했다.[43] 그러나 정작 노동계급은 지침을 기다리지 않고 정부를 수호하는 **독립적 행동**에 나섰다. 이런 상황에서 노동자들은 칠레의 위기를 해결하려면 혁명적 행동이 필요하다는 결론을 쉽게 도출할 수도 있었다. 그리고 아옌데 자신이 이를 가장 잘 알고 있었다. 10월 11일 [화물차주 파업] 이후부터 아옌데는 망설이고 동요했다. 그러나 그런 상황이 닥

---

* olla comun. 공동의 솥.

쳤을 때 그가 갈 길은 분명했다.[44] 이미 그 자신이 입이 닳도록 말한 바 있었다. 민중연합의 정치적 운명은 노동계급을 통제하고 부르주아지 다수파와의 협력 속에서 개혁 프로그램을 실현하는 능력에 달려 있다고 말이다.

그러나 민중연합을 정치적으로 지도하는 아옌데와 그 동료들은 10월이 역사적 분기점이었고 부르주아지가 [민중연합과의] 협력에 흥미를 잃은 지 오래라는 것을 전혀 눈치채지 못한 듯했다. 어떤 면에서, 이제 아옌데 정부는 계급투쟁의 전장에서 구경꾼으로 전락했고, 중재자로서 사태에 영향을 미쳐 보려 헛되이 노력했다.

1972년 10월은 노동자 권력의 가능성을 보여 준 가장 흥미진진하고 인상적인 사례였다. 노동계급은 독립적으로 행동하며 지도부의 망설임을 극복했을 뿐 아니라, 화물차주들과 그 지지 세력에 맞서 싸우면서 오랜 분열을 넘어섰고 정치적 타협이나 노회한 노조 지도자들의 분파적 충성 따위에 물들지 않은 새로운 지도부를 형성했다. 부분적으로 이것은 이제까지 노조나 기타 조직에서 배제된 노동자 집단, 즉 당이나 노조의 규율에 덜 구속받는 노동자들이 정치 무대에 등장했기 때문이었다. 예컨대, 25인 미만의 소규모 공장에는 대부분 CUT의 영향이 미치지 못했다. 코르돈에서는 조직 노동자, 미조직 노동자, 빈민촌 주민, 농업 노동자, 일부 학생조직 사이의 단결이 구현됐다.

코르돈의 성격은 다소 모호했다. CUT는 코르돈이 이름만 다를 뿐 자신의 기층 조직이라고 주장했다.[45] 그러나 CUT가 코르돈에 규율을 강제하는 데 곤란을 겪었고 코르돈 지도자들을 빈번하게 비난한 걸 보면, 그 관계가 CUT의 주장과는 다르다는 점을 알 수 있다. MAPU는 늘상 그렇듯이 코르돈을 '애국적 위원회'라고 모호하게 묘사했다.[46] 사회당은 언제나 그렇듯이 내부의 두 정치적 전통 사이의 갈등을 중재하려 하면서 코르돈을 "문제를 토론하고 건설적 비판을 수행하고 해결책을 짜고 제안을 조정하는 대중의 활기찬 학교"로 묘사했다.[47]

MIR의 경우에는 확실히 다양한 외곽 조직들을 통해 가장 주변화된 부문의 대중에게 상당한 영향력을 미치고 있었다. 그러나 MIR은, 코르돈과 기타 기층 조직을 무력화하고 조종하려는 민중연합의 시도를 가장 공공연히 비판하고 때로 혁명적 미사여구를 구사하기는 했지만, 대안 전략을 제시하지는 못했다. 결국, MIR의 [현실] 분석은 다른 모든 좌파 조직과 마찬가지로 근본적으로 취약했다. 다시 말해, 민중연합이 사장들에 맞선 대중의 반격을 이끄는 데 실패했음을 모든 좌파 조직이 알고 있었지만, 민중연합이 자신들의 비판을 참고해 스스로 혁신해야 한다 — 따라서 다음번 투쟁을 이끌 때는 더 잘 준비돼 있어야 한다 — 는 결론을 내린 것이다.

좌파 진영의 어느 누구도 10월 정국에서 나타난 민중연합의 모순을 있는 그대로, 즉 민중연합의 정치적 관점이 충실히 표현된 것으로 보지 않았다. 그 결과 좌파는 방향감각을 상실한 채로 새롭고 충격적인 사태를 맞이하고 말았다.

10월 31일 항공사 조종사들이 파업을 시작하고 그다음 날 화물차 주들이 파업 중단을 거부하자 아옌데는 군 장성 몇 명을 내각에 참여시키기로 결정했다. 동시에 국가비상사태를 선포했다. 이는 사실상 비상사태 동안 정부를 군부의 수중에 넘겨주는 셈이었다.

사장들의 파업을 물리치기 위한 투쟁 과정에서 칠레 노동계급은 독립적 행위자로 정치 무대에 섰고, 몇 주 동안 노동자 자치라는 일상적 실천이 점점 더 뚜렷하게 발전하고 있었다. 군부에 기대려는 아옌데의 본뜻은 분명했다. 부르주아지를 억제한다는 미명 아래 실상은 민중연합이 노동계급의 역사적 주도력을 강제로 제거하겠다는 것이었다.

나중에 일부 회고록들은 11월 초의 칠레가 "법과 질서가 붕괴"한 "대혼돈 직전 상태"였다고 묘사하며 아옌데의 결정을 정당화했다.[48] 그러나 실제로는 질서가 붕괴한 것이 아니라 **기존** 질서가 깊은 위기에 빠진 것이었다. 노동자들 사이에서 새로운 조직 형식과 활동이 발전함에 따라 전통적 노동자 조직들이 기존의 자본과 노동 간 협상이라는 테두리 안에 노동자들을 가둬 놓기가 점점 더 어려워졌다.

안타깝게도, 노동계급이 혁명적 지도 아래 권력을 장악할 준비가 돼 있는 것은 아니었다. 혁명적 사회주의자를 자처한 사람들 자신이 이론적으로 완전한 혼란을 겪고 있었다. 그들은 당시의 긴급한 사안들, 즉 당 조직 문제, 군대의 구실과 본질, 자신들이 민중연합에서 나와야 하는지 말아야 하는지(이 단계에서 이 문제는 고려조차 되지 않았다) 등에 관해 일관된 견해가 전혀 없었다. 따라서 일관된 지도를 제공할 만한 처지가 아니었다. CUT가 아옌데를 지지하며 노동계급에게 군대와 경찰의 질서 회복에 협조하라고 촉구했을 때, 조직적 반대의 목소리는 전혀 나오지 않았다.[49] 이 결정적 순간에 칠레의 좌파는 혼란과 무능을 드러냈다.

군대의 개입을 요구한 것은 기독민주당 소속 하원 의원인 라파엘 모레노였지만, 그 요구는 원래 사장들의 파업 초기에 우파들이 제시한 요구안에서 처음 등장한 것이었다. 11월 3일 아엔데는 민중연합과 군부의 연합 내각을 발표하는 동시에 **노동자들이 정부를 지지해 행동한 것을 치하**하며 작업장으로 복귀해 소유주들에게 공장을 돌려주라고 요청했다.

군부가 정부에 참가하자마자 화물차주들이 파업을 중단한 것을 보면, 군대의 주된 임무는 명백히 노동자들이 공장에 복귀하도록 단속하는 것이었다. 군사령관 프라트스는 세심하게 준비한 중립적 어조로 태도를 밝혔다.

합당하게 수립된 국가가 존재하는 한, 군대는 국가를 존중해야 한다. … 명백히 군대는 대통령이 공공질서를 위협하는 모든 세력에 맞서 사용할 수 있는 합법 기구다.[30]

그러나 비상사태가 선포되자마자 [노동자들에게 닥친] 위협의 성격이 매우 분명해졌다. 노동자들의 이동을 통제하는 엄격한 야간 통금이 실시됐고, 군부는 부여받은 광범한 권한을 이용해 노동자들이 점거한 탈카와 콘셉시온의 두 신문사를 소유주에게 되돌려 줬다. 바타 방어위원회의 지도자들은 한 달 넘게 투옥됐다. 그리고 11월 13일 경제부 장관은 노동자들이 접수한 공장 28곳 가운데 20곳이 소유주에게 반환될 것이라고 발표했다.

국가 통제로부터 가장 멀리 벗어난 영역이 유통 체계였고, 바로 이 때문에 이 영역은 군대의 가장 직접적인 통제를 받았다. 공군 장성인 바첼레트가 국영 유통 기관인 DIRINCO의 책임자가 됐다.

새 내각에는 군 장성들 외에도 민중연합 소속 장관 세 명이 포함 됐는데, 그중 두 명(예산부 장관 미야스와 CUT 위원장이자 노동부 장관이 된 피게로아)은 공산당 소속이었고, 한 명(경제부 장관 플로레스)은 MAPU 소속이었다. 비상사태 선포로 실질적 통제권이 군부에 있었기 때문에, 이 장관들의 임무는 내각에서 사회주의를 변호하는 것이 아니라 노동계급 내에서 군부를 옹호하는 것이었다. 예컨대, 피게로아는 아리카의 공장 노동자들과 벌인 논쟁에서 화물차주들을 지지해 파업을 벌인 사무직 노동자들이 직장으로 복귀할 수 있어야 하고, 이른바 화해의 제스처로서 파업 기간의 임금 전액을 지불해야 한다고 강력하게 주장했다.

산티아고의 가장 전투적인 공장 가운데 하나인 엑스수마르의 한 노동자는 새로운 상황을 다음과 같이 요약했다.

나는 [사장들에 대한] 양보 조처가 정부의 우경화를 반영한다고 생각 한다. 분명 정부에게는 선택할 수 있는 다른 대안이 있었다. 대중의 지 지를 구하고 애초의 프로그램을 시행하면 되는 것이었다. 그러나 정부 는 사실상 그럴 뜻이 전혀 없었다. 그래서 대중은 주변으로 밀려났고, 스스로 문제를 해결하러 나서자 가혹하게 탄압받았다. 지금 우익은 축 제 분위기일 것이 틀림없다. 그들의 라디오 방송만 들어 봐도 의기양양 해 있다는 것을 알 수 있다.[55]

장군들과 함께하는 정부

모든 일이 민중연합 소속 장관들과 군 장성들의 뜻대로 흘러간 것은 아니었다. 11월 이후에도 상황은 여전히 혼란스러웠고, 노동자들의 자신감을 약화시키는 것은 그리 쉬운 일이 아니었다. 예컨대, 피게로아는 — CUT의 위원장이자 노동부 장관이라는 — 자신의 이중의 권위가 전처럼 확고하지 않다는 점을 깨달았다. 아리카 노동자들은 피게로아의 주장에 설득되지 않았고, 11월 24일까지도 여전히 사무직 노동자들과 함께 일하기를 거부했다. 피게로아가 명령에 따르라고 설득하려 하자 아리카 노동자들은 다시 공장을 점거하고는 해산을 거부했다. 결국 그들을 쫓아내기 위해 경찰이 투입됐다.

노동자들이 10월의 성과를 포기하지 않으려 하자 도처에서 비슷한 상황이 재연됐다. 노동자들은 그런 식으로 양보하면 이제껏 성취한 것을 죄다 날려 버릴 뿐이고 부르주아지에게 승리를 헌납하는 꼴이 될 뿐이라고 불만을 터뜨렸다.

그러나, 노동계급의 자생적이고 조직되지 않은 저항을 조율하거나 확산시키려는 시도는 전혀 없었다. 예컨대, 좌파 정치 지도자들은 아무런 지도도 하지 않았다. 놀랍게도 군 장성들의 입각에 반대하는 목소리는 전혀 없었다. 예컨대, MAPU는 새 내각을 "정부와 민중의 혼연일체"로 묘사하는 동시에 그와 정반대인 '민중 권력'의 심화를 주장했다.[52]

공산당과 정부는 군부의 애국 충정을 한목소리로 칭찬하며 새 내각은 군대가 더는 부르주아지의 편이 아님을 보여 주는 증표라고 평했다(한편 역사는 가장 야만적인 아이러니 가운데 하나를 감춰 놓고 있었다).

군대와 CUT 지도자들의 공존은 정부를 강화하고 마침내 노동자들이 그토록 열렬히 거부한 [사장들의] 파업에 사형선고 집행을 가능케 할 것이다.[53]

가장 놀라운 것은 마누엘 카비에세스가 MIR의 잡지 〈푼토 피날〉* 에 쓴 글이었다. 그는 다음과 같이 주장했다.

분명 군대는 착취에 맞선 노동자들의 투쟁을 지지하며 민중과 함께 수행해야 할 애국적·민주적 임무가 있다. … 그래야 마땅하고, 노동계급이 군대를 정부의 일부로 여길 때, 이것이야말로 노동계급이 바라는 바다.[54]

어떤 직업 군대도 착취에 맞선 투쟁, 다시 말해 군대가 그 핵심 축인 부르주아 국가를 전복하는 투쟁에서 노동계급에 도움이 된 전례가 없다. 유감스럽게도 마누엘 카비에세스는 터무니없이 순진했다. 그러면서도 MIR은 코르돈의 존속을 지지했다.

좌파의 주장과 분석에서 드러나는 가장 한결같은 특징은 혼란과 동요였다. 민중연합이 10월의 [경험에서 탄생한] 대중조직들을 해체하려 하는데도 여기에 어떻게 대처할 것인가 하는 문제에서 좌파는

---

* Punto Final. 마침표.

믿기지 않을 정도로 혼란에 빠져 있었다. 가장 전투적인 주장은 사회당 사무총장 알타미라노의 연설에서 나왔는데 그조차 [노동자들이 아니라] 정부를 향한 것이었다. 즉, 정부가 자신의 정치적 본성을 거슬러 개혁주의를 버리고 혁명적으로 행동하라는 것이었다. 알타미라노의 주장은 개혁주의의 한계를 폭로하며 여전히 아옌데에게 환상을 품고 있는 노동자들 눈앞에서 그 본질을 들춰내는 것이 아니라, 민중연합이 여전히 혁명적으로 변할 수 있다고 말하는 셈이었다.

〈칠레 오이〉의 정기 기고자 테오토니오 도스 산토스는 다음과 같이 덧붙였다. "이제껏 이룬 성과를 지키려면, 정부와 노동자들은 기존 체제를 이용하고 민중 권력이 더 뿌리내리게 함으로써 그 성과를 더욱 심화하고 확장해야 할 것이다."[55] 그러나 심지어 가장 급진적인 견해를 펼치는 사람들조차, 노동계급 운동이 10월을 넘어서는 정치적 발전을 이루려면 민중연합의 전통적 지도부와 단절해야 한다고 주장할 준비가 돼 있지 않았다. 아무도 민중연합이 이미 계급투쟁의 질적 발전에 장애물이 됐고 기존에 쟁취한 성과를 지키는 유일한 길은 앞으로 나아가는 것이라고 주장할 태세가 돼 있지 않았다. 독립적 전략을 제시하는 좌파 조직은 하나도 없었다. 즉, 어느 누구도 민중연합과 단절해야 한다고 주장하지 않았다. 단 하나의 조직, 그것도 가장 작은 좌파 조직인 기독교좌파만이 그런 방향으로 나아갔는데, 그들은 새 내각에 참여하는 것을 거부하며 다음과 같이 선언했다.

노동계급의 의식이 얼마나 크게 진보했는지 그 정치 지도자들은 아직 깨닫지 못하는 듯하다. 기층이 지도부보다 훨씬 더 풍부하다. 기층의

CUT와 코르돈이 정치 영역의 민중연합보다 훨씬 더 유능하다. … [민중연합을 지지하는 — 곤살레스] 사회 세력들이 공장과 지역 수준에서 서로 협력해 방어 기관으로 조직된다면, 상황은 전진할 것이고 막을 수 없게 될 것이다.[56]

그러나 노동계급 자신은 이런 분석을 요구하고 있었다. 11월 13일 산티아고 지역 코르돈들에서 온 100명의 대표자들이 크리스탈레리아스칠레 공장에 모여, 공장을 옛 소유주에게 반환하는 데 맞서는 항의 운동을 조직했다. 어떤 좌파도 이 계획에 동조하지 않았다. 가장 선진적인 코르돈 중 하나인 오이긴스 코르돈의 의장은 다음과 같이 한탄했다.

좌파 언론들은 우리를 외면하고만 있다. … 따라서 코르돈은 우리가 서로를 더 잘 알고, 서로의 투쟁을 이해하고, 우리의 힘을 자각할 수 있도록 제 기능을 십분 발휘해야 한다.[57]

1972년 10월의 사건을 거치며 — 그 전에는 대부분 미조직 상태였던 — 새로운 노동자 집단이 투쟁의 중심에 섰다. 또, 상설적이고 독립적인 정치조직 건설의 바탕이 되는 조직 형태들이 순식간에 만들어졌다. 1972년이 끝날 즈음 코르돈의 경험은 정치적 논쟁에서 핵심 주제가 됐다. 그러나 어느 누구도 적절한 조직적 결론을 이끌어 내지는 못했다.

두말할 나위 없이, 노동계급이 11월에 권력을 장악하는 것은 불가능했다. 많은 노동자들이 흩어진 상태였고, 남은 노동자들도 사기가 떨어지거나 혼란에 빠져 있었다. 비상사태 선포로 노동자들은 서로 만나기조차 어려웠고, 장군들이 권력을 쥐고 있었다. 그러나 상황이 자본가나 노동자 어느 한편으로 분명히 기운 것은 아니라는 점도 마찬가지로 명백했다. 모든 곳에서 기대감이 감돌았고, 양 진영 모두 공공연히 향후 전략을 논의하고 있었다.[58]

이런 조건에서 혁명적 사회주의자들의 시급한 과제는 권력 장악을 준비하는 것이 아니라 노동계급이 싸우는 모든 곳에서 일상 투쟁에 지속적으로 개입하고 정치적으로 조직하는 한편, 노동계급 운동 안에서 실제로 투쟁을 이끄는 사람들과 끈기 있으면서도 원칙에 기반한 정치적 논쟁을 조직하는 것이었다.[59] 그러나 그런 일은 전혀 일어나지 않았다. 논쟁이 끊임없이 벌어졌고 그중 상당수는 매우 흥미로웠지만, 늘 핵심 문제, 즉 민중연합의 정치적 성격이라는 문제는 비켜 갔다.

모든 좌파 조직이 1972년 10월의 경험을 둘러싸고 토론할 수 있는 첫 자리가 좌익 가톨릭 조직인 '사회주의를 지지하는 기독교인들'이 산티아고에서 개최한 공개 토론회에서 마련됐다.[60] 공산당 측 대표인 미레야 바르트라는 논쟁이 시작되자마자 초좌파가 주적(主敵)이라고 비난하며 퇴장해 버렸다. 반면에, MIR 사무총장인 미겔 엔리케스는 당면 시기를 "혁명 직전 단계"로 규정하고 "민중 권력의 맹아"를 창출하자고 주장했다. 그는 (옳게도) 핵심 쟁점은 "노동자 통제"의 달성이라고 주장했다. 그러나 뒤이은 논쟁과 토론에서 MIR의 대표자들 가운데 어느 누구도 이것이 어떻게 성취되거나 조직될 수 있는지에 대해서는 명쾌하게 말하지 않았다.

전투 준비

민중연합은 여전히 상당한 정치적 영향력을 지니고 있었지만, 예전과 달리 무조권적 권위를 누리지는 못했다. 아무리 애를 써도 새로운 노동자 조직들을 없애기에는 역부족이었다. 1973년 초 그런 조직들의 부활을 촉진한 것은 실제로는 민중연합 정부의 대응이었다.

사장들의 파업 이후 벌어진 논쟁으로 MAPU는 좌파(당명을 고수했다)와 친(親)아옌데 성향의 우파, 즉 하이메 가스무리가 이끄는 MAPUOC(노동자·농민 MAPU)로 분열했다. 1973년 1월 경제부 장관이자 MAPU 당원인 페르난도 플로레스는 정부 정책을 거역하고 물가 동결, 엄중한 투기 규제, 생필품의 최저가 구매 보장을 주장했다. 이 주장은 즉각 대중의 호응을 얻었다.

1월 15일 에르미다 판자촌에서 300여 가구가 (물품 부족을 핑계로) 문 닫은 지역 슈퍼마켓으로 행진해 영업 재개를 요구했다. 곧바로 정부 측 중재자들이 도착했고, 시위대를 해산하려 했지만 실패했다. 새벽 2시에 상점 문이 열렸고 그러자 지역 조직들이 나서서 상품을 필요에 따라 배급했다. 또 다른 판자촌인 누에바 라 아바나와 바란카스의 코르돈에서도 똑같은 일이 일어났다.

바로 이런 상황에서 정부 예산을 책임지는 장관이자 공산당원인 올란도 미야스가 새로운 경제계획을 발표했다. 공장 123곳을 원래 소유주에게 반환하는 계획이었는데, 그중에는 가장 열렬한 반정부 세력 가운데 하나인 야루르 가문이 소유한 공장들도 포함돼 있었다. 게다가 미야스는 산업 시설 49곳만을 공공 소유로 해야 한다고 주장했는데, 이는 사실상 사적 자본과 협력하는 국가자본주의 부문을 만들겠다는 얘기였다.[61] 기독민주당과의 정치 협상 재개가 동시에 발표된 것은 당연한 귀결이었다. 이것은 명백히 부르주아지의 요구를 거의 완전히 들어준 것이었다.

노동계급은 분노했다. 코르돈이 즉각 가동돼 대응에 나섰다. 세리요스마이푸 코르돈의 노동자들은 항의의 표시로 도로를 봉쇄했고, 그 도시의 모든 코르돈이 도심으로 행진하는 연합 시위를 주도했다. 코르돈 대표인 에르난 오르테가는 다음과 같이 선언했다. "그 어떤 압력이 들어와도 타협하지 않겠다."[62] 브로맥 방직 공장에서는 공산당원 열세 명이 항의의 표시로 당원증을 반납했다. 무엇보다 중요한 점은 비쿠냐 마케나 코르돈이 〈타레아 우르헨테〉*라는 신문을 발행하기 시작했다는 것이다. 신문의 첫 호에는 다음과 같은 대단히 중요한 성명이 실렸다.

노동자들에게 알린다. 우리 코르돈의 노동자들은 노동계급이 사회적 자산 부문[국유화된 경제 부문을 뜻한다 — 곤살레스]과 사장들의 파업 기간에 접수한 공장들을 지킬 준비에 나설 것을 호소한다. 사장들에게 공장을 돌려주라는 법안은 자신의 권리를 지키고자 최후의 순간까지 투쟁할 준비가 된 노동계급 다수의 정서와 무관하다.

따라서 지난 1월 28일 총회에서 우리 코르돈의 구성원들은 다음과 같이 결의했다. 1) 사장들의 파업 기간에 접수한 어떤 공장도 소유주에게

---

* Tarea Urgente. 당면 과제.

반환하지 않을 것이다. 2) 우리는 소위 '미야스 계획'을 만장일치로 거부한다. 그 계획은 노동계급의 진정한 생각을 대변하지 않는다. … 우리의 전진에 타협은 없다. 단 하나의 공장도 반환해서는 안 된다. 더 많은 공장을 접수해야 한다.[63]

이와 비슷하게 파나메리카나 노르테 코르돈의 구성원들은 다음의 사실을 깨달아야 한다고 촉구했다.

저 윗자리 사람들은 거꾸로 가는 짓을 대체 언제까지 계속하려는 셈인가? 이제 우리는 짜증이 나기 시작한다. 그리고 단 하나의 기업도 반환하지 않을 것임을 선포한다. … 이제부터 우리는 항구적 경계 태세를 유지해 우리의 삶을 스스로 결정할 수 있는 권리를 수호할 것이다.[64]

2월 5일 노동자, 토지 점거자, 빈민 조직, 지역공동체 단체가 국립경기장에 모여 대규모 시위를 벌이고 미야스 계획에 반대했다. 〈푼토피날〉은 경기장에 걸려 있던 어느 배너를 보도했는데, 이 배너의 경고에는 날카로운 역사의식이 담겨 있었다. "무장하지 않은 민중은 정복당한 것이나 다름없다." 계급투쟁은 명백히 새로운 국면에 접어들었고, 새롭게 심화하고 있었다.

그러나 주요 정당들의 머릿속을 사로잡은 것은 계급투쟁의 리듬이 아니었다. 1973년 3월 총선이 다가오고 있었고, 우익과 민중연합 소속 정당들 모두 이 선거를 정부의 생존력을 가늠할 결정적 시험대로 여겼다. 좌파 진영의 모든 조직들은 선거가 절대적으로 중요하다는 데 동의했다. MIR도 마찬가지였는데, MIR은 처음으로 총선에서 사회당 후보들을 지지했다. 그 결과, 민중연합의 전국 득표율이 44퍼센트로 올라갔다. 이처럼 우세한 분위기와 득표는 노동계급이 부활하고 있다는 두드러진 증거이자 프티부르주아지 일부한테도 지지받았다는 증거였다.

우파에게 선거 결과는 심각한 패배였다. 즉 선거에서 민중연합에 대한 지지를 약화시키는 데 실패한 것이었다. 그들은 이제 아옌데 정부를 전복하기 위한 다음 전략을 논의하기 시작했다. 두 가지 방안이 제출됐는데, 일부가 주장한 군사 쿠데타 방안은 보류되고 기독민주당 대표 아일윈 등이 주장한 '러시아 대원수' 전략*이 채택됐다.[65] 이것은 일종의 경제 '초토화' 전략이었는데, 투자 회수, 매점 매석, 의식적인 국제적 지지 동원 등을 통해 경제를 황폐화함으로써 국내외적 고립무원 상태를 조성하는 것이 목표였다.

선거 기간에 잠시 소강상태였던 대중행동이 다시 시작됐다. 1973년 3월 말 군 장성들이 내각에서 물러났고, 미야스 계획이 철회됐다. 아옌데는 기업 45곳을 추가로 국유화하는 계획을 발표했지만, 거의 그 직후인 4월 6일 혁명적 좌파와 10월의 점거 이후 공장을 반환하지 않은 노동자 조직들에게 매서운 공격이 가해졌다.[66] 이 공격을 감안하면 공장 45곳을 국유화하겠다는 계획은 상징적 제스처에 불과한 것이었다.

---

* 나폴레옹의 러시아 원정 당시 러시아 대원수 쿠투조프가 사용한 전략. 적이 사용할 만한 물자와 식량을 모두 없애 고사시키는 병법으로 청야(淸野)라고도 불린다.

아옌데는 부르주아지를 '도발'한 이들을 격렬하게 비난했지만, 정작 계급투쟁의 첨예함을 보지 못하는 것은 아옌데 자신이었다. 그가 점진적 개혁이라는 애초 계획을 고집하면서 농민과 노동자의 경솔한 행동으로 그 계획이 위태로워졌다고 비난하는 동안, 사태는 이미 그를 앞질러 갔다. 부르주아지들은 아옌데를 제거하는 초법적 수단에 대해 공공연히 떠들고 있었다. 아옌데와 CUT는 여전히 변화의 속도가 의회에서 결정된다고 주장했지만, 부르주아지나 노동계급에게는 그런 환상이 전혀 없었다. 노동자들은 이미 거리, 공장, 농촌에서 벌어지는 투쟁에서 스스로 조직하고 있었다. 투쟁이 일어날 것인지 말 것인지는 문제가 아니었다. 문제는 오직 그 결과였다.

3월 선거에서 민중연합이 얻은 높은 득표는 투쟁하라는 요구였음이 분명했다. 더욱이 투쟁은 민중연합이 이끌지 않아도 그 통제를 벗어나 일어날 터였다. 민중연합 지도부는 이것을 이해하지 못했다.

좌파 진영의 지도부는 분명 위기에 어떻게 대처할지를 논의했지만, 관점이 여전히 협소한 나머지 민중연합이 새로운 방식으로 활동해야 한다고 요구할 뿐이었다.[67] 훨씬 더 급진적인 해결책 — 이미 노동계급 자신이 역사적 의제로 올려놓은 종류의 해결책 — 이 필요했다.

코르돈들을 연결하는 코르돈조정위원회를 만들기로 한 결정은 노동자 투쟁 지도부의 형성에서 질적 도약이었다. 그러나 민중연합과 조직적으로 분리되지는 않았다. 왜 그랬을까? 코르돈 지도부에서 우세한 정치 경향은 명백히 사회당 좌파였는데, 그들은 이제 특유의 초좌파적 미사여구를 사용하면서도 여전히 민중연합에서 분리하거나 아옌데가 이끄는 우파에 공공연히 도전할 준비는 하지 않았다. 사회당 지도자이자 좌파 인사로 자주 거론된 알타미라노는 계급투쟁 과정에서 독립적 조직을 건설하는 것을 당 자체의 지도권 다툼에 이용할 수 있는 압력 수단쯤으로 여겼다. 코르돈을 이끌던 좌파 사회당원들도 바로 이런 협소한 관점을 갖고 있었다. 그래서 노동계급 권력의 맹아가 될 가능성이 무척 높았던 코르돈조정위원회는 도리어 사회당 내 일개 정치 분파가 되고 말았다.

대중운동 내 또 다른 정치 세력은 MIR이었다. MIR은 역사가 겨우 8년밖에 안 됐고, 1969~70년 이후에야 비로소 노동자를 조직하기 시작했다. MIR은 미조직 노동자 사이에서 어느 정도 기반이 있었지만, 주요 기반은 토지 점거자 조직과 학생운동이었다. MIR은 노조 선거에 후보를 내기도 하고 실제로 CUT 집행부에 대표자들도 있었지만, 노조 내에서는 조직된 세력으로 존재하지 않았다. MIR은 민중연합에 참가하지 않았고 민중연합을 공개적으로 비판하기도 했지만, 대안적 우선 순위나 과제를 제시하지는 못했다.

MIR은 변화하는 계급투쟁 상황에 실용주의적으로 대처하며 정치적 주도권 획득 투쟁에 골몰했다. 이는 코르돈을 둘러싼 논쟁에서 매우 분명하게 드러났다.

때때로, 코르돈에 여러 조직이 참가하면 공동조직위원회(코만도스 코무날레스*)가 구성됐다. MIR은 공동조직위원회를 투쟁의 지도기관이라며 무척 강조했다. 그러나 동시에 MIR은 코르돈을 비난했고, 코르돈이 CUT와 "사실상 같은 조직"이라는 CUT의 주장을 반복

---

* Comandos Comunales.

했다. 물론 이 말은 어불성설이었다. 코르돈은 독립적 조직이었고 노동자들은 여기서 자타공인 지도적 구실을 했다. 역설적이게도 MIR은 '노동계급 헤게모니'를 주장하면서도 정작 자신들이 지도적 지위를 차지하지 못한 노동계급 조직이 지도적 구실을 하자 불편해하는 듯했다. MIR은 코르돈이 토지 점거자, 배급 조직, 학생 등이 [노동자와] 동등하게 대표되는 광범한 조직으로 전환돼야 한다고 촉구했는데, 이는 자신들의 주장과 달리 MIR이 마르크스주의 조직이 아님을 보여 준다. 실제로 MIR의 코르돈 비난은 무엇보다 국가권력을 장악하는 투쟁에서 노동계급이 하는 중심적 구실을 부정하는 것이었다.

어떤 면에서든, MIR의 요란한 주장들은 슬로건에 불과했다. 왜냐하면 그런 주장들은 구체적인 조직적 결론으로 전혀 이어지지 않았기 때문이다. 그러나 계급투쟁은 그 자리에 머물러 있지 않았다. 총선 이후 몇 주 동안 계급투쟁은 점점 더 격렬해졌다. 우익은 공세를 더욱 강화했고 정부는 아무런 대응도 하지 않았다. 그러나 노동계급 운동에는 나름의 대응책이 있었다.

광원들의 저항

구리 광산의 광원들은 칠레 노동자의 역사에서 핵심 구실을 해 왔다. 따라서, 4월 19일 세계 최대의 구리 광산인 엘 테니엔테의 노동자들이 파업에 돌입한 것은 상당히 중요한 사건이었다.

파업은 조용히 시작됐다. 광원들이 산악 지대의 외딴 곳에 있던 탓에 파업이 다른 부문의 운동에 당장 영향을 주지는 않았다. 특히 좌파는 광원 파업을 둘러싼 논란이 사회적으로 확산되는 것을 바라지 않았는데, 왜냐하면 파업을 초래한 사안이 골치 아픈 것이었기 때문이다. 1973년 초 민중연합은 물가 상승률에 맞춰 임금을 전반적으로 인상했다. 그러나 광원들은 나름의 협약을 체결한 상황이었고, 그에 따라 생계비와 다른 수당이 해마다 인상됐다. 정부가 이를 이행하지 않자 광원들은 정부가 단체협약을 위반했다고 주장하며 파업에 돌입했다. 실제로 정부는 협약을 위반했다.

파업은 5월과 6월 내내 지속됐다. 그렇지만 MIR ─ MIR은 모든 분란이 부르주아지와 제국주의 때문이라고 주장했다[68] ─ 을 포함해 모든 좌파 조직이 강력하게 압박해 일부 노동자들이 작업에 복귀했다.

쟁점들 ─ 그리고 비난들 ─ 은 꽤 낯익은 것들이었다. 광원들은 '경제주의'라고, 즉 계급 전체의 이익보다 자신들의 협소한 부문적 이익을 옹호한다고 비난받았다. 사실상 좌파는 광원들이 힘겹게 쟁취한 생계비 인상을 '공익'을 위해 희생하라고 요구하고 있었다. 물론 광원들의 양보로 득을 보는 건 부르주아지밖에 없다는 것이 진실이었다. 그리고 정부도 이를 아주 잘 알고 있었다. 광원들은 생산을 계속했지만 구리의 세계시장 가격이 하락하고 있었던 것이다. 광원들은, 민중연합이 주장하듯이 이런 가격 하락의 결과를 감내해야 했을까, 아니면 자신의 생활수준을 방어하는 다른 조직 노동자 집단처럼 행동에 나서야 했을까?

대의를 위해 광원들이 희생해야 하고 그들의 이타적 행동이 사회주의라는 결실을 맺게 되리라는 주장은 이제 어느 모로 보나 설득력이 없었다. 민중연합 집권 첫해 동안 거둔 뚜렷한 성과들은 그사이에 인플레이션과 물가 인상으로 없어지다시피 했고, 그 결과 1973년 임금의 실질 구매력은 1971년 수준 이하로 떨어졌다. 반대로, 부르주아지는 이런 상황에서 사실상 이득을 봤다. 민중연합이 앞장서서 노동계급에게 희생을 감수하라고 요구한 덕분에, 부르주아지는 적어도 최악의 결과를 피할 수 있었다.

정부는 노동자들을 옹호하지 않았다. 또, 국가를 **중재** 수단으로 이용해 자본과 노동력 가격을 협상하려 했다. 취임 전에 자본가계급과 맺은 헌법준수협정이 바로 이런 것을 의미했다. 이런 상황에서, 노동자 조직이 할 일은 명백했다. 그 구성원의 생활수준을 방어해야 마땅했던 것이었다. 그러나 어떤 조직도 이것을 자신의 과제로 여기지 않았다. 좌파 전체가 민중연합 내부의 분파 투쟁에 골몰하다 보니 모두들 광원들이 정부에 위협이 된다고 공격했다.[69] 그들이 계급투쟁의 발전을 평가하는 데서 출발했다면, 다르게 반응했을지도 모른다. 그러나 그들은 광원 지도자 메디나를 '나치'라고, 광원들을 '노동귀족'이라고 비난했다. 6월에 광원들이 정부와의 대화를 요구하며 산티아고로 행진했을 때, 광원들을 가로막고 물대포로 공격한 것은 '그루포 모빌'이었다. 그루포 모빌은 1970년 아옌데가 집권하는 즉시 해체하겠다고 약속했던 바로 그 진압경찰이었다.

광원들의 파업으로 칠레 좌파의 약점뿐 아니라 — 훨씬 더 중요하게는 — 코르돈 자체의 약점도 드러났다. 노동자들 가운데 전통적으로 가장 잘 조직된 부문들이 코르돈의 전국적 네트워크에 속해 있지 않았다는 점이다. 이 노조들은 민중연합의 핵심이었고, 그들의 규율은 오랜 투쟁의 결과물이었다. 자신들의 정치적 지도부가 코르돈을 격렬히 비난했으므로, 이 부문의 노동자들은 대부분 코르돈에서 철수하고 말았다. 그리고 CUT는 이 노동자들 — 압도적으로 공공 부문에 집중돼 있었다 — 과 코르돈으로 조직된 노동자들이 직접적으로 접촉하지 못하게 안간힘을 써서 막았다.

광원들은 지리적·정치적으로 고립돼 있어서 많은 노동자들은 광원 파업 소식을 우익 언론을 통해 들었다. 부르주아지 조직들은 민중연합이 처한 모순을 재빨리 이용해 파업 광원들을 위한 모금을 조직하기 시작했다(기묘하고 그만큼 보기 드문 사건이었다). 이 때문에 상황이 훨씬 더 혼란스러워졌지만, CUT 지도자들과 민중연합 소속 정당들은 광원 파업이 아옌데 정부를 흔들려는 우익의 책략임을 '입증'할 기회를 얻었다. 칠레 노동계급의 가장 전투적인 부문에 대한 모욕이었고 우파와 정부의 행태는 모두 가장 무원칙한 기회주의의 본보기였다. 우파가 광원 파업을 이용했다면 그것은 바로 좌파 전체가 엘 테니엔테 노동자들의 정당한 불만을 헤아리거나 그에 부응하는 데 완전히 실패했기 때문이다.

다른 지역에서는 사태의 물살이 더 거세지고 있었다. 4월 말 CUT가 조직한 시위가 수만 명을 수도의 거리에 집결시켰다. 행진 대열이 기독민주당 당사 앞을 지나갈 때, 총성이 울리며 한 노동자가 살해됐다. 지역마다 무수히 많은 소규모 투쟁들이 이어졌다. 5월 초 엔트레 라고스의 작은 제재소 노동자 50명은 고용주가 공장폐쇄를 발표하자 작업장을 점거했다. CUT가 개입해 기존 사장과 공장을 공동소유하자고 제안했을 때, 노동자들은 이를 거절하며 다음과 같이 밝혔다.

우리는 정부의 돈으로 공장을 짓고는 노동자들은 팽개치고 자신만 이
익을 보려는 이런 자들을 엔트레 라고스 주민 모두의 지지로 물리칠 수
있다고 생각한다.[70]

정부 대표들이 이런저런 구실을 대며 같은 제안을 반복하자, 노동
자들을 얕보지 말라는 경고를 들어야 했다. 비슷한 일이 산티아고의
헤모 공장과 이나피스피스톤에서도 반복됐다. 노동자들이 아리카의
살파 전자 부품 공장을 점거하자, 정부는 고용주가 운영할 때조차
지급했던 국가보조금 지원을 중단해 버렸다.

아마도 가장 극적인 투쟁은 5월 10일과 11일, 연안 도시인 콘스티
투시온에서 벌어진 투쟁이었을 것이다. 이틀 동안 이 도시는 대중조
직들의 확고한 통제 아래 있었다. 대립은 1972년 말 도시에 토지 점
거자들이 정착하면서부터 시작됐다. 1973년 1월, 콘스티투시온은 분
배, 공장 반환, 택지 부족 등의 문제를 둘러싸고 칠레의 다른 대다수
도시와 비슷한 갈등을 겪고 있었다. 그러나 그 대응은 다른 곳과는
사뭇 달랐다. 2월 21일, 도시 주민들은 '인민대중의회'에 모여 토지
점거자, 농민, 노동자가 공통의 문제를 겪고 있음을 확인했다. 두 달
뒤인 4월 10일 인민대중의회가 다시 소집됐고, 여기서 주지사 해임을
요구하는 결정이 내려졌다. 주지사는 해결책을 찾으려는 주민들의 시
도를 모두 거부하고 그 요구를 깡그리 무시한 인물이었다.[71]

그런데 뒤이어 놀라운 일이 벌어졌다. 대략 2만 5000명 정도의 마
을 주민 전체가 순식간에 통제권을 장악했다. 주요 고속도로에는 바
리케이드가 설치됐다. 보건위원회와 규찰위원회가 구성돼 보건 시설

들을 조직하고 질서를 유지했다. 요구는 단순했다. 주지사를 해임하고 첫 대중의회에서 수립된 합동노동자위원회의 선출직 의장을 그 자리에 앉혀야 한다는 것이었다. 점거가 지속된 이틀 동안, 대중의회는 상시적으로 개회해 있었다. 상점은 영업을 지속했고 술집은 모두 문을 닫았다. 11일 늦은 저녁 무렵 정부는 주요 요구를 받아들였다.

콘스티투시온의 운동은 목표가 제한적이었고 그 자체로는 아주 위협적이지는 않았다. 중요한 것은 그 운동의 엄청나게 급진적인 형식, 그리고 거기서 나타난 자신감과 조직이었다.

이 투쟁은 이렇다 할 투쟁 전통이 없는 어느 지방 도시에서 일어났다. 그런 점에서 이 투쟁은 이 단계에 칠레 노동자들의 전반적 의식 수준이 얼마나 고양됐는지를 보여 준다. 나아가, 투쟁 자체가 노동자들로 하여금 더 광범한 대중운동을 이끌도록 나서게 했음을 보여 준다. 노동자들이 특정 문제에 조직적으로 함께 대처하면서 민중연합과 CUT 상층의 부문적·정파적 분열은 기층 수준의 협력에 의해 점차 극복되고 있었다.

더욱이 갈수록 통제권과 관련된 문제가 쟁점이 됐다. 코르돈의 어느 지도자가 말했듯이, 이런 문제들은 "대중의 과제이자 정부의 과제"였고,[72] 이 문제를 해결하려면 새로운 조직 형태가 필요했다. 노동자들이 새로운 경험을 할 때마다 기존 조직은 무용지물이 되곤 했다. CUT는 기층에서 권위를 유지하기가 갈수록 어려워지고 있음을 깨달았다. 일반적으로는 민중연합이 여전히 계급의 정치적 지도부로 인정받았지만, 그 전술적 결정과 지침은 점차 무시되고 있었다.

칠레의 드라마는 그 마지막 장에 이르자 일종의 교착상태에 이른

듯 보였다. 기층에서는 격렬한 활동이 벌어지고 있었다. 투쟁은 끊임없이 일어났고 그 일부는 장기간의 격렬한 투쟁이었으며 대개의 투쟁에는 여러 다양한 부문의 노동자들이 참여했다. 그러나 이런 투쟁들에는 여전히 전국적 차원의 목표가 없었다. 많은 기층·지역 조직들이 머뭇거리며 공동 행동으로 나아간 반면, 우익은 이미 전국적 전망 — 아옌데 타도와 교체 — 이 있었고 이를 실현하고자 노골적으로 행동했다. 좌파 조직들은 때때로 통합에 관한 일련의 끝 모를 논쟁 속에 갇혀 있는 듯했다. 그러나 그들의 관심은 늘 민중연합 자체에 있었지, 노동자들이 독립적으로 발휘하는 주도력에 있지 않았다.

아옌데는 이제 더는 어떤 의미에서도 정치적 지도부로 기능하지 못하는 연합을 이끌고 있었다. 그리고 그는 이 사실을 대체로 무시한 채 우익 정당들과의 거듭되는 협상에 착수했다. 도처에서 정치 위기가 임박했다는 얘기가 무성했다. 그러나 어느 누구도 그 위기가 어떤 형태를 띨지 확신이 없는 듯했다.

민중연합과 대중 사이의 간극은 6월 초 민중연합이 산티아고의 시립극장에서 단일 조직으로는 처음으로 연 첫 총회에서 신랄하게 드러났다. 정당 지도자들은 아무도 참석하지 않았고, 토론과 결의안은 추상적이기 이를 데 없었다.[73] 단결을 표방한 총회 폐막 선언문은 단지 분열을 피하려는 사회당 대표단의 의지가 반영된 것이었을 뿐이다. 달리 말해, 민중연합의 단결 결의안은 공허한 기만이자, 거세지는 폭풍을 앞에 두고 무능력을 실토하는 것이었다.

사태는 민중연합 총회를 앞질러 있었다. 훨씬 더 중요한 것은 공동 산별 조직의 가능성을 논의하기 위해 5월 말부터 산업별로 열리기 시작한 노동자 대회들이었다. 처음 세 차례의 대회는 섬유업, 수산업, 임업 부문에서 열렸다.

5월 19일 마이푸에서는 암살된 우익 정치인 페레스 수호비크 가문이 소유한 토지를 두고 오랫동안 투쟁해 온 농민들이 세리요스 노동자들에게 지원을 호소했다. 연이은 시위를 해산하려고 정부는 경찰을 파견했다. 같은 달 말에 뉴블레에서 일어난 비슷한 투쟁은 더 즉각적으로 정부한테 양보를 얻어 냈는데, 농민들이 지역 식료품 배급소를 점거한 덕분이었다.

5월 21일 아옌데는 공동조직위원회를 승인한다는 매우 기이한 연설을 했다. 그리고 바로 뒤이어 공산당은 당원들이 공동조직위원회에 참가하는 것을 허용했다. 아옌데의 연설이 기이했던 까닭은 그가 그 전에는 끊임없이 공동조직위원회를 비난하며 코르돈과 다름없이 취급했기 때문이다. 이제 그는 공동조직위원회와 코르돈을 구분하면서 새로운 대중조직들 내에서 민중연합의 영향력을 어느 정도 획득하려고 한 듯하다. 이런 상황을 한층 더 기이하게 만든 것은, MIR이 이 문제에서 아옌데를 지지하며 사회당이 제안한 코르돈조정위원회 대회[74]를 공동조직위원회 전국 회의가 소집될 때까지 보류하자고 주장한 것이었다.

[사회당이] 제안한 대회는 결국 열리지 않았다. 그러나 이것은 좌파가 혁명가들의 독립적 조직, 즉 민중연합에 대한 대안적 정치 지도부 건설에 가장 근접했던 순간이었다. 어쩌면 아옌데의 연설이 좌파가 민중연합의 지도권을 획득할 수 있다는 환상에 새로운 믿음을 보탰을 수도 있다. 내부의 논쟁이 해결되지 못한 탓일 수도 있다. 그 이유가

무엇이었든, [좌파는] 그 단계로 나아가지 못했다. 따라서, 사태가 부르주아지에 맞서 자기 계급을 방어할 책임을 노동계급에게 재차 강요했을 때, 명확한 정치적 지도, 즉 노동자 투쟁이 혁명적 변화를 향해 나아가도록 집중시키거나 지도할 수 있는 조직은 전혀 없었다.

이원 권력과 대단원

1973년 6월 29일 로베르토 소우페르 대령이 지휘하는 산티아고 기갑연대가 수도의 거리를 점령하고는 권력 장악을 선언했다. 비쿠냐 마케나 코르돈 산하의 이스톤 공장은 아침 9시에 그 소식을 들었다.

오전 9시 15분에 우리는 공장 사이렌을 울렸고 총회를 소집했다. 우리는 모두 공장에 남기로 한 뒤 다른 공장들과 연락을 취하고 교통수단을 알아보기 위해 소수의 '특공대'를 파견하기로 결정했다.[75]

세리요스 코르돈에서는 '공동 지휘부'가 구성됐고, 그날 내내 두 시간 간격으로 네 차례 성명서가 발표됐다. 첫 성명서는 시급히 해결할 과제를 제시했다.

지침 제1호
1) 모든 공장을 접수할 것.
2) 열한 명이 한 조를 구성해 책임자 한 명을 둘 것. 각 조 책임자들은

노조 조직자들과 함께 해당 공장의 조직을 인계받을 것.

3) 공장, 노동계급, 정부를 방어하는 데 도움이 될 만한 모든 운송 수단과 자원을 공장으로 집중시킬 것.

4) 각 공장은 매시간 정각에 사이렌을 울려 이상이 없음을 알릴 것. 도움이 필요하면, 사이렌을 계속 울릴 것.

5) 채널을 '라디오 코퍼레이션'에 맞추고 청취할 것.

6) 공장에서 가장 전망이 좋은 곳에 보초를 세울 것.

7) 주변 공장과 계속 연락을 유지하고, 연락자를 할 동지를 임명할 것.

8) 본부가 설치될 위치와 본부 접근이 불가능할 경우 지도부가 모일 장소를 알려 줄 것.

9) 총회를 조직하고 노동자들에게 계속 소식을 알릴 것.[76]

이런 일이 칠레 전역에서 나타났고, 훗날 '소우페르 쿠데타 시도 사건'이라고 불리게 된 이 사건이 벌어진 지 몇 시간 만에 새로운 코르돈과 공동조직위원회가 생겨났다. 사실, 소우페르는 독불장군 같은 인물이었고, 공공연히 '파트리아 이 리베르타드'와 관계를 맺고 있었으며 군 수뇌부에 요주의 인물로 찍힌 자였다(이번이 첫 쿠데타 시도가 아니었다).

소우페르의 쿠데타 시도는, 프리에토의 표현을 빌리면, "한 편의 무장 선전"에 불과했다.[77] 이 점에서 그것은 성공적이었다. 군 수뇌부는 단지 소우페르가 행동에 나선 시점을 반대했을 뿐이다. 대다수 고위 장교가 포함된 우익 단체들은 한동안 군사 쿠데타에 대해 공공연히 논의하던 상태였다. 이런 우익 단체들의 처지에서 보면 소우페르의 행동에 맞선 노동계급의 대응으로 형세는 평화적 해결책에서 멀어지는 쪽으로 기울었다. 대중의 대응은 군부 내에서 군사 개입 필요성을 둘러싼 급박한 논의를 촉발했다.

어떤 면에서, 군대의 자신감과 자만은 아옌데 자신이 부추긴 것이었다. 사회적 갈등을 해결하라고 거듭 군대를 끌어들인 것이 바로 아옌데 아니었던가? 노동계급에게는 자제를 요구하면서 군부에는 엄청난 임금 인상을 (비밀리에) 합의해 준 것이 바로 아옌데 아니었던가?[78]

[쿠데타가 일어난] 6월 29일 아침, 아옌데는 다시금 군대에 대한 믿음 — 그리고 의존 — 을 보여 주려 했다. 코르돈이 노동계급의 저항을 조직하는 동안, 그들의 대통령은 군 총사령관과 마주 앉아 토론하고 있었다. 한마디로, 민중연합은 부르주아지의 결집에 직면해 무방비 상태였고 무기력했다.

그 뒤 며칠 동안 MIR, MAPU, 사회당[79]은 노동자들에게 정부를 방어할 태세를 갖추라는, 즉 무기를 들라는 내용의 감동적 호소문을 발표했다. 심지어 공산당 관료들조차 산업 노동자들이 기계를 해체해 무기를 만들도록 독려했고, 아옌데의 연설은 [우익에 대한] 은근한 위협으로 가득 차 있었다. 아옌데의 권총 사격 연습 장면이 담긴 그 유명한 사진 — 우익을 격분하게 만들었다 — 이 바로 이때 찍은 것이다.

그러나 이런 호소든 민중 권력을 건설하자는 호소든, 그것이 낡은 정치를 반복하고 민중연합 지도부에 대한 충성 맹세를 반복하는 것인 한에는 아무 의미가 없었다. 심지어 이 국면, 즉 노동계급이 가장 잘 조직돼 있었고, 자신감이 최고조에 이르렀으며, 공동 조직이 전국 적으로 존재하고, 최상의 혁명가들이 지도부 내에서 확고한 지위를 차지한 이 국면에조차 좌파는 권력 장악으로 나아가는 길을 닦지 않았다. 그리하면 좌파가 민중연합 자체와 반목하게 될 것이 뻔했기 때문이었다. 그 결과, 세리요스 성명서처럼, 가장 높은 수준의 독립적 노동계급 행동을 호소한 주장들조차 그 안에 아옌데에 대한 충성을 선언하는 내용이 포함돼 있었다.

일부 평론가들이 보기에, 그런 충성은 강점, 즉 군대 내 이데올로기 전투에서 승리할 수 있도록 하는 중요한 요소였다. 개혁주의자들은 아옌데에 대한 충성이야말로 전투를 승리로 이끌 수 있는 방법 — 진보적 군 수뇌부를 새로 구성하는 것[88] — 이라고 봤다. 사실, 군대의 분열은 사병들이 권력 장악에 나선 자신들의 형제자매와 계급적 연대 속에서 행동할 때만 일어날 수 있었다. 장군들은 이 점을 알고 있었지만 아옌데는 이해하지 못했다. 장군들은 직업군인이 부르주아 국가를 수호하는 최종 방어선이라는 점을 이해했지만 아옌데는 이해하지 못했다. 군대가 노동자들 편에 서서 계급투쟁을 수행할 것이라는 어리석은 환상을 품은 것은 개혁주의자들만이 아니었다. MIR의 잡지 〈푼토 피날〉은 7월 30일 "민중과 군대의 연합 독재"를 요구했다![89]

그러나 거리와 공장에서 질적 변화가 일어나고 있었다. 사태 전개의 속도가 빨라지고 있었고, 매일 새로운 프롤레타리아 계급 기관이 생겨났다. 새로 건설된 산티아고센트로 코르돈은 공무원과 도시 빈민을 하나로 결속시켰다. 바랑카스에서는 공장 점거가 잇달아 일어났는데, 각 공장 대표자들이 공동조정위원회 회의를 열면서 바로 새로운 코르돈으로 전환했다. 상점 주인들이 상점을 폐쇄하려 하면, 지역 주민들이 상점을 다시 열고 상품을 직접 분배했다. 화물차주들이 재차 파업에 돌입하자 — 표면상의 이유는 국영 운송 체계 계획에 항의한다는 것이었다 — 노동자들이 곧바로 운송 수단들을 징발해 버렸다. 병원 노동자위원회들은 병원을 접수했다.

어떤 점에서, 소우페르 쿠데타 시도에 대한 대응은 1972년 10월 사건의 재현이었다. 그러나 중요한 차이가 있었다. 첫째, 이제 노동계급은 몇 달에 걸친 자기 조직화 경험을 했고 그것이 대응에 나설 때 기반이 됐다. 둘째, 이제 군사적 요소가 핵심이 됐다. 셋째, 아옌데 정부가 제공할 수 있는 지원은 1년 전보다 훨씬 줄었다. 한마디로, 판돈이 더 커졌고 시간은 더 촉박해졌다. 가능성도 훨씬 더 컸다.

엘 아스 의류 회사에서 정치적 경험이 전혀 없는 여성 노동자들이 공장을 접수했다. 이들은 기독민주당원인 그 지역 노조 지도자가 자기들 편에 가담하자 놀라움을 표시했고, 오이긴스 코르돈에 동참하라는 제안을 받고는 매우 기뻐했다. [그러나] 한 노동자가 말했듯이,

CUT의 해결책은 사장들과 대화하고 타협해서 공장을 되돌려 주는 것입니다. 그것이 전부입니다. 나는 정치 관여를 지지한 적이 없고, 우리는 [정치 — 곤살레스] 과정을 두고 딱히 왈가왈부한 적도 없습니다. 그러나 이제 우리 모두 그 과정에 참여하고 있고, 이것이 뜻하는 바를 알고 있습니다. 그리고 우리가 말할 수 있는 것은 이 성명서가 노동 계급에 대한 배신이라는 점뿐입니다. 이 공장이 작을지는 몰라도 … 여기에서

근본적으로 중요한 것은 정치적인 것이지 경제적인 것이 아닙니다. 우리 노동자들이 권력을 원한다면, 공장을 돌려줘서는 안 됩니다. 그렇게 해서는 결코 권력을 획득하지 못할 것입니다. 그 공장이 아무리 작더라도 말입니다.[82]

이처럼 혁명적 위기의 조건이 갖춰져 있었다. 생산, 분배, 노동자 방어, 사회복지 같은 기능들은 노동자 조직의 통제 아래 있었다. 부르주아지는 결전을 치르고자 세를 결집하고 있었지만, 기존 국가는 더는 통치할 수 없는 상황에 놓인 채 단호하게 행동할 능력을 잃어버렸다.

소우페르의 쿠데타가 미수로 끝나고 사흘 뒤, 아옌데는 다시 국가 비상사태를 선포했다. 이것은 군대더러 모든 방법을 동원해서라도 사태를 해결하라고 권유한 것이나 다름없었다. 7월 4일에 발표된 새 내각에는 군부 대표가 포함돼 있지 않았는데, 아옌데는 이 결정이 "군대의 중립성을 해치지 않기 위한 것"이라고 밝혔다. 그러나, 이 주장은 설득력이 별로 없었다. 도리어 군대가 정치적으로 아무런 통제도 받지 않도록 해 줌으로써 그들이 마음대로 행동할 수 있도록 보장해 주는 것으로 보였다.

전에도 그랬듯이, 군부의 첫 행동은 노동자에게 우호적인 신문과 텔레비전 방송국을 탄압하는 것이었다. 〈푼토 피날〉이 가판대에서 압류돼 회수됐고, 국영 텔레비전 채널은 검열을 받았다. 반대로, 광적인 우익 선동가 아스분 신부가 운영하는 '채널13'은 군사 쿠데타를 촉구하는 방송을 아무런 제재 없이 계속 내보낼 수 있었다.[83] 통행금

지령이 내려졌는데, 이것은 사실상 노동자들이 야간에 모여 행동을 조율하는 것을 가로막았다. 그리고 산티아고 밖에서는, 군대가 이미 통제력을 회복하고 있다는 소식이 들려왔다.

공군과 해군의 민중연합 지지자들이 이미 여러 핵심 군사기지에서 진행되고 있던 쿠데타 준비를 공개적으로 폭로했지만, 씁쓸하게도 이것은 되레 군 장교들의 힘이 강화되는 것으로 귀결되고 말았다. 아옌데는 대통령의 행동을 촉구하는 군대 내 지지자들의 호소에 대해 그 충성심을 치하하고는 덧붙여 다음과 같은 성명을 발표했다. "비상사태 아래에서는 이 문제에 대한 처리를 군사령부에 맡겨 둬야 마땅하다." 아옌데는 군사령관들이 문제를 처리할 거라고 확신했고, 그들은 나름의 방식으로 그렇게 했다. 군사령부는 [쿠데타 준비를 폭로한] 사람들을 군사 법정에 세우고, 장기 복역을 선고하고, 고문했다.

파국

칠레라는 비극의 마지막 장은 1973년 7월과 8월에 펼쳐졌다. 9월에 민중연합 정부를 전복하고 칠레를 피바다에 빠뜨린 군사 쿠데타는 '최후의 일격'이었다.

그해 여름 동안 부차적 쟁점들은 이미 정리가 돼 있었다. 이제 남은 것은 권력 장악을 위한 전투였다. 노동자들은 공장을 다시 접수했고 — 많은 공장이 1972년 10월 이후에도 여전히 반환되지 않은 상태였다 — 배급소들을 직접 통제했다. 방어 조직들이 다시 결성됐다. 노동계급은 계급투쟁의 마지막 국면을 위한 준비가 돼 있었다. 그러나 지도자들은 그렇지 않았다.

초기의 성명들에서 망설임과 공동조직위원회에 대한 다소 예기치 않은 지지 사이를 오가던 아옌데는 7월 25일이 되자 더 확고하고 결연해진 듯했다. 다시금 그는 코르돈과 좌파 전체를 싸잡아 비난했는데, 이유인즉 그들이 나라를 내전 직전으로 몰아가고 있기 때문이라는 것이었다. 그가 연설했던 당시의 상황 때문에 그 연설의 정치적 성격은 매우 선명했고 동시에 매우 비열했다. 우익 언론들은 이제 공공연하게 민중연합을 군사적으로 전복하라고 했고, 2차 고용주 파업 — 이번에도 화물차주들이 앞장섰다 — 이 바로 그다음 날 시작될 예정이었다. 의회는 아옌데를 탄핵해 대통령직에서 쫓아내기 위한 온갖 결의안들에 가로막혀 사실상 휴회 상태에 있었다. 경제는 마비돼 있었다. 구리 수출 가격은 하락했고, 부르주아지는 투자를 중단했다. 예비 부품과 원자재는 갈수록 확보가 어려워졌고, 매점 매석 때문에 물자 부족 현상이 일어났다. 부르주아지는 자신들의 모든 경제적 무기를 사용하고 있었다. 그리고 아옌데의 담당 보좌관 아라야 대위를 암살한 사건은 그들이 진짜 무기도 사용할 준비가 돼 있다는 확실한 경고였다.

그러나 8월 초 무기통제법이 마침내 통과됐을 때, 그 목적은 쿠데타를 준비하는 자들이나 총을 들고 설쳐 대는 극우 깡패들에게 맞서는 데 필요한 법률적 수단을 제공하는 게 아니었다. 반대로, 아옌데가 선포한 비상사태 아래에서 군대와 경찰이 대중조직들에 선제공격할 수 있도록 허용하는 것이었다.

이 공격은 전국적이고 체계적인 조율 속에서 이뤄졌다. 8월 7일, 칠레의 최남단 도시 푼타 아레나스가 군사 점령 상태에 들어갔고, 노동자 한 명이 사망했다는 보도가 나왔다. 카우틴과 테무코에서는 농민 조직들의 자산이 몰수됐고 지도자들의 상당수가 체포돼 고문을 받았다. 실제로 〈칠레 오이〉 8월 30일자에는 고문의 상처를 찍은 사진들이 실렸다. 이런 작전들이 가능했던 것은 무기통제법이 계엄령 실시를 허용했기 때문이다. 계엄령을 실시하려면 대통령의 명시적 승인이 필요했지만, 아옌데는 언제나 이를 승인했다.

산안토니오에서는 비상사태를 틈타 쿠데타 이후 국가안보국의 우두머리로 악명을 떨치게 될 인물인 마누엘 콘트레라스가 사태의 전면에 나섰다. 그러나 그는 조직된 대중 행동의 결연한 저항에 부딪혔다. 오소르노의 푸에블로 극장에서는 모든 지역 조직이 그 지역 코르돈의 지도를 받으며 회합을 열고 시(市)를 즉각적으로 통제하기 위한 계획을 공표했다. 이 계획에는 공장을 추가로 몰수하고, 땅 없는 마푸체 원주민의 투쟁을 지지하고, 의료 서비스를 노동자가 통제해 재조직하고, 사병들에게 군대를 이탈해 노동자 편에 가담할 것을 권유하는 조항 등이 포함됐다. 여기에는 쟁점이 명확히 제시돼 있었다. 즉, 부르주아 국가에 대한 도전이었다.

8월 3일 아옌데는 민중연합 소속 장관들과 군 장성들로 구성된 새 내각을 발표했다. 이 조처는 그 전 며칠 동안 그가 했던 행동이나 발언과 완전히 궤를 같이하는 것이었다. 아옌데는 부르주아 국가를 방어하고 유지해야 한다는 생각을 받아들이고 굴복한 상태였다. 이 점에서 그는 부르주아지와 일치했다.

그렇다면 도대체 누가 적이었는가? 공산당 지도자인 루이스 코르발란은 8월 8일 산티아고에서 한 악명 높은 연설에서[84] 더 생각할 필요도 없이 깔끔하게 문제의 핵심을 정리했다. 그는 군대의 한결같은 애국심과 충성심을 칭찬하고 초좌파를 비난했다. 폭력 사태에 책임이 있기는 초좌파나 파트리아 이 리베르타드의 파시스트 깡패들이나 똑같다는 이유에서였다. 앞선 사흘 동안 군대가 세리요스 코르돈에 소속된 일부 공장을 점령했고, 해군은 발파라이소의 반 부렌 병원에 강제로 진입했다. 코르발란과 아옌데가 초좌파를 비난했을 때, 그들은 능동적으로 국가에 도전하는 유일한 현실의 세력, 즉 노동계급을 향해 저주를 퍼부은 셈이었다.

좌파 조직이 칠레에서 1973년 7월과 8월 동안 노동자 조직들(코르돈과 공동조직위원회들)이 창출한 것과 같은 극적이고 창조적인 가능성을 만나는 경우는 좀처럼 드문 일일 것이다. 모든 혁명 조직의 길고도 끈기 있는 준비 작업은 바로 그런 순간을 위한 것이지만, 일단 그런 순간에 이르면 망설이거나 토론할 시간이란 거의 없는 법이다. 즉, 그 순간을 놓쳐서는 안 되는 것이다. 그러지 않으면 기회는 사라진다. 칠레의 좌파는 이 과제를 감당할 수 없는 듯했다.

무장 여부만이 문제가 아니었다(이런 결정적 순간에, 무장도 하지 않은 노동계급이 병사들을 군대의 규율에서 이탈시켜 노동자 편으로 끌어들이거나 사기가 높은 군대에 맞서 싸울 수는 없겠지만 말이다). 물론 노동자들은 무장해야 했다. 그러나 핵심 문제는 다른 것이었다. 무기란 오직 명료한 정치적 목표, 즉 권력 장악과 국가 전복을 위해서 사용될 때, 그리고 그 순간의 본질을 이해한 혁명가들이 이끄는 조직적이고 상호 연계된 운동에 의해 사용될 때에만 국면을 바꾸는 법이다.

그렇다고 해서 적절한 때를 위해 무장을 완료하고 대기하는 한 무리의 단호한 혁명가들만 있으면 된다는 뜻은 아니다. 혁명이 승리하려면 노동계급을 이끌 수 있는 조직, 즉 노동계급의 **현실 투쟁에 뿌리내리고** 계급투쟁과 그 잠재적 결과에 대한 이해를 축으로 건설된 조직의 발전이 필요하다.

그런 정치 지도부가 없는 상태에서는 사회혁명이 불가능하다. 실제로, 1973년 8월 초에 MIR이나 사회당 사무총장 알타미라노가 발표한 것과 같은 무장 투쟁 호소는 너무나도 무책임했다. 이 단계에서는 심지어 공산당조차 (기회주의의 결정판으로서) 노동자들에게 무장을 요구했다. 사병들이 무기를 내려놔야 한다는 알타미라노의 주장은 혁명적 기회를 살릴 책임을 개별 사병들에게 떠넘기는 것이었다. 그 책임이 명백히 혁명적 조직들이나 그것을 자처하는 조직들의 몫이 돼야 할 순간에 말이다.

8월 말 무렵이면 사기저하가 칠레 노동계급 전체로 확산됐다. 9월 4일, 아옌데의 1970년 대선 승리 경축 행사는 50만 명이 참가했는데도 우울하고 풀이 죽은 분위기였다. 1주일 뒤 일어날 군사 쿠데타는 예정된 결론이었다.

그러나 사태는 달리 전개될 수도 있었다. 노동자들은 싸울 태세가 돼 있었고, 그 결과에 대한 대비도 돼 있었다. 즉, 새로 수립될 노동자 권력의 기초가 될 조직들이 존재했다. 그러나 최후의 순간까지도, 칠레의 모든 좌파 조직은 민중연합에 매달렸다. 그들은 높은 수위의 대중투쟁을 민중연합을 향한 일종의 압력으로 이해하며, 대안적인 혁명적 지도를 제공하기를 주저했다.[85] 혁명적 지도를 제공하지 않은 것은 노동자들을 부르주아지의 야만적 보복에 내맡기는 것이나 다름없었고, 칠레의 모든 좌파 조직은 그 책임에서 벗어날 수 없다.

이러한 배경에 비춰 볼 때, 자주 인용되는 아옌데의 마지막 라디오 연설(자신을 타도한 군사 쿠데타 와중에 살해되기 직전에 한 연설)은 단순한 잘못이라고 할 수 없다. 그의 도덕적 분노, "역사가 장군들을 심판하리라"는 외침은 용서받을 수 없는 책임 회피이자 후세를 향한 거짓말이었다.

1972~73년 칠레에서 벌어진 사건들은 노동자 권력, 그리고 계급투쟁의 과제를 감당해 낼 수 있는 노동자들의 능력을 얼핏 보여 줬다. 또한 비극적이게도, 그런 순간에 혁명의 적은 개혁주의, 즉 세계의 변혁보다 부르주아 국가 방어를 더 중요시하는 정치라는 점도 보여 줬다.

칠레의 재앙 이후, 전 세계의 개혁주의자들은 타협주의 정치가 낳은 진정한 결과를 숨기기 위해 그 실제 역사를 고쳐 썼다.[86] 칠레의 1972~73년 투쟁에 종지부를 찍은 쿠데타는 노동계급의 끔찍하고도 혹독한 패배였다. 그러나 이 패배는 세계적 음모의 결과도, 불가피한 것도 아니었다. 역사의 시간표에는 또 다른 가능성이 펼쳐져 있었고, 우리는 그것이 그냥 감춰지게 놔둘 수 없다. 1972~73년 칠레의 경험이 중요한 것은 그것이 미래의 투쟁을 위해 남긴 유산 때문이다.

쿠데타

1973년 9월 11일, 이른 아침부터 시작된 합동 군사작전으로 살바도르 아옌데 정부가 전복됐다. 쿠데타를 이끈 것은 아우구스토 피노체트였는데, 그는 아옌데가 8월에 발표한 2차 군사 내각의 일원이었다. 오전 9시쯤 탱크가 대통령궁을 포위했고, 이것이 쿠데타의 마지막 장이었다. 노동자, 농민, 학생, 빈민촌 주민의 가장 전투적인 조직 대다수가 이미 그 전 몇 주간의 비상사태 동안 무장해제 되거나 괴멸된 상태였기 때문이다.

몇 시간 동안 저항에 관한 소문이 무성했다. 최후의 역사적 아이러니라 할 만하게도 가장 끈질긴 소문은 프라트스 장군이 군대를 이끌고 헌법 수호와 쿠데타 저지에 나서리라는 소문이었다. 사실, 프라트스 장군은 쿠데타 1주일 전에 사임했을 뿐 아니라 쿠데타 모의를 뻔히 알면서도 수수방관했다. 산발적이고 개별적인 항의 외에는 반격이 전혀 없었다. 투쟁은 이미 패배했고, 운동은 개혁주의 지도자들에 이끌려 장엄한 패배를 맞이했다.

그날 하루 동안, 수백 명이 체포돼 군사시설, 감옥, 임시 수용소로 끌려갔다. 수천 명이 국립축구경기장으로 끌려가서 고문당하거나 처형당해 죽었다. 칠레의 가장 유명한 포크 가수 빅토르 하라 같은 일부 사람들은 심지어 거기까지 가 보지도 못했다. 그가 저항 노래를 부르려 하자 쿠데타군이 그의 팔을 부러뜨리고 살해했기 때문이다.

쿠데타 과정은 극도로 야만적이었다. 수많은 사람이 강간당하고, 반인륜적 고문을 당하고, 굶주림과 학대에 시달리며 살해됐다. 그 뒤

열두 달 동안 3만 명이 살해됐다. 그들은 노동계급의 가장 뛰어나고 용기 있는 지도자들이었는데, 노련한 외국 정보기관의 협조를 받아 체계적으로 색출·제거됐다. 그리고 그들은 그냥 살해되는 것으로 끝나지 않았다. 다음 세대를 향한 경고와 위협 차원에서, 그들의 시신은 갈기갈기 찢겼다. 나머지 사람들에 대한 처분도 마구잡이였는데, 대중을 공포에 떨게 만들고 새 정권 아래에서는 어떤 관용도 없을 것이라는 메시지를 생생하게 전달하는 것이 그 목적이었다. 산티아고의 마포초 강을 따라 매일 아침 떠내려온 손발이 잘린 시체들의 의미가 바로 이것이었다.

아옌데처럼 언제나 칠레의 뿌리 깊은 민주주의 전통과 군대의 '지업의식'을 주장하던 사람들에게, 쿠데타의 야만성과 지속적 잔혹성은 설명이 불가능한 것이었다. 세계 도처의 개혁주의자들은 '일탈' 현상을 해명하고 군대에 관한 자신들의 분석의 오류를 은폐하고 장래에 제기될지도 모를 의혹으로부터 민중연합을 보호하는 쪽으로 사태를 해석하려 했다. 그들은 CIA의 음모로 책임을 돌리려 했다.[87]

진실은 달랐다. 쿠데타가 일어난 것은 칠레의 계급투쟁 수준이 부르주아 사회의 존재를 위협할 정도로 고양됐기 때문이다. 계급투쟁의 이러한 최종적이고 결정적인 순간에 지배계급은 무자비하기 이를 데 없다. 그들의 '전통'이 무엇이든 말이다. 서방 민주주의 국가들도 결국에는 이른바 '민주주의' 전통을 어떻게든 수호하려고 한다. 필요하다면 무시무시한 대량 학살 무기를 사용해서라도 말이다. 칠레에서도 마찬가지였다.

칠레 군대가 휘두른 폭력은 개인적 원한 때문이 아니었다. 그것은 노동계급의 기억 속에서 그들의 가장 뛰어나고 용감한 활동가와 지도자들을 완전히 박멸하기 위한 체계적 작업이었다. 그러한 작업이 끝난 뒤에야, 그들은 칠레를 조직 노동자들의 방해가 없는 통화주의 경제학 실험실로 바꿔 놓을 수 있었다. 그들의 논리는 냉혹한 자본주의의 논리였다. 최악의 노동자 생활수준, 만성적이고 구조적인 실업, 전무한 사회복지제도, 항구적 공포 분위기, 호전적 애국주의와 체념만 가르치는 학교가 그것이었다.[88]

그런데도 개혁주의자들은 노동자 권력을 쟁취하기 위한 조직화를 반대했다. 그것이 가져올 피해를 따져 봐야 한다는 것이었다. 민중연합은 노동자들의 자해(自害)를 막겠다며 노동계급을 무장해제 했고, 군사 쿠데타에 직면해 아무것도 할 수 없게 만들어 버렸다. 오늘날, 칠레 노동자들의 투쟁이 다시금 시작됐다. 그들이 자신들의 역사에서 교훈을 얻지 못한다면, 그처럼 끔찍한 아이러니도 없을 것이다.

03

포르투갈 1974~75년

민중 권력

피터 로빈슨

신문을 통해 보는 정치란 주로 의회와 기득권층의 주요 인사들이 부리는 책략과 관련이 있다. 우리 같은 나머지 사람들에게 그러한 정치는 이따금씩 선거철이나 돼야 의미를 갖기 마련이고 그러한 정치의 바탕에는 국민 대다수의 수동성이 있다. 포르투갈에서 1974~75년에 벌어진 사건들을 보면 그러한 수동성이 전혀 불가피한 것이 아님을 알 수 있다.

그 까닭은 이 작은 나라에서 몇 차례나 50만 명이 넘는 사람들이 시위에 참가했기 때문이다. 노동계급이 주로 드나드는 선술집에는 정치적 토론과 논쟁이 가득했다. 일곱 살짜리 아이들도 여러 좌파 정당과 그들이 발행하는 신문, 배지, 슬로건 등을 말할 정도였다. 한술 더 떠서 특정 정당을 지지하는 이유마저 설명하곤 했다. 노동자들이 프랑스, 영국, 아르헨티나, 브라질의 상황에 대해 토론하는 모습은 마치 평생을 정치학 교수로 지내 온 사람들을 방불케 했다. 무장봉기를 옹호하는 포스터가 합법적으로 나붙었고, 심지어 버스 승차권에조차 정치적 슬로건이 인쇄돼 있었다.

포르투갈의 지배자들은 더는 군대에 의지할 수 없었다. 자갈이 깔린 도로 위로 탱크들이 노동자 시위대와 나란히 행진했고, 심지어 시위대가 그 위에 타고 있기도 했다. 공장 점거의 규모는 1936년과 1968년의 프랑스, 1936년의 카탈루냐[스페인], 1920년의 토리노[이탈리아]를 떠올리게 했다. 그리고 점거는 공장에만 그치지 않았다. 민중 병원과 문화센터가 우후죽순 생겨났다. 어느 병원에서는 노동자들이 수녀들로부터 병원을 넘겨받은 뒤 수녀들을 대중 집회에 초대해 투표권을 부여했다. 빈집과 아파트가 징발됐다. 세입자와 거주민의 조직은 이제껏 유럽에서 등장했던 그 어떤 조직과도 비교할 수 없을 만큼 규모가 컸다. 농촌에서는 [농업] 노동자들이 토지를 점거했고, 자신들의 코뮌에 '붉은 별'이나 '프롤레타리아 독재' 같은 이름을 붙였다.

우리는 이러한 성취들로부터 커다란 영감을 얻을 수 있지만 또한 그로부터 배워야만 한다. 왜냐하면 포르투갈의 지배자들이 '정상적 상태'로의 복귀를 획책하면서 혁명운동을 혼란에 빠뜨리고 가라앉힐 수 있었기 때문이다. 그것이 가능했던 원인과 과정을 이해하려면 간략하게나마 역사적 배경을 살펴보는 것에서 시작할 필요가 있다.

포르투갈 왕정은 1910년에 타도됐다. 그 뒤 16년 동안 정부가 마흔다섯 번이나 바뀌었고, 폭탄 테러와 암살, 쿠데타와 쿠데타 시도,

반란과 폭동, 파업과 공장폐쇄가 끊이지 않았다. 이 의회정치의 시대는 1926년에 일어난 쿠데타로 막을 내렸다. 안토니우 드 올리베이라 살라자르가 1928년 재무부 장관으로 임명됐다. 그는 자신을 중심으로 대중운동과 당, 그리고 '이스타두 노부(새로운 국가)'라는 이데올로기를 구축했다. 몇 년 뒤 그는 독재 정권을 수립할 수 있었다. 비록 독일이나 이탈리아의 다른 독재 정권들과 달리 특정 대중 집단을 동원하는 방식이 아니라 군사 쿠데타를 통한 것이기는 했지만 말이다.

이 정권 아래에서 극소수의 거대 사기업이 등장해 번영을 누렸다. 관세장벽과 국가 개입의 보호 아래 두 거대 재벌, CUF와 샴팔리마우드가 등장했다. CUF는 포르투갈 경제의 10분의 1을 지배할 정도로 성장했는데, 담배 산업을 사실상 독점했을 뿐 아니라 비누, 화학, 섬유, 건설, 보험 등에서도 막대한 시장을 점유했다. 샴팔리마우드는 관광업과 보험업에 진출해 있었고, 철강 생산 분야에서는 사실상 독점적 지위를 누렸다. 이러한 토착 재벌들은 외국자본과의 경쟁을 목적으로 계획적으로 육성됐다. 심지어는 코카콜라마저 판매가 금지될 정도였다. 살라자르 정권은 과두제, 즉 국가 관료 및 군부 내 최고위층과 긴밀히 연결된 소수의 강력한 족벌과 그 기업 제국의 체제를 만들어 냈다. 과두제의 그늘 아래에서 자본가들이 독립적으로 활동할 수 있는 여지는 거의 없었다. 정당, 노동조합, 파업이 금지됐다. 악명 높은 비밀경찰 PIDE는 반정부 인사들을 제멋대로 체포하고 고문했다.

1960년대 말의 포르투갈은 세 가지 눈에 띄는 특징이 있었다.

첫째, 포르투갈은 서유럽에서 가장 발전이 뒤처진 나라였다. 포르투갈의 북부에는 소농이 다수였고, 남부에는 대규모 사유지들이, 그리고 리스본 주변과 포르투 지역 북부 연안을 따라 비교적 작지만 집중된 산업 중심지들이 존재했다. 1960~70년에는 저발전의 영향으로 이민이 다섯 배가 됐다. 또, 사회보장제도도 매우 낙후돼 있었다. 1960년대 말 몇 년 동안 인구가 사실상 감소했다.

둘째, 포르투갈은 식민지를 건설한 최초의 유럽 제국주의 국가이면서도 다른 나라들에 비해 너무 오랫동안 거기에 의지했다. 아프리카와 극동의 식민지들은 값싼 원료의 원천임은 물론 포르투갈의 공업 생산품을 위한 안정적 독점 시장이었다. 그러나 1960년대가 되자 반식민지 봉기로 제국이 약화되기 시작했다. 아프리카의 독립운동들은 1961년 앙골라의 르완다에서 벌어진 도시 봉기와 더불어 시작됐다. 1963년에는 기니에서, 1964년에는 모잠비크에서 게릴라 운동이 등장했다.

셋째, 유럽에서 가장 오래된 이 독재 정권은 자국의 공업을 재조직하고 근대화해야 할 절박한 필요가 있었다. 리즈나브와 세테나브의 거대 조선소 단지 같은 새로운 발전의 재원은 외국자본과의 합작을 통해 조달했다. 값싼 노동력과 우호적인 정부를 찾고 있던 다국적기업들 — 타이멕스, 플레시, 포드, 제너럴모터스, ITT, 필립스 등 — 이 대규모의 현대적 공장들을 (대부분 리스본 산업 벨트 안에) 설립했다. 도시 노동계급의 증가와 더불어 판자촌이 늘어났다. 1968년 외국자본은 포르투갈의 총 제조업 투자액 가운데 52.2퍼센트를 차지했다.[1]

그러나 포르투갈 제국은 너무 취약해서 근본적인 정치적 정비가 없는 한 현대화를 수행할 수 없음이 드러났다.

1968년 9월 살라자르는 영국제 접이식 의자가 부서지면서 뇌졸중과 심각한 뇌 손상을 겪었다. 그의 정계 은퇴는 위로부터의 체제 개혁 시도를 고무했다. 살라자르의 후임자인 마르셀루 카에타누는 이른바 프리마베라, 즉 자유화의 '봄'에 착수했다. 검열이 완화됐다. 정치범의 망명이 허용됐고, 일부 망명객은 귀국이 허용됐다. 자유화에 고무되고 유럽과 미국의 학생운동에서 영감을 얻어 학생운동이 등장했다. 낙제한 학생들은 군대에 징집되곤 했다. 학생운동은 아프리카의 반식민지 투쟁에 동질감을 느꼈다.

1968년에 엄격하게 통제된 선거가 치러졌다. 선거운동 기간에 공산당원, 가톨릭, 저명한 '좌파' 지식인들이 민주선거위원회(CDE)라는 선거 연합체를 결성했다. CDE는 반정부 세력에게 중요한 토론의 장이 됐다.

'새로운 봄' 덕분에 노동조합들은 사전에 비밀경찰 PIDE에 후보자 명단을 제출하지 않고도 내부 선거를 치를 수 있게 됐고, 1969년과 1970년에 5개 노조에서 선거가 치러졌다. 섬유노조 조합원들은 학생 활동가 출신을 조직자로 선출했다. 1970년 10월이 되자 20여 개의 노조에서 지도부가 선출됐고, 이들은 '인테르신디칼'(Intersindical)이라는 반(半)합법 노총을 소집했다.

정권은 학생과 노동자 운동이 고양되고, 식민지 전쟁 비용이 치솟고, 경제 위기가 지속되면서 여전히 불안한 상태였다. 1970년대 초가 되자 카에타누는 종래의 보수주의와 억압으로 회귀했다. 전쟁이 계속되고 중앙정부 예산의 거의 절반이 군비에 지출되는 상황에서는 개혁의 여지가 없었다.

그러나 노동자 운동은 쉽게 물러서지 않았다. 카에타누가 도입한 단체협약법은 1년에 한 번씩 임금 협상을 하도록 규정했는데, 그 때문에 섬유노조는 1970~73년에 매년 파업했다. 일부 다른 부문에서도 짧은 돌발적 파업들이 발생했다.

탄압에 대한 두려움 때문에 파업위원회가 선출되거나 조직되지 않는 일이 흔했다. 일부 파업에서는 노동자들이 심지어 자신들의 요구를 정식화하지도 않았다. 그들은 그냥 임금 인상을 원한다고 말했다.

최초의 중요한 산업 투쟁은 1973년에 일어났는데, 여기에는 TAP, 즉 포르투갈항공 소속의 금속 노동자들이 포함돼 있었다. 그 일부가 보잉 707기를 점거했다(점거 해산 과정에서 두 명이 경찰이 쏜 총에 맞아 부상을 입었다). 노동자위원회가 건설됐다. 포르투갈에서 수 세대 만에 최초로 등장한 노동자위원회 가운데 하나였다.

경찰이 많은 사람들을 구타했다. 파업은 15일 동안 지속됐다. 매우 잘 조직된 파업이었다. '노동자 모임'이 서명한 성명서가 매일 인쇄됐다. … 공장의 여러 부서에서 근무하는 노동자들이 서로의 집에서 번갈아 가며 만났다. 대략 150여 명의 노동자들이 공장 내 비밀 조직에 속해 있었다. 비밀 조직과 합법적 투쟁의 상호작용 덕분에 그들은 파업에서 승리할 수 있었다. 자신들의 임금 요구안을 쟁취했을 뿐만 아니라 투옥된 사람들을 석방시키는 데도 성공했다. 부상자들은 보상을 받았고, 강제로 해고된 사람들은 복직됐다.[2]

리스본 공항의 노동자들은 새로이 부상한 혁명적 좌파에게 정치적으로 영향을 받았다. 1972년이 되자 폭력 사용, 반(半)합법 정치 활동, 내부 민주주의 문제 등을 둘러싸고 CDE 내에서 논쟁이 발전했다. [CDE가] 분열하자 활동가의 3분의 1에서 2분의 1 정도 (40~50명)가 떨어져 나왔는데, 거의 모든 비(非)마오주의 혁명적 좌파 그룹의 창립 회원들과 1973년에 창당된 사회당의 핵심 당원들이 이들로부터 나왔다.

노동자 운동 전반의 자신감과 혁명적 좌파의 발전은 모두 머지않아 포르투갈 밖에서 벌어질 사건들을 통해 엄청난 부양력을 얻게 될 것이었다.

군인운동(MFA)과 쿠데타

안토니우 드 스피놀라 장군 — 외알 안경을 끼고 지팡이를 짚고 다녔다 — 은 언론에 의해 전쟁 영웅으로 떠받들어진 인물이었다. 스피놀라는 스페인 내전 동안 프랑코 편에서 싸웠고, 제2차세계대전의 동부전선에서 '참관인' 자격으로 독일 나치와 함께 싸웠다. 기니 총독과 샴팔리마우드 그룹의 중역을 지낸 스피놀라는 《포르투갈과 미래》라는 책에서 기득권층 내에서 커져 가는 불만의 정서를 묘사했다. CUF의 계열사에서 출판된 이 책에는 급진적 내용이라고는 전혀 없었다. CUF와 샴팔리마우드는 아프리카에서 신식민지적 해결책을 도입하고 유럽공동시장 즉, 유럽경제공동체(EEC)에 가입하자고 압력을 넣고 있었다. 재계의 이해관계는 [식민지] 제국에서 EEC 쪽으로 바뀌고 있었다. 지배 집단들이 선호하는 정치 전략에서 갈수록 이러한 변화가 드러났다.

카에타누는 회고록에 이렇게 썼다.

2월 18일, 지은이의 다정한 헌사가 쓰인 《포르투갈과 미래》한 권을 받
았다. … 책을 덮는 순간 지금까지는 군사 쿠데타가 다가온다고 이따금
씩 느꼈다면 이제는 피할 길이 없음을 깨달았다.[5]

그러나 카에타누가 위협으로 여긴 것은 스피놀라와 그 동료들이었
지 나중에 군인운동(MFA)을 만들게 되는 하급 장교들이 아니었다.
그는 끝이 안 보이는 식민지 전쟁 때문에 군대 내 위관급 장교들의
사기가 — 그리고 궁극적으로는 정권에 대한 정치적 충성심이 — 얼
마나 많이 떨어졌는지를 아직도 깨닫지 못했다.

전쟁에서 이길 가망은 전혀 없었다. 1974년 초 무렵, 기니의 '기니
비사우·카보베르데 독립 아프리카당(PAIGC)'은 승리를 목전에 두고
있었고, 모잠비크해방전선(FRELIMO)은 새로운 공세를 시작했다. 포
르투갈인 사망자 수(1만 3000명)는 나폴레옹 전쟁 이래 포르투갈이
치른 그 어떤 희생보다 많았다. 군대는 이러한 실패에 대해 비난받고
있었고 일부 장교들은 리스본 시내에서 군복을 입고 다니는 것조차
부끄러워했다.

한편, 훈련받은 장교가 부족해서 1973년 7월 포고령이 공표됐는
데, 단기간만 복무한 징집 장교들도 정규 장교들과 나란히 진급하도
록 허용하는 내용이었다. 포고령에 대해 불만이 쇄도하자 정부는 영
관급 장교들의 신분과 지위를 보장하는 내용의 두 번째 포고령을 공
표했다. 위관급 장교들은 이 조치에 크게 분노했다. 9월 9일 일요일,

엄중한 보안 조치 속에서 136명의 장교 — 대위보다 더 높은 계급은 한 명도 없었다 — 가 외딴 시골에서 '농장 특별 바비큐 파티'라는 명목으로 모였고, 이것이 바로 MFA의 시작이었다.

구성원의 대부분이 기니에서 복무한 MFA는 당장 조직위원회를 설치했다. 3월 16일 MFA가 서투른 쿠데타 시도에 연루됐지만, 정권은 강력한 대응을 주저했다. 정부가 MFA의 지도자 대부분을 다른 부대로 전출시켰는데도 그들은 선동을 멈추지 않았다. 1974년 4월이 되자 MFA는 자신에게 동조하는 300명의 장교들(육·해·공 삼군에 두루 포진해 있었다)로 이뤄진 네트워크를 건설했고, '민주주의, 발전, 탈식민화'를 내건 첫 강령을 입안했다.

당시에는 소수의 장교들만이 '사회주의자'라 불릴 만했다. MFA가 아프리카의 식민지 해방 투사들, 공산당이나 혁명적 좌파와 일말의 연관이라도 있다는 증거는 전혀 없다. MFA는 서유럽의 패턴을 따르는 "민주적이고 현대적인 혼합경제"를 원했고, 식민지에서의 실패에 대한 책임을 인정하지 않으려 했다. 그러한 관점은 이 장교들의 계급 배경과 들어맞는 것이었다. 그러나 권위주의가 지배하던 포르투갈에서는 '민주주의, 발전, 탈식민화'를 요구로 채택하는 것이 불가피하게 체제 전복적 성격을 띠었다. 이 때문에 정권과의 충돌이 불가피했다.

1974년 4월 25일 밤 12시 25분 가톨릭 라디오 헤나셍카*가 〈그랑

---

* Renascenca. '부활' 또는 '부흥'이라는 뜻이다.

돌라 빌라 모레나)*라는 노래를 틀었다. 이것이 쿠데타의 시작을 알리는 신호였다.

일부 군인들은 이미 결연히 행동에 나선 상태였다. 리스본 북쪽 끝에 있는 폰티냐 요새에서는 오텔루 드 카르발류를 따라 공병연대 전체가 반란을 일으키고 병영을 점거했다. 당시 카르발류가 내세운 명분은 '군대와 군인의 위엄 회복'이었다. 쿠데타 이전의 사진들에서는 그가 살라자르의 장례식에서 눈물을 흘리는 모습을 볼 수 있다. 그러나 카르발류는 혁명의 발전에서 중요한 구실을 하게 될 터였다.

쿠데타 자체는 놀라울 만큼 손쉽게 성공했다. 12개의 부대가 동원돼 라디오와 텔레비전 방송국, 공항과 군 총사령부 건물을 장악했지만, 저항은 거의 없었다. 네 명밖에 목숨을 잃지 않았는데, 이들은 겁에 질린 경찰의 총에 맞은 것이었다. 거의 50년 동안 유지돼 온 정권이 하루가 채 안 돼 무너지고 말았다.

리스본의 한 길모퉁이에서 보초를 서는 농민 출신의 어느 젊은 병사에게 길을 지나던 한 중간계급 행인이 거기서 뭘 하느냐고 물었다. 병사는 반란군의 동태를 살피라는 명령을 받았다고 대답했다. 행인이 "그렇지만 당신들이 바로 혁명가들이잖소!"하고 말하자, 병사는 동료에게 이렇게 소리쳤다. "마누엘, 우리가 반란군이래, 만세!"[5]

MFA 지도부는 이러한 갑작스런 붕괴가 어떤 결과를 낳을지 극히

---

* Grandola Vila Morena. "그랑돌라, 검은 마을이여"라는 뜻이며 당시에 금지곡이었다.

불안해했다. MFA는 국가 자체를 통치할 의사가, 심지어 잠시라도, 없었다. 명망 있는 인사를 끌어들이고 계급 서열을 존중해야 한다고 생각한 MFA 조정위원회는 스피놀라가 이끄는 한 무리의 고위 장교들에게 지도부를 맡아 달라고 부탁했다. 그래서 이 군사혁명평의회 (Junta)가 첫 임시정부를 수립했다.

축제

처음에 쿠데타에 대한 대중의 반응은 조심스러웠다. 많은 사람들이 황급히 기름과 식료품을 사재기했다. 부모들은 아이들을 집 밖으로 나가지 못하게 했다. 그러나 곧 노동자, 농민, 여성, 젊은이 모두 무슨 일이 벌어지는지 살피기 위해 조심스레 거리로 나왔다. 리스본의 주요 광장마다 군중이 모였다.

군인들이 우리에게 다가온다. 무슨 일이 일어날까? 그들은 손을 들어 V자(승리의 상징)를 만들어 보인다. 사람들은 환호했고, 나는 이제껏 그런 환호를 들어 본 적이 없다. 여태 들어 온 함성은 분노의 함성뿐이었지만 이것은 기쁨으로 가득한 목이 터져라 외치는 함성이었다.[5]

"MFA는 민중의 편이고, 민중은 MFA의 편이다"라는 구호가 곧 엄청난 인기를 얻었다. 붉은 카네이션이 혁명의 상징이 됐다. 붉은색은 혁명을, 꽃은 평화를 뜻했다. 병사들은 카네이션을 받아 자신의 소총

총열에 꽂았다. 날이 저물 무렵이 되자 탱크 위에는 기쁨에 겨워하는 시민들이 가득했다. 시위대는 증오의 대상인 비밀경찰 PIDE를 공격했고, 그 요원들은 가까스로 린치를 모면하곤 했다. 100여 명의 비밀경찰이 군중에 의해 투옥됐고, 200명의 정치수가 석방됐다. 거리와 다리의 이름도 바뀌었다. 벽마다 그래피티, 슬로건, 포스터가 가득했고, 나중에는 벽화가 그려졌다. 메이데이는 국경일로 선포됐다. 4월 25일에서 메이데이까지 '피억압자들의 축제'가 계속됐다. 심지어 리스본의 성매매 여성들도 조직에 나서, 포주 추방 캠페인을 벌이고 위관급 이하의 모든 군인에게 반값으로 할인했다.

쿠데타 덕분에 대중의 엄청난 활력과 염원이 급격하게 해방됐다. 4월 29일, 빈민촌에 살던 100여 가구가 리스본 교외의 새로운 공영주택 단지를 점거했다. 그 뒤 2주일 동안 전국에서 2000채가 넘는 주택이 점거됐다. 거주자 위원회와 판자촌 주민의 운동이 그 뒤로 18개월에 걸쳐 등장하고 심화하고 다시 솟구치게 된다.[6]

나중에 MFA는 자신들이야말로 혁명의 동력이라고 주장하게 된다. 사실 쿠데타 이후의 기간 동안 MFA는 극히 조심스러웠다. 진정한 동력은 바로 노동자 운동이었다.

쿠데타 당일만 보자면 파업 중인 공장은 2000명의 노동자가 일하는 마게 금속 공장 하나뿐이었다. 경영진은 마게 노동자들의 요구인 월 최저임금 6000이스쿠두(100파운드)를 즉각 받아들였는데, 포르투갈의 새 지배자들에게 파시스트로 낙인찍힐까 봐 두려워한 탓이었다. 그러나 군사혁명평의회는 이러한 승리가 내키지 않았고, 새 임금 협약이 본받아서는 안 될 사례라고 선언했다.[7]

4월 25일 [쿠데타] 이후 노동자 대부분이 출근했지만, 그날 하루는 노동자들에게 축제 분위기였다. 축제는 빠르게 투쟁으로 전환됐다. 경영주들은 생산 재개를 원했지만, 노동자들은 '혁명'이 작업장에서도 이뤄지기를 원했다. 이 자발적이고 따라서 조율되지 않은 채 벌어진 투쟁들은 주로 전자나 조선 같은 새로운 산업과 섬유나 건설 같은 기존 산업의 새로 확장된 부문에서 일어났다. 경제적 요구와 정치적 요구가 모두 제기됐다. 임금 인상 요구가 마구잡이로 분출했다. 한 참가자는 여성 섬유 노동자들이 조직한 5월 초의 어느 집회를 이렇게 회고했다.

그 자리에 대략 7000~8000명 정도가 모여 있었다. 모든 게 완전히 뒤죽박죽이었다. 누군가가 3000이스쿠두의 임금 인상을 요구해야 하는 것 아니냐고 외쳤다. 강당 반대편에서 "아니 … 4000"이라고 대답했다. 그러자 다른 곳에서 "아니, 5000이스쿠두"라고 외쳤다.[8]

압도 다수가 여성인 타이멕스 시계 공장의 노동자들은 임금 인상과 비밀경찰 정보원 여섯 명의 추방을 요구하며 파업에 돌입했다. 그들은 파업기금을 충당하기 위해 거리에서 시계를 판매했다. 5월 13일에 파나스케이라의 광원 1600명이 월 최저임금 6000이스쿠두, 무료 진료, 연 100퍼센트의 보너스, 연 30일 휴가, 파시스트 추방 등을 요구하며 파업에 돌입했다. 1주일 만에 그들은 모든 요구를 쟁취했다. 5월 15일에는 리즈나브 노동자 8400명이 조선소를 점거하고 주40시간 노동과 월 최저임금 7800이스쿠두(130파운드)를 요구하며 파업에 들어갔다.

5월에 적어도 158개의 작업장이 격렬한 투쟁에 휩싸였고, 그중 35곳에서 점거 투쟁이 벌어졌다. 그중 4곳에서는 경영자들이 감금됐다.[9]

대기업, 특히 다국적기업에서는 경제적 요구와 함께 파시스트와 연관 있는 모든 경영자를 쫓아내라는 요구가 제기됐다.[10] 몇몇 작업장에서 이 요구는 경영진 전체의 해고를 뜻했다. 이러한 파시스트 축출을 사네아멘투, 즉 '정화'(淨化)라고 불렀다. '정화' 대상이 노골적 협력자들을 넘어 노동자들에게 맞서는 모든 사람에게로 확대되는 데는 얼마 걸리지 않았다. '정화'는 500인 이상 작업장 중 절반 이상에서 벌어졌고, 경영자들의 무력함과 노동자들의 커져가는 자신감이 백일하에 드러났다. '정화'에는 공장 내 권력이라는 정치적 문제가 내포돼 있었다.

당시 포르투갈에서는 전체 기업의 0.4퍼센트 — 그중 많은 기업이 서로 연결돼 있었다 — 가 총자본의 53퍼센트를 차지하고 있었다. 수천 개의 소규모 작업장과 나란히 유럽에서 가장 크고 현대적인 작업장이 소수 있었다. 심지어 1955년에는 공업 생산의 86퍼센트가 리스본 산업 광역도시권이나 포르투와 연안 사이에 있는 지역에서 생산됐다.[11] 따라서 전체 노동인구의 40퍼센트[12]를 차지하는 약 100만 명의 포르투갈 공업 노동계급은 고도로 집중돼 있었다. 그래서 5월에 20만 명의 노동자가 파업에 돌입한 리스본 같은 지역에서는 노동자들이 서로 쉽게 배우고 지원할 수 있었다.

4월 25일 [쿠데타] 이전에는 비밀 노동자위원회들이 파업 기간에만 잠시 존재했다. 쿠데타 이후 노동자위원회들 — 흔히 임시위원회라고 불렀다 — 이 빠르게 나타났다. 그렇지만 1974년 5월 파업 당시 노동자들이 지배하다시피 한 리즈나브에서조차 다음과 같았다.

당시 상황은 제대로 조직되지 못했다. '너와 내가 어떻게든 해 보자'는
식 이상도 이하도 아니었다. 시간이 흘러서야 작업장 부서에 기초한 적
절한 선거 절차가 마련됐다.[13]

1974년 5월 말이 되자 리스본 지역의 거의 모든 작업장에 노동자
위원회, 평의회, 협의회가 세워졌다. 5~10월에 4000개의 노동자위원
회가 주로 대중 집회를 통해 수립된 것으로 추정된다. 사실상 모든
작업장에 노동자위원회가 수립된 셈이었다. 이 위원회들은 당시 대단
히 일반적이었던 복수 노조 작업장들에서 단결의 구심 노릇을 했다.

5월 내내 많은 활동가들이 노조를 기껏해야 빈껍데기, 파시스트
정권의 찌꺼기 정도로 여기며 무시했다. 때때로 노동자위원회가 노조
협의회와 함께 생겨났다. 매우 드물긴 했지만, 예컨대 일부 섬유 공장
에서는 노조가 하나밖에 없었고, 노조협의회가 사실상 노동자위원회
인 경우도 있었다.

노동자위원회가 공식적 조직 형식을 갖추지 못한 경우가 흔했음에
도 투쟁 수준이 높았기 때문에 자주 만나서 상의해야만 했다. 노동자
위원회는 대단히 민주적이었다. 플레시의 위원회에는 118명의 노동자가
참여했는데, 모두 경영진과의 첫 협상에 나서겠다고 고집을 부렸다.[14]

노동자들은 재빨리 서로 배우고 지원했다. 공장들 간에 공동 집회
가 열렸다. 플레시의 한 젊은 여성 조립 노동자 ─ 플레시 노동자위
원회에 속해 있었다 ─ 는 이렇게 회고했다.

사람들은 길 건너편 [공장] 사람들에게도 우리와 마찬가지의 문제가 있다면 우리끼리만 있을 이유가 없다고 말했다. 그래서 우리는 한데 모여서 전반적 상황을 토론하기로 결정했다. 사실상 Margem SUL[리스본 광역도시 남부 — 로빈슨]에 있는 모든 공장이 모였다. 그 자리는 사람들이 만나서 토론하는 장소이자 방법이었다. 이 집회들의 주된 목적은 혁명을 방어하는 것이었다.[15]

혁명의 첫 몇 주 동안, 군대 — 고위 장교들까지 포함해 — 는 엄청나게 인기를 누렸다. 한번은 여성 섬유 노동자들의 집회가 어느 병사에 의해 중단됐다.

그 병사는 술에 잔뜩 취해 들어와서는 병사들을 위해 돈을 거두라고 요구했다. 이유인즉, 자신과 동료들이 술을 한잔 더 해야겠다는 것이었다.

그 집회의 의장이었던 어느 노조 활동가는 이렇게 기억했다.

나는 그 병사에게 꺼지라고 말했다. 그 자식이 나갔다. 강당에 있던 사람들은 나의 태도에 크게 성을 냈다. 내가 장교라는 점을 설명하지 않았더라면 사람들에게 두들겨 맞았을 것이다. 나는 당시 사복을 입고 있었다. 당시에 군대가 하는 일에 잘못이란 있을 수 없었다. 사람들은 병사들을 성인(聖人)처럼 받들었다.[16]

군사혁명평의회는 군대의 이러한 인기를 철저히 이용해 몇몇 부문의 노동자들이 작업에 복귀하도록 설득할 수 있었다. 그렇지만 그러한 방법은 결국 임시방편에 불과했다. 포르투갈 지배자들은 노동자 운동을 길들일 더 지속적이고 체계적인 수단을 찾아야만 했다.

공산당과 인테르신디칼

노동자 운동을 가라앉히기 위한 첫 조처는 '국민 통합' 정부, 즉 노동계급을 포함한 모든 계급의 이해관계를 대변하는 것으로 보일 법한 정부를 수립하는 것이었다. 그에 따라, 5월 15일에 수립된 첫 임시 정부에서 당시 당원 수가 200명에 불과했고 창당한 지 채 1년이 되지 않은 사회당이 세 명의 장관직을 얻었다. 사회당 지도자 마리우 소아레스는 공산당(PCP)이 "국민 통합 정부에서 배제"돼서는 안 되며 야당으로 남는 것보다 정부에 포함되는 편이 덜 위험할 거라고 의심 많은 스피놀라를 설득했다. 그 결과 공산당 사무총장 알바루 쿠날은 정무장관, 금융노조 출신의 알비누 곤살베스는 노동부 장관이 됐다.

공산당은 파시즘에 맞선 명예로운 투쟁의 전통을 지니고 있었다. 공산당은 1975년 4월 총선에서 247명의 후보가 모두 합쳐 440년을 감옥에서 보냈다고 자랑스럽게 발표했다.[17] 수 년 동안 공산당 지하조직은 성장을 거듭해서 1974년 4월 27일 무렵에 그 조직원이 5000명쯤 됐다. 따라서 공산당은 노동계급 내에 실질적 기반과 영향력이 있는 유일한 정당이었다. 그러나 다른 서구 공산당들과 마찬가지로, 포르투갈 공산당도 당의 과제가 부르주아 민주주의 체제를 확립하기 위한 전(全) 계급적 동맹을 건설하는 것이라고 믿었다. 공산당은 그러한 체제 내에서 지위를 얻고 자신의 영향력을 확대할 수 있다는 것이었다. 이러한 관점 때문에 공산당은 사회당이 장차 '좌파' 동맹이 되리라고 과대 포장했다. 그러나 이러한 관점은 또한 '후진적' 포르투갈에서 사회주의 혁명이 성취될 수 있다는 사상을 완전히 배격하게 만들었다. 즉, 우선 포르투갈의 산업 기반이 강화돼야만 했다. 따라서 공산당은 끊임없이 "생산의 위기"를 들먹이면서 노동자들에게 "국민 경제 살리기"에 나설 것을 독촉했다.

1970년 이후 노조 연맹인 인테르신디칼은 임금 및 노동조건 개선과 노조 인정을 걸고 투쟁하면서 성장했다. 4월 25일 [쿠데타 당시] 이 연맹의 가맹 노조는 22개였다. 몇 주 만에 이 숫자는 약 200개로 늘어났다. 그 전만 해도 공산당은 인테르신디칼 내에서 활동하는 몇몇 그룹들 중 하나에 불과했다. 하지만 이제 공산당은 노조를 통제하기 시작했고 당 재정으로 소속 활동가들을 파견해 노조에서 상근하게 했다(당시 노조들은 흔히 상근자에게 임금조차 지급하지 못할 정도로 재정이 열악했다). 그 결과 인테르신디칼은 공산당의 지도를 받는 전국적 노조 연합 조직으로 순식간에 전환됐다.

5월 25일 정부는 전국적으로 최저임금을 월 3300이스쿠두로 인상하라는 요구를 받아들일 수밖에 없었다. 임금이 평균 30퍼센트 정도 인상됐다. 나흘 뒤 정부는 전임 정부가 임명한 기업 이사 1000여 명을 해고했다. 파업 물결이 잠시 주춤했고 우후죽순 생겨났던 인테르엠프레사스(공장 간 위원회)가 거의 사라졌다. 그러나 빈민촌과 점거된 주택단지의 새로운 주민위원회와 더불어 개별 공장에 기초한 위원회가 계속 조직됐다.

6월 1일 인테르신디칼은 이제 임금 인상이 충분히 이뤄졌다는 태도를 보였다. 인테르신디칼은 파업 반대 시위를 조직했다. 공산당의 주간지 〈아반트〉*는 노동자들이 "산업 소요를 조장하려는 반동적 책략"에 말려들어서는 안 된다고 설명했다. 이 시위는 완전히 실패했지만 바야흐로 공산당이 얼마나 긴밀히 인테르신디칼을 통제하고 있는지 보여 줬다. 그렇지만 파업 운동은 급격히 되살아났다. 공산당은 이러한 투쟁들을 많이 공격했는데, 특히 노동자위원회가 이끄는 파업에는 각별히 악랄한 조치를 취했다. 노동자위원회가 인테르신디칼의 통제를 벗어나 노동자 권력기관으로 발전할 위험이 있었기 때문이다.

파업을 파괴하는 데서 공산당과 공산당이 통제하는 노조들이 어떻게 협력했는지는 6월에 정부가 우편 노동자들 — 정부가 경제적 파급력이 없다고 판단한 부문 — 에게 가한 첫 대규모 공격에서 특히 분명하게 드러났다. 6월 18일 보잘것없고 도발적이기까지 한 사측의 임금 인상안에 맞서 25000명의 우편 노동자들이 파업에 돌입했고, 인테르신디칼의 통제를 받지 않는 선출된 위원회가 이 파업을 이끌었다. 피켓라인들이 세워졌고, 가장 가난한 가정들을 위해 의료와 재정 지원이 조직됐고, 리플릿이 제작돼 다른 노동자들에게 파업 노동자들의 대의를 알렸다. 공산당과 인테르신디칼은 파업 노동자들이 "국민의 다수를 희생시켜 특권 집단이 되려 한다"고 비난

---

* Avante. '전위'라는 뜻.

했다. 비난에 이어 물리적 탄압이 가해졌다. 6월 19일 정부는 군대를 투입했다.

이러한 위협에 직면해, 파업위원 260명이 참가한 긴박한 회의는 겨우 월 80~100이스쿠두의 임금 인상안을 받아들이고 물러서는 수밖에 없다고 느꼈다. 이해할 만한 비통한 심정으로, 파업위원회는 파업을 옹호하고 공산당의 구실을 폭로·비난하는 내용의 성명서를 발표해 무슨 일이 일어났는지 설명했다. 전투적 투쟁을 이끄는 것을 자랑으로 삼던 공산당이 이제는 그러한 투쟁을 비난하고 파괴한 것이다.

이와 대조적으로 사회당은 자신들이 스탈린주의 공산당과 다른 민주적 조직이라고 강조하며 분명하게 그 파업을 지지했다. 이 덕분에 사회당은 '좌파'로서 명성 — 나중에 그 중요성이 드러나게 된다 — 이 높아졌다.

그러나 임시정부가 거둔 승리는 이것뿐이었다. 노동자들의 투지와 외국자본 도피에 시달리던 정부는 7월 9일 붕괴했다.

군인운동과 9월 쿠데타

첫 임시정부는 단호하게 정책을 추진한 적이 없었다. 4~7월에 실질적 권력은 세 권력 중심, 즉 군사혁명평의회, MFA, 임시정부가 나눠 가졌다. 군대의 엄청난 위신과 임시정부를 구성한 정당들의 허약함을 감안하면, 세 기구 가운데 임시정부가 가장 허약한 처지에 있었던 것으로 보인다. 그러나 군사혁명평의회의 최고위 장성들과 MFA

의 중급 장교들 사이에는 중요한 차이점이 있었다.

군사혁명평의회는 주로 기성 정치·경제 체제를 유지하고 군대가 자신의 지휘 아래 단결하며 아프리카에서 신식민지적 해법으로 '질서정연'하게 이행하는 것을 감독하는 데 관심이 있었다. 이와 대조적으로, MFA에는 체제에 항구적 이해관계를 갖고 있지 않은 징집 장교들이 포함돼 있었다. 그들은 식민지 전쟁에서 자신들에게 수모를 안겨 준 옛 정치 엘리트들에게 적대적이었다. 그들은 이런 상황을 끝내길 원했다. 또한 대중운동의 영향에 훨씬 더 민감했다.

스피놀라 장군은 군사혁명평의회와 MFA, 그리고 자신이 직접 지명한 유력 민간인들이 동수로 참여하는 국가평의회에서 이 상이한 세력들을 중재하려 했다. 그러나 식민지 해방운동이 점차 강력해지고 군의 사기가 갈수록 저하됐기 때문에 포르투갈 자본이 원하는 것보다 훨씬 더 빨리 철수하는 것이 불가피해졌다. 국내에서도 '노동 규율 문제'에서는 마찬가지로 신속한 해결책이 필요했다. 이러한 목표들은 오직 MFA가 정부 운영에 직접 참여하는 것을 통해서만 달성될 수 있었다.

따라서 새로 구성된 정부에는 MFA 장교들의 대표 7명이 포함됐고, 대체로 친공산당 성향의 인사로 알려진 바스쿠 곤살베스가 수반이 됐다. 새 정부가 취한 첫 번째 조치 가운데 하나는 일련의 파업 관련 법을 입안하는 것이었는데, 이 법은 임금 인상을 위한 파업을 최초로 허용하는 한편, 정치 파업과 연대 파업은 금지했다. 두 번째 임시정부의 좌파적 색채는 노동자 운동의 힘이 반영된 것이었다. 반면에, 임시정부의 공격적 전략은 당시 포르투갈 자본주의가 직면한 위기의 심각성을 반영했다.

그러나 노동자를 억누르는 법이 효과적으로 시행되려면 군대의 충성과 단결이 중요했다. 그리고 이것이 갈수록 무너지고 있었다. 쿠데타 이후 노동자 운동의 힘과 전투성 때문에 국가가 통제하는 군대 내 주요 부문이 급진화했다. 운동이 특히 강력했던 지역에서는, 공병대와 RAL-1 — 리스본의 경포병 연대 — 같은 부문이 점차 파업과 시위에 동조하게 됐다. 원성의 대상인 살라자르와 카에타누의 비밀경찰은 폐지됐다. 7월 8일 다른 군부대들에도 불화와 불신이 만연해 있었기 때문에 "민간 정부를 지지하고 그 지휘 아래서 직접 개입"할 수 있을 거라는 기대 속에 새로운 군대, 즉 '대륙작전본부'(COPCON)가 창설됐다. 새로운 노조법을 강제하려는 시도가 불러온 위기 속에서 그러한 기대는 곧바로 시험을 맞이했다.

새로운 노조법은 8월 29일에 도입됐다. 리즈나브 조선소 노동자들은 법률 제정에 반대하고 이전부터 제기하던 '정화'를 요구하며 '불법' 하루 파업과 시위를 벌이는 것으로 대응했다. 그들은 리플릿에서 다음과 같이 주장했다.

우리는 반(反)노동계급 법률을 제정한 정부를 지지할 수 없다. 그 법률은 자본가의 착취에 맞선 노동자들의 투쟁을 위협한다. 우리는 파업을 억압하는 법률에 적극 반대할 것이다. 그 법률은 노동자들의 자유에 커다란 타격이기 때문이다.[18]

이 시위는 포르투갈 공산당의 비난을 받았고 정부는 시위를 불허했다. 그러나 시위가 COPCON — COPCON의 지도자들은 이미 반노조 법안을 지지한다고 밝힌 상태였다 — 에 의해 물리적으로 저지됐을까? 5000명이 넘는 리즈나브 노동자들은 헬멧을 쓴 채 빽빽하게 줄을 지어 리스본에 있는 노동부로 행진했다. 조선소는 가동이 중단됐다. 이것이 COPCON의 사병들에게 미친 영향은 지대했다. 그중 한 명은 다음과 같이 증언했다.

점심을 먹기 전부터 출동할 거라는 소문이 돌았고, 우리는 곧 리즈나브일 거라고 짐작했다. … 우리는 정오에 집합했고, 지휘관은 소수의 좌파 선동가들이 주도하는 리즈나브 시위에 대해 연락을 받았다며, 우리의 임무가 그 시위를 막는 것이라고 말했다. 우리는 G3*와 탄창 네 개로 무장했는데, 이는 전례가 없는 수준의 중무장이었다. …

시위가 시작됐고, 사람들이 물결을 이뤄 나아가면서 이렇게 외쳤다. "병사들은 노동자들의 자식이다", "머지않아 병사들도 노동자가 된다", "노동자들에게 총을 겨누지 말아라." 곧 지휘관은 우리가 명령을 따르지 않으리라는 것을 깨닫고 입을 다물어 버렸다. 우리는 무기를 거둬들였고, 어떤 전우는 울음을 터트렸다. 병영으로 돌아와서 지휘관은 크게 화를 내지는 않았지만 앞으로 명령에 따라야 한다고 말했다. … 다음 날 병영은 평소보다 활기가 넘쳤다. 아침 점호를 받기 전에 많은 전우가 일어나 전날 시위의 슬로건을 외쳤다. "병사들은 노동자들의 자식이다." "자본주의 착취를 타도하자."[19]

---

* 독일제 자동소총.

한 리플릿에서 리즈나브 노동자들은 다음과 같은 정치적 결론을 내렸다.

군대가 착취하고 억압하는 계급에 맞서 착취당하고 억압당하는 계급의 투쟁을 지지하는 한 우리도 군대를 지지한다.[36]

이처럼 엄격한 조건부 지지는 완전히 올바른 것이었는데, 왜냐하면 COPCON의 부대들이 여전히 노동자들을 억누르는 데 이용됐기 때문이다. 그 뒤 9월에 TAP 노동자들이 파업에 돌입했다. 공항은 군의 통제 아래 들어갔고, 노동자 지도자 가운데 한 명인 산투스 주노르가 COPCON에 의해 체포됐다. 그렇지만 이제 COPCON은 번번이 노동자들의 얘기를 경청하고 분쟁을 중재하느라 시간을 보냈다. 이것은 애초 COPCON의 창설자들이 기대했던 바, 즉 민간 권력의 무조건적 종복으로서의 구실과는 한참 거리가 먼 것이었다.

9월이 되자 4월 25일의 쿠데타를 환영했던 기업가들이 임시정부를 격렬한 어조로 비난하기 시작했다. 그들은 군대가 더는 믿을 수 없는 존재가 될까 봐 걱정했고, '법과 질서'가 재확립되기를 간절히 원했다. 많은 공장 소유주들과 외국인 투자자들이 포르투갈에서 완전히 철수했고, 이제 지배계급 일부는 군사력 사용이 시급하다는 결론을 내렸다.

주요 기업주들이 스피놀라와 몇몇 장군을 만났다. 스피놀라는 '침묵하는 다수'가 30만 명 규모의 시위를 조직해야 한다고 촉구했다. 파시스트들에게 무기가 지급됐는데 이들이 혼란을 일으켜서 군 장성들에게 사태에 개입해 좌파를 공격하고 '질서'를 재확립할 명분을 주려는 것이었다.

그러나 그들은 노동자 대중의 대응을 미처 생각하지 못했다. 시위 하루 전날인 9월 27일 오후 8시부터 리스본으로 진입하는 모든 주요 도로에 바리케이드가 설치됐고, 그중에는 무장 바리케이드도 있었다. 이전에 성취한 성과들이 위협을 받게 되자 공산당과 인테르신 디칼도 대중을 조직하는 데 중요한 구실을 했다. 철도노조는 조합원들에게 리스본으로 가는 특별열차 운행을 거부하고 정기 열차편에 리스본으로 향하는 우익들이 탑승하는지 감시하라는 지침을 내렸다. 여객버스운전사노조도 똑같은 조치를 취했다. 그 결과 단 두 대의 버스만이 시위대를 태우고 리스본으로 떠날 수 있었다. 군인들도 봉쇄에 동참했다. '침묵하는 다수'의 시위는 결국 열리지 못했다.

9월 29일 스피놀라는 군사혁명평의회 구성원 3인과 함께 대통령직을 사임했다. MFA는 200여 명을 체포했는데, 그중에는 갑부이자 전직 장교이며 군사혁명평의회의 구성원이었던 갈방 드 멜루도 포함돼 있었다. 다음 날, 신뢰를 잃은 군사혁명평의회가 해체됐고, MFA가 지배하는 혁명평의회가 이를 대체했다. 제3차 임시정부가 구성된 것이다.

혁명적 좌파

9월 쿠데타 시도의 실패는 좌파 전체에 자신감을 불어넣었고, 이에 고무된 수많은 사람들은 우익에 반대하는 이들의 사상이라면 그 어떤 주장이든 진지하게 살펴보게 됐다. 검열이 폐지됐다. 노동자들과 군인들은 사상에 목말라했다. 인사 관리자들조차 이원 권력에 관한 트로츠키의 저작을 읽었고, 레닌의 《국가와 혁명》은 서점가의 베스트셀러가 됐다. 그렇지만 혁명적 그룹들은 자신들의 사상에 관심을 갖게 된 사람들에게 쉽게 다가가지 못했다. 혁명적 신문들은 흔히 따분했고 — 노동자들의 경험과 동떨어진 어려운 말들로 가득했다 — 그 사상은 모호하고 종파적으로 표현됐다. 그런데도 신문은 많이 팔렸다. 신문 판매자들은 리스본을 지나는 카페리 정박지로 가서 수백 부의 신문을 죄 팔고 돌아오곤 했다. 마오주의 조직인 프롤레타리아당재건운동(MRPP)의 신문 〈루타 포풀라르〉(Luta Popular, 인민의 투쟁)는 매호 10만 부씩 인쇄됐다. 실제 팔린 부수는 그보다 훨씬 적었겠지만 말이다.

MRPP는 1970년에 건설됐다. 1974년 즈음에 MRPP는 마오주의 그룹들 가운데 가장 규모가 크고 강력하고 소란스러운 조직이었다. 그들은 MFA, COPCON, 공산당, 그리고 인테르신디칼의 구실을 끊임없이 비난했다. 그들은 공산당을 '사회파시스트'라고 불렀는데, 이것은 1930년대 초 스탈린주의자들이 사회민주주의 정당을 비난하기 위해 사용한 용어였다. MRPP에게 주적은 공산당이었다.

혁명의 초기 국면, 즉 공산당과 MFA가 파트너를 이뤄 정부를 구성하고 COPCON이 빈번히 파업 노동자들을 공격하기 위해 파견되던 시기에는 그러한 극단적 종파주의가 치명적 약점은 아니었다. 이 조직이 타이멕스와 공항(모두 COPCON의 개입을 겪은 바 있었다)에서 강력했다는 점은 중요하다. 그러나 MRPP는 오른쪽과 제휴할 태세가 돼 있었다. MRPP가 누리던 영향력은 흔히 사회당과의 동맹을 통해 얻은 것이었는데, 사회당은 현장에 조직원이 거의 없었고 공산당에 반대하는 투쟁에서 MRPP와 공동전선을 펼 태세가 돼 있었다.

1975년 여름, 반혁명 세력이 공산당과 여러 혁명적 좌파의 사무실에 불을 지르기 시작했을 때, MRPP는 이 운동을 "사회파시즘에 맞선 농민 봉기"로 규정했다. 일반적으로 마오주의자들은 공산당을 '사회파시스트'라고 비난하면서도, 투쟁에 대해서는 기본적으로 동일한 상을 공유했다. MRPP와 공산당은 모두 포르투갈의 경제적 정치적 후진성을 고려할 때 계급 동맹을 통해 민족 독립과 민주주의를 성취하는 것이 필요하고, 이 계급 동맹에서 노동계급의 구실은 부차적이라고 주장했다. 사회주의 건설은 불가능하고 따라서 고려 밖이었다. 그들은 1917년 당시 러시아의 산업 노동자가 전체 노동인구의 12분의 1이었던 것에 비해 포르투갈은 거의 10분의 4나 된다는 점은 계속해서 무시했다.

이러한 동일한 관점에 따라 여러 마오주의 그룹이 1974년 12월 민중민주통일전선(UDP)을 결성했는데, 이 조직은 농민과 소자본가, 그리고 포르투갈의 '민주주의'를 바라는 사람들을 포괄하는 인민전선이었다. 그들은 포르투갈 자체를 착취당하는 제3세계 국가로 봤다. UDP는 마치 포르투갈 자본이 미국이나 소련과 똑같은 관계를 맺고 있기라도 한 것처럼 '양대 제국주의'에 반대하는 슬로건을 내걸었고, 국내 민주주의 정치를 넘어 과감하게 나아가려는 사람들을 적대했다.

좌파사회주의자운동(MES)은 1972년에 만들어진 선거 연합체로부터 등장했고, 많은 수의 전투적인 청년 가톨릭 신자들이 여기에 가담했다. 조직의 개방성 덕분에, MES는 인테르신디칼, 섬유노조, 금속노조, 그리고 공항 노동자들(TAP) 사이에서 일정한 기반을 얻을 수 있었다. 이 단체는 흔히 다른 정당들에 대한 일종의 압력단체 구실을 했다. MES에 대한 가장 적절한 설명은 '중간주의' 그룹일 것이다. 그들은 흔히 개혁주의자들로부터 떨어져 나오는 노동자들을 끌어들이기 위해 혁명적 언어를 사용했지만, 자신들의 전투적 언사를 독립적 혁명 정당 건설이라는 실천으로 옮기지는 못했다.

두 '정설' 트로츠키주의 그룹 ─ 국제공산주의자동맹(LCI)과 노동자혁명당(PRT)인데, 둘 다 매우 작았다 ─ 도 앞서 언급한 특징을 공유했다. PRT의 압력단체 정치는 사회당을 추수하는 훨씬 더 위험한 형태를 취했는데, 심지어 사회당이 노동자들의 〈헤푸블리카〉 신문사 점거를 군대를 동원해 분쇄해야 한다고 주장했을 때조차 사회당을 추수했다. LCI는 그 정도로 멀리 나아가지는 않았지만,[21] 기본적인 정치적 접근 방식은 크게 다르지 않았다. LCI의 특징은 1976년 4월의 선거 캠페인에서 잘 드러나는데, 당시 LCI는 "공산당과 사회당은 부르주아 대표자들이 배제된 정부를 구성함으로써 그 책임을 다해야 한다"고 주장했다.

이와 대조적으로, 프롤레타리아혁명당/혁명여단(PRP/BR)은 개혁주의자들이 그 책임을 다하도록 설득하는 것이 아니라, 무장봉기를 통한 권력 장악에 헌신하는 독립적 혁명 정당 건설이 과제라는 점을 분명히 했다. 그러나 카에타누 정권에 맞선 지하활동에서 형성된 게릴라 전통 때문에 PRP는 노동계급을 대신해 행동하는 무장한 소수의 구실을 강조하는 경향이 있었다. 그들은 더 평범한 쟁점과 요구에 대응하면서 대중적 노동자 조직을 건설하는 필수 불가결한 활동을 기피하는 경향이 있었다. 간단히 말해, 다른 혁명적 좌파 조직들과 마찬가지로, PRP는 실천을 통해 자신을 입증할 필요가 있었다.

9월 쿠데타가 실패하자 한동안 투쟁은 비교적 소강 국면을 맞이했다. 그러나 1975년 1월 초부터 공장 점거가 점차 늘어났고, 토지 점거와 학생들의 휴업이 몇 곱절 늘어났다. 즉, 혁명적 사회주의자들이 효과적으로 개입할 수 있는 커다란 기회가 찾아왔다.

고조되는 투쟁

1월 14일 인테르신디칼은 통합된 노조 운동, 즉 UNICIDADE(의 건설을) 지지하는 약 30만 명 규모의 초대형 시위를 조직했다. 이제 공산당은 갈수록 혁명적 영향력에 노출되는 강력한 노동자위원회들을 무시하는 실수를 저질렀음을 깨달았고, 이러한 위원회들 내에서 입지를 강화하려 애썼다. 사회당은 UNICIDADE 건설 제안을 맹렬히 공격하면서 공산당이 "민주주의를 파괴"한다고 비난했다. 사회당이 바란 것은 인테르신디칼 밖에서, 즉 공산당의 통제 밖에서 노조들이 성장하는 것이었고, 노동자 조직들이 종교적·정치적 경계에 따라 분리되는 것이었다. 이 때문에 사회당은 덜 '획일적인' 노조 연맹을 지지하는 대규모 대중 시위를 조직했다. 이러한 상황에서 혁명적 좌파의 일부가 반(反)UNICIDADE 캠페인에 맞서 인테르신디칼의 시위를 지지한 것은 분명히 옳았다.

혁명가들을 위한 또 다른 기회들도 나타났다. 2월 7일 공장들을 연계하는 위원회인 인테르엠프레사스가 해고가 늘어나는 것에 반대하는 시위를 촉구했다. 38개 공장에서 일부 혁명가들을 포함해 1000명이 넘는 노동자 대표들이 사전 준비 모임에 참석했다. 대회장의 메인 배너에는 이렇게 쓰여 있었다. "해고는 자본주의의 필연적 결과다. 바로 이 때문에 노동자들은 자본주의를 파괴하고 새로운 세계를 건설하려 한다." 당시 나토 함대의 일부가 리스본에 정박해 있었는데, 회의 막바지에 또 다른 구호가 채택됐다. "민족 자주를 옹호한다. 나토는 떠나라."

이 시위는 공산당의 격렬한 비난을 받았고, 가장 저명한 공산당 지지자 가운데 한 명인 리스본 시장에 의해 불허됐다. 인테르신디칼 소속의 남부 지역 노조들은 이 시위가 "민주 세력을 혼란에 빠트리고 민주주의 건설을 파괴하려는 시도"라고 규정했다. 텔레비전에서는 지도적 공산당원인 옥타비우 파스가 나토 함대 병사들에게 꽃을 건네주라고 시청자들을 설득했다.

공산당의 이 모든 노력은 허사였다. 노동자위원회의 구성원들이 COPCON을 만나고 난 뒤에 MFA는 이 시위에 반대하지 않았다. 4만 명이 시위에 참가했다.

그들은 작업복을 입은 채 빨간 헬멧을 쓰고 있다. 리즈나브, 세테나브, 이파섹, 내셔널스틸의 이름과 함께 '정당은 필요없다'고 쓴 배너를 들고 있다. 향도들은 무전기를 들고 빨간 완장을 차고 있다. 그들은 모두 노동자다. 그들이 시위대 주위에 인간 띠를 이룬다. …

시위대가 [COPCON 부대가 지키던 — 로빈슨] 노동부를 향해 행진한다. … 시위대의 선두에 있는 이들이 외친다. "병사들은 우리 편이다." 그러자 오늘날의 포르투갈을 이해하는 데 도움이 될 만한 장면이 벌어진다. 휴대용 자동소총을 어깨에 메고 있던 병사들이 노동부를 향해 돌아선다. 그리고 주먹을 들어 올린다. 시위대에서 열렬한 박수가 터져 나온다. 주먹을 움켜쥔 채, 노동자와 병사가 함께 외친다. "민족 자주!" 사람들이 기쁨의 환호성을 지르고 있었다.[32]

시위의 규모와 구성 때문에 공산당이 시위를 호소한 사람들을 파괴자나 초좌파적 말썽꾼이라고 계속 비난하는 것은 불가능해졌다. MFA와의 불화와 자신의 통제를 벗어난 노동자 조직들의 성장에 직면해 공산당은 곱절로 노력해야만 했다. 인테르엠프레사스는 외면하거나 무시할 수 없는 조직임이 드러났다.

그러나 인테르엠프레사스의 운명은 자신이 대표하는 작업장들의 투쟁을 일반화하는 데 달려 있었다. 1917년에 러시아의 노동자평의회, 즉 소비에트에서는 노동자 투쟁의 교훈을 이끌어 내는 데 많은 노력을 들였고 이것이 다시 작업장에 적용돼 투쟁의 다음 단계에 영향을 미쳤다. 소비에트는, 노동자 정당들이 자신들의 사상을 주장하고 이러한 사상이 계급투쟁의 필요에 맞춰 시험받고 국가권력에 맞서 노동계급을 이끌 능력이 있는 혁명적 지도부가 등장할 수 있는 장이었다. 소비에트의 생명력의 바탕에는 소비에트를 낳은 투쟁과 소비에트가 제공할 수 있는 능동적 지도 사이의 상호작용이 있었다.

인테르엠프레사스에는 이러한 잠재력이 있었다. 그러나 포르투갈의 혁명적 좌파는 이 점을 이해하지 못했다.

인테르엠프레사스 내에서 가장 영향력이 컸던 마오주의 그룹들은 동시에 UDP로 통합돼 있었기 때문에 인테르엠프레사스를 그저 UDP의 또 다른 잠재적 일부로만 여기곤 했다. PRP는 다른 오류에 빠져들었다. 대중운동이 거둔 놀라운 성공 때문에 많은 사람들이 정당의 필요성을 부정했다. 이들은, 급진적 병사들의 지지만 있다면, 노동자, 세입자, 농업 노동자가 정당 없이도 혁명을 지킬 수 있다고 말했다. 이러한 '아파르티데리즈무,' 즉 '비정당주의'는 광범한 활동 영역에 영향을 미쳤다. 그리고 혁명적 좌파도 이러한 추세를 따랐다. 대중 시위에서 정당의 배너는 거의 볼 수 없었다. 좌파들은 자신들의 신문을 팔기를 꺼렸고, 심지어 MRPP 당원들은 당 배지를 달고 있었다는 이유로 대열에서 쫓겨나기도 했다.

인테르엠프레사스와 함께, PRP도 '비정당주의'로 경도됐다. 그들은 인테르엠프레사스와 그 밖의 노동계급 조직 안에서 명료한 혁명적 정치를 주장하는 한편 투쟁 속에서 여러 정당이 하는 구실을 평가하고 의문을 제기하는 것이 결정적으로 중요함을 깨닫지 못했다. 오히려 그들과 대부분의 혁명적 좌파는 노조와 인테르엠프레사스를 대립시키는 경향이 있었다. 인테르신디칼의 '사회파시스트들'에게 뿌리 깊은 적대감을 지니고 있던 마오주의자들이 특히 그런 경향이 강했다.

그 결과 혁명적 좌파는 노조 내에서도 자신의 사상을 체계적으로 알리는 데 실패하고 말았다. 노동자위원회들이 성장하고 있었지만, 노조가 여전히 임금과 노동조건 관련 쟁점을 떠맡고 있었다는 점 때문에 이는 각별히 중요했다. 기권적 태도는 그저 공산당에게 기회를 줄 뿐이었다. 그리고 이제 공산당은 작업장에서 잃었던 기반을 회복하고 있었다.

'3월 음모'와 선거

점거와 토지 장악을 위한 대규모 운동은 2월에도 계속됐다. 2월 말 며칠 동안 리스본에서만 2500여 채의 아파트가 점거된 것으로 추정된다.[25] 새로운 투쟁은 모두 정치적 도전이 될 우려가 있었다. 1974년 9월에 그랬듯, 지배계급이 일부 분파는 군사 쿠데타로 대응해야 한다고 생각했다. 3월 음모의 모의자들 중에는 스피놀라와 끈이 닿아 있는 일부 고위급 장교들과 재벌 기업인 미구엘 샴팔리마우드가 포함돼 있었다. 그들의 첫 조치는 믿을 만해 보이는 부대를 리스본에서 가장 급진적인 연대 중 하나인 RAL-1에 대항하게 하는 것이었다. 3월 11일 공수부대원들이 연대 병영을 포위했다. 하지만, 발포 명령을 받아들이지는 않았다. 오히려 RAL-1 병사들은 공수부대원들과 토론을 벌일 수 있었다. 몇 시간도 지나지 않아 공수부대원들은 이렇게 해명했다. "우리는 파시스트가 아니다. 우리는 당신들의 동지다."

쿠데타 시도에 맞서 군대의 저항을 조직하는 데 앞장선 것은 COPCON이었다. 그러나 노동자들의 대응도 대단히 훌륭했다. 공격이 시작된 지 몇 시간 만에 리스본과 포르투에서 스페인 접경지대로 이어지는 주요 도로에 바리케이드가 설치됐고, 때로는 이를 위해 징발한 불도저, 대형 트럭, 레미콘 등이 이용됐다. 병사들은 바리케이드를 순찰하는 노동자들과 공공연히 우애를 나눴고, 일부 병사들은 노동자들에게 무기를 건네줬다. 무장한 노동자들이 차량을 검문했다. 헤나셍카 라디오의 파업 노동자들은 작업장으로 돌아가 "혁명을 방어하기 위해" 방송국을 점거했다. 리스본의 주요 일간지 〈오 세쿨루〉의 노동자위원회를 포함해 많은 신문이 2판이나 특별 호외를 발행했다. 금융노조 포르투 지부는 조합원들에게 다음과 같은 지침을 내렸다. "즉각 은행 업무를 중단하라. 지급 업무를 중지하라. 입구에 사수대를 세워 출입을 통제하라. 텔렉스와 전화를 주시하라."

쿠데타가 실패한 뒤, 우익 장성들과 일부 기업 임원들이 체포됐다. 스피놀라와 그 일당은 어느 인테르신디칼 지도자의 표현대로 "반동의 헬리콥터를 타고" 황급히 스페인으로 도망갔다.

쿠데타에 맞선 또 한 차례의 성공적 저항은 혁명적 좌파에게 다시금 상당한 성장의 기회를 제공했다. 예컨대, PRP는 향후 있을지 모를 우익의 또 다른 준동에 맞선 조직화 작업에 나서면서 성장했는데, 사병들뿐만 아니라 장교들 사이에서도 새로운 조직원들을 얻을 수 있었다. 그러나 이 때문에 우익의 위협 ─ 그것이 실재이든 공상이든 ─ 에만 주의를 집중하게 됐고, 노동자들의 독립적 투쟁과 연관을 맺는 상대적으로 덜 화려한 활동은 등한시하는 경향이 강화됐다.

쿠데타의 실패로 MFA는 더욱 강화됐다. 3월 11일 이후 MFA는 자신의 권력을 제도화했다. 최상층에는 '최고'혁명평의회가 있었는데, 이 기구는 ─ 원칙적으로 모든 계급과 삼군에서 선출된 ─ 240명의 대표자로 구성되는 MFA 총회에 책임을 지게 돼 있었다. 혁명평의회는 말 그대로 자신감이 넘친 나머지 '자유선거' 실시라는 자신의 약속을 지킬 수 있다고 생각했다.

　이런 연이은 쿠데타 시도의 이면에는 포르투갈의 국가기구에 대한 통제를 재확립하려는 지배계급의 전략이 있었다. 애당초 카에타누에 맞서 스피놀라를 지지했던 자들은 4월 25일 쿠데타를 통해 어떤 세력이 부상하게 될지 전혀 예측하지 못했었다. 그들은 단지 카에타누를, 포르투갈 경제와 전체 세계 자본주의 체제 사이의 협력을 현대화하려는 의지가 더 확고한 다른 누군가로 대체하길 바랐을 뿐이다. 3월 11일 쿠데타 실패 이후, 보수 세력이 혼란에 빠진 상황에서 쿠데타를 일으켜 권위주의 정부를 수립한다는 그들의 전략이 통하지 않을 거라는 점이 갈수록 분명해졌다.

　포르투갈 자본주의의 생존을 위한 또 다른 해결책은 부르주아 의회주의의 체제 내에서 철저하게 서유럽형 사회민주주의를 추구하는 것이었다. 한동안 미국은 CIA를 통해서 사회당을 비롯한 부르주아 정당들에게 지원을 아끼지 않았다.

　구체제 타도 1주년이 되는 4월 25일은 포르투갈에서 50년 만에 처음으로 진정한 선거를 치르는 날이었다. 선거운동 기간은 3주였다. 복잡한 선거 규칙이 수립됐고, 여기에는 규모에 관계없이 모든 정당이 똑같은 텔레비전 유세 시간을 보장받는다는 규칙도 있었다. 그 결과, 텔레비전 유세 시간의 절반 이상이 공산당 왼편의 정당들에게 — 결과적으로는 8퍼센트에 못 미치는 득표를 했지만 — 주어졌다. 다른 정당의 포스터 위에 자신의 포스터를 덧붙이는 것이 금지됐는데, 이 때문에 포스터가 붙어 있지 않은 벽에 포스터를 붙이기 위해 갈수록 더 긴 사다리를 들고 다녀야 했다. 관심은 엄청났다. 등록된 유권자 617만 6559명 중 566만 6696명이 투표에 참가했는데, 이는 전체 유권자의 91.7퍼센트에 달했다.

선거의 실제 승자는 37.8퍼센트를 득표한 사회당이었다. 그에 비해 공산당의 득표율은 12.5퍼센트에 불과했고, 공산당의 가까운 동맹인 포르투갈민주주의운동(MDP)은 4.1퍼센트를 얻었다. 좌파 정당들이 전체 투표의 거의 60퍼센트를 획득했다. 포르투갈의 '후진성'에도 불구하고 '사회주의'가 엄청난 인기를 끈 것이다.

사회당의 위상은 바뀌었다. 1974년 4월 당원이 200명이었던 사회당은 이제 언론의 자유, 민주주의, [국가에 의해] 관리되는 현대적 경제라는 기치 아래 주요 원내 정당으로 발돋움했다. 사회당 지지자들에게 이 슬로건들의 정확한 실천적 의미는 분명하지 않은 상태였다. 개혁주의 정당의 집권 경험은 다른 곳에서는 흔한 일일지 몰라도 포르투갈에서는 전례가 없는 일이었다.

사회당은 흔히 공산당보다 더 좌파적으로 보였다. 사회당은 기층에 좌파를 더 쉽게 용인할 수 있었는데, 이는 사회당에 공산당과 같은 획일적 구조나 규율이 없었기 때문이다. 이런 면에서 볼 때, 공장 안에 사회당 조직 세력이 없다는 점은 긍정적인 이점이었다. 사회당은 공산당원들이 지지해야 했던 인기 없는 정부 정책들에 반대할 수 있었기 때문이다. 1974~75년 거의 내내 사회당은 노동자들 사이에 조직적 기반을 거의 꾸리지 못했다. 사회당 활동가들은 압도적으로 중간계급 출신이었다. '진보', '민주주의', '사회주의'라는 모호한 슬로건 덕분에 사회당은 인테르신디칼과 공산당의 영향력 밖에 있는 조직력이 떨어지는 노동자들을 포함해 광범한 부문의 지지를 얻을 수 있었다.

사회당은 계급 세력균형에 따라 자주 오락가락했는데, 이런 부류의 당은 늘 그럴 수밖에 없었다. 따라서, 혁명의 초기 국면에 사회당은 말로나마 좌파 쪽으로 기울었다. 그러나 위기가 심화되자 사회당은 점점 더 미조직 부문의 — 불확실한 희망보다는 — 절망감을 반영했다. 왜냐하면 조직 노동자의 주요 정당인 공산당은 고조되는 투쟁을 대다수 국민에게 이득이 되는 방향으로 해결할 능력이 없었고, 공산당 왼쪽에도 진지한 대안이 전혀 건설되지 않았기 때문이다. 바로 이러한 이중의 실패 덕분에 사회당은 노동자들 사이에서 상당한 기반을 구축할 수 있었다. 많은 노동자들은 1974년 4월 이래 자신들이 거둔 성과를 가장 잘 지켜 줄 수 있는 당이 사회당이라고 생각하게 됐다.[24]

새로 선출된 제헌의회는 최고 권력기관이 아니었다. 여전히 MFA가 대통령을 임명했다. 600명이나 되는 '합법적' 권력의 원천이 생겨나자 날카로운 대립이 나타났다. 스물네 시간이 채 안 돼 사회당의 승리를 축하하는 시위에서 "MFA는 물러가라"는 구호가 나왔다. 처음으로 주요 정당과 MFA 사이에 공개적 갈등이 생겨났다. 그 뒤 6개월 동안 사회당은 '권력을 의회로', '민주주의', '언론의 자유' 같은 상호 연관된 주제를 줄기차게 제기했다. '순수한 민주주의'라는 구호 아래 혁명운동에 반대하는 세력이 점차 결집했다.

민중 권력

선거 결과는 마리우 소아레스와 사회당이 아니라 자신들이야말로

'민중의 구세주'라고 생각했던 MFA 인사들에게 굴욕이었다. MFA 내의 좌파들은 이렇게 물었다. '사회당은 부르주아지의 외피일 뿐인가?' '사회당이 혁명의 영속화에 기여할 것인가?'

사회당이 자신감을 얻어 가자 군부가 지배하는 정부와 사회당 사이의 이견이 더욱 뚜렷해졌다. 선거 이후 몇 달 사이에 '포데르 포풀라르(민중 권력)'가 MFA의 이데올로기적 우산으로 등장했다. 민중 권력은 군대를 노동자, 농민, 세입자와 한데 묶으며 계급들을 연결하는 가교 구실을 했다. 이런 식이라면 그것은 단지 군대의 선전용 슬로건에 지나지 않았다. 그러나 이제 그 슬로건은 살아 있는 현실처럼 보였다. 날마다 노동자들이 공장을 접수하고 있었다. 운동이 절정을 지난 지 오래인 1976년에 작성된 노동부의 미발표 통계는 그때까지 280개의 기업체가 자주 관리 상태에 있었음을 보여 준다. 또 다른 600개 작업장은 한 걸음 더 나아가 **소유권**을 선포했고, 협동조합으로 분류됐다.

공장 접수는 보통 소규모 기업에서 일어났다. 자주 관리 기업의 고용인 수가 평균 61명이었고 협동조합은 평균 45명이었다. 많은 경우 이미 전 소유주가 버린 회사들이었고, 또 자본주의적 현대화 프로그램 속에서 어떤 식으로든 파산으로 내몰렸을 회사들이었다.[25] 흔히 가장 규모가 크고 운동이 활발한 기업에서는 노동자들이 기업을 완전히 접수하지 **않기**로 결정했다. 예컨대 건설 업체인 이디페르 본사의 노동자위원회는 중역 회의실을 점거했지만(음료수 냉장고를 기념품으로 챙기기도 했다) 경영진을 그곳에서 쫓아내지는 않기로 결정했다. 이유를 묻자, 그들은 이렇게 대답했다. "그들이 무슨 짓을 하는

지 우리가 지켜보는 편이 낫습니다." 세테나브 조선소 출신의 한 활동가는 이에 대해 이렇게 표현했다.

심지어 세테나브에서도 우리는 노동자 통제를 행사하지 않습니다. 은행을 통제하지 못하는 상황에서 어떻게 그럴 수 있겠습니까? 우리가 바라는 것은 모든 것을 알고 싶다는 것입니다. … 우리는 결정들을 통제하고 싶지만 책임을 질 수는 없습니다. 우리 혼자서 노동자 통제를 할 수 있다고는 생각하지 않으니까요.[26]

더 큰 기업들의 경우 노동자들의 행동 때문에 해당 기업이나 사업의 국유화가 불가피해졌다. 3월 11일 이후 혁명평의회의 첫 조치는 외국인 소유가 아닌 은행과 보험사를 국유화하는 것이었다. 이제 경제의 거의 60퍼센트가 공공부문이었다.

리스본의 헤나셍카 라디오 방송국 ― 그 전에는 가톨릭 라디오 방송국이었다 ― 접수는 특히 널리 알려졌다. 방송인들은 거리에 생방송용 마이크를 설치했는데, 지나가는 집회 대열(또는 대열 밖의 대표자들)이 있으면 언제든 생생한 거리 정치의 현장을 중계할 수 있도록 하기 위해서였다.[27]

3월 쿠데타가 실패한 이후, 토지 점거가 비약적으로 늘어났다. 알렌테주 지역의 농업 노동자들은 20만 헥타르의 토지 점거를 추진하고 있었다. 농업 노동자들의 투쟁이 갖는 중요성은 아무리 강조해도 지나치지 않다. 난생 처음으로 노동자들의 토지 이탈 현상이 역전됐다.

농업협동조합들이 만들어졌고, 그 이름은 흔히 정치적 사건과 인물을 따라 붙여졌다. 예컨대 '솔다두 루이스'라는 협동조합은 3월 11일 RAL-1의 병영에서 살해된 병사의 이름을 따온 것이었다. 이 협동조합의 넓은 토지는 원래 어느 백작의 소유지였는데, 그는 이 토지를 주로 사냥터로 사용했다. 1헥타르의 땅에서만 쌀이 재배됐는데, 이것조차 물새들을 위한 것이었다. 대부분의 노동은 임시직 노동자를 통해 이뤄졌다. 사냥용 별장을 제외하면 땅에 투자되는 돈은 전무하다시피 했다.

이제 노동자들이 정기적 회합들을 조직했고, 토지를 관리할 작은 위원회를 선출했다. 가장 인상적인 것은 전통적 여성 농민의 변화였다. 여성 농민은 대개 글을 읽지 못했고 머리부터 발끝까지 뒤덮는 검은 옷을 입었으며 가장 고된 노동을 떠맡았다. 이제 그들은 기본급과 남성과 거의 같은 수준의 임금 수준을 보장받았을 뿐만 아니라 협동조합을 운영하는 데서도 능동적 구실을 했다. 쌀 경작지가 확대됐고, 가축의 수도 증가했다. 농업 개혁 조직들의 도움으로 트랙터가 대여됐다.

백작의 사냥용 별장은 치즈 공장으로 개조됐다. 운송용 트럭을 제공할 리스본 남부의 공장들에게는 양젖으로 만든 치즈가 보내졌다. 수확기에는 공장 노동자, 학생, 그리고 실업자도 협동조합을 도왔다.

이러한 토지 접수와 도시에서의 주택 아파트 접수는 공장 노동자가 아니어서 배제될 수도 있었던 많은 사람들을 자기 조직화 과정으로 끌어들였다. 이것은 대규모 운동이었다. 실업 노동자들은 농촌에서 도움을 줄 수 있었다. 아이들은 어른들에게 글을 가르쳤다. 민중

진료소와 문화센터가 번성했다. 민중 법정이 세워졌다. 알가르브의 어느 골프장은 이제 기존 회원들을 제외한 모든 사람에게 골프장을 개방한다고 선포했다.

고조되는 급진화는 군대의 일부에 영향을 미쳤고 MFA의 단결을 위협했다. 이제 MFA는 '규율'을 주장했다가 민중 권력을 주장하는 등 갈수록 오락가락하고 있었다. MFA의 일부는 권력을 [민중에게] 넘겨주지 말아야 한다고 말하고 또 어떤 이들은 관대한 독재에 대해 말했다. 모순을 억누르기 위해 다양한 계획이 구상됐다. 가장 급진적인 계획은 '병사 수병 노동자 혁명평의회(CRTSM)'의 전국적 네트워크를 건설하려는 시도였다. CRTSM은 PRP에 의해 처음 고안됐지만 이제 사령관인 오텔루 드 카르발류를 포함해 COPCON 내 일부의 지지도 받고 있었다.

공장과 병영에서 CRTSM의 지역위원회를 선출하기 위한 모임들이 열렸다. 오직 리즈나브와 세테나브 조선소에서만 노동자 총회에서 그 계획이 승인됐다. 두 곳에서 PRP는 최소 25명의 활동가로 구성된 활동적 조직을 지니고 있었다. MFA 소속의 소브랄 코스타와 CRTSM을 대표하는 연사 한 명이 각 총회에 참가해 연설했다.

CRTSM을 수립한 이들은 노동자위원회들을 단지 경제적 요구와 관련된 것으로만 봤다. 이것은 사실이 아니었다. 많은 노동자위원회들은 이미 정치적 집회, 점거, 파업과 그 밖의 행동을 조직해 왔다. 그러나 CRTSM은 자신의 '정치적' 구실과 노동자위원회의 '경제적' 관심사를 작위적으로 구분했다. 그리고 이 때문에 작업장에서 '임금과 노동조건'과 관련된 요구를 제기하는 데 기권하고 말았다.

이것은 두 가지 결과를 초래했다. 첫째, CRTSM은 작업장에 깊이 뿌리내리지 못했다. 둘째, CRTSM이 분열을 조장한다는, 즉 노동자위원회의 정치적 구실을 가로채려 한다는 공산당의 주장에 힘이 실렸다. CRTSM의 지도자들은 경제와 정치를 분리하는 경향이 있었을 뿐만 아니라 당과 정치를 분리하는 경향도 있었다. 6월 17일 CRTSM 주최의 어느 집회에 등장한 슬로건은 "우리가 혁명적 포르투갈의 첫 소비에트다"와 "정당을 배제한 혁명 정부"였다. 정당정치에 대한 이러한 거부는 MFA의 군사적 전통과 MFA가 대중운동 내 여러 계급의 압력을 반영하고 중재하는 과정에서 하는 구실에 꼭 들어맞는 것이었다.

7월 8일에 열린 MFA 총회에서 '민중과 MFA의 동맹에 관한 지침 ─ MFA/POVO 협약'이 가까스로 통과됐다. 이 협약의 목표는 국가와 의회에 버금가는 권위를 누리는 민중 의회들을 건설하는 것이었다. [그에 따르면] 민중 권력 기관들, 주민위원회, 노동자위원회, 병사위원회, 그 밖의 지역 조직들은 MFA의 후원 아래 피라미드식으로 통합될 것이었다.

병사위원회를 건설하는 운동에서 폰티냐 의회는 생생한 본보기로 인용됐다. 폰티냐 공병 연대는 4월 25일 쿠데타의 지휘 사령부 구실을 한 바 있었다. 병사들은 대부분 숙련 기능공이나 노동자 출신이었다. 폰티냐 연대의 의회는 다른 부대에게 모범이 됐다. 병사들과 장교들은 지역 주민과 직접적 연계를 구축했고, 군 장비를 이용해 도로와 다리를 건설했다. 3월 11일의 쿠데타가 미수에 그치자 노동자들과 병사들의 만남이 훨씬 더 조직적 성격을 띠게 됐다. MFA/POVO

협약이 체결되기 직전, 첫 합동 의회가 개최됐고 약 17개 공장과 30개의 지역 세입자 조직이 참가했다. 한창때는 이 공동 의회에 가맹 조직들로부터 파견된 200여 명의 대표자가 참가했다.[28]

의회들에 관해 무수한 얘기가 있었다. 〈헤푸블리카〉는 최소 38개의 의회와 그 밖의 여러 예비 모임을 언급한다. 그러나 순조롭게 진행된 경우는 사실 거의 없었다. 보통 더 안정적으로 운영된 의회는 사실상 지방정부의 기능을 떠맡고 있는 의회였다. 의회를 주도한 것은 주민위원회 소속 대표들이었는데, 이들은 작업장에서 파견된 대표들을 수적으로 압도했다. 일반적으로 민중 의회의 약점은 그것이 계급들 사이에 다리를 놓으려 했다는 점, 즉 특정 지역에 사는 '주민들' 또는 특정 연대 소속 사병과 장교 사이의 계급적 차이를 무시한 채 한데 묶으려 했다는 점과 계급투쟁에 조응해 아래로부터 건설된 것이 아니라 MFA 내 좌파가 주도해서 위로부터 건설됐다는 점에 있었다.

그러나 일부 '민중 권력'의 형태는 계급 권력과 통제라는 문제를 은폐하기는커녕 부각시켰다. 〈헤푸블리카〉 신문사 — 저명한 사회당원인 파울 헤구의 소유였다 — 와 가톨릭 라디오 방송국 헤나셍카에서의 투쟁이 그런 사례다. 1975년 5월 신문사 노동자들은 자신들의 정치적 독립성을 확립하기 위해 〈헤푸블리카〉를 접수했다. 그들은 성명에서 이렇게 밝혔다.

앞으로 〈헤푸블리카〉는 어느 정당의 편도 들지 않을 것이다. 모든 진보 정당을 동등하게 취급할 것이며, 오로지 사안의 중요성에 따라 판단할 것이다.[29]

이에 대응해 사회당은 이 점거가 신문에 재갈을 물리려는 공산당의 시도라고 규정하려 애썼다. 실제로는, 노동자들도 공산당에 비판적이었다. 예컨대, 리스본의 거의 모든 신문이 양대 개혁주의 정당보다 좌파적이었는데, 이는 정치화한 신문사 노동자들이 가한 압력 때문이었다. 〈헤푸블리카〉 노동자들 사이에 '반(反)정당' 정서가 널리 퍼져 있었던 것은 틀림없다. 그렇지만 그들의 행동은 '언론 자유' 지지자와 '노동계급 통제' 지지자 사이의 격렬한 논쟁을 불러일으켰다. 〈헤푸블리카〉 선언은 다음과 같았다.

우리는 정보에 대한 노동계급 통제를 담보하기 위해 투쟁하고 있음을 모든 노동자들에게 선언한다. … 우리는 고작 150명뿐이지만 어떤 의미에서는 우리 계급, 즉 우리와 같은 수많은 사람들을 대표한다고 할 수 있다. 문제는 정치권력이며, 그것이 누구의 수중에 있는지를 아는 것이다.[30]

이러한 현실주의적 상황 판단은 정부 측에서도 하고 있었다. 정부는 COPCON을 이용해 〈헤푸블리카〉를 그 법적 소유자에게 돌려주려 했다. 그러나 그러한 시도가 노동자위원회의 와해로 이어질 것이 분명해지자, COPCON은 협력을 거부하고 노동자들에게 통제권을 돌려줬다. 정부가 〈헤푸블리카〉와 헤나셍카 라디오를 확실히 되찾는 데 잇달아 실패하자 — 대규모 집회 때문에 MFA는 헤나셍카 방송국을 교회에 돌려주라는 정부의 결정을 거슬러 노동자들이 통제권을 계속 행사하도록 허용하지 않을 수 없었다 — 소아레스와 사회당은 정부에서 물러났다. 또다시 제5차 임시정부가 구성됐다.

반동과 저항

리스본 밖에서는 반동 세력이 힘을 키우고 있었다. 서방 자본주의 정부들은 갈수록 다급하게 포르투갈의 "국내 질서 회복"을 촉구했다. 포르투갈이 앙골라, 모잠비크, 기니비사우 같은 식민지에서 철수한다는 것은 이제 그 꿈이 허망하게 무너진 50만여 명의 난민이 포르투갈 국내에 재정착한다는 뜻이었다. 그들은 주로 전통적으로 보수적인 중부와 북부 지역으로 갔다. 특히 북부는 포르투갈의 나머지 지역을 휩쓸고 있던 급진화 물결의 영향을 별로 받지 않은 상태였다. 여기에는 몇 가지 이유가 있었다.

첫째, 북부의 많은 도시에서는 공산당이 지방정부를 장악하고 있었는데, 국가기구 내에서 자신의 영향력을 확대하는 데 초점을 둔 공산당은 대중의 의식과 사기를 진작시키는 일에 거의 신경을 쓰지 않았다. 둘째, 북부에서 토지개혁은 그 파급력이 훨씬 더 적었다. 남부는 대농장에서 일하는 임금노동자들이 토지를 경작한 반면, 북부는 대다수 농장의 규모가 극히 작았다. 이러한 농장들은 300헥타르 이상의 토지나 50헥타르 이상의 관개지(灌漑地)를 그 대상으로 하는 토지개혁에 거의 아무런 영향도 받지 않았다. 새로운 최저임금법은 농업 노동자들에게는 적용되지 않았다.

토지를 임차한 농민에게는 이제 퇴거 전 18년 동안의 유예기간이 주어졌다. 하지만 토지소유권은 주어지지 않았다. 또한 농민이 엄청난 부채에서 벗어나게 해 줄 재정 지원도 없었다. 은행은 국유화됐지만 농업 부문 신용기관들은 여기에서 제외됐다.[31] 반면 비료 가격은 곱절로 뛴 상태였다. 대중매체들이 끊임없이 전하는 포르투갈의 새로운 삶에 대한 이야기는 낙후된 지역에서 계속되는 고되고 단조로운 삶과 도무지 어울리지 않았다.

농업정책의 실패는 반동 세력, 특히 가톨릭 교단이 원하는 바였다. 브라가의 대주교는 "적그리스도 공산주의자들"에 맞서 행동할 것을 촉구하며 이렇게 말했다. "우리는 신을 위해 싸울 것인지 아니면 신에 맞서 싸울 것인지를 요구받고 있다. 물러서는 것은 배신이다. 그리고 배신자는 죽음을 맞이할 것이다!"[32] 이 대주교는 지하 극우 단체들에게 정기적으로 자금을 지원했는데,[33] 이 단체들은 1975년 여름에 공산당과 혁명적 좌파의 사무실 60여 개에 불을 지른 장본인들이었다.

그러나 극우파가 이러한 활동을 공공연히 시작할 수 있다고 느끼게 된 정치적 배경에는 사회당이 있었다. 정부에서 물러난 직후부터 사회당은 민주주의적 미사여구로 포장된 지독한 반공주의 캠페인에 착수했다. 지방에서 우익의 폭력이 격화됐고, 그러자 수도의 정치적 갈등 역시 첨예해졌다. MFA 내 '온건파'들로서는 사회당과 민중민주당(PPD), 즉 전임 정부에서 파트너 구실을 하던 세력을 다시 끌어들이는 것이 시급히 필요해졌다. 8월 9일 멜루 안투네스 소령과 9명의 다른 최고혁명평의회 위원들이 '9인 서한'이라고 알려지게 된 공개서한을 발표했다. 그 서한은 당시 상황에 대한 다음과 같은 의미심장한 평가로 시작했다. "바야흐로 중대 결단의 시기, 혼란을 끝내야 할 시기가 왔다." 이 서한은 뒤이어 그러한 결단이 취해야 할 방향을 다음과 같이 밝혔다.

모종의 혁명적 계획을 지지하는 극소수 사회집단(리스본과 남부의 일부 프롤레타리아 거주지)과 사실상 포르투갈의 나머지 전체 사이에 공공연한 갈등이 연일 드러나고 있다. 국민의 대다수는 명백한 혁명적 소수파가 포르투갈 민중의 역사적, 사회적, 문화적 삶의 복잡한 현실을 고려하지 않은 채 강요하는 변화들에 거세게 반발하고 있다.[34]

안투네스와 그와 함께 서명한 위원들은 대부분 최고혁명평의회에서 쫓겨났다. 하지만 그들의 서한은 장교 집단 내 상당수의 피로와 조바심을 보여 주는 징후였다. 그 서한은 전국의 온건파에게 일종의 결집 호소문이 됐다. 안투네스기 벌인 캠페인의 표적은 제5차 임시정부였다. 그 정부는 공산당의 영향을 상당히 많이 받았고, 따라서 누구나 가장 좌파적인 임시정부라고 생각했다. 그러나 새 정부는 좌파로부터도 비판을 받았다. 예컨대, 8월 20일에 열린 '민중 권력' 지지 시위에는 10만 명이 참가했는데, 많은 병사들이 여기에 참가했고 200개가 넘는 노동자위원회와 주민위원회가 시위를 지지했다.[35]

정부와 공산당이 갈수록 고립되자 공산당은 여섯 좌파 그룹과 '인민공동전선'을 꾸렸는데, 여기에는 MES, LCI, PRP가 포함돼 있었다. 공산당 일간지 〈오 세쿨루〉는* 이 전선을 "역사적 사건"으로 환영하면서 8월 25일 정오에 호외를 발행했고, 27일에는 또 다른 대규모 시위가 열렸다. "인민공동전선"은 공산당의 평당원들 사이에서 모종의 당혹감을 불러일으켰음이 틀림없다. 공산당의 지도자들은 바로 직전

---

* O Seculo, 세기(世紀).

까지도 "생산성 증대 투쟁"를 강조했다. 그 혼란은 신속히 해소됐다. 시위가 끝난 지 하루도 채 안 돼서 공산당은 인민공동전선에서 탈퇴했고, 사회당에 화해와 연립정부 수립을 요청했다.

"단결한 병사는 승리한다"

'9인 서한'의 작성자들은 군의 기강 해이를 특히 걱정했다.

> 국가기관들이 점차 해체되고 있다. 도처에서 불법적이고 무정부적인 권력 행사의 사례가 점차 늘었고, 심지어 군대에까지 그 영향이 미치고 있다.[36]

북부에서 우파의 세력이 확대되자 직업 장교들 사이에서 '기강'을 확립하겠다는 자신감과 투지가 되살아났다. 그러나 우파의 세력 확대는 또한 그 지역 일반 사병들의 반발도 불러일으켰다. 이런 사병들의 상당수는 북부의 농가 출신이었는데, 그 지역 농민은 남부의 농업 노동자들과 달리 투쟁 전통이 전혀 없었다.

9월에 여섯 명의 혁명적 사병 ― LCI, PRP, MES의 회원이 포함돼 있었다 ― 이 비밀리에 숲에서 만나 열악한 복무 조건에 항의하는 전단을 작성했는데, 이것이 바로 솔다두스 우니두스 벤세라우(SUV)*, 즉 포르투갈 최초의 독립적 사병 조직의 시작이었다. SUV는 9월 10일에 북부 도시인 포르투에서 시위를 벌일 것을 호소했다.

병사들이 공개적인 자리에서 노래하는 것이 허용되지 않았기 때문에

---

* Soldados Unidos Vencerao. 단결한 병사는 승리한다.

우리는 휘파람을 불기 시작했다. 그러나 결국에는 모두가 노래를 부르고 말았다. … 〈인터내셔널가〉를 부르고 있었던 것이다. 바로 우리 눈앞에서 시위에 참가하는 사람들이 불어났다.[37]

이날 1500명의 사병들로 이뤄진 대표단을 따라 약 3만 명의 노동자가 행진한 것으로 알려졌다.[38]

SUV 덕분에 사병들은 그동안 MFA의 권위에 가려져 있던 장교들의 보수주의를 깨닫기 시작했다.

SUV의 시위 다음 날은 칠레 [쿠데타 — 로빈슨] 기념일이었고, 우리는 1분간 묵념하길 바랐다. 장교들은 안 된다고 했다. 우리는 총에 탄알을 장전했고, 결국 1분간 애도의 묵념을 했다.[39]

사병들은 자신들과 장교들 사이의 불평등과 관련된 요구들을 제기하기 시작했다. 그들은 급료 인상과 대중교통 무료 이용을 선동하기 시작했다. 많은 사병들은 가족을 한 번 만나러 가는 데 자신의 한 달 급료 거의 전부를 써야 했다.

포르투 총사령부에는 식당이 세 개로 분리돼 있었는데, 각각 사병용, 하사관용, 장교용이었다. 포르투 시위 사흘 뒤 일부 사병들이 태연하게 장교용 식당으로 걸어 들어와서는 자리에 앉아 식사를 했다. 다음 날 사병 전원이 장교용 식당을 차지했다. 그날 이후 식당의 구분을 없애고 하나로 합치는 투쟁이 벌어졌다.[40]

몇 주 만에 SUV는 전국적 조직이 됐고, 이 때문에 새로 들어선 제6차 임시정부와 MFA 혁명평의회는 크게 놀랐다. 9월 25일 SUV는 리스본 지역의 병사·노동자 평의회들과 노동자위원회들의 지지를 받으며 리스본에서 시위를 개최했다. 시위에 참가한 10만 명 중에는 공산당 당원들도 있었다. 약 4000여 명의 시위대가 버스를 징발해, 사물함에서 SUV의 전단이 발견됐다는 이유로 15마일 떨어진 곳에 수감돼 있던 병사들을 석방시켰다.

SUV는 군대 내 사병의 복무 조건과 생활상의 요구를 제기한 최초의 조직이었다. 바로 이 점 때문에 SUV는 힘을 얻을 수 있었고 MFA로부터 독립적일 수 있었다. SUV는 MFA 지지자들이 대다수 병영에 수립한 사병과 장교의 합동 의회와 그 네트워크에 비판적이었다. 이러한 합동 의회의 대의원 중에 사병은 절반도 되지 않았다. SUV가 군대 내에서 계급투쟁을 불러일으키는 데 중요한 구실을 했다는 데는 의심의 여지가 없다. 그러나 일반 사병들의 투쟁은 전체 계급투쟁의 일부였고, 그에 따라 제약을 받았다. 개별 사병이나 부대들이 아무리 급진화했다 하더라도 군대는 여전히 부르주아 국가권력의 도구였다. 국가기구에 대한 부르주아지의 통제가 흔들리고 있었지만, 일시적 상황에 불과할 수도 있었다. 궁극적으로 군대 내 계급투쟁의 발전은 노동자 운동이 부르주아 국가의 권위에 맞설 대안적 권위, 즉 노동자 국가의 전망을 제공할 수 있느냐에 달려 있었다. 안타깝게도 포르투갈에서 가장 훌륭한 혁명가들조차 이 점을 이해하지 못했고, 이들은 군대 내에서 벌어지는 투쟁의 **독자적 구실**만을 계속해서 지나치게 강조했다.

위기가 심화하다

1975년 여름 우익이 부활하자 쿠데타에 대한 공포가 다시 조성됐다. 포르투갈에서 이미 두 차례나 그러한 시도가 있었기 때문이었다. 많은 좌파가 2년 전 칠레에서 일어난 끔찍한 군부 쿠데타가 포르투갈에서도 재연될 수 있다고 경고하기 시작했다. COPCON의 사령관 오텔루 드 카르발류는 이렇게 말했다.

내가 걱정하는 것은 포르투갈의 '칠레화'가 가능하다는 것이다. … 저들은 살인 기구, 억압 기구를 만들고 있고, 그 기구들을 이용해 또 다른 칠레를 만드는 데 착수할 수 있다. 나는 그러한 두려움에 시달린다.[41]

사실 네오파시스트들은 권력투쟁의 진정한 경쟁자가 아니었다. 이전의 우익 권위주의 정권은 포르투갈 지배계급이 지닌 문제를 여실히 드러낸 바 있었고, 이 때문에 붕괴한 것이었다. 또한 칠레의 사례는 좌파들이 흔히 상상한 것만큼 거대 다국적기업과 미국의 CIA에게 매력적인 것도 아니었다. 1973년 9월 쿠데타 이후 칠레 경제는 위기에서 헤어나지 못했다. 나토의 강대국들과 포르투갈의 지배계급은 모두 할 수만 있다면 '안정적인' 부르주아 의회주의 체제를 수립하는 쪽을 훨씬 더 선호했다.

제6차 임시정부는 9월 19일에 취임했다. 또다시 모든 주요 정당이 정부에 참여했지만 사회당과 '9인 그룹'*은 공산당의 지분이 줄어든 만큼 이익을 얻었다. 이 정부는 다음 선거가 열리는 1976년 4월까지 지속된다. 그렇지만 지속과 안정은 전혀 다른 얘기다.

정부는 사회의 전 부문에 대한 통제를 확립하는 데 실패한 상태였다. 대중운동은 여전히 매우 강력했다. 9월 말이 가까워지면서 토지 점거가 급증했다. 고작 한 달 만에, 그 전 1년 6개월 동안의 세 배나 되는 토지가 점거됐다. 크고 작은 도시에서 많은 작업장들이 여전히 노동자들의 통제 아래 있었다.

미디어에 대한 이데올로기적 통제도 여전히 회복되지 않았다. 헤나셍카 라디오를 둘러싸고 여전히 계속되는 투쟁은 정부의 허약함이 드러나는 대표적 사례였고, 결국 9월 29일 총리 피녜이루 드 아제베두가 COPCON에게 헤나셍카 라디오를 점령하라고 명령했다. 노동자들의 시위가 벌어진 뒤 COPCON 사령관 오텔루 드 카르발류는 눈물을 머금은 채 휘하 부대에게 다시 철수를 지시했다. 여섯 시간이 채 안 돼 헤나셍카 방송국은 자이므 네베스 대령이 지휘하는 특공대에 의해 점령됐다. 그러자 10월 16일 저녁에 대규모 시위가 벌어졌고 특공대는 철수하지 않을 수 없었다. 방송국은 송출을 재개했다.

정부는 거의 무기력했다. 정부가 의지할 것은 공포를 이용하는 것밖에 없었다. 11월 7일 정부의 파괴 공작원들이 충성파로 알려진, 동시에 '후진적'이기도 한 공수부대원들의 엄호를 받으며 방송국을 폭파했다. 공수부대원들은 자신들이 방송국을 보호하고 있는 것이며

---

* MFA 내의 온건파 그룹으로 1975년 8월 스칸디나비아 사회민주주의 노선을 따라 비동맹 '사회주의'를 주장하는 성명을 발표한 바 있었다.

[자신들이 따른] "명령이 좌파에서 나왔다"고 생각했다.

엄청나게 많은 사람이 대중운동에 참가했고 여전히 커다란 잠재력이 있었지만, 운동의 약점은 갈수록 분명해지고 있었다. 정치의식은 불균등할 수밖에 없었고 흔히 모순적이었다.

나는 노동자들이 운영하는 공장을 몇 차례 방문한 적이 있다. 그들은 나에게 자본주의의 폐해와 노동자들이 운영하는 공장의 효율성, 조만간 국가권력을 잡아야 할 필요성 등에 대해 말하곤 했다. … 그리고 나서는 "그리고 당장 중요한 것은 생산성 증대 투쟁"이라는 얘기로 자연스레 넘어가곤 했다.

가시적이고 실현 가능한 대안, 즉 사회 전반에 걸쳐 노동자 권력을 수립하기 위한 투쟁이 부재했기 때문에 사기 저하와 수동성이 생겨났고 결국 노동자들이 여전히 강력한 개혁주의 조직들이 '자신들을 대신해 무언가 하도록' 맡겨 두는 경향이 다시금 강해졌다. 공산당과 사회당은 더 안전하고 쉬운 해결책을 찾는 노동자들로부터 점점 더 많은 지지를 받았다.

리스본에서는 공장 활동가들이 공산당이 만든 노동자위원회 네트워크에 기대를 갖게 됐다. 1975년 11월 8일에 '신투라 인두스트리아 드 리스보아'(CIL)의* 창립총회가 열렸고, 124개 노동자위원회의 대표들을 포함해 총 400여 명이 참가했다. 대부분의 주요 작업장에서

---

* Cintura Industria de Lisboa. 리스본산업벨트.

대표자를 보냈고, 인테르신디칼을 포함해 몇몇 노조는 참관인을 파견했다. 기록상으로 이것은 이제껏 열린 노동자위원회들의 총회 가운데 가장 규모가 큰 것이었다. 특정 정당에 속하지 않은 활동가들도 많이 참가했지만 의제와 토론을 주도한 것은 공산당이었다.

CIL은 민중 의회들을 조율하기 위한 틀을 수립하려 했다. 또한 CIL은 11월 16일에 우익의 위협에 대항하는 초대형 시위를 조직했는데, 아마도 30만 명 정도가 이 시위에 참가한 것 같다.

CIL을 조직한 공산당 활동가들은 분명 당내에서 좌파에 속했는데, 공산당이 이들의 주도적 활동을 묵인한 것은 활동가들의 지지를 유지하기 위해 계획된 전반적 좌선회의 일환이었다. 그러나 혁명적 좌파에게는 총회에 개입하기 위한 전술이 전무했다. PRP와 UDP는 공산당이 주도한다는 이유로 총회에 개입하지 않기로 결정했다. PRP는 자신들이 개혁주의적 요구라며 기각했던 것을 위해 싸울 의사가 도통 없었다. MES의 개입은 아무런 영향도 미치지 못했다.

반면에 남쪽으로 겨우 30마일가량 떨어진 세투발에서는 '투쟁위원회'가 무엇을 할 수 있는지 보여 줬다. 여기에서는 혁명적 좌파가 상황을 주도했고, 공산당은 투쟁위원회에 참가할 수밖에 없다고 느낄 정도로 고립돼 있었다(하지만 투쟁위원회에 참가할 만큼은 유연했다).

1976년 당시 인구 7만 8000명의 세투발은 포르투갈에서 세 번째로 큰 도시였다. 세투발은 1960년대 말과 1970년대 초에 급속히 성장했는데, 이것은 신흥 산업, 특히 세테나브 조선소 덕분이었다. 세투발은 주요 노동계급 중심지였지만 주택과 사회 기반 시설은 턱없이 부족했다. 세투발투쟁위원회는 민중 의회들과 달리 제6차 임시정부의 헤나셍카 라디오 폐쇄 시도에 대응해 아래로부터 건설됐다. 첫 회합에 500여 명이 참가했다. 이 사람들이 자신들을 민중 의회가 아니라 투쟁위원회로 여긴 것은 전혀 우연이 아니었다.[42]

세투발투쟁위원회는 실사구시(實事求是)적 접근법이야말로 대중의 지지를 얻는 방법임을 보여 줬다. 예컨대, 10월 중순 즈음 열린 한 회의에 지방 신문인 〈세투발-엔스〉의 노동자위원회 회원 몇 명이 참석했는데, 이들은 신문사 소유주가 기자 세 명에게 해고 위협을 가한 정황을 보고했다. 회의 참석자들은 노동자들이 신문사를 점거하고 투쟁위원회는 노동자들을 지지하기로 결정했다.

세투발투쟁위원회는 심지어 1975년 11월 말까지도 — 뚜렷한 전망과 확실한 지도만 있다면 — 노동자 운동이 결코 지치지 않았음을 보여준다. 11월의 건설 노동자 파업은 또 다른 본보기다. 그때까지 건설 노동자들은 노동계급 내의 활동적 부문이 아니었다. 건설 노동자의 다수는 일자리를 찾아 도시로 이주해 온 농민이었고, 일부는 카보베르데 군도에서 온 흑인들이었다. 10월 중순에 32개 건설 노동자위원회의 대표들이 모여 전국 동일 임금체계와 단일 산별노조를 위한 요구안을 작성했다. 전국적 파업과 행진이 조직됐는데, 그 절정은 의회 바깥에서 벌어진 인상적인 시위였다. 노동자들은 트랙터, 레미콘, 트럭 등으로 도로를 막아 바리케이드를 쌓았다. 그러고는 곡괭이와 몽둥이로 무장한 채 제헌의회 의원들을 인질로 억류했다.

아제베두 총리는 특공대에게 의원들을 구출하라고 명령했지만 특공대원들은 이를 거부했다. 그러자 총리는 의원들 가운데 단 몇 명이라도 빠져나갈 수 있도록 헬리콥터를 요청했다. 이 요청을 엿들은 헌병대가 건설 노동자들에게 이를 알렸고, 결국 헬리콥터는 착륙할 수 없었다. 서른여섯 시간 뒤에 총리는 건설 노동자들의 요구를 모두 받아들였고 11월 27일부터 그대로 발효될 것이라고 약속했다.

건설 노동자들이 승리하고 아제베두가 굴욕을 당하면서 정부의 공세가 일단 중단된 것처럼 보였다. 11월 20일 정부는 '정치적' 행동을 일체 하지 않을 것이며 오직 행정 업무만 수행할 것이라고 선언했다.

11월 25일

무대 뒤에서는 군대 내의 급진적 부문을 겨냥한 과감한 조치들이 준비되고 있었다. 10월부터 줄곧 군대 내 우파의 입지가 강화되고 있었다. 그들은 북부에서 벌어진 SUV의 점거를 교묘한 책략으로 제압했고, 뒤이어 중부 지역의 베자에서 벌어진 SUV의 소요 이후 대위 세 명과 조종사 마흔아홉 명을 강제 전역시켰다. 앙골라의 독립으로 징집병의 필요성이 줄어들자 수천 명이 소집 해제됐다.

11월 18일 사회당의 소아레스는 포르투갈 전역에 '기강'을 재확립할 방법을 논의하기 위해 MFA의 우파 고위 장교들과 만났다. 하말류 이아네스 대령의 지휘 아래 은밀히 작전 본부가 세워졌고, 특공대 지휘관인 자이므 네베스 대령을 포함해 선별된 부대들이 여기에 참가했다. 당장 행동에 돌입하는 것이 아니라 적절한 때를 기다리기 위함이었다.

군대 내의 상황은 급박해졌다. 헤나셍카 라디오 폭파에 투입됐던 공수부대원들은 노동자들과 다른 부대 병사들이 리스본 언론의 지면에서 가한 혹독한 비판들로부터 교훈을 얻었다. 이제 그들은 자신들의 장교에 맞서 반란을 일으켰다.

한동안 좌파와 우파의 군사적 음모가 늘어나고 있었고, 쿠데타가 임박했다는 소문이 파다했다. 리스본에서 타구스 강 하구의 건너편에 있는 바레이루에서는 쿠데타 시도의 조짐이 조금이라도 보이면 자원 소방대원들이 화재 경보를 울리곤 했는데, 이 지역 주민은 잘못된 경보 때문에 몇 번이나 잠을 깨야만 했다. 칠레의 기억 때문에 사람들은 우파를 두려워했지만, 좌파의 군사적 모험도 바라지 않았다.

11월 24일 저녁 오텔루 드 카르발류가 리스본 지역 군사 책임자 직위에서 해임됐고 바스쿠 로렝쿠가 그 자리를 대신했다. 다음 날 새벽이 결정에 반대하는 장교들이 카르발류에게 명령을 거부하라고 설득했다. 카르발류는 이를 거절하고 집에 가서 잠들어 버렸다. 그가 없는 상황에서 장교들의 임시 회합이 열렸고, 이들은 군사행정학교가 라디오 방송국을 점거해야 한다고 결정했다. 또, 헌병대는 텔레비전 방송국을 보호하고, RALIS(옛 RAL-1)는 리스본에서 북부로 이어지는 고속도로를 경비해야 한다는 결정을 내렸다.

아침이 되자 다섯 기지의 공수부대원들이 자신들의 병영을 점거했고, 현 지휘관을 해임하고 대신 카르발류와 COPCON의 휘하에 자신들을 배치해 달라고 요구했다. 카르발류는 동료 장교들과 대통령과 상의하기 위해 대통령궁으로 갔다. 그 자리에서 그는 강제 억류됐다. 정부는 병사들이 카르발류를 보호하기 위해 취한 조치들이 '반란 행위'에 해당한다는 명분을 앞세워, 바야흐로 비상사태를 선포하고 특별히 선발된 특공대를 투입할 수 있을 거라고 판단했다.

정부 측 장교들은 자신들이 그토록 쉽게 성공했다는 사실에 틀림없이 크게 놀랐을 것이다. 그들은 고작 200명에 불과한 특공대가 전투는 고사하고 출동이나 하려 할지 확신이 없었다. 그러나 일단 길을 나서자 특공대는 대담해졌다. 25일 오후 특공대는 헌병대의 병영들을 지나쳐 공수부대의 병영들 중 하나에 도착했다. 몇 발의 경고사격을 명령한 뒤 네베스는 확성기를 통해 공수부대원들의 항복을 요구했다. 병영에 고립돼 있던 병사들은 항복하고 말았다.

그러고 나서 26일 새벽 특공대는 헌병대를 공격하기 위해 다시 돌아왔다. 몇 명의 병사가 사살당하고 헌병대 역시 항복했다. 이제, 차례차례 모든 반란 부대가 무너졌다.

이 새로운 상황 전개에 어떻게 대처할 것인지 명확히 지도할 사람은 아무도 없는 듯했다. 예컨대, 25일 자정 직전에 수백 명의 노동자들이 헌병대 병영으로 가는 도로 중 한 곳에 집결했다. 그 자리에서 어느 버스 기사와 토론이 벌어졌다. 그들이 그 버스를 바리케이드로 삼아야 했을까? 그랬다면 훌륭한 바리케이드를 쌓는 데 도움이 됐을 것이다. 다른 한편 아마도 병영의 병사들은 출동하길 원했을 것이다. [그러나] 아무도 어찌해야 할지 모르는 듯했고, 결국 아무 일도 이뤄지지 않았다.

그 전날 리스본의 여객선들과 공장들에서는 비상 회의가 소집됐고 우익의 공격에 대한 대처 방안을 논의하기 위해 두 시간 동안 작업을 중단했다. 그러나 25일 당일 압도 다수의 공장들은 아무런 행동도 취하지 않았다. 중요한 예외는 건설 노동자들이었는데, 그중 일부는 자신들의 휴대용 쌍방향 무전기를 이용하며 초대형 불도저와 레미콘을 징발해 특공대의 진입을 차단하려 했다.

좌파 단체들은 군사적 문제에만 골몰했다. 예컨대, 그들은 리즈나브 조선소의 노동자들이 가진 총이 겨우 60정이라는 얘기를 듣고는 한숨만 내쉬었다. 리즈나브 조선소 같은 강력한 노동자 집단이 파업이나 점거에 나섰다면 다른 노동자들과 군대 내의 동요하는 이들에게 지도를 제공할 수 있었을 것이다. 하지만 어느 누구도 그러한 행동을 호소하지 않았다.

8월에 공산당은 전투적 지지자들의 이탈을 막고 불안정한 제6차 임시정부 내에서 자신의 지위를 유지하기 위해 왼쪽으로 방향을 틀었었다. 11월 24일에는 우익의 공격에 맞서 두 시간 총파업을 호소했고, 일부 성과를 거뒀다. 카르발류의 해임에 맞서 저항을 조직했던 하사관과 장교들은 공산당 덕분에 용기를 얻었다. 그러나 11월 25일 오후에는 공산당이 돌연 방향을 바꿨다. 이제 공산당은 4월 25일에 거둔 성과가 소수의 "초좌파"와 그들의 "정신 나간" 행동 때문에 희생돼서는 안 된다고 주장했다.

되돌아보건대, 11월 25일의 사건들은 결정적 전환점이었음이 틀림없다. 칠레와 같은 대규모 유혈 사태는 일어나지 않았다. 그러나 11월 25일 이후 노동계급 투쟁의 규모는 결코 전만 못했다. 지배계급은 가끔 곤란한 상황에 처하기는 했지만 결코 1974년과 1975년 거의 내내 그랬던 것과 같은 마비 상태에는 다시 빠지지 않았다. 이러한 성공의 한 가지 전제 조건은 국가기구 내의 기강 재확립이었다. 11월 25일과 그 직후에 이 조건이 충족됐다.

그 전까지 군대 내의 급진주의는 노동자 투쟁에 영향을 미쳤고, 노동자들의 자신감을 배가시켰다. 예컨대, 11월 중순 건설 노동자들의 사례가 바로 그랬다. 11월 25일의 사건들 때문에 투쟁 자체가 끝난 것은 아니었지만, 투쟁의 조건이 바뀌었다. 이제 반대 세력이 회복됐기 때문에 행동에 나서도 성공을 거두기가 더욱 어려울 것이라는 판단이 널리 퍼졌다. 신중을 기해야 한다는 공산당과 사회당의 주장이 더욱 설득력을 얻었다.

11월 25일에 벌어진 급진적 사병들과 장교들의 축출을 계획하고 수행한 것은 MFA 내 '온건파' 장군들과 장교들이었다. 그러나 온건파가 활약할 수 있도록 이데올로기적 배경을 제공한 것은 사회당이었다. 사회당은 공공연히 그들의 행동을 환영했다.

이 시점에서 저항에 나설 능력이 있는 가장 크고 영향력 있는 조직은 단연코 공산당이었다. 공산당은 11월 16일 대규모 반정부 시위의 핵심 세력이었고, 24일에는 두 시간 총파업을 조직한 바 있었다. 8월부터 11월 25일까지 공산당의 전반적 정책은 우파의 점증하는 압력에 직면한 제6차 임시정부 내에서 자신의 입지를 굳히는 것이었다. 지지자들을 일부 동원함으로써, 공산당은 두 가지 목표를 달성하고자 했다. 첫째는 부르주아지에게 공산당이 연립정부의 없어서는 안 될 일부라는 사실을 인정받는 것이었다. 둘째는 공산당 기층 활동가들 — 극좌파에게 영향을 받기 시작하고 있었다 — 의 이탈을 막는 것이었다. 그러나 두 번째 목표는 첫 번째에 비해 **부차적**이었다. 정부 내의 신뢰받는 파트너라는 지위는 동원 능력을 보여 주는 것만으로는 얻을 수 없다. 동원 능력과 더불어 충성에 대한 증명이 필요했다. 즉 공산당이 이러한 전투성을 통제하고 누그러뜨릴 수 있다는 것을 증명해야 했다.

따라서 공산당의 정책이 동요하는 것은 불가피했다. 그러나 공산당 지지자들은 이를 깨닫지 못하고 있었다. 카르발류의 해임이 발표되자, 공산당의 영향력 아래 있던 장교들은 군대 내의 급진파들을 방어하려는 매우 정당하고 절박한 소망에 이끌려 저항을 조직하는 데 착수했다. 당연하게도, 그것은 쿠데타 시도로 비칠 수 있었다. 실제로 그렇게 하려 했다는 증거는 전혀 없지만 말이다. 그러나 정작 공산당은 정부 지분을 유지하는 대가로 군대 내의 급진파 지지자들을 포함해 수많은 지지자들을 저버렸다.

11월 25일 사태에서 혁명적 좌파는 어떤 구실을 했을까? 여러 단체들은 한결같이 반격이 칠레에서처럼 극우파 쪽에서 올 것이라고 예상했기 때문에 완전히 불시에 사태를 맞이했다. 어느 누구도 군사적 대응을 선동하지 않았고, 산업적 대응도 조직하지 않았다. 그러나 그 이름에 걸맞게, 마오주의 우파를 제외한 모든 혁명적 좌파는 공수부대원들을 지지해야 한다는 점을 알고 있었다. 공산당의 배신 이후 급진적 병사들과 혁명적 좌파 진영의 그 동조자들은 카르발류의 축출을 막으려는 시도는 국가권력 찬탈 시도나 다름없다는 식의, 정부가 앞장서고 공산당이 뒷받침하는 맹렬한 거짓 선전 공세에 포위된 채 완전히 고립되고 말았다.[43]

당시 PRP는 이런 상황이 오래가지 않을 것이라는 투의 선전을 몇 주 전부터 하고 있었다. 이런 실수가 사태의 주된 흐름에 직접적으로 영향을 미치지는 못했다. 군사적 저항을 조직하는 데서 PRP가 발휘할 수 있는 영향력은 미미했기 때문이다. 그렇지만 이것은 PRP로 하여금 "폭동주의"라는 비난에 매우 무력해지게 만들었고, 이제 고립된 PRP 지지자들은 현실과 노동자 권력 수립 사이에 여전히 존재하는 간극이 절망적일 만큼 넓다는 것을 깨닫게 됐다.

포르투갈 혁명의 교훈

1974년 4월 25일까지는 어떠한 대중적 노동자 조직도 존재하지 않았다. 투쟁을 제약하려는 노조 관료의 영향력도 거의 없었다. 행동과 투쟁의 전망이 돌연 무한히 열리게 되자, 수십 년 동안 억눌렸던 노동계급에게 무작정 기다리라는 식의 주장은 매력을 줄 수 없었다. 이러한 상황은 혁명적 대안을 추구한 이들에게 엄청난 기회였다. 심지어 소아레스조차 혁명적 투쟁의 어법으로 말했다. 물론 투쟁을 자신의 목적에 이용하기 위한 것이었을 뿐이지만 말이다.

그러나 카에타누의 퇴진으로 빚어진 공백이 전적으로 이롭기만 한 것은 아니었다. 오랫동안 개혁주의 정치가들이 활약할 체제가 없었기 때문에 개혁주의자들이 더 효과적으로 노동계급 이익의 대변자 행세를 할 수 있기도 했다. 그렇지 않다는 점을 입증할 만한 경험이 없었기 때문이다. 그렇다고 해서 사회당과 공산당의 목적 달성이 미리 보장되는 것은 아니었다. 그러나 이런 상황은 대중운동이 성장하기 시작하면서 전투적 노동자들조차 개혁주의자들을 계획적 배신자가 아니라 뛰어난 반파시스트 투사이자 구체제 아래에서 함께 고통을 겪은 동료로 기억할 것임을 뜻했다.

혁명을 통해서만 사회주의에 이를 수 있음을 보여 주기 위해서는 대중운동의 모든 영역, 특히 그 핵심인 노동계급의 투쟁에 일관되게 개입하는 것이 필요했다. 그래야만 '상층 정치' 활동을 벌이는 개혁주의 지도자들을 '폭로'할 수 있을 뿐 아니라 수많은 투쟁을 하나로 연결하며 그런 투쟁의 성공이 혁명적 조직에 달려 있음을 실천 속에서 입증할 조직을 건설할 수 있기 때문이었다. 분명 그럴 수 있는 기회가 존재했고, 때때로 혁명 조직들은 사태에 영향을 미쳤다. 예컨대, SUV, 인테르엠프레사스, 세투발투쟁위원회는 혁명가들의 주도력에 크게 의지한 주직들이었다. 이러한 조지들 덕분에 일부 개별 활동가들은 사회가 오직 봉기라는 수단을 통해서만 변혁될 수 있다는 믿음을 갖게 됐다.

그러나 사회주의 혁명의 필수적 전제 조건, 즉 훨씬 더 광범한 계층이 사회주의 혁명의 필요성을 지지하고 이해할 뿐 아니라 혁명가들이 노동계급 전체에서 헤게모니를 획득해야만 한다는 이 전제 조건은 어땠는가?

이 어려운 과제에 소규모 혁명가 그룹들은 특정한 정치적 전통으로 대처했다. 그 전통은 한편으로는 카에타누 치하 포르투갈의 엄혹한 환경에서 분투한 경험에 의해, 다른 한편으로는 다른 국제적 운동들과의 관계 속에서 자신들을 규정하는 방식에 의해 그 틀이 형성된 것이었다. '제3세계주의'로 기울거나 무장투쟁이라는 지름길을 좇는 경향이 흔했다. 가장 규모가 큰 그룹들의 대다수는 마오주의를 자처했는데, '사회파시스트'인 공산당을 격렬히 증오하면서도 공산당과 마찬가지로 '단계'론을 받아들였다. 다른 그룹들은 제4인터내셔널의 이러저러한 '정설' 트로츠키주의 분파의 견해를 지지했다. 다수의 그룹들이 이 격동의 시기에 상당한 변화를 겪었다.

영국의 국제사회주의자들(사회주의노동자당의 전신)은 PRP와 토론을 시작했다. 우리는 동지적 비판, 실질적 지원, 그리고 PRP 자신의 경험을 통해 PRP가 투쟁에 효과적인 지도를 제공할 수 있게 될 거라고 믿었다. 그러나 그런 일은 불가능했다. 혁명적 격변기에는 으레 급박하기 마련이라는 점을 고려할 때, 우리 정치에 더 확실히 동의하는 조직이 등장할 수 있을 거라고 기대하는 것 자체가 무망한 일이었다. PRP는 사회가 개혁만으로 변화할 수 없다는 것, 즉 자본주의 국가를 분쇄해야 한다는 것을 분명히 이해했다. PRP는 마오주의자들의 '단계'론이나 '사회파시즘' 이론을 받아들이지도 않았고, 마치 개혁주의자들이 혁명적 행동을 할 수 있기라도 한 것처럼 개혁주의자들에게 요구하곤 하는 정설 트로츠키주의자들의 한결같은 경향도 공유하지 않았다.

그러나 PRP는 카에타누 정권 아래에서의 지하활동 때문에 생긴 일부 부정적 특징을 극복할 수 없었다. 모종의 '게릴라주의'는 혁명가들이 주로 군대 내 투쟁에 초점을 맞춰야 한다는 생각과 쉽게 뒤섞였다.

포르투갈 혁명은 국가기구 내부의 반란에서 시작됐기 때문에 확실히 군대의 일부는 다른 혁명운동들에서 그랬던 것보다 군대 바깥 대중운동의 영향에 훨씬 더 민감했다(다른 혁명운동들의 경우 군대의 분열은 사회적·정치적 위기가 가장 고조됐을 때 뒤늦게 발생했다). 그러한 상황에서 핵심 문제는 노동자 운동이 일반 사병들에게 잠재적 대안 권력, 즉 노동자 국가라는 대안을 제시하는 수준으로까지 발전했는지의 여부다.

포르투갈 군대 내부의 계급투쟁에는 엄청난 잠재력이 있었다. 그러나 그 투쟁은 노동자 운동 자체가 부르주아지와 완전히 관계를 끊기 직전까지 가지 않는 한 어느 선을 넘어 발전할 수 없다. 급진적 장교들은 노동계급은커녕 사병들조차 대신할 수 없었다. '9인 그룹'의 구성원 중 하나인 페자라트 코헤이아는 훗날 이렇게 말했다.

나는 포르투갈 사회의 급진적인 정치적 변화를 바라지만, 군대에서 훌륭한 혁명가가 나올 거라고 생각하지 않는다. 장교들은 부르주아 계급에 속하고, 비록 MFA처럼 저항에 나선다 하더라도 그들은 진정한 혁명적 계급이 아니다. 그들은 결국 내적 모순에 직면하고 말 것이다. … 생각해 보면 내 처지에서도 이러한 모순이 드러난다고 생각한다. 나는 군사교육을 받았고 질서와 기강이 무너질까 봐 우려한다. 그렇지만 사회적 양심 때문에 나는 질서와 기강에 뭔가 변화가 생기는 것을 보고 싶다. 이게 가능하단 말인가?[44]

그렇다면 결정적 문제는 노동계급 운동 자체가 발전하는 것이었다. 많은 좌파들이 노동계급 내에서 공산당의 영향력을 과소평가하며 투쟁이 공산당의 영향력에서 **저절로** 벗어날 수 있는 정도를 과대평가하기 일쑤였다. 이러한 관점 때문에 혁명적 좌파는 '비非정당주의'로 이끌렸고, 군대 조직 이외의 자원을 이미 차고 넘치는 노동자 조직들을 건설하는 데 집중했다. 그러한 조직들 안에서, 그리고 **모든** 노동자 대중조직 안에서 영향력을 얻기 위해 투쟁하는 대신에 말이다.

많은 노동자들이 공산당의 어리석음에 환멸을 느끼며 실천적 대안에 목말라했지만, 이들의 눈에 들어오는 것은 기껏해야 마리우 소아레스와 사회당뿐이었다. 일상의 기초적인 경제적 요구들을 둘러싸고 일관되고 성실하게 실천 활동을 했다면 진정한 대안의 탄탄한 기반이 마련될 수도 있었다. 그러나 PRP는 쿠바의 경험을 들어 봉기와 권력 장악 이후에 노동계급의 지지를 더 얻을 수 있다고 주장했다.

1974~75년 포르투갈에는 대중적 노동계급 혁명 정당을 건설할 수 있는 엄청난 잠재력이 있었다. 엄청나게 많은 수의 노동자들이 혁명적 사상에 귀 기울였고, 특히 혁명의 친구를 자처하던 자들의 일부 — 예컨대 스피놀라 — 가 실제로는 가장 완강한 혁명의 적이라는 사실이 분명해졌을 때는 더욱 그랬다. 그러한 경험 때문에 수많은 사람들이 의문을 품었고, 따라서 흥분으로 들떴던 1974년 4월과 5월보다 — 당시에는 파시스트만 아니면 누구나 동지라는 식의 분위기가 지배적이었다 — 훨씬 더 비판적인 태도가 노동자들 사이에 생겨났다.

사회당과 공산당이 혁명 과정에서 한 구실이 가능했던 것은 개혁주의적 해결책이 본래부터 매력적이기 때문이 아니었다. 그것은 혁명적 좌파의 실패 때문이었다.

사회당과 공산당이 한 구실이 상호 보완적이라는 점을 강조할 필요가 있다. 1975년 늦여름까지 그 기간 거의 내내 파업을 억누르고 '생산성 증대 투쟁'에 앞장선 것은 바로 공산당이었다. 그 덕분에 사회당은 행복한 처지에 놓였다. 그들은 투쟁이 미약한 지역에서는 '책임감'을 강조하면서도 투쟁이 발전한 지역에서는 이따금 기회주의적으로 급진주의를 표방했다. 이것은 보너스나 다름없었는데, 그 덕분에 사회당은 자신의 사회민주주의적 구조를 최대한 활용해 노동자들을 가입시키고 그 활동을 혁명적인 것인 양 포장할 수 있었다. 장차 트로츠키주의자가 되려던 많은 뛰어난 사람들이 여기에 속아 넘어갔는데, 그들은 사회당이 MFA와 공산당의 스탈린주의 경향에 반대하는 민주주의적 전위라고 봤다. 또, 포르투갈 사회당이 다른 나라의 사회당들과 달리 독특한 면이 있다는 식의 주장에도 힘이 실렸다.

포르투갈 사회당의 특수성이라는 환상은 사회당이 대단히 공격적으로 반공주의 캠페인을 벌인 1975년 여름에 가장 분명하게 폭로됐다. 그 캠페인은 민주주의라는 명분 아래 언론을 주주들에게 돌려주고 급진적 병사들을 제자리로 돌려 놓는 것이 목표였고 공산당과 혁명적 좌파의 사무실에 대한 일련의 야비한 반동적 습격으로 귀결됐다. 사회당 내 우파의 많은 수가 그러한 습격에 가담한 것으로 드러났지만 사회당은 습격과 직접적 관련이 없는 것처럼 보이려 애썼다.

그러나 객관적 진실은 사회당이 반동 세력에 정치적 지도를 제공했다는 것이다. 이러한 종류의 당이 극단적 반동을 위한 토대를 닦는 경우는 흔하다. 1919년 독일 사회민주당은 훨씬 더 나아가, 민주주의를 내걸고 직접 혁명운동의 분쇄를 조직했다. 포르투갈에서는 대중운동의 성과를 정말로 되돌리려면 반드시 가장 잘 조직된 노동자 부문과 급진파 장교들을 공격해야 했다. 사회당이 이런 구실을 맡지 않는 유일한 경우는 그러한 활동의 가장 추악한 측면을 기꺼이 말으려는 다른 세력이 있을 때였다.

투쟁의 과정 때문에 공산당의 발전에는 몇 가지 특징이 있었다. 포르투갈, 스페인, 이탈리아 공산당의 대변인들은 대체로 뻔한 주장들을 한결같이 반복했다. 세 공산당은 모두 자국의 자본주의 안에서 동반자 관계를 이루는 데 관심이 있었다. 그러나 포르투갈 공산당은 이러한 목표를 매우 상이한 조건에서 추진해야 했다.

우선, 포르투갈 공산당에는 사회주의에 이르는 독특한 의회주의적 길이라는 참으로 신비로운 사상 — 다른 나라에서는 공산당들이 이미 오래전에 성공적으로 주입한 사상 — 을 오랫동안 주입받은 충성스러운 당원이 많지 않았다. 새로 가입한 상당히 전투적인 당원들에게 '생산성 증대 투쟁'은 난감하고 거북한 주장이었음이 틀림없다. 당연히 내부적으로 이견이 발전했고, 공산당 지도부는 세 그룹으로 분열했다. 이러한 일은 획일적 규율에 익숙한 스탈린주의 정당에서는 전례가 없는 일이었다.

그러나 무엇보다도, 포르투갈 공산당은 강력하고 기대감에 부푼 노동자 운동으로부터 오는 지속적 압력에 대처해야 했다. 공산당은 운동을 필사적으로 통제하려 했다. 1975년 늦여름이 되자 전투적 행동을 취해야 한다는 압력 때문에 공산당의 기반이 심각하게 흔들렸다. 이것이 그 당시 공산당이 갑자기 좌선회한 까닭을 부분적으로 설명해 준다. 포르투갈 공산당이 처한 상황의 특수성을 하나 더 든다면 MFA가 핵심적 구실을 했다는 것이다. 사회민주주의와의 공조 — 다른 나라에서는 대부분 매우 강력했던 요소 — 는 핵심 국가기구 내에서의 첨예한 영향력 다툼에 가려졌다. 사회당이 제헌의회 선거에서 더 많은 표를 얻은 뒤 공산당이 사회당의 헤게모니를 인정하기를 거부한 것이 이를 보여 준다. 이런 일은 서유럽의 다른 공산당에게는 상상조차 할 수 없는 일이었다.

따라서 두 개혁주의 정당 모두 몇몇 측면에서는 서유럽의 일반적 경험과 다른 방식으로 행동할 수밖에 없었다. 그러나 모든 주요한 측면에서 그들은 본질적으로 여전히 개혁주의 정당이었다. 두 정당은 자본주의 사회가 그 기본적 형태를 유지하는 데 헌신했고, 따라서 노동계급 지지자들의 이해관계를 정면으로 거스를 태세가 돼 있었다. 두 당은 이 과정에서 서로 임무를 분담했고 그 덕분에 포르투갈의 지배계급은 결코 잊을 수 없을 충격적 경험에서 벗어날 수 있었디.

1975년 이후 몇 년 동안 자본주의는 포르투갈 노동계급에 대한 지배를 재확립했다. 이 과정이 늘 순탄하지는 않았지만, 대체로 노동계급은 더는 무대의 중심에 서지 못했다. 포르투갈 혁명의 한 가지 교훈은 그러한 수동성이 결코 불가피한 것이 아니라는 것이다. 1974년과 1975년에 일어난 정치의식과 조직의 거대한 변화는 노동계급의 힘과 창조적 잠재력을 증명한다. 그러나 두 번째 교훈은 조직된 혁명 정당, 즉 국가권력의 문제를 선명하게 제기하고 노동계급의 창조성을 그러한 해결책으로 인도하는 당이 없다면 사회주의는 의제에 오르지 않는다는 점이다.

04

이란 1979년

혁명 만세! … 이슬람 만세?

마르얌 포야

1979년 2월 이란 혁명의 승리는 억압적인 샤* 정권에 맞서 노동자·농민·여성·소수민족 등이 벌인 오랜 투쟁의 결과였다. 이 투쟁들은 평화 시위, 무장 투쟁, 연좌 농성, 사보타주, 소규모 집회에서 수백 만 명의 대중 시위까지 다양했다. 결국 1978년에 일어난 석유 노동자들의 파업과 그 뒤를 이은 총파업이 샤 정권을 끝장내는 데서 결정적 구실을 했다.

그러나 민중 혁명이 대중의 증오를 받는 억압 정권을 타도하는 것과 민중 운동이 그 요구에 부합하는 새로운 정치·사회 체제를 창출

---

* 이란 국왕의 칭호

하는 데 성공하는 것은 서로 다른 문제다. 비극이게도, 이란 혁명의 최종 결과는 새로운 형태의 억압 체제(오늘날 '이슬람공화국'이라는 깃발을 내건 정권)가 들어선 것이었다. 이란에서 벌어진 사건들은 노동계급의 거대한 잠재력과 적절한 사회주의 조직이 없는 혁명적 노동자 운동의 절망적 결과를 모두 보여 줬다.

샤 정권을 타도한 세력은 20세기 이란 자본주의의 불균등·결합 발전의 산물이었다. 제국주의는 생산력 발전이라는 자본의 역사적 사명이 국제적으로 드러난 것이지만, 그 과정은 본래 불균등하고 모순적이다. 이란 자본주의의 발전 양상은 국가의 구실이 강화하는 형태였다. 이란 국가는 자본축적의 핵심 행위자였다.

19세기 중반부터 이란의 농업 경제는 체계적이지만 불균등하게 세계 자본주의 경제로 편입됐다. 이 시기에 샤, 왕실 친인척, 정부 관료, 부족 지도자, 유력한 이슬람 성직자들은 이란의 전체 농경지 가운데 55퍼센트를 소유했다. 그들이 전체 지주의 고작 25퍼센트밖에 안 됐는데도 말이다. 중앙정부는 허약했다. 대지주들은 정치적 영향력이 막강했고, 통치 기능을 거의 전담했다. 자본주의가 더 발전하려면 국가 형태가 바뀌어야 했다. 즉, 국제 자본과 손잡은 이란 지배계급에게 자본축적의 조건을 제공할 수 있는 더 중앙집권적인 국가가 필요했다.[1]

1905~06년의 '입헌혁명'은 샤의 나약함과 영국·러시아의 이란 경제 자원 지배에 맞선 항의운동으로 시작됐다. 1906년 이란 최초의 국회인 마즐리스가 소집됐다. 마즐리스는 전통적 토지제도를 폐지했고, 근대적 세제(稅制)를 도입했고, 대지주와 성직자들에게서 통치

기능을 박탈했다. 그러나 새로운 중앙 권력의 핵심은 왕에게, 즉 샤에게 넘어갔다.[2]

20세기 내내 이란의 발전은 석유와 떼려야 뗄 수 없는 관계였다. 처음에는 점차 늘어나는 막대한 석유 이윤이 대부분 서방 석유 기업들, 특히 영국페르시아석유회사(APOC) — 1909년 영국인 기술자 윌리엄 다아시가 세웠다 — 에게 돌아갔다. 이란의 석유 자원이 국유화된 1951년까지 APOC는 영국 몫으로 7~8억 파운드를 챙겼는데, 이란 몫은 고작 1억 500만 파운드였다.[3] APOC의 수익 가운데 그 노동자들에게 돌아가는 몫은 거의 없어서 노동자들의 임금은 기껏해야 최저 생계를 면할 정도였다. APOC는 파업 등의 저항을 무자비하게 탄압했고, 여기에 회사가 직접 고용한 경비 병력을 동원했다.

이란은 영국 제국주의에 예속된 국가였다. 1921년부터 제2차세계대전까지 레자 샤 정권은 노동조합 운동과, 소수민족 운동 등 반대 세력(공산당이든 자유주의 민족주의자든 이슬람 성직자든)의 운동을 모두 야만적으로 탄압했다. 동시에 도로·항만·철도 등 사회기반 시설을 광범하게 구축하며 석유 산업을 지원했다. 현대적 산업 설비들이 많이 늘어났고, 더불어 노동계급도 성장했다. 샤는 대지주들에게서 토지를 몰수해 스스로 이란 최대의 지주가 됐다.[4]

제2차세계대전 동안 샤가 친(親)독일 정책을 펴자, 영국과 러시아는 이란을 '보호'한다는 명목으로 이란을 침공했다. 그들은 레자 샤를 퇴위시키고 더 믿을 만한 인물이었던 레자 샤의 아들, 즉 당시 10대였던 무함마드 레자를 왕위에 올렸다. 새로운 샤는 계속해서 경제 발전을 추구했다. 그러나 전쟁이 끝난 뒤 외국의 석유 산업 지배에 반대하는 민족주의 정서가 고조됐다. 1947년 민족주의 지도자인 무함마드 모사데크 박사와 그를 따르는 사람들이 '국민전선'을 결성 했고, 1951년 선거에서 승리한 뒤 석유 산업을 국유화했다. 국제 석유 기업들은 이란 석유 금수 조처로 대응했다.

그 뒤 2년 동안 노동자들은 파업과 시위를 벌여 경제적·정치적 개혁을 더욱 확대하도록 압박했다. 친(親)소 투데당(국민전선과 동맹을 맺고 있었다)은 노동자들 사이에 퍼진 혁명적 분위기를 누그러뜨리려 했다. 1953년 8월 샤의 '제국수비대'가 쿠데타를 시도했으나 [모사데크에게] 충성하는 군 장교와 사병 들에게 제압됐다. 그러나 이란 정치를 완전히 정화하라고 요구하는 대중 시위기 고조되지, 모사데크는 군대를 시켜 거리 시위를 분쇄하고 법질서를 회복하게 했다.

그 결과 모사데크 정부를 구할 수도 있었을 바로 그 세력은 와해되고 말았다. 며칠이 채 안 돼 모사데크 정부는 영국 정보부의 도움을 받아 미국 CIA가 사주한 2차 쿠데타로 전복됐다. 석유 기업들은 이란 자원을 이용할 권리를 되찾았다. 그러나 이제 영국의 독점은 해체됐다. 국제적 기업들의 컨소시엄이 권력을 되찾은 샤와 새로 계약을 체결했다. 석유 수익에서 이란 정부가 차지하는 몫은 16퍼센트에서 50퍼센트로 늘어났고, 컨소시엄이 차지하는 몫 가운데 40퍼센트는 미국 기업 5곳에 돌아갔다.

새로 들어선 샤의 군사독재 정권은 미국의 적극적인 지도와 원조를 받으며 1953~73년에 굳건해졌다. 이 정권의 핵심에는 1957년 창설된 사바크(SAVAK), 즉 악명 높은 보안경찰이 있었다.

샤 정부가 석유에서 얻는 수익은 1950년대 초 이후 10년 동안

12배 이상 증가했다. 석유 수익에 더해 1953~63년에 미국이 군사 원조 형태로 제공한 5억 달러도 있었다. 이런 재원 덕분에 샤는 군대를 12만 명 규모에서 20만 명 규모로 키울 수 있었고 1953년에 8000만 달러 수준이었던 군비는 10년 뒤 거의 1억 8300만 달러까지 늘어났다.

정부 수입이 엄청나게 증대했지만 민중을 이롭게 하는 데 쓰인 돈은 거의 없었다. 1960년에 이란 촌락의 87퍼센트에는 학교가 없었다. 겨우 1퍼센트만이 의료 시설이라 부를 만한 것을 갖추고 있었다. 인구의 80퍼센트가 문맹이었다. 물가가 급격히 치솟고 있었지만 샤는 정부 예산의 40~50퍼센트를 군비에 퍼부었다.

그러나 1960년대 초 심각한 경제 위기가 찾아왔다. 막대한 해외 차입 때문에 외환 보유액이 급감했고, 이란 정부는 IMF와 미국 정부 모두에게 긴급 지원을 요청할 수밖에 없었다. 경제 위기는 대중 저항의 분출로 더욱 악화됐다. 산업 부문의 파업이 급증했다. 1955~57년에는 기껏해야 3건 정도였던 대규모 파업이 그 뒤 4년 동안 20건 이상으로 늘어났다. 그중 일부는 노동자와 군대의 유혈 충돌로 끝났다. 그리고 저항은 다른 부문들로 확산되고 있었다. 1962년에는 대규모 학생 시위와 대학 점거 투쟁이 있었다. 샤의 군대가 테헤란대학교로 쳐들어가 수백 명이 다치고 많은 학생들이 살해됐다. 1963년 6월 수도에서 며칠 동안 가두 투쟁이 벌어지자 샤는 군대에 '사살' 명령을 내렸다. 수천 명이 학살됐다.

이런 위기에 직면해 샤 정부는 '샤와 민중의 백색혁명'이라는 위로 부터 개혁 프로그램을 대대적으로 시행했다. '백색혁명'은 이란을 바꿔 놓았다. '백색혁명'의 핵심 목표는 친정부 성향의 안정적인 사회적·정치적 기반을 확립하는 것이었다. [이를 위해] 샤 정권의 안정에 이해관계가 있을 법한 두 가지 주요 사회집단, 즉 농촌 지역의 자본주의적 중농들과 도시에서 크게 늘어난 국가 부문에 고용된 프티부르주아지의 발전을 촉진하는 방식이 채택됐다. 이런 노력과 함께 국가 기구를 재정비해 보건·교육 분야 사회기반시설을 구축하는 일이 병행됐다. 정치적·문화적 '근대화'를 지향하는 듯한 조처들도 취해졌다. 여성들에게 의회 선거권이 허용됐고, 산업 노동자들을 위한 이윤분배가 도입됐다. 농촌의 법원이 개혁됐다.[5]

그러나 바자[시장]의 전통적 중간계급들은 밀려났다. 그들의 지위는 이란 자본주의의 발전(국가에 의해서든 해외 자본에 의해서든) 과정에서 계속 위협받았다. 그들은 종교적 권력과 전통이 회복되기를 원했고, 1979년 그들을 대변하는 이슬람 성직자들이 권력을 장악할 때까지 반국가 세력으로 남아 있었다. '백색혁명'을 추진하는 동안 정권이 보수적 성직자들을 달래려는 노력을 거의 하지 않았기 때문에 그들의 반감은 더 커졌다.

농촌에서는 전(前)자본주의적 대토지 소유가 해체됐다. 화폐지대와 화폐대출이 허용되면서 자본주의 생산관계가 엄청난 추동력을 얻게 됐다. 부농들은 자본을 지원받아 임금노동자들을 고용하고 국내 시장에서 판매하려고 생산하는 자본가적 농민으로 전환됐다. 이런 식으로 토지개혁은 대지주들의 권력을 해체하며 새로운 자영농 계층을 창출했다.

이란 농촌은 새로운 계급 분단선에 따라 계층화했다. 최상층에는 살아남은 옛 지주들이 있었다. 이들은 토지개혁 보상금 덕에 부유해졌고, 조금 줄기는 했지만 보유한 토지를 기반으로 해서 여전히 막대한 수익을 올렸다. 이들과 함께 완전히 자본가적인 관리자들이 '기업형 농장들'을 경영했고 많은 부농이 중간 규모의 자본가적 농민이 됐다. 그 아래에는 상당히 많은 소농이 있었는데, 그들은 자기 소유의 작은 토지에 매여 있었고 생산수준은 기껏해야 가족을 부양하는 정도였다. 이 집단은 부농이 되는 꿈에 부풀어 있었지만 더 바닥으로 떨어질까 봐 항상 두려워하기도 했다. 더 아래에는 점점 수가 늘어나는 '빈농' 계층이 있었는데, 이들은 사실상 토지가 없는 임금노동자였다. 토지개혁은 식량 생산을 늘리거나 농촌의 빈곤을 해소하지 못했다. 1960년대 초 이래로 농업 생산은 기껏해야 해마다 2.5~3퍼센트밖에 성장하지 못했고, 이 수치는 인구 증가율에도 훨씬 못 미치는 수준이었다. 그 결과, 식량 수입이 현격히 증가했다. 1977년이 되자 식량 수입액이 26억 달러에 이르렀고, 이 비용은 석유에서 얻은 수익으로 충당됐다.[6]

1970년대에 무토지 임금노동자 100만 명쯤이 도시로 이주했다. 라디오에서 흘러나오는 '위대한 문명' 건설 소식에 기대를 걸고 찾아온 것이었다. 그러나 도시에서도 대다수는 안정된 일자리를 결코 찾지 못했다. 산업예비군으로서 그들은 임시직과 실업자 사이를 오갔다. 빈민가와 판자촌에 살면서, 그들의 압도 다수는 뿌리를 내리지 못하는 데서 오는 엄청난 불안감과 소외를 겪었다. 그들은 도시 세계에 잘 적응할 수 있는 물질적 기반이 전혀 없었고, 따라서 '농촌 생활의 어리숙함'에 뿌리를 둔 자신의 과거를 떨쳐낼 수 없었다.

'백색혁명'의 시작과 함께 1960년대 중반부터 꽤 급속한 경제 성장이 지속됐다. 자본형성 과정에서 국가의 구실이 갈수록 중요해졌다. 동시에 국가는 사회를 결속시키는 수단인 군대와 국가 관료 체제에도 막대한 자금을 투입했다.

1970년대 초 이란은 '석유수출국기구'(OPEC)에 가입했고, 덕분에 다른 산유국들과 더불어 석유 산업에서 어느 정도 영향력을 행사할 수 있게 됐다. 1973년부터 OPEC이 석유 가격을 5배 인상하자, 이란의 석유 수익도 곱절로 뛰었다. 1963~64년 5억 5500만 달러였던 이란의 석유 수익은 1975~76년에는 거의 200억 달러에 이르렀다.

석유 수익이 엄청나게 증가한 더분에 이란의 공업 성장은 더욱 기속화했고, 샤가 통치하는 국가의 입지는 더욱 공고해졌다. 석유 호황의 절정기에 공업 생산은 이란 국내총생산의 15퍼센트, 총고용의 20퍼센트를 차지했다. 발전한 주요 부문은 섬유, 건설, 철강, 석유화학 및 플라스틱, 자동차, 광업(구리와 알루미늄), 식품 가공, 현대식 소비재 산업 등이었다.

세 주요 세력들, 즉 국가, 민간 자본, 해외 자본이 이란에서 자본 축적의 주체 구실을 했다. '1973~78년 [경제]계획'을 보면 이 셋의 상대적 비중이 잘 드러나는데, 국가 투자가 462억 달러, 민간 토착 자본이 234억 달러, 해외 자본이 28억 달러를 차지했다.[7]

이란 국가는 석유 수익의 수취자로서 언제나 산업을 성장시키는 핵심 추동자 구실을 했다. 우선, 이란 국가 자체가 산업 부문의 주요 투자자였다. 1975년 산업투자 총액의 정확히 60퍼센트가 정부 재원으로 조달됐다. 둘째, 국가는 금융기관들을 통해 민간 부문에도 자금을 제공했다. 이런 방식으로 정부는 산업화의 결실을 누리면서도 국가 재원에 의존하고 따라서 국가 정책에 여전히 종속된 이란의 토착 부르주아지를 상당히 성장시킬 수 있었다. 셋째, 해외 자본을 끌어들였다. 1970년대 중반이 되자 외국 기업 200곳 이상이 이란에 투자하고 있었다. 처음에는 미국 기업들(1974년에 43곳이 이란에 투자하고 있었다)이 가장 많이 투자했지만 석유 호황 이후에는 일본 자본이 미국을 추월했다. 1975~76년 일본은 전체 해외투자의 45퍼센트를 차지했고, 그중 대부분은 자본집약적인 석유화학 산업에 투자됐다.[8]

이란과 해외의 투자자들은 모두 급격한 산업 성장으로 상당히 이득을 얻었다. 이란의 공산품 수출과 산업 설비 수입이 모두 증가했다. 전문직 중간계급과 ― 그리고 어느 정도는 ― 노동계급의 소비 증대로 국내시장이 성장했고, 덕분에 이란의 토착 부르주아지가 성장할 기반이 마련됐다.

산업 성장과 국가 공공기관 확대는 모두 현대적 전문직 중간계급의 성장을 촉진했다. 국가 관료의 수가 늘어나 공무원이 30만 4000명이나 됐다.[9] 그리고 더 중요하게는 제조업과 건설 부문 노동자 수가 크게 늘어났다. 1979년 혁명 무렵에는 제조업 부문에 노동자 250만 명 정도(비록 그중 30퍼센트만이 규모와 상관없이 현대적 산업 시설에서 근무했지만)가, 서비스 산업(공무원, 교육 및 보건, 통신, 전력 및 가스 공급)에 300만 명이 고용돼 있었던 것으로 추산된다.[10] 대기업은 대부분 공공 부문에 있었다. 산업 성장은 특히 숙련노동자들의 교섭력을 향상시켰다. 노동력 부족 덕분에 숙련노동자들은 임금을 해마다 30~50퍼센트 인상할 수 있었다.[11] 현대적 노동계급은 이란 사회에서 결정적 세력이 돼 있었던 것이다.

그러나 경제의 현대화와 함께 억압적 국가기구도 강화됐다. 석유 수익은 산업 발전만이 아니라 샤의 독재 연장을 위해서도 쓰였다. 정치적 반대는 무자비하게 탄압당했고, 국내 소비 진작보다는 이윤 증가와 착취율 증가가 더 중요시됐다.

샤가 막대한 석유 수익을 산업화에만 이용한 것은 아니었다. 석유 수익은 이란 사회에 대한 샤의 철권 통치도 강화했다. 1970년대에 이란은 세계 최대의 무기 수입국이 됐고, 동시에 미국과 이란의 예속적 관계는 더욱 강화됐다. 1973년 테헤란은 CIA의 중동 지역 본부가 됐다. 미국 '군사 고문단'의 수는 2만 4000명에 이르렀고, 1980년까지 약 6만 명으로 늘릴 계획이었다.

이미 엄청난 규모였던 샤의 억압 기구는 더욱 강화됐다. SAVAK의 규모는 상근 요원 5300명과 이보다 많은(그러나 그 수가 알려지지 않은) 유급 비상근 정보 제공자들을 포괄할 정도로 커졌다. 1975년 샤가 일당 정치체제를 선포하면서 기존 정당들을 해체했는데, 새 체제의 중심에는 샤가 새로 창설한 '부흥당'이 있었다. 작업장에서는 국가가 운영하고 SAVAK의 감독을 받는 '조합'만이 허용됐다. 대형 공장들에는 대부분 SAVAK 직원용 사무실이 있었다.

국가는 극히 억압적이었다. 샤의 독재에 맞선 정치적 도전은 모두 가장 야만적인 조처들로 탄압받았다. 살해와 고문은 국가의 상시적 무기였다. 매우 권위적인 샤 정권은 정치적 민주주의의 신장이나 이렇다 할 노조 활동의 자유를 전혀 허용하지 않았다.

이런 정치체제는 이란의 발전이 대단히 불균등했음을 보여 준다. 한편으로 국가는 경제 분야의 기술적 현대화를 추진했고, 이 과정에서 노동자들의 문화 수준과 전반적 생산성이 향상됐다. 다른 한편, 이런 현대화 프로그램은 장시간 노동과 대중의 생활수준 억제를 바탕으로 한 낡은 노동력 착취 형태들과 공존했다.

급속한 경제성장은 첨예한 경제적·정치적 긴장을 초래했다. 석유 수익이 갑자기 증대하면서 대중의 기대치가 높아졌다. 정권이 약속하고 선언하고 실행한 것과 대중이 기대하고 얻고 실현가능하다고 본 것 사이의 간극이 커졌다. 경제 발전 덕분에 국가 복지 부문에서 커다란 진전이 있었지만, 이란은 여전히 중동 지역 전체에서 보건·교육 서비스 체계가 가장 열악한 나라 축에 들었다. 정권의 경제·사회 정책들은 모든 계급에게 똑같은 혜택을 주지 못했다. 계급 간 불평등뿐 아니라 지역 간 불평등도 심화했는데, 이 때문에 이란 내 소수민족들의 요구가 거세졌다.

노동계급이 다시 움직이기 시작했다. 1971~73년에는 한 손으로 꼽을 만큼 미미했던 파업 건수가 1975년 즈음 연간 20~30건으로 증가했다. 그러나 어떤 파업도 오래 지속될 수 없었다. 정부가 노동자들의 요구를 바로 수용하든지, 아니면 재빨리 군대를 투입해 파업을 분쇄하든지 했기 때문이다. 핵심 부문인 석유 산업에서 일어난 파업들은 대체로 짧았고 승리했다. 탄압이 있었지만, 적어도 이 부문에서는 파업을 조직하는 과정에서 노동자들의 자신감이 조금 상승할 수 있었다.

산업화가 됐음에도, 석유가 경제에 미치는 영향은 과거 그 어느 때보다도 커졌다. 1975년 말에 시작된 세계적 석유 수요 급감은 이란 내에 즉각 영향을 미쳤다. 석유 수익 감소는 국내외의 고물가와 맞물리며 유동성 위기를 불러왔다. 산업화 계획을 계속 추진하려면 국제 금융기관들한테서 막대한 돈을 빌려야 했다. 순식간에 이란의 이미지가 바뀌었다. 괄목할 만한 속도로 현대화에 성공하는 듯하던 나라가 이제는 국민 대다수를 먹이지도 못하는 나라, 국제 금융기관에 엄청난 빚을 진 나라, 석유 수익은 급감하는데 석유 매장량은 훨씬 더 빠르게 바닥나고 있는 나라로 바뀌었다.

위기가 고조되자 이란 지배계급은 부패와 투기의 난장판을 벌이기 시작했다. 그들은 단기 수익을 얻으면 바로 소비해 버렸고, 머지않아 닥칠 파탄을 염려해 돈을 해외 은행으로 빼돌렸다. 부동산 투기와 만연한 사재기는 거의 연 40퍼센트에 이르는 물가 상승률의 한 요인이었다. 1975년 정부는 강력한 물가 통제를 시행했다. SAVAK와 샤의 부흥당은 감찰단 1만 명을 조직해 소규모 무역상과 상점주들을 못살게 굴었다. 중소 상공인 8000명이 체포돼 벌금을 물었고, '물가와의 전쟁'이라는 명목으로 '폭리 취득자, 사기꾼, 매점매석꾼'으로 찍혀 영업을 금지당했다.

노동자들은 어느새 주택 임대료가 소득의 4분의 1이나 될 만큼 뛰어올랐다는 것을 깨달았다. 값싼 식료품은 시장에서 사라졌다. 산업 생산은 하락하기 시작했고, 도시 실업률은 15퍼센트에 이르렀다. 게다가 이런 곤경을 완화해 줄 실업급여 등은 전무한 상황이었다. 정권은 샤에 대한 숭배와 '백색혁명' 찬양을 강화하는 식으로 대처했다. 공식 언론은 이란을 '위대한 문명'이나 '세계 7대 강국'으로 묘사했다.[12]

이란의 반정부 세력들

'백색혁명'은 가장 중요한 목표를 달성하지 못했다. 즉, 샤는 '백색혁명'으로 친정부적인 사회적 기반을 거의 마련하지 못했다. 다양한 사회 세력들이 반정부 활동을 활발하게 펼쳤다.

첫째, 그리고 결정적으로, 노동계급이 있었다. 20세기 동안 산업화 과정에서 이란 노동계급의 힘이 매우 커졌다. 그러나 동시에, 노동계급은 매우 불만에 차 있었다. 이란 노동자들은 모든 주요 저항 운동의 중심에 있었다. 예컨대, 1970년대는 물론이거니와 1905~06년, 1920년대, 1940년대와 1950년대, 1960년대에도 그랬다.

둘째, 소수민족들이 있었다(쿠르드족, 아제르바이잔족, 아랍족, 발루치족, 카쉬카이족, 투르크멘족이 이란 인구의 3분의 1을 차지한다). 소수민족들은 모두 페르시아어를 사용하지 않는다. 주로 농촌에 거주하는 여러 소수민족은 이란에 새로운 정권이 들어설 때마다 번번이 탄압을 받았다. 그들의 언어적·문화적·민족적 권리들은 부정당했다. 소수민족들은 각각 경제적 요구는 물론 정치적·n문화적 독립을 쟁취하고자 중앙정부에 맞서 싸운 오랜 전통이 있었다.

셋째, 소수민족들과 맞물린 문제인데, 다양한 종교적 소수파가 있다. 이란에는 비(非)무슬림 소수파가 있다. 다수파인 무슬림 인구도 그중 다수파인 시아파와 소수파인 수니파로 나뉘고, 수니파는 쿠르드족, 투르크멘족, 아랍족, 발루치족으로 이루어져 있다. 비(非)무슬림 인구에는 아르메니아인, 아시리아인, 유대인, 조로아스터교도(이란 고대 종교의 잔존 세력), 바하이교도가 있다. 특히 수니파 무슬림을 포함해 종교적 소수파들은 항상 국가에게 이중으로 억압당했다. 특히 바하이교도는 1844년 이슬람에서 떨어져 나온 이래 국가의 박해를 받았다. 시아파 이슬람에 따르면, 바하이교(敎)는 결코 인정할 수 없는 유일한 종교다. 그 교인들은 사형을 당한다.

넷째, 물라와 바자가 있다. 이란 자본주의의 발전으로 성직자들은 권력이 제약당했다. 다양한 발전들 때문에 교육과 사법 분야에서 성직자들의 구실이 약해졌다. 이는 예컨대, 1905~06년의 '입헌혁명', 샤의 현대화 드라이브, 1920년대 이후 발전한 강력한 중앙집권적 국가의 성장, 그에 따른 세속적 법원과 현대식 학교의 확대 등 때문이었다. 1960년대의 토지개혁은 물라들에게 엄청난 타격이었는데, 왜냐하면 소득의 주요 원천이자 국가로부터 독립성을 유지하는 원천이기도 했던 토지(종교적으로 기부받은)를 상실했기 때문이다. 동시에, 대형 슈퍼마켓과 은행 같은 상업·금융 기관들이 성장하면서 바자의 수많은 소규모 무역상과 상인들의 계급 이익이 위협받았다. 이 계급은 물라들에게 중요한 경제적·정치적 지지 ― 특히 자카트(zakat, 종교적 세금)를 납부하는 ― 기반이었다. 샤에 대한 이들의 분노와 반감은 자본주의 국가가 강화될수록 더욱 커졌다.

다섯째, 문화적·종교적·정치적 표현의 자유를 확대하는 데 관심 있는 학생과 지식인들이 있었다. 그들은 20세기 동안 1905~06년의 민족주의 운동, 1920년대의 공산주의 운동, 1940년대와 1950년대의 민족주의·공산주의 운동, 1960년대의 학생운동 등을 포함해 많은 정치적 반대 운동에서 지도부 구실을 했다. 그들의 사회적 구성은 전통적 중간계급과 현대적 전문직 중간계급이 섞여 있었다.

1970년대가 되자 수십 년에 걸친 국가 탄압과 실정(失政)이 결합되면서 두 정치 세력, 즉 게릴라 운동과 이슬람 성직자들이 샤 정권에 반대하는 운동을 주도하는 상황이 조성됐다.

1970년 즈음부터 게릴라 조직인 무자헤딘과 페다인이 이란 내에서 성장했다. 두 조직은 모두 1960년대 초 학생운동에 기원을 두고 있었지만, 그 정치적 뿌리는 1940년대와 1950년대의 민족주의 운동과 공산주의 운동으로 더 거슬러 올라간다. 1940년대 샤에 맞선 운동의 중심에는 상이한 두 사회 세력을 대표하는 느슨한 연합인 '국민전선'이 있었다. 한 축은 전통적 중간계급이었는데, 그들은 '바자'에 기반을 두고 이슬람 생활 방식과 이슬람 율법을 모범으로 따랐다. 다른 한 축은 현대적 전문직 중간계급이었는데, 그들의 지적 대변자들은 종교를 개인적 문제로 간주했다. 전문직 중간계급은 샤가 현대화를 추진하는 동안 규모와 영향력이 커졌다. 경제가 발전하면서 새로운 직업이 늘어났고, 그와 더불어 새로운 관념과 염원들이 매력을 더해 갔다. 전문직 중간계급은 산업화 시기에 부분적으로 국가기구에 통합돼 있었다. 이 계급이 샤에 반대한 동기는 대개 세속적이며 민족주의적인 것이었다. 그러나 바자의 전통적 중간계급은 이란 자본주의가 발전함에 따라 그 입지가 훨씬 더 좁아졌다. 그들은 '현대화'의 물질적·문화적 결과들을 극도로 혐오했고, 국가를 재구성해서 종교적 권력과 전통적 가치를 부활시키기를 열망했다.

국민전선의 왼쪽에는 투데당이 있었다. 투데당은 1941년 영국과 러시아가 이란을 점령했을 때 러시아의 보호와 지원을 받은 지식인 53명이 창설했다.[13] 이 당은 그 시작부터 '인민전선' 전략을 당연한 듯 여겼고, 매번 자신들이 '진보적'이라고 기대한 중간계급 동맹 세력을 위해 노동자들의 고유한 이익을 억눌렀다. 투데당은 노동계급 운동이 성장하고 있는데도 이란이 사회주의 혁명으로 나아갈 단계에 있지 않다고 시종일관 주장했다.

1945년까지 투데당의 노동조합 지도자들이 노동자들의 전투적 행동에 반대한 것은 전시 동원에 해가 될까 봐 두려웠기 때문이다. 투데당이 소련에 얼마나 종속돼 있었는지는 전쟁이 끝날 무렵 드러났다. 이란의 석유를 지배할 소련의 제국주의적 권리를 지지하고 나선 것이다. 이런 태도 때문에 투데당은 민족주의자들(영국과 러시아가 모두 이란에서 떠나기를 바란)에게서 완전히 배척당했다. 1946년 정부에 참여한 투데당은 아바단 송유 시설의 석유 노동자들이 벌인 총파업을 와해시키는 데 협력했다. 그런데도 그들은 그 직후 정부에서 축출됐고, 그러자 (서유럽의 공산당들처럼) 좌선회해 석유 국유화를 주장하는 국민전선의 요구를 지지했다.

국민전선과 투데당 모두 1953년 쿠데타 이후 탄압당했다(물론 쿠데타의 성공은, 앞에서 봤듯이, 그들에게도 일부 책임이 있었다).

1970년대의 두 게릴라 운동은 기존 야당들의 전통적 방법들이 실패한 것을 보며 급진적 청년 지식인 일부가 느낀 조바심을 반영했다. 무자헤딘과 페다인은 모두 언뜻 성공한 것처럼 보이는 마오쩌둥·카스트로·호치민의 사례, 그리고 팔레스타인이나 라틴아메리카 게릴라 단체들의 사상과 실천에서 부분적으로 영감을 얻었다. 무자헤딘은 국민전선의 종교 부문에서 생겨났고, 대체로 세속적인 페다인은 투데당에서 분리된 분파가 국민전선 내 좌파 세력을 흡수하면서 성장했다.

두 단체 모두 무장투쟁이야말로 대중을 행동에 나서게 할 최고의 수단이라고 확신했다. 그러나 무자혜딘과 페다인의 정치에는 과거 야당들의 정치도 반영돼 있었다. 두 단체 모두 과거에 몸담았던 국민전선과 투데당에서 보수적 요소들을 물려받았다. 무자혜딘은 무슬림 민족주의에, 페다인은 소련 공산주의에 환상을 품었다.

게릴라 단체들은 가장 활발한 반정부 세력이었고, 엄청난 용기를 보여 줬다. 그들은 은행, 경찰 끄나풀, 백만장자 기업인, 외국 대사관, 경찰서, 군사시설 등을 겨냥해 잇달아 성공적인 무장 활동을 펼쳤다. 그러나 1975년이 되자 정권은 이 단체들의 회원 다수를 체포하는 데 성공했고, 사실상 두 단체를 와해시켰다.

게릴라 단체들의 핵심 약점은 모든 대중운동에서 고립돼 활동했다는 것이다. 무자혜딘도 페다인도 도시에서 산업 노동자들이 벌이는 투쟁에 개입할 필요를 전혀 깨닫지 못했다. 그들은 대중운동이 '휴지기에 있으며 전반적으로 활동적이지 않은 상태'인 반면 자신들은 '투쟁으로 대중운동을 부활시킬 전위'라고 생각했다. 이란의 노동자·농민이 게릴라 단체의 중간계급 지식인들과 동질감을 느낄 수는 없었다. 게릴라 전략은 노동계급을 불신한다는 선언이나 마찬가지였다. 무자혜딘과 페다인 모두 이란 노동자들이 스스로 권력을 위해, 즉 노동계급의 지배를 위해 투쟁해야 한다고 진지하게 주장한 적이 단 한 번도 없었다. 두 단체 모두 노동계급의 저항이 벌어질 때마다 그 영웅적 행동에 찬사를 보냈지만, 이란 내에 작용하는 현실의 물질적 조건을 평가하려는 진지한 노력은 전혀 하지 않았다. 그들의 게릴라 전략은, 무장 투쟁보다는 덜 화려하겠지만 필수적인 활동, 즉 도시와 농촌의 광범한 대중 사이에서 펼치는 선전과 선동 활동이 아니라 용기 있는 소수의 영웅적 행동만 강조했다.

이란 내 게릴라 정치의 비극은, 그런 전략 때문에 활동가들이 스스로 이란 대중의 일상적 투쟁과 관심사에서 괴리됐고, 결국 정치의 장(場)을 다른 주요 반정부 세력인 이슬람 성직자들에게 내주고 말았다는 데 있다. 정권과 정권의 폭압성에 맞선 항의 운동을 주도한 것은 바로 성직자들이었다. 종교적 지위 덕분에 체포될 위험이 비교적 적었던 이슬람 성직자들은 보안경찰이 직접 건드릴 수 없는 모종의 전국적 네트워크를 장악하고 있었다. 좌파가 허약하다 보니 성직자들이 더 대단해 보일 수밖에 없었다.

성직자들의 사회적 기반은 무엇보다 바자의 전통적 중간계급이었다. 성직자들은 샤 정권이 추진한 국가자본주의적 발전 방식에서 배제된 전통적 중간계급의 분노를 대변했다. 이란 자본주의의 발전은 성직자들의 정치적 구실을 심각하게 약화시키고 있었다. 그들은 전통주의적 종교 노선에 입각해서 '서구화'라는 악마에 맞서는 운동을 조직했다.

1960년대만 해도 공장 노동자와 화이트칼라 노동자 사이에서 사원의 영향력은 아직 미약했다. 그러나 토지개혁으로 농촌에서 쫓겨난 수많은 도시 빈민 대중에게는 사원이 결집의 중심이었다. 게릴라 조직들은 빈민가와 판자촌의 대중을 거의 무시했지만 사원의 종교는 그들에게 공동체 의식을 느끼게 해 줬다.

따라서 샤 정권에 맞선 모든 대중투쟁이 종교적 의미를 띠게 된 것은 놀랄 일이 아니었다. 1970년대 후반 샤에 맞선 대중운동이 성장할 때 많은 사람들이 종교 지도자들의 유토피아적 전망에 귀를 기울였다. 이슬람 성직자들은 샤가 타도되고 이슬람 사회가 건설되면 '모든 것이 더 나아질 것'이라는 꿈을 유포했다. 비참한 삶 외에는 잃을 것이 없었던 수많은 사람들이 영감을 얻었고, 지상 천국이라는 꿈을 위해 싸우다 죽겠노라고 결심했다.

도시 빈민의 호감을 산 이슬람은 빈민의 물질적 고충을 대놓고 거론하는 '현대화한' 이슬람이었다. 그 핵심 주창자들 중 일부는, 예컨대 종교적 이데올로그였던 샤리아티 박사 같은 인물들은 CCTV와 최신 장비들을 사용하는 현대식 사원 건물에서 활동했다. 샤리아티가 신도들에게 전한 메시지는 이슬람, 특히 이란에서 다수파인 시아파 이슬람은 결코 숙명론적·보수적 교리가 아니며 또한 순전히 개인적 믿음도 아니라는 것, 오히려 이슬람은 생활의 모든 영역과 특히 정치 영역에 두루 영향을 미치는 혁명적 이데올로기라는 것이었다.

그는 현대 이슬람은 진정한 신도들이 모든 억압, 착취, 사회적 불의에 맞서 싸우도록 고무한다고 설교했다. [샤리아티는 이렇게 주장했다.] 무슬림이 된다는 것은 "유일신을 믿는다는 것만이 아니라 진보를 향해 끊임없이 나아가는 역동적 공동체를 창출하는 것"이다. 새로운 사회질서는 "덕(德)에 의해 완전히 하나가 될 것이며 정의, 인류의 형제애, 부의 공적 소유, 최종적으로는 계급 없는 사회를 위해 힘써 노력할 것이다." 또, "시아파는 저항의 깃발을 치켜든다. 왜냐하면 작금의 지배자들, 즉 부패한 칼리프와 궁중의 소수 특권층이 민중을 배신한 채 계급 없는 사회라는 목표를 저버렸기 때문이다."[16] 샤리아티 같은 이데올로그들은 호메이니 같은 더 보수적인 성직자보다 더 효과적으로 도시 빈민의 정서와 염원을 표현할 수 있었다.[35]

아야톨라 호메이니 자신은 1960년대 초까지 정치적 투쟁과 거리를 두었다. 1962~63년 호메이니가 정치에 적극 개입했을 때 그 초점은 샤의 토지개혁에 반대하는 것이었지만, 그는 정권의 부패, 미국·이스라엘에 대한 종속, 바자에 대한 홀대 등도 문제 삼았다. 수백 년 동안 성직자들은 바자의 기부와 주요 성지 순례자들의 헌금뿐 아니라 전(前)자본주의적 대지주들의 기부에도 의존했다. 그런데 토지개혁 때문에 그들의 주요 수입원 가운데 하나가 날아가 버렸고, 그들은 바지에 매달려야 하는 치지가 됐다. 게다가 바자 사체노 산업화 느라이브로 말미암아 약해지고 있었다. 호메이니와 전통적 성직자들은 국가의 재정 지원을 받지 못하면 중요한 정치 세력 구실을 하지 못하게 되는 상황으로 점차 내몰리고 있음을 깨달았다.

1963년에 샤는 호메이니를 추방했고, 그 핵심 이유는 호메이니가 자본주의적 현대화와 토지개혁에 반대했기 때문이었다. 1968년에 일부 전통적 성직자들이 샤리아티의 '세속주의적' 강연에 항의하며 시위를 벌였다. 호메이니 본인은 샤리아티의 인기를 알고 있었기에 이 문제에 대해 침묵했다. 오히려, 그는 좌파와 자유주의적 성직자들을 흉내 내어, 정권이 부패했고, 노동자·농민의 경제적 요구들을 외면하고 있고, 자유를 압살하고 교도소에서 야만적인 짓을 저지르고 있다고 집중적으로 비난했다. 노골적으로 보수적인 성직자들과 달리, 호메이니는 샤가 여성의 투표권을 인정한 것이나 여성들이 집 밖에서 일하는 경우가 늘어나는 추세를 공공연하게 반대하지 않았다. 오히

려 그는 샤를 타도하고 평등과 형제애에 기초한 이슬람 사회를 건설
하자고 촉구하는 성명을 발표했다.

고조되는 혁명

경제 위기가 깊어지면서, 대중의 반정부 운동이 되살아났다.
1977년 초여름에 시작된 일련의 시위와 파업 물결에 힘입어 이란 대
중은 앞으로 나아갔고, 시위·파업이 벌어질 때마다 혁명 운동은 심
화하고 그 투쟁 방식은 확산됐다. 샤 정권은 유지 불능 상태가 돼 있
었다. 대중은 정치 생활을 가로막고 있던 장벽들을 허물어뜨리며 새
로운 사회질서의 첫 기틀을 놓기 시작했다.

시위는 1977년 6월 테헤란 빈민촌 주민들의 평화 시위에서 시작됐
다. 군대가 시(市) 정부의 도시 계획을 집행하면서 빈민촌에 진입해
주민들의 집을 불도저로 밀어버렸다. 군대와 경찰의 발포로 많은 시
위대가 학살당했다.

한 달 전에 변호사 50명이 행정부의 사법권 침해에 항의하는 공개
성명을 발표한 바 있었다. 6월에는 작가 40명이 언론 자유와 검열 폐
지를 촉구했고, 7월에는 지식인들이 샤에게 보내는 공개서한을 발표
해 폭정 종식을 요구했다. 글과 리플릿, 소책자들이 홍수처럼 넘쳐났
고 공개적으로 배포되기 시작했다.

이러한 활동들은 이란 정치에서 하나의 전환점이 됐다. 그때까지
저항의 형태는 오직 공장 내의 고립된 파업과 작업 거부, 또는 도시

게릴라 단체들의 공격이나 해외 유학생과 지식인들의 시위였다. 오랫동안 SAVAK가 국내외에서 비판 세력들을 무자비하게 색출해 침묵시켰지만, 이제 반정부 운동은 다시 활력을 찾고 있었다. 샤에 맞선 저항의 목소리를 어디서든 크고 또렷하게 들을 수 있었다.

이러한 압력에 직면해 정권은 긴장이 누그러지기를 바라며 '자유화 프로그램'에 착수했다. SAVAK는 계속해서 다양한 운동들을 감시했지만, 적극적 탄압은 자제했다. 또한 검열도 다소 완화됐다. 그러나 양보 조처가 취해질 때마다 반정부 운동은 더욱 힘을 얻었다. 여전히 망명 중이었던 호메이니는 나자프(이라크에 있는 이슬람 성지)에서 반정부 운동에 지지 메시지를 보냈다. 이러한 메시지는 밀반입된 카세트테이프에 담겨 사람들 사이에 퍼졌다.

1977년 11월 초에 '작가 연합'은 일련의 공개 시 낭송회를 조직했다. 매일 저녁 1만~2만 명 정도의 사람들이 여기에 참가했다. 열흘째 밤에, 경찰은 행사 해산을 시도했고, 시 낭송회는 곧 반정부 구호를 외치는 대중 시위로 전환됐다. 뒤이은 경찰과의 충돌에서 많은 사람들이 목숨을 잃었다.

12월 6일에 '16번째 아자르'(비공인 학생의 날)를 기념하기 위한 또 다른 대중 시위가 벌어졌고, 더 많은 사람들이 목숨을 잃었다. 시위대는 더는 SAVAK를 두려워하지 않았고, '자유화 프로그램'으로 반정부 정치 활동은 활발해졌다.

같은 달 미국 대통령 카터가 테헤란의 샤를 방문했다. 카터가 도착하기 전 이틀 동안 메흐라바드 공항에서 샤의 궁전에 이르는 고속도로는 일반인의 접근이 금지됐고, 도로 주변의 모든 주택과 아파트는 경찰이 차지했다. 이란 방문을 마치고 떠날 때, 카터는 기자들에게 다음과 같이 말했다. "이란의 급속한 발전과 국민의 전적인 신뢰를 받는 개방적인 국왕을 존경한다."

1978년 1월 중순 무하람(이슬람력 첫 번째 달이자 종교적 애도의 달) 전야에 호메이니는 성직자와 신도들에게 억압에 맞서 투쟁할 것을 망명지에서 촉구했다. 성지인 콤에서 시위가 벌어지자 경찰과 군대가 공격에 나섰고, 몇 사람이 살해됐다. 이 사건 때문에 40일 간격으로 벌어지는 새로운 시위들이 시작됐다. 이란에서는 이슬람 전통에 따라 사망자들이 세상을 떠난 뒤 40일째 되는 날 추모 의식을 치르는데, 새로운 시위가 벌어질 때마다 새로운 희생자가 생겨났기 때문에 40일 간격으로 시위가 반복됐다.

그 사이에 혁명운동은 다양하지만 서로 다른 세력들, 즉 산업 노동자, 도시 빈민, 학생과 현대적 중간계급 지식인들, 성직자와 그들을 지지하는 바자의 전통적 중간계급들 사이에서 빠르게 확산되고 있었다.

1978년 2월 이란의 주요 산업 도시 중 하나이자 아제르바이잔의 주도인 타브리즈에서 경찰의 공격과 청년 학생 살해에 맞서 시위대가 처음으로 반격에 나서는 일이 벌어졌다. 시위대는 '샤에게 죽음을!'이라고 외치며 경찰서, 집권당인 부흥당 중앙당사, 은행, 고급 호텔, 성인영화 전용관 등을 공격하기 시작했다. 시위대가 공격했던 건물과 기관의 다수는 샤와 그의 친인척 소유였다.

반대가 거세지자 정권은 바자의 프티부르주아지와 그들을 대변하는 성직자들이 선호할 만한 정책들을 공개 제안했고, 이를 통해 스스로 새로운 사회적 기반을 구축하려 했다. 소규모 기업인들을 겨냥한 '물가와의 전쟁'은 취소됐고, 정부는 소상인들을 궁지로 내모는 대형 국영 시장 설립 계획을 포기했다. 또한 정부는 일부 종교적 시위를 탄압하고 성직자들의 가택을 침탈한 것에 대해 공개 사과했고, 포르노 영화 상영 금지를 발표했다. 샤와 황후는 이슬람 성지들을 잇달아 공개 방문하기 시작했고, 정부 매체는 그들의 예배 모습과 차도르(전신을 가리는 이슬람 베일)를 두른 황후의 모습을 내보냈다. 1971년에 샤는 페르시아제국 건설 2500년을 기념해 이슬람력 연호를 폐지하고 고대 페르시아력의 연호로 대체하라고 명령한 바 있었다. 1978년이 되자 이제 이러한 결정은 성직자들을 달래기 위해 번복됐다. 1960년대 초부터 구금돼 있었던 고위 성직자들이 석방됐다.

샤는 자신의 부흥당에 제공하던 보조금을 삭감하라고 지시했다. 그는 팔레비(왕가) 재단 소유의 도박장 57개를 폐쇄했고, 자신의 친인척 중 가장 노골적으로 부패한 인물들을 해외로 보내 장기 체류하도록 했다. 이슬람 근본주의자들을 회유하려고 정부에서 여성부를 폐지하고 대신 종교부를 신설했다. 호메이니에 대한 특별한 양보 조처로 바하이교 반대 운동을 펼치기 시작했고, 경찰들이 국민전선의 자유주의 민족주의자, 좌파 정당, 지식인들을 공격하도록 지시했다. SAVAK는 이들의 집에 난입하고, 이들을 구타하고, 모임을 공격했다.

샤의 목적은 그의 통치에 반대하는 세력들을 분열시키는 것이었다. 1978년 6월 26일 어느 인터뷰에서 그는 이렇게 선언했다.

어느 누구도 나를 타도할 수 없다. 나는 70만 군대와 국민 다수, 그리고 모든 노동자들의 지지를 받고 있다. … 10년 안에 우리는 유럽의 수준에 이르게 될 것이다. … 20년 안에 우리는 완전한 선진국이 될 수 있다.[56]

샤 정권에 맞선 운동이 더욱 강력해지자, 호메이니는 이를 최대한 이용하려 했다. 국민전선과 투데당은 1953년 쿠데타 이후 이미 분쇄됐다. 게릴라 조직들은 1971~75년에 무장 투쟁을 벌였지만, 이들 역시 정권의 탄압으로 패배했다. 샤리아티(그의 사상은 이슬람, 자유주의, 프란츠 파농의 사상, 마르크스주의를 뒤섞어 놓은 것이었다)가 반정부 운동의 초점으로서 중요한 구실을 해 왔는데, 특히 정권이 좌파적 반대 세력보다는 종교적 반대 세력에게 언제나 좀 더 관용적인 태도를 취했기 때문에 그럴 수 있었다. 샤리아티가 사망한 뒤 호메이니는 그 지지자들을 자기편으로 끌어들일 수 있었고, 이들은 호메이니가 샤리아티의 자유주의적 이슬람 해석을 수용한다고 생각했다. 호메이니는 자신을 포함해 다른 어떤 성직자도 이란을 통치할 뜻이 없다고 주장했고, 샤가 타도된 뒤 자유선거로 제헌의회를 소집해서 새로운 헌법을 제정해야 한다는 데 동의했다. 그리고 이슬람의 관점에서 여성과 남성은 평등하므로 여성들도 투표권을 가져야 하며 남성들과 동등한 권리를 누려야 한다고 선언했다.

1978년 11월 초에 카림 산자비와 마흐디 바자르간(산자비는 국민전선, 바자르간은 1961년 모사데크 박사 지지자들과 국민전선을 지지하는 종교계 인사들이 세운 단체인 '이란해방운동'의 지도자였다)은 테헤란을 떠나 파리에 있던 호메이니와 합류했다. 그곳에서 그들은 호메이니와 공개적 동맹을 선언했고, "지난해 대중운동으로 대중이 아야톨라 호메이니를 따르며 왕정이 이슬람 신정 체제로 바뀌기를 원한다는 것이 드러났다"고 주장했다.[17]

게릴라 단체들(회원들이 샤의 감옥에서 고문을 받거나 살해당하면서 심각한 타격을 받은 상태였다)은 전술을 바꿨다. 이란 내에 있는 그 동조자들은 샤리아티 사상의 요소를 많이 받아들였고, 해외의 동조자들은 학생운동 내에서의 활동을 강화했다. 1978년 후반 대중운동의 압력으로 많은 정치수들이 석방되자, 게릴라 단체들은 행동에 돌입했다. 그들은 새로운 회원들을 충원하고 리플릿과 신문들을 발행하고, 샤의 군대·경찰과 전투를 벌였다. 동시에, 게릴라 활동 초기부터 노동자와 도시 빈민들 사이에 전혀 기반을 건설하지 못한 탓에 그들도 호메이니의 지도력을 인정했다.

이제 호메이니는 샤와 왕정 체제 자체의 타도를 촉구하는 성명들을 발표하기 시작했다.

투쟁이 고양되다

1978년 6월까지 샤에 반대하는 시위의 주역은 주로 학생, 지식인, 도시 빈민, 현대적·전통적 중간계급 등이었다. 산업 노동자들은 덜 두드러졌다. 이 기간의 노동자 투쟁을 연구한 자료를 보면 1978년 3~6월에 대부분의 파업과 연좌 농성, 기타 산업 투쟁들이 경제적 요구에 제한돼 있었음을 알 수 있다.[18]

그러나 6월 이후 산업 노동자들의 운동은 경제적 성격뿐 아니라 점점 더 정치적 성격을 나타냈다. 임금 인상, 근무 조건 개선, 유급휴가를 요구하고 임금 체불, 해고, 공장 폐쇄에 반대하는 투쟁이 바야흐로 더 광범한 쟁점들과 폭발적으로 결합됐다. SAVAK가 운영하는 '조합'에 반대해 독립적 노동조합을 요구하는 목소리들이 다른 수많은 요구들, 즉 주택 보조금과 의료 서비스, 노동자들을 위한 신용·보험 제도, 주5일 근무제, '이윤공유제'[19]에 노동자 참여 보장 등의 요구와 함께 공공연히 제기됐다. 경영진 교체와 산업 시설 내 SAVAK 사무실 폐쇄를 요구하는 목소리는 갈수록 더 커졌다. 파업에서 제기된 다른 대중적 쟁점들 중에는 해고 노동자 재고용, 작업장 내 탁아소 설치, 내국인 노동자와 외국인 노동자의 동등한 처우 등도 있었다.[20]

운동이 발전하는 만큼 요구들 또한 더 확연히 정치화했다. 새로운 파업 요구들, 즉 계엄령 해제, 정치수 석방, 망명 정치인 귀환 등이 처음으로 표면에 떠올랐다. 9월에 핵심 산업인 석유 부문의 노동자들이 테헤란, 이스파한, 타브리즈, 아바단 등의 정유소에서 파업을 벌였고, 다른 산업들에서 이미 시작된 파업 물결은 더욱 힘을 얻었다. 경제적 요구들이 일본인 경영진이나 정치수 같은 문제들과 관련된 정치적 요구들과 결합됐다. 이제 석유 노동자들의 요구에는 공장 안팎에 배치된 군인 철수, 언론 검열 반대, SAVAK 자체의 완전 폐지 요구도 포함됐다. 그들은 이란을 배신한 행위가 드러난 인물들을 사법 처리하고 기존의 국제 석유 계약을 모두 파기하라고 요구했다.

1978년 9월이 되자 파업은 작업장 안에 머물지 않았다. 산업 노동자들은 작업장에서 도시 중심가로 행진했고, 수많은 시위대와 합류했다. 이제 석유 노동자들은 자신들의 경제적 힘을 정권을 약화시키는 데 직접 사용하기 시작했다. 그들은 석유 생산량을 하루 600만 배럴에서 100만 배럴 수준까지 줄여 수출용 생산을 중단하고 국내 소비분만을 생산하기로 결의했다. 그 뒤를 따라 세관 노동자들도 약품과 유아용 식품, 종이의 수입만을 허용했다.

10월에 석유 노동자들은 이란 정부가 남아공·이스라엘과 협력하는 데 항의해 생산을 중단했다. 담배 노동자들은 미국산 담배 수입에 항의해 파업을 벌였다. 석유 노동자들은 생산량을 더욱 줄여 생산량을 하루 22만 배럴까지 떨어뜨렸다. 탄광 노동자들은 학생과 교사들의 시위와 파업을 지지하며 파업을 벌였다.

며칠 간격으로 새로운 부문의 노동자들이 잇따라 파업에 돌입하거나 거리 시위와 투쟁에 합류했다. 통신 노동자들은 매일 밤 1시간 동안 관영 라디오와 TV 방송 송출을 중단했다. 철도 노동자들은 고위 경찰과 군 장교들의 철도 이용을 거부했다. 핵발전 노동자들도 파업을 벌였고, 핵발전 산업이 새로운 산업이기는커녕 열강들이 핵전쟁을 위해 이란에 강요한 것이라고 선언했다. 소련이 세워 준 철강 단지는 완전히 폐쇄됐다. 정말이지 거의 모든 산업 시설이 마비됐다. 가스·전화·전기 부문은 예외였지만 이 부문의 노동자들도 대중의 편의를 위해 계속 근무하고 있을 뿐 정권 타도를 위한 파업과 시위를 지지하는 것은 마찬가지라고 밝혔다. 항만 노동자들과 선원들은 식료품과 의약품, 정치 활동에 필요한 종이만을 배에서 부렸다.

바야흐로 노동계급 전체가 봉기에 가까운 운동에 참가했고, 샤와 그 정권의 완전한 타도라는 요구를 중심으로 단결했다. 그리고 노동자들은 자신들의 정치적 전망과 관심사들을 정식화하기 시작했다. 예컨대, 석유 노동자들은 호메이니에게 공개서한을 보내 지지를 표명함과 동시에 장차 들어설 정부에 노동자들이 참여해야 한다고 요구했다. 통신 노동자들이 곧바로 석유 노동자들의 뒤를 따랐다. 전기전자 산업 노동자들은 노동자들의 산업 통제를 포함하는 새로운 노동법을 요구했다. 석유 노동자위원회는 이제 샤의 군대에 맞서 싸우고 있는 공군 기술자들과 사관생도들에게 지지 메시지를 보냈다.

1978~79년 겨울 혁명적 상황이 심화하면서, 이란 노동자들의 의식은 비약적으로 발전했다. 노동자들의 경험과 전투성은 급속히 성장했다. 가장 유력한 공장주와 경영자 대다수는 완전히 겁에 질려 나라를 떠났다. 사장들이 갑자기 공장을 버리고 떠나자, 노동자들이 직접 공장을 책임져야 한다는 강력한 정서와 공장을 통제하겠다는 결의가 고양됐다. 선출된 파업위원회들이 경영을 맡았고, 생산량, 근무 시간과 파업 시간, 기타 필요한 사항들을 결정했다.

파업위원회들은 본질적으로 정치적 기구였다. 국가가 조직하고 SAVAK의 통제를 받던 '조합'은 엄청난 증오의 대상이었다. 노동쟁의가 벌어질 때마다, 전투적 대표자들을 선출하려는 노동자들은 SAVAK와 충돌해야만 했다. 예컨대, 테헤란에 있는 자미아드 자동차 공장에서는 다음과 같은 일이 벌어졌다.

어느 전투적 노동자가 공장 조합의 지도부 선거에 출마하자, SAVAK는 그가 선거에서 이길 것을 알았다. 그는 2년 연속 선거 당일만 되면 공장 출입이 금지됐다. 그래서 3년 째에는 선거 전날 옥상 물탱크 옆에 밤새

숨어 있었다. 다음날 그는 공장 안에서 선거에 참여해 당선됐다. 당선되자마자, 그는 해고됐다.[21]

이제 공개적으로 선출된 파업위원회가 SAVAK의 '조합'들을 대체했다. 파업위원회의 지위는 사장이 도망쳐서 생긴 공장 내 권력 공백과 대중적 혁명 물결의 확산으로 강화됐다.

석유·인쇄·섬유 산업의 일부 노동자들은 1940년대와 1950년대의 정치 운동과 노동조합 운동에 참가한 경험이 있었지만,[22] 이란 노동자 대다수는 비교적 최근에 농촌 지역에서 이주한 사람들이었기 때문에 그러한 전통이 전무했다. 그러나 어느 부문에서든 파업위원회는 똑같은 기세로 우후죽순 생겨났다.

전에는 노동자들이 무기력하다고 느꼈다면, 이제는 자신들의 집단적 힘을 깊이 자각했다. 노동계급이 새로이 조직돼 혁명적 운동에 개입하면서(이러한 개입은 이란 사회의 다른 모든 피억압·피착취 계층들을 결합시켰다) 세력균형이 무너졌다. 이처럼 광범한 대중운동이 하나가 돼 현대 역사상 가장 억압적인 정권 중 하나를 타도했다.

샤가 물러나다

격렬한 투쟁이 18개월 동안 계속되자 1979년 1월 16일 결국 샤는 이란을 떠나야 했다. 샤가 출국하자 기쁨에 가득 찬 대중은 그야말로 축제 분위기였다. 라디오에서 샤의 출국 소식이 흘러나오자 온 국민이 거리로 몰려나와 '샤는 떠났다'고 외쳤다. 모르는 사람들조차 서로 얼싸 안았다. 차들은 경적을 울렸다. 제과점들은 군중에게 사탕을 나눠주며 축하했다(이란의 오랜 전통이다).

군중은 군인들에게도 따뜻하게 대했고, 그들에게 꽃을 건네며 '여러분의 형제자매를 죽이지 말라'고 부탁했다. 징집된 사병들(대부분 농촌 출신이었다)은 눈물을 흘리며 사람들을 껴안았다. 시위대는 샤와 그 아버지의 동상들을 무너뜨렸다.

왕정을 구하려는 마지막 노력의 일환으로, 옛 국민전선의 일원인 샤푸르 바흐티야르가 총리가 됐다. 그러나 온 나라가 그를 인정하지 않았다. 바로 대중 시위가 벌어져 그의 사임을 요구했다. 그 사이에 군 장교들은 비밀리에 미국인 고문들과 쿠데타 가능성을 논의하고 있었다.

2월 1일 아야톨라 호메이니가 마지막 망명지인 파리에서 돌아왔다. 5일 뒤 그는 자신을 국가수반으로 선포했고, 메흐디 바자르간을 총리로 임명하는 포고령을 공포했다. 바자르간은 '해방운동'과 '국민전선'의 지도자였다. 동시에 호메이니는 비공개적으로 '혁명위원회'를 설치해(다수의 성직자와 국민전선·해방운동의 회원들로 구성됐다) 군 참모총장과 협상을 벌였다.

샤의 출국에 충격을 받은 군 장교들은 이제 그들이 사병들의 지지를 잃고 있음을 깨달았다. 그들은 또한 미군 장성 로버트 하이서(나토군 부사령관)가 출국한 것에 크게 낙담했는데, 그는 쿠데타 시도를 단념시키려고 군 수뇌부와 한 달 동안 협상을 벌인 뒤 2월 8일 이란을 떠났다. 그 사이에 미국은 샤에게 장기간 해외 체류를 권했다. 혁명운동이 벌어지자, 미국이 이란에서 자신의 이익을 지키려면 더는 샤를 지지해서는 안 된다는 것이 명백해졌기 때문이었다. 예전의 지위를 되찾기를 기대하면서 미국은 임시정부와 협력할 뜻이 있음을 대외적으로 공표했다.

군 장교들은 분열했고 확신이 없었다. 결국 그들은 중립을 지키고 임시정부와 협상을 시작하기로 결정했다.

이러한 사태 전개가 무대 뒤에서 진행되는 동안 게릴라 단체들은 이미 혁명 진영으로 넘어온 공군 기술자들, 사관생도들과 손잡고 샤에 충성하는 최후의 군대인 제국수비대와 시가전을 벌였다. 그들은 제국수비대를 물리친 뒤 대중에게 무기를 나눠 줬다. 2일 11일 진투는 절정에 이르렀고, 무장한 대중은 경찰 무기고와 테헤란의 주요 군주둔지와 군사학교를 포함해 병영들을 장악했다.

전투가 격화하자 성직자 대표들은 '이슬람의 가르침'을 내세워 무장한 대중을 해산시키려 했다. 그들은 '아직 무장투쟁을 할 때가 아니다'라고 주장했다. '호메이니가 아직 파트와(종교적 칙령)를 발표하지 않았다'는 것이었다. 그러나 성직자들은 아직 운동을 통제할 수 있는 위치에 있지 않았다. 이틀 동안의 격렬한 전투 끝에 게릴라 단체들은 무기를 들고 합류한 엄청나게 많은 열성적 자원자들과 함께 봉기를 완수했고, 2500년 역사의 왕정을 완전히 끝장냈다. 감옥 문이 열렸고, 혁명가들이 장악한 라디오와 TV에서는 '이것이 혁명의 목소리이자 모습'이라고 방송하며 전 세계에 왕정의 종식과 혁명의 승리를 선언했다.

샤의 국가가 붕괴하면서 권력은 민중의 수중으로 넘어왔다. 모든 공장, 시설, 사무실, 학교, 대학, 기타 작업장에서 파업위원회가 재구성됐고, 쇼라(평의회) — 노동자 쇼라, 학생 쇼라, 사무노동자 쇼라 등 — 로서 기능하기 시작했다. 농촌의 농민들은 스스로 농민 쇼라를 만들었다. 도시에서 권력은 코미테(위원회)라는 지역별 임시 기구들로 넘어갔다. 코미테의 회원들은 주로 게릴라 단체 지지자들로 구성됐지만 지역의 성직자와 이슬람공화국 사상을 광적으로 지지하는 사람들도 포함됐다. 소수민족들 사이에서도 권력은 그들의 지역 쇼라 수중에 떨어졌다.

공장은 생산 통제권을 장악한 노동자들에게 점거됐다. 농민들은 농민 쇼라의 도움을 받아 지주들한테서 토지를 몰수하기 시작했다. 좌파들은 무자헤딘과 함께, 그리고 학생 쇼라의 도움을 받아 SAVAK의 사무실과 기타 부속 건물들을 장악하고는 자신들의 본부로 삼았다. 이 새로운 본부에서 그들은 모임과 집회를 조직했다.

석유와 그 밖의 오래된 산업 부문들에서는 조직화 경험이 있는 (또는 부모나 가까운 친척들에게서 그 경험을 전수받은) 노동자들이 노동자 쇼라를 수립하는 과정에서 지도적인 구실을 했다. 그러나 비교적 새로운 산업 부문(이 부문의 노동자들은 대체로 최근에 농촌에서 이주한 사람들이었다)의 쇼라는 이전의 노동계급 전통이나 좌파 단체들의 영향을 받지 않고 등장했다. 이러한 산업들에서는 혁명적 파업위원회를 발전시키고 운영한 노동자들의 최근 경험이 샤와 SAVAK가 강제한 '조합'에 대한 증오와 함께 쇼라 결성의 주요 동력이 됐다.

아야톨라 호메이니가 이란의 새로운 국가수반이 됐는데, 이는 주로 다른 모든 반정부 단체들의 조직적·이데올로기적 약점 때문이었다. 그러나 2월 봉기가 승리한 후 여덟 달 동안, 호메이니의 권력은 결코 확고하지 않았다. 사실, 이란의 정치는 완전한 권력 공백 상태였다. 이 기간에 새로 건설된 노동자평의회들, 즉 쇼라는 근본적으로 중요한 정치적·경제적 구실을 하게 된다. 쇼라의 동력이 유지되는 한, 호메이니는 권력을 강화할 수 없었다.

노동자 쇼라의 성장

봉기가 일어나고 며칠이 지나자 호메이니는 노동자들에게 '혁명의 이름으로' 다시 일을 시작하라고 명령했다. 노동자들은 공장으로 복귀했지만 사실 바뀐 것은 아무것도 없음을 깨달았다. 임금과 노동조건은 예전 그대로였다. 그들은 재빨리 대응했다. 많은 공장에서는 경영자와 공장주가 없었기 때문에 곧장 쇼라를 건설할 수 있었다. 다른 곳에서는 여전히 똑같은 경영자와 감독관, 심지어 옛 SAVAK 파견자들이 그대로 남아 있다는 사실이 쇼라 건설의 동기가 됐다.

대부분의 작업장에서 준(準)혁명적 파업위원회가 새로운 노동자 조직들의 지도부에서 중핵이 됐다. 노동자들은 쇼라 내에 위원회들을 설치해 공장 내의 권위주의적·억압적인 인물들을 확인·조사하고, 옛 정권과 유착한 자들을 쫓아냈다. 한 노동자는 다음과 같이 주장했다.

샤 정권에서 경영자였던 사람들이 다시 임명됐다. 이 자들은 우리를 끔찍하게 억압했는데 어떻게 국가는 그런 작자들을 다시 경영자로 임명할 수 있단 말인가? 우리는 이를 결코 용납하지 않을 것이고, 우리가 노동자인 한 그러한 고통을 결코 감수하지도 않을 것이다.[23]

쇼라는 공장 생활의 모든 측면, 즉 구매, 판매, 가격 책정, 원자재 주문 등에서 힘을 발휘하기 시작했다. 여러 업무들을 처리하기 위해 각종 위원회가 조직됐다. 조합위원회는 임금, 처우, 보험, 의료, 안전과 관련된 노동조합 요구들을 제기했다. 재정위원회는 각 공장의 수입과 지출을 통제하고 경영진의 지출을 감독했다. 통신위원회는 다른 공장들의 쇼라와 연락을 유지했다. 감독위원회는 생산과 판매를 감독했다. 정치위원회는 공장 내에 작은 도서관을 설치하고, 노동자들이 자신의 공장과 다른 공장들의 최신 소식을 알 수 있도록 대자보를 제작하고, 리플릿과 소식지를 배포했다. 무장한 노동자들로 이루어진 경비위원회는 옛 소유자와 경영자들, 그리고(또는) 반혁명 분자들에 맞서 공장을 지켰다. 연대위원회는 파업 기금을 조직했다. 오로지 여성들로만 구성된 여성위원회는 여성 노동자들의 특수한 요구들을 제기했는데, 특히 여성이 노동력의 다수를 차지하는 화학 산업과 섬유 산업에서 두드러졌다.

노동자들이 사실상 산업을 통제하고 있었다. 그들은 개별 공장의 상황을 토론하고 계획을 수립하고 감독했다. 그들은 고용과 해고를 통제했다. 쇼라는 생산과 분배에서 권한을 행사하는 핵심 수단이었다. 테헤란의 차이트자한 방직공장(샤 정권 시절 공장 노동자들 가운데 정치 활동가들의 수가 많고 파업 투쟁의 전통으로 유명했던)이 전형적이었는데, 이 공장의 노동자평의회는 공장 업무 전반에 대해 높은 수준의 통제권을 행사했다. 혁명이 일어난 처음 몇 달 동안 노동자들은 생산량을 늘렸고, 전문가와 관리자들의 최고 임금을 삭감해서 최저임금을 곱절이나 올렸고, 노동자들에게 무료로 우유를 제공했다.[24]

노동자들의 과제는 공장을 직접 통제하면서 계속 가동하고 운영하는 것, 그리고 정부가 쇼라를 법적으로 인정하게 하는 것이었다(노동자들 스스로 그렇게 생각했다). 그러나 순식간에 몇 가지 주요 문제들 때문에 쇼라의 독립적 구실은 영향을 받게 된다.

첫째, 메흐디 바자르간의 임시정부는 노동자들의 경영 참여가 '비(非)이슬람적'이라고 선언했다. 정부는 쇼라를 부정하고, 종교 신앙을 이용해 노동자들을 분열시켜서 쇼라의 힘에 대항하려 했다. 정부는 이슬람 협회들로 조직된 소규모 노동자 집단들을 통해 쇼라의 활동에 간섭하고, 국가가 임명한 경영자들을 지지하기 시작했다. 이슬람 협회들은 종교적 선동을 시작했고, 이슬람의 보편성을 중시하는 모임들, 더 구체적으로 노동·재산·통제에 대한 이슬람식 해석을 고수하는 모임들을 조직했다. 그 목적은 작업장을 이데올로기적으로 통제하는 것이었다. 쉘의 자회사인 로간 파르스의 한 노동자는 이를 다음과 같이 설명했다.

혁명은 노동자들의 파업 덕분에 승리했다. 우리는 샤를 타도하고 그 체제를 분쇄했지만, 모든 것이 예전 그대로다. 국가가 임명한 경영자들의 사고방식은 옛 경영자들과 다를 바 없다. 우리는 쇼라를 강화해야 한다. 경영진이 쇼라를 두려워하기 때문이다. 그들은 쇼라의 힘이 유지된다면, 쇼라를 용인할 수밖에 없다는 것을 알고 있다. 그들은 반(反)노동계급 정책들을 곧바로 강요할 수 없는 것이다. 하지만 그들은 이제 종교 신앙을 근거로 쇼라에 반대한다. 우리가 뭔가를 주장하면 그들은 이렇게 대꾸한다. '그것은 당신의 신앙을 약화시키려는 공산주의자의 음모다.' 내가 알고 싶은 것은 쇼라가 종교에 대해 취해야 하는 태도다. 노동자들은 무슬림이든 기독교도든 종교와 상관없이 똑같이 착취당한다. 흡혈귀 같은 경영자들이 갑자기 훌륭한 무슬림인 양 종교를 들먹이며 우리를 분열시키려 한다. 따라서 우리가 승리할 수 있는 길은 쇼라를 통해 굳게 단결하는 것뿐이라는 점을 깨달아야 한다.[25]

둘째, 쇼라는 원료를 확보하고 경제 재건을 시작하는 데 큰 어려움을 겪었다. 민간 자본이 세우고 노동자 900명이 고용된 아즈마예쉬 전기·가스 기기 공장이 전형적이었다. 혁명 후 이 공장은 국유화됐고 국가가 경영자를 임명했다. 어느 노동자는 이렇게 설명했다.

혁명 이후 공장에는 6000만 토만*(600만 파운드)어치의 상품이 있었다. 하지만 우리가 공장에 복귀하기 전에 경영진은 이미 이 상품들을 바자의 중간상인들에게 빼돌린 상태였다. 우리는 그 상품들을 되찾을 방법도, 되찾을 돈도 없었다. 그뿐이 아니었다. 1년 전, 그러니까 파업

---

* 이란의 비공식 화폐 단위.

이 벌어지고 샤에 맞선 투쟁이 고조되던 시기에, 옛 경영진은 원자재 주문을 모두 중단했다. 아즈마예쉬 같은 공장은 원자재의 90 95퍼센트를 외국에서 수입해야 하고, 원자재 주문은 실물을 인도받기 1년 전에 해야 한다. 우리는 포기하지 않았고, 공장을 살리기 위해 각자 개인 재산 가운데 값나가는 물건들(예컨대, 카펫 따위)은 죄다 팔기로 결정했다. 그러나 그런 식으로는, 즉 우리 힘만으로는 아무 소용이 없다는 것을 깨달았다. 그래서 우리는 새로운 경영진과 협력해야 했다. 우리가 공장을 계속 운영하려면 정부의 대출과 자금 지원이 필요했다.[26]

문제는 원료만이 아니었다 현대 공장들의 다수는 대개 완제품 조립 공장들, 예컨대 제너럴모터스나 탤벗 같은 회사들이 해외에서 실어 온 부품들을 조립해 자동차를 완성하는 공장들이었다. 이란이 세계시장에 효과적으로 통합되는 데서 결정적 요인인 이러한 경제 발전 패턴 때문에 고도로 숙련된 기술자 계층이 창출됐다. 이들 중 많은 수가 다국적기업과 관련된 외국인 전문가들이었지만, 그 밖의 많은 기술자들은 유럽과 미국에서 교육받은 이란인들이었다. 이러한 이란인 숙련 기술자들은 평범한 노동자들과는 전혀 다른 세계에서 살았다. 그들은 더 높은 수준의 교육을 받았고, 엄청난 임금 격차를 누렸다. 그들은 경영진이나 외국인 전문가들과 긴밀히 협력했고, 잉여가치 착취에 동참했다. 그들은 사회적·기술적으로 더 우월한 지위에 있었고, 그 때문에 노동자들을 지휘·감독할 수 있었다.

노동자들은 쇼라를 통해 생산과 유통을 완전히 통제하고, 반(反)노동계급적 경영자들이 통제권을 회복하지 못하게 애를 썼다. 그러나 전반적 상황 때문에 노동자들의 앞길에 심각한 어려움이 있다는 것이 명백했다. 대다수 노동자들은 미(未)숙련 노동자나 반(半)숙련 노동자였다. 그들은 샤에 맞선 혁명운동의 가장 실질적인 세력으로서 생산을 중단시킬 만큼 강력했고, 이제 부르주아적 생산관계에 실제로 도전할 만큼 자신감이 충만했다. 그러나 그들은 딜레마에 빠졌다. 이제, 다시 말해 혁명 이후, 그들이 스스로 통제하면서 생산을 재개하고 유지하려면, 국가의 자금 지원뿐 아니라 기술자들과 그 밖에 기술적 소양을 갖춘 관리자들의 기술과 전문 지식도 필요했다.

많은 소유주, 경영자, 외국인 전문가들은 이란을 떠난 상태였다. 생산이 계속되려면 남아 있는 이란인 숙련 기술자들이 필수적이었다. 그들은 이란 노동계급이 쇼라를 통해 권력을 행사한다는 생각에 반대했다. 노동자 쇼라들이 정부에 자금 지원을 요청했을 때, 정부는 이러한 숙련 기술자들을 파견해 공장 통제권을 장악할 수 있는 완벽한 명분이 생겼다.

공장 내에 노동자 권력을 수립하려는 투쟁은 결정적 고비에 이르렀다. 노동자들이 생산 현장에서 쟁취한 권력을 굳건히 하려면 그들이 직접 통제하고 그들의 계급적 필요에 즉시 부응하는 국가기구가 필요했다. 노동자들은 공장 수준의 권력과 자원만으로는 경제적 후진성이라는 문제를 극복할 수 없었다. 노동자들이 자신들의 투쟁을 착취를 끝장내는 해방 투쟁으로 발전시키려 하는 순간 이 엄혹한 문제들에 직면할 수밖에 없었고 따라서 추가적인 해결책들이 절실하게 필요했다.

이란 노동자들은 그동안 거둔 혁명적 성과를 모두 잃은 채 원점으로 다시 돌아갈 위험에 처했다. 한편으로는, 이란 자본주의의 모순되고 불균등한 발전 때문에 1979년 2월 혁명의 엄청난 대중적 분출이 일어났다. 그런데 이제 똑같은 모순 때문에 경제가 붕괴하고 있었다. 그러나 경제의 유지야말로 노동계급의 생존에 결정적으로 중요했다. 샤가 통치하는 국가를 분쇄하는 것은 이란 노동자들이 현재 직면한 어려움과 견주면 오히려 쉬운 일이었다.

그러나 노동계급은 여기서 멈추려 하지 않았다(그들은 이미 너무 멀리 왔다). 그들은 혁명을 지속하고 혁명을 진정한 노동자 혁명으로 만들고 싶어 했다. 노동자들이 이란에서 여전히 소수라는 사실은 분명 객관적 어려움이었다. 그러나 그것이 반드시 극복할 수 없는 문제는 아니었다. 산업 프롤레타리아의 규모, 집중도, 문화, 정치적 비중은 모두 자본주의 발전의 정도에 영향을 받는다. 그러나 이러한 문제들이 유일한 결정 요인은 아니다. 노동계급의 힘은 생산력 발전 수준뿐 아니라 노동자들의 전통, 주도력, 투쟁 의지에도 달려 있다. 이란 노동자들에게 이러한 요소들은 결코 부족하지 않았다.

개별 평의회들을 강화하고 상호 결속력을 높이기 위해 '이란전국노동조합건설평의회'가 수립됐다. 1979년 3월 1일 이 기구는 24개 항목의 요구안을 발표했다.

우리 이란 노동자들은 파업, 연좌 농성, 시위를 벌여 샤를 타도했다. 몇 개월간의 파업 기간 에 우리는 실업, 가난, 심지어 굶주림을 견뎌야 했다. 많은 노동자들이 투쟁에서 목숨을 잃었다. 우리는 억압과 착취가 없는 이란을 만들려고 이 모든 일을 해냈다. 우리는 실업과 집 없는 설움을 끝장내기 위해, SAVAK의 눈치나 보는 조합들을 독립적인 노동자 쇼라(각 공장의 노동자들이 자신들의 경제적·정치적 요구들을 실현하려고 결성했다)로 대체하기 위해 혁명을 수행했다. 그러므로 우리는 다음과 같이 요구한다.

1) 정부는 쇼라를 인정할 것 2) 샤가 강요한 노동법을 폐지하고 노동자들이 직접 작성한 새 노동법을 제정할 것 3) 생활비와 연동된 임금 인상 4) 무과세 상여금 5) 현행 준(準)민영 보험 체제를 무상 의료 서비스로 대체할 것 6) 최대한 빠른 시일 내에 주거 보조비 지급 7) 병가 중 급여 지급 8) 주5일 40시간 노동 9) 옛 정권과 유착한 모든 인사의 해고 10) 모든 외국인 전문가와 내외국인 자본가들을 추방하고 그들의 자본을 몰수해서 모든 노동자들의 이익을 위해 사용할 것 11) 육체 노동자들에 대한 차별을 철폐하고 연차휴가를 1개월로 연장할 것 12) 공장 내 보건 환경 개선 13) 병가 중 급여 지급* 14) 징계성 처벌·벌금의 폐지 15) 경찰, 군대, 정부의 노동쟁의 개입 중단 16) 구매, 판매, 가격 책정, 수익 배분은 물론 투자와 공장의 전반적 조건 같은 산업 정책 결정에 노동자 쇼라의 참여 17) 쇼라에게 고용과 해고 결정권을 부여할 것 18) 집회·시위의 자유와 파업 합법화 19) 협동조합 자산을 노동자에 되돌려 줄 것 20) 무료 급식, 세탁 시설, 작업 안전 개선 21) 작업장에 구급차를 대기하고 간호원, 목욕탕, 탁아 시설을 갖출 것 22) 모든 임시적 노동자들의 정식 채용과 고용 보장 23) 건강이 안 좋고 아픈 노동자들의 상태를 확인해 작업 면제와 은퇴를 승인하기 위한 의료 상담

---

* 원문 그대로다.

기구의 설치 24) 광산과 주형 산업 부문에서 퇴직 연한을 30년 근무에서 20년 근무로 단축[27]

바자르간의 임시정부에는 확고한 계획이 있었는데, 그것은 바로 '이슬람공화국'의 수립과 강화였다. 이 용어가 뜻하는 바는 점차 명백해졌다. 즉, '이슬람공화국'에는 기존의 자본주의 생산관계 말고는 다른 것이 들어설 여지가 없었다. 노동자 쇼라는 이슬람공화국 수립을 방해하는 걸림돌이었다.

임시정부는 쇼라가 경영과 생산에 간섭한다는 이유로 '아나키즘적'이라고 선언했다. 노동사회부 장관인 다리우시 프루할은 기자회견에서 이렇게 발표했다. "노동부는 '조합'을 지지하며 노동자들이 오직 건전한 '조합'을 통해서만 그들의 이익을 지킬 수 있다고 생각한다. 따라서 노동부는 그러한 조직들을 지원할 것이며 다른 쓸모없는 형태의 조직들은 해산시킬 작정이다."[28]

보통의 노동조합 운동, 즉 단체교섭에 한정하고 경영진의 권리를 인정하는 운동은 자본주의 생산관계와 완전히 양립할 수 있는 반면, 노동자평의회는 완전히 다르고 자본주의에 엄청나게 더 위협적이다. 그러나 정부의 태도에도 불구하고, 공장 내 노동자 통제를 위한 투쟁은 계속됐다.

석유 부문 노동자 쇼라는 '부패하고 반(反)노동계급적'이라는 이유로 국영 석유 회사의 임원진을 모두 쫓아낸 뒤, 그들의 출입을 막고 임원 사무실을 점거했다. 회사의 대표이사인 하산 나지는 다음과 같이 불평했다. "경영진을 그런 식으로 협박하는 것은 우리 경제에 심각한 피해를 입히는 짓이다. 특히, 외국인 전문가들이 현재 분위기에서는 자신의 안전과 보호를 확신할 수 없어서 이란을 떠나 돌아올 엄두도 내지 못하는 상황을 감안하면 더욱 그렇다."[29]

호메이니 자신은 비록 여러 연설에서 노동쟁의, 임금, 노동조건, 실업 등에 관해 논평하기는 했지만 쇼라에 대한 공개적 의사 표명은 꺼렸다. 그러나 노동절 기념식 연설에서 자신의 진짜 견해를 다음과 같이 밝혔다.

노동자들, 특히 석유 노동자들은 혁명의 승리에서 가장 중요한 구실을 했습니다. 그리고 생산을 통해 혁명을 지속할 수 있는 것도 여전히 여러분입니다. 그러나 여러분은 악마의 손길이 여러분을 분열시키고 여러분의 힘을 약화시키려고 기회를 엿보고 있다는 것을 알아야 합니다. 여러분은 자각해야 하고 깨어 있어야 합니다. 여러분의 조국, 이슬람, 쿠란을 섬겨야 합니다. 이란과 모든 이슬람 국가는 하나의 이슬람 협회입니다. 각각의 이슬람 협회들은 신과 마지막 이맘[메시아 — 포야]의 가르침을 따르는 이슬람 협회의 작은 지부들입니다. 우리는 이러한 이슬람 협회들 안에서 화합해야 합니다.[30]

실업자들의 투쟁

노동자들은 실업이라는 심각한 문제에도 대처해야 했다. 정부 통계를 보면, 산업 시설의 겨우 50퍼센트만이 가동되고 있었고, 이 시설들의 생산가동률은 80퍼센트에 불과했다. 혁명적 흥분이 가시지 않은 상황에서 민간 자본은 투자할 확신도 없었고 준비도 돼 있지 않았다. 그리고 정부는 경제 재건 비용을 댈 수단이 없었다.

석유 수익 감소와 국내외 물가상승이 맞물리자 경제 위기에 대처하기가 더욱 힘들어졌다. 그동안 이란은 석유 수익으로 외국인 전문가와 외국인 노동자들을 포함해 식료품, 원료, 상품, 서비스를 수입하는 비용의 일부를 충당했다. 샤의 몰락으로 부패가 줄고, 값비싼 무기와 낭비성 전시행정(展示行政)에 쓰이던 지출이 줄어 필수적인 절약이 어느 정도 이루어졌다. 그러나 이 정도 절약은 대중의 경제적 조건을 개선하기에는 충분치 않았다. 이런 개혁으로 필요한 만큼 효과를 거두기에는 이란의 석유 수익 의존도가 너무 컸다.

경제 위기에 대응해 정부는 새로 국유화한 공장들을 폐쇄하고, 노동자를 해고하고, 임금을 삭감하고, 탁아소·세탁실·구내식당 같은 직장 내 복리후생시설을 줄였다. 그러면서 정부는 빈민들에게 새 집을 지어 주고, 실업급여 지급을 시작하고, 심지어 조만간 임금을 올려주겠다고 떠들썩하게 약속했다.

특히 실업 노동자들이 금융 위기로 가장 큰 타격을 받았다. 혁명 후 실업 노동자들(공식 통계를 보면 전체 노동자 1050만 명 가운데 약 400만 명이 실업자였다)은 여전히 대도시에 많았다. 가장 심하게 타격을 받은 것은 건설 노동자들이었는데, 실업자 중 가장 많은 수를 차지했다. 그들은 이미 샤 정권의 마지막 해에 대형 건설 사업이 축소되며 피해를 본 상황이었다(이 자체가 혁명적 상황을 만들어 낸 한 요인이었다).

실업자들은 대개 농촌 출신 이주민이었고 이렇다 할 기술이 없는 저임금 노동자였다. 그들은 대체로 일용직으로 고용됐고 그래서 샤 정권 시절 조직화가 특히 어려웠다. 그러나 샤에 맞서 싸운 몇 달 동안의 대중운동은 실업자들의 의식에 엄청난 영향을 미쳤다. 혁명 이후 그들은 학생과 여러 좌파 정치조직들이 주최한 정치 집회에 참가해 지지를 보냈고, 고용 노동자들이 조직한 공장 집회에도 참가했다. 그들은 스스로 대도시에서 실업에 항의하는 집회를 여러 차례 조직했고, 일자리와 국가 보조금을 요구했다.

남부의 큰 산업 도시인 이스파한에서 호메이니를 지지하는 '혁명 수비대'가 실업자들의 시위를 공격해 노동자 한 명이 사망했다. 이에 대한 분노로 다른 도시에서 더 많은 시위와 연좌 농성이 벌어졌다. 테헤란에서 실업 노동자들은 법무부와 노동부를 점거했다. 그들은 자신들의 시위 소식을 라디오와 TV에서 보도하고 사데크 고트브자데(호메이니가 새로 임명한 방송국 사장)가 새로 도입한 검열 제도를 폐지하라고 요구했다. 그들은 호메이니에게 공개서한을 보냈다. "우리는 코미테의 총격을 받았고, 체제 전복 세력이라는 비난을 받았습니다. 우리는 실업 노동자입니다. 우리는 혁명을 일으켰고, 이제 조국의 재건을 원합니다. 우리는 원하는 것을 이룰 때까지 계속 투쟁할 것입니다."[31] 노동부를 점거한 노동자 한 명은 다음과 같이 말했다.

나는 사장들의 노동부가 노동자들의 노동부가 될 때까지 이곳에 머물 것을 제안한다. 노동부 장관은 자신이 임시정부 장관이며 그 자리도 붙박이가 아닌 임시직일 뿐이라는 것을 알아야 한다. 그가 할 일은 기업주와 경영자들에게 '25년 동안 그렇게 엄청난 돈을 강탈해 갔는데, 어떻게 이제 와서 갑자기 파산할 수가 있느냐'고 따지는 것이다. 우리는 당신의 약속이 아니라 실행을 원한다. 우리더러 신앙이 없는 자들이라고 비난하지 말라. 우리의 요구를 들어주기만 한다면 하루 17번이 아니라 37번이라도 기도할 것이다.[32]

실업자들은 과거 SAVAK가 통제하던 테헤란의 '조합' 본부를 자신들의 모임 장소로 바꿔 놓았다. 그 건물은 이제 '노동자의 집'으로 불렸다. 날마다 여러 도시의 실업 노동자들은 '노동자의 집'에 대표자를 파견해 지역의 실업 문제를 논의하고, 추가 행동을 결정하고, 연좌 농성과 시위와 점거에 참가하도록 했다. 여러 공장의 쇼라도 '노동자의 집'에 대표단을 보내 실업자들과 연대하겠다고 밝혔고, 동시에 쇼라를 방어하는 투쟁에도 함께해 달라고 그들을 초대했다.

실업 노동자들은 메이데이 집회에서도 중요한 구실을 했다. 이 시위는 노동계급 운동과 임시정부 간의 힘겨루기 같은 것이었다. '이란 전국노동조합건설평의회'는 취업 노동자와 실업 노동자가 모두 함께 '노동자의 집'에서 출발하는 행진에 참가해 메이데이를 기념하자고 호소했다. 메이데이 당일 남성·여성 실업 노동자와 그 자녀들이 행진의 선두에 섰고, 배너를 들고 메이데이를 기념하며 서로 격려했다. 취업 노동자들이 그 뒤를 따라 각자의 공장과 산업의 고유한 요구를 적은 배너를 들고 행진했다. 중고등학생, 대학생, 정치조직 등도 이 행진을 지지했다.

노동자 집회의 규모는 엄청났다. 150만 명의 행진 대열이 테헤란의 거리를 지나가는 데만 6시간이 걸렸다. 파르시어[페르시아어], 아랍어, 쿠르드어, 아제르바이잔어로 쓰인 슬로건에는 시위대의 요구가 담겨 있었다. "아이들에게 노동이 아니라 교육을!", "모든 산업을 국유화하라!", "세상에 친절한 자본가는 없다", "진짜 노조 만세! 진짜 쇼라 만세!", "제국주의에 죽음을!", "남녀 동일임금 쟁취하자!", "오늘은 노동자의 설날, 혁명을 위해 목숨을 바친 사람들을 잊지 말자", "뭉치면 살고, 흩어지면 죽는다", "언론·출판의 자유", "노동악법 폐지하라, 노동자들의 참여로 새로운 노동법을 만들자", "노동자·농민 단결 투쟁", "실업자에게 일자리를" 등.

때때로 행진은 반(反)공산주의·친(親)이슬람 구호를 외치는 소규모 이슬람 폭력배들의 방해를 받았다. 시위대는 다음과 같이 응수했다. "노동자는 승리할 것이다. 반동 세력은 패배할 것이다." 폭력배들이 폭력을 쓰려고 하자, 시위 조직자와 정치 단체 등은 '그놈들은 소수에 불과하다'며 상대하지 않기로 결정했다. 실제로, 그들은 이러한 정권 하수인들과 충돌하지 않으려고 심지어 행진 경로를 바꾸기로 합의했다. 그러나 이슬람 폭력배들은 이것을 자신들의 승리로 여겼다. 그들은 노동자들의 플래카드와 배너들을 찢어버리며 '호메이니 만세! 이슬람 만세! 공산주의자들에게 죽음을!'이라고 외쳤다. 이처럼 노동자 시위대 규모가 엄청났음에도 조직자들은 훨씬 더 소수였던 적들에게 정치적 주도권을 ― 부분적으로 ― 내주고 말았다.

한편, 새로 결성된 '이슬람공화당'(Islamic Republic Party)은 테헤란 동부의 '이맘 후세인 광장'에서 출발하는 행진을 따로 조직했다. 그들은 가까스로 몇 천 명을 모았는데 그들의 슬로건을 보면 이 행진의 반(反)노동계급적 성격을 알 수 있다. "노동자·농민 여러분, 이슬람이야말로 여러분의 진정한 지지자다", "우리 무슬림 노동자들은 오늘도 열심히 일해야 한다", "분열과 선동은 매국노들의 수작이다", "우리는 쿠란(코란)을 따른다, 우리는 공산주의를 원하지 않는다", "이슬람은 승리한다, 음모꾼들은 패배할 것이다."

무자헤딘은 독립적 노동자 행진에 참가하기를 거부했는데, 이슬람 공화국에 반대하는 것으로 비칠까 두려워했기 때문이었다. 무자헤딘도 테헤란 인근 카라즈에서 별도로 집회를 열었지만 겨우 몇 천 명이 참가했을 뿐이고 그나마도 회원과 지지자가 다수였다. 그들의 모순된 처지는 구호에서도 드러났는데, 한마디로 정반대 요구를 화해시키려는 것에 지나지 않았다. "호메이니를 지지하라"는 배너 옆에 "쇼라를 지지하라"는 배너가 있고, "임시정부를 지지하라"는 배너 옆에 "모든 산업의 국유화를 지지하라"는 배너가 있는 식이었다.

이슬람주의 반동

메이데이에 일어난 사건은 노동운동의 잠재력을 보여 줬지만, 동시에 다른 두 가지 요소도 함께 보여 주었다. 첫째는 노동계급의 독립적 행동에 대한 정부의 노골적 반대였고 둘째는 이란 좌파의 혼란이었다. 이슬람 폭력배들의 활동은 새삼스러울 것이 없었다. 샤가 타도된 뒤 며칠도 안 돼 새로운 정부는 광신적 이슬람 단체들을 부추겨 사회 모든 부문의 민주적 권리와 요구를 공격하도록 했고 정부도 스스로 같은 목적으로 폭력을 사용했다. 그동안 여성들의 권리, 소수민족, 농민, 실업자, 좌파는 모두 그런 공격에 시달렸다. 그러나 그에 맞선 저항은 각자 따로따로 이뤄졌다. 왜 메이데이 때 폭력배들을 응징하지 않았을까? 왜 폭력배들이 상징적 승리를 거두도록 내버려 뒀을까? 과연 어떻게 이슬람주의자들은 그밖에도 많은 승리를 거둘 수 있었을까?

결정적 문제는 좌파들이 노동계급 운동과 여러 항의 운동에 개입해 대안 전략을 제시하기 보다는 그저 운동을 추수하면 된다고 생각했다는 점이다. 좌파들은 노동계급 내 여러 경향들과 이데올로기적 논쟁을 벌이지 말아야 한다고 생각했다. 이런 생각은 좌파가 가장 선진적인 부문이 아니라 가장 후진적인 부문(호메이니 지지자들의 영향력이 가장 큰)의 뒤꽁무니를 쫓는 실천으로 나타났다. 많은 좌파 단체 회원들은 노동자처럼 옷을 입고 말하면서 자신이 중간계급 출신임을 감추려 애썼고, 이런 '위장'이 노동자들의 신뢰를 얻는 데 필요하다고 믿었다. 그들은 시간이 지나면 자신의 사상을 주장할 수 있게 되리라고 기대했다. 그 사이에 그들은 인기 없을 듯한 대의를 지지하기를 머뭇거리면서, 이슬람 반동 세력에게 활동 공간을 열어주고 말았다.

이런 태도(와 그 위험천만한 결과)는 여성의 권리라는 쟁점을 둘러싸고 처음 드러났다. 1979년 2월 26일 호메이니 정권은 샤가 실시한 최소한의 개혁, 즉 가족보호법의 효력을 중단시켜서 여성들을 공격하기 시작했다. 이 조처를 통해 호메이니는 이혼 관련 권리를 다시 남편이 독점하게 해줬고, 동시에 남편이 4명의 본처에다 첫 부인의 동의 없이도 무제한으로 첩을 둘 수 있게 허용했다. 며칠 뒤인 3월 3일에는 여성 판사들의 직무를 금지하는 포고령이 발표됐다. 이슬람에 따르면 여성은 재판하기에 적합하지 않다는 이유에서였다. 3월 6일 국방부는 여성들의 군복무(일부 여성들은 무기 사용법을 배우려고 군대에 들어갔다)를 금지했다. 그리고 3월 7일 호메이니는 여성들이 일자리를 얻는 것은 금지하지 않지만 이슬람 베일(히잡)을 써야 한다고 선포했다.

다음날 수많은 여성들이 국제 여성의 날을 기념하며 반여성적 이슬람 법률에 반대해 시위를 벌이자, 헤즈볼라(신의 당)의 폭력배들이 돌을 던지며 여성들을 공격했다. 또, 코미테와 이슬람 근본주의자 회원들과 파스다란(Pasdaran, 호메이니 경호대)은 여성 시위대에 발포했다. 일주일 내내 하루도 빠짐없이 여성 수백만 명이 호메이니의 이슬람 법률에 반대해 거리 시위를 벌였다. 그 법들이 여성의 삶 구석구석에 영향을 미치기 때문이었다. 이란 좌파들은 여성의 권리를 옹호하는 노동자들의 지지를 모으려 하지 않았고, 오히려 대체로 이 쟁점에 기권했다. 심지어 일부 좌파는 여성들의 요구가 지지해야 할 만큼 중요하지 않은 '부르주아적 요구'일 뿐이라고도 주장했다.

이런 식으로 호메이니와 그 세력의 입지는 강화됐고, 특히 코미테 안에서는 더욱 강화됐다. 코미테는 혁명 이후 수립됐고, 지역 행정을 대부분 장악했다. 초기 코미테는 혁명가, 노동계급 청년, 샤에 맞서 몇 달 동안 대중투쟁을 벌이며 혁명적 사상에 눈을 뜬 도시 빈민으로 구성돼 있었다. 페다인과 무자헤딘은 테헤란을 비롯한 대도시 코미테에서 영향력이 꽤 컸다.

소수민족 지역에서는 대체로 소수민족 운동 지도자들이 지역 코미테를 통제했다. 쿠르디스탄 코미테는 쿠르드민주당과 급진적 수니파 성직자인 셰이크 에잘딘 후세이니(마르크스주의에 동조적이었다)가 지도했다. 아제르바이잔 코미테 회원들은 자유주의자인 아야톨라 샤리아트마다리를 따르는 사람들이었다. 쿠지스탄(아랍계 소수민족 거주지) 코미테 회원들은 게릴라 단체들과 급진파인 아야톨라 알 샤비르 하카니를 따랐다. 투르크만사흐라와 발루치스탄에서도 게릴라 단체들이 코미테를 지도했고, 이 지역 코미테들은 해외로 도주한 이란 왕족과 대지주들의 토지를 몰수했다. 이 단체들은 모두 호메이니의 '시아파 이슬람공화국'이라는 목표에 반대했다. 물론 좌파 정치 단체들의 영향력이 전혀 없는 지역의 코미테들은 시아파 성직자와 호메이니 추종자들이 운영하는 사원과 바자의 통제를 받았다.

고위 경찰 간부와 군 장교들은 이란을 탈출한 상태였다. 남아 있는 자들은 환멸을 느끼고 새 정권을 지지하지 않았다. 정권은 믿을 만한 군대와 경찰을 보유하지 못했으므로 정권의 존립과 이익을 지켜 줄 새로운 무력을 발전시켜야 했다. 정권은 믿을 만한 코미테를 국가·기구로 전환시키기 시작했고, 동시에 반정부 성향의 코미테들을 탄압하기 시작했다. 정권은 이데올로기적으로 가까운 인물들을 영입해 호메이니 지지자들이 통제하는 지역에서 사회적·이데올로기적 구실을 하게 했다. 그자들은 새로운 국가기구의 일원이 됐고, 그 뒤에는 자기 친척들을(이란에서는 대가족이 중요한 구실을 하므로 친척은 중요한 요소다) 채용하기 시작했다. 좌파는 코미테 안에서 체계적인 정치 투쟁을 전혀 벌이지 않았다.

그 결과, 코미테들은 순식간에 정권의 경찰이 됐고 기층에서 혁명적 인물들을 축출하기 시작했다. 3월, 그러니까 혁명이 승리한 지 고작 몇 주 만에 코미테 내부에 광신적 엘리트 그룹인 혁명수비대(파스다란) — 이슬람공화국에 반대하는 모든 활동을 야만적으로 탄압하는 임무를 부여받은 — 가 설치되면서 정권의 입지가 굳어졌다. 사실상, 혁명수비대는 호메이니의 SAVAK였고 거리와 공장과 소수민족 지역에서 악랄한 짓을 했다.

여성의 다음 차례는 소수민족이었다. 3월 18일 쿠르드족 마을들은 민족자결권을 요구하고 지주들의 토지를 점거했다는 이유로 폭격을 받았다. 3월 29일 군대가 곤바드키 부스의 투르크멘족 농민들을 사살했는데, 이번에도 토지 점거가 이유였다. 이란 좌파 조직들은 이런 투쟁을 멀리했다. 주요 쿠르드족 단체가 요구하는 분리 독립을 포함한 민족자결권을 지지하지 않았기 때문이다. 이처럼 이란 좌파의 정치는 이란 민족주의에 종속돼 있었다.

바자르간 정부는 이슬람 헌법 제정을 추진해 자신의 입지를 강화하려 했다. 3월 30일 정부는 '이슬람공화국 건설을 위한 국민투표'를 실시하겠다고 발표했다. 투데당과 무자헤딘은 모두 정권의 제안을 지지했지만 좌파, 여성 단체, 소수민족, 많은 공장의 쇼라는 국민투표에 반대했다. 그들은 편협한 이슬람 정부가 아니라, 사회의 여러 부문에서 선출된 대표자들로 제헌의회를 구성해야 하고, 바로 이 제헌의회를 통해 새로운 공화국의 형태가 결정돼야 한다고 요구했다.

정부는 투표 연령을 16세로 낮추는 등 국민투표를 준비하기 시작했고 유권자 2400만 명이 투표에 참가하게 된다고 발표했다. 동시에 정부는 대중이 샤 정권에서 바로 얼마 전까지 경험했던 협박과 공포 분위기를 다시 조장했다. 정부는 '반혁명 활동을 방지'한다며 국민투표가 끝날 때까지 군대가 비상 대기 태세를 유지할 것이라고 발표했다.

국민투표 자체는 다음과 같이 진행됐다. 정부는 두 종류의 투표 용지를 만들었다. 하나는 '반대'가 적힌 빨간색 용지고, 다른 하나는 '찬성'이 적힌 녹색 용지였다. 지역 코미테 회원들은 투표자들에게 투표용지를 나눠주면서 투표 참가자들의 신분증에 도장을 찍었다. 이란에서 신분증은 개인 활동을 감시하는 효과적 수단으로 오랫동안 이용됐다. 사람들은 온갖 활동, 즉 학교 출석, 물품 구매와 판매, 결혼, 해외 여행, 군복무 등에 신분증을 사용해야 했다. 사람들은 오랫동안 보안경찰이 조성한 공포 분위기 속에서 살았고 제대로 된 선거를 치러본 적이 없었는데, 이제 다시 두려움을 느꼈다. 국민투표에 기권하면 신분증에 도장이 찍히지 않을 것이고, '반대' 용지를 선택하면 지역 코미테가 이름을 기록할 터였다.

이렇듯 위협적인 분위기에서도 이란 전역에서 일부 주민들과 지역 코미테·파스다란이 격렬하게 충돌했다. 쿠르디스탄과 투르크만사흐라 주민들은 투표함을 불태웠다.

정권은 투표 결과를 제대로 밝히지 않으면서도 국민의 압도 다수가 이슬람공화국에 찬성했다고 선언했다. 임시정부는 이 결과를 내세워 노동자, 여성, 소수민족, 학생, 지식인, 쇼라 등이 제기한 제헌의회 요구를 일축했다. 오히려 그들은 이슬람 헌법을 승인할 이슬람 전문가들의 회의를 준비하기 시작했다. 이제 혁명수비대(파스다란)는 하셰미 라프산자니(나중에 국회의장이 된다)의 지휘를 받으며 '이슬람공화국을 수호'하는 공식 기구가 됐다. 광신적 이슬람 근본주의자들로 조직된 이 무장 단체들은 이제 새로운 이슬람 국가기구의 핵심 경찰력이 됐다. 이슬람공화당이 창당돼 좌파 단체들의 영향력에 대항하는 한편 혁명적 요구가 제기될 때마다 대항 시위를 조직했다.

4월 10일, 앞에서 살펴본 것처럼, 파스다란은 이스파한에서 일어난 실업 노동자들의 시위에 발포했다. 그들은 서점을 습격해 책을 불태우며 '알라후 아크바르(신은 위대하다)'를 외쳤다. 정권은 라디오와 TV 방송국을 장악했고, '비(非)이슬람적' 여성과 좌파 대표자들을 해고했다. 칼과 몽둥이로 무장한 폭력배들은 좌파와 무자헤딘의 본부와 서점과 모임과 시위를 습격했다. 광신적 무슬림이 아니면 누구든 '반혁명분자'로 낙인찍혔다.

정권은 탄압을 강화했고, 진보적 신문들을 폐간하고 공식 언론을 독점했다. 샤 시절의 군 장교들이 복권돼 쿠르디스탄과 쿠지스탄을 상대로 한 대규모 군사 공격을 지휘했다. 지역 코미테들(이제 이슬람 코미테라고 불렸다)에서 혁명적 인물들이 완전히 축출됐고, 그 자리에 이슬람 근본주의자들이 들어앉았다.

쇼라를 숙청하고 노동자들을 해고하는 등, 노동운동에 대한 공격이 점점 더 거세졌다. 정권은 이슬람 이데올로기를 활용해 노동계급을 분열시키려 했다. 정권은 쇼라가 이슬람적이어야 한다고 선언했다. 정권의 목적은 노동 대중에게 미치는 혁명가들의 영향력을 줄이는 것이었다. 자본가와 노동자라는 말 대신 새로운 용어가 도입돼 노동자는 '무스타자핀'(피억압자)으로, 자본가는 '무스타크베린'(억압자)

으로 불렸다. 호메이니는 '무스타자핀'의 보호자를 자처했고, 반대로 정권에 반대하는 세력은 모두 '무스타크베린'으로 낙인찍혔다.

이런 사상에 매력을 느낀 것은 노동계급의 가장 후진적인 부문이었다. 그들은 호메이니의 이슬람식 화법과 쇼라의 이슬람화라는 사상에 공감했다. 동시에 호메이니에 대한 그들의 지지는 — 그들 중 다수가 어느 정도 깨달았던 것처럼 — 대단히 모순적이었다. 왜냐하면 그들은 국가가 임명한 경영자들에 반대했고 쇼라가 모든 결정을 해야 한다고 생각했기 때문이다. 한 노동자는 이 문제를 두고 다음과 같이 말했다.

그들[경영자들]이 쇼라의 권리를 인정하지 않는다면, 연좌 농성과 작업 거부가 벌어질 것이다. 그들이 쇼라를 불법화한다면, 노동자들은 그들을 절대로 공장 안에 들이지 않을 것이다. 그들이 쇼라를 해산한다면, 그들 자신이 쫓겨나게 될 것이다.[33]

정권이 반자본주의·반제국주의 슬로건을 내세우고 호메이니가 '무스타자핀(피억압자)을 돕겠다'고 선언했지만, 사실 이슬람 국가의 발전은 자본주의 생산관계의 복구와 강화에 달려 있었다.

무자헤딘이 쇼라의 이슬람화를 지지한 것 때문에 상황이 더욱 꼬였다. 비록 무자헤딘이 호메이니보다 훨씬 더 자유주의적으로 이슬람 쇼라를 해석했지만 말이다. 페다인 등은 원칙 있게 이슬람화에 반대하지 않았고, 가장 후진적인 노동계급 부문의 의식을 용인해야 '그들의 신뢰를 얻을' 수 있다고 생각했다. 결과적으로 이슬람화 과정은 모든 산업 부문에서 결코 균등하게 이뤄지지 않았다. 노동자들의 의식 수준과 좌파의 영향력 정도에 따라 작업장마다 결과가 달랐다.

8월 9일 호메이니는 '재건운동'이라는 새로운 이슬람 조직을 창설했고, 노동자들에게 이 단체에 전적으로 협조하라고 요구했다. 그는 '재건'의 시기가 왔으므로 이제부터 파업은 범죄라고 말했다.[34] 이 발표에 바로 뒤이어, 이슬람 협회와 이슬람 쇼라가 샤 시절의 주 48시간 노동제로 돌아가자고 주장했다. 그들은 일거리가 줄어든 공장의 노동자들을 농사, 거리 청소, 정부 청사 창문 닦기 등에 동원하기 시작했다.

제너럴모터스, 캐터필러, 이란내셔널 같은 대규모 조립 공장들(모두 수입 부품 의존도가 매우 높았다)의 노동자들은 이제 '재건운동'에 동원되는 처지가 됐다. 생산이 줄어든 마당에 노동자들이 놀고 있으면 안 된다는 게 그 이유였다. 많은 노동자들이 이를 거부하고 파업과 연좌 농성에 참가했다. 이란내셔널(탤벗의 자회사)의 한 노동자는 다음과 같이 주장했다. "수많은 사람들이 실업 상태다. 그런데도 그들은 생산적으로 일할 수 있는 작업 현장에서 우리를 빼내서 재건운동에 투입하고 있다." 제너럴모터스에서 일하는 노동자는 다음과 같이 물었다. "정부는 도대체 왜 자본가들이 유럽 은행으로 빼돌린 자본을 강제로 회수해서 우리가 생산을 지속하고 공업과 농업을 현대화할 수 있도록 하지 않는가? 그것이야말로 진정한 재건이다."[35]

물론 정권이 공장에서 숙련·반(半)숙련 노동자들을 몰아낸 데는 특별한 정치적 목적이 있었다. 즉, 노동자들 중 가장 전투적이고 의식적인 부문을 작업장에서 제거할 수 있다면, 이슬람 협회와 이슬람 쇼라를 강화하기가 그만큼 더 쉬워질 것이라는 계산이었다.

호메이니가 포고령을 발표한 뒤 파업과 연좌 농성은 '공산주의자의 음모'로 낙인찍혔고, 무장한 코미테들한테 공격을 받았다. 10월 초 지역 코미테가 실업 노동자들의 본부('노동자의 집')를 점령했다. 실업 노동자들은 두 차례나 그 본부를 다시 점거했다.

1979년 가을은 정권에게 결정적으로 중요한 시기였다. 집중적 탄압에도 불구하고 온갖 종류의 대중투쟁이 계속 일어났기 때문이다. 대다수 여성들은 부활한 이슬람 법률에 반대했다. 공장 점거는 계속 유지되고 있었다. 전국 방방곡곡에서 실업자들의 시위와 집회가 계속 일어나고 있었다. 농민들은 여전히 토지 점거 운동에 참가하고 있었고 정권의 혁명수비대와 전투를 벌였다. 다른 한편, 소수 민족들과 중앙정부 사이의 전쟁은 그 절정에 이르고 있었다.

이란 지배계급도 분열해 정권 내 상이한 분파들 사이의 권력 투쟁이 격해졌다. 바자르간 정부는 부르주아 민족주의 경향을 대표했고 서방식 자본주의 재건 프로그램을 추구했다. 이슬람공화당 내 국가자본주의 경향은 국유화 확대와 경제의 중앙집권화를 원한 반면, 이슬람 근본주의를 따르는 '호자티에 그룹'은 바자와 프티부르주아지의 강화를 바탕으로 한 이슬람식 사적 자본주의 정책을 좋아했다. 그러나 어느 분파도 우위를 점하지 못했다. 그리고 정권 내 어느 누구도 향후 진로에 대해 명확한 전망을 갖지 못한 듯했다.

11월 4일 미국 대사관 점거로 이어진 '반제국주의' 활동 물결이 시작된 것은 바로 이런 상황, 즉 이란 혁명이 비교적 교착상태에 빠졌을 때였다. '반제국주의 투쟁'은 지배계급의 내분을 해소하는 동시에 노동자 권력을 향한 투쟁을 끝장내는 수단이 된다.

미국 대사관 점거

1979년 11월 4일 '이맘 호메이니의 노선을 따르는 이슬람 학생운동'이 테헤란의 미국 대사관을 점거했다. 정권은 '제국주의에 맞선' 시위들을 조직했고, 이란 내 반정부 세력들을 극도의 혼란에 빠뜨렸다. 모든 정치적 관심과 활동이 '반제국주의' 운동으로 쏠렸다. 좌파 정치 단체들은 상황이 어떻게 돌아가는지를 놓고 심각한 혼란에 빠졌다. 그들은 호메이니 정부의 '반제국주의' 성격을 두고 격렬히 논쟁하기 시작했고, 이슬람 정권에 맞선 독립적 활동을 방기했다.

이란 좌파는 혁명이 승리해 샤 왕정이 타도됐지만 여전히 낡은 국가기구가 대부분 그대로 남아 있다는 사실을 망각했다. 미국 정부의 추산을 보면,[36] 샤의 장교단 중 30퍼센트는 축출됐지만 70퍼센트는 여전히 자리를 보전했다. 은행, 보험회사, 일부 민간 기업체가 국유화됐지만, 그 과정을 통제한 것은 노동자들이 아니라 이슬람 법률과 조직들이었다. 소수민족의 요구와 관련된 이전의 약속들은 무시당하거나 파기됐다. 시아파가 지배하는 사회의 이슬람화와 함께 페르시아 국수주의는 소수민족의 권리를 말살했다.

호메이니가 종교적 쟁점을 이용했을 때 이미 반대 세력들은 심각하게 분열한 상태였다. 그런데 이제 미국 대사관 점거를 기회로 호메이니가 전투적 민족주의 카드를 꺼내들자 반대 세력의 혼란은 극에 달했다. 호메이니는 좌파적 반대 세력들을 완전히 분열시켰다. 이제 호메이니는 공장, 여성, 소수민족 등의 문제가 모두 미 제국주의 때문이라고 주장했다. 쿠르디스탄, 타브리즈, 투르크만사흐라, 쿠지스탄에서 이란 정부에 대항해 전투를 벌인 것도 미 제국주의고, 이슬람 법에 반대하는 여성들도 미국과 시온주의의 앞잡이고, 쇼라의 이슬람화에 저항하는 노동자들도 제국주의의 앞잡이라는 식이었다.

투데당은 호메이니의 주장에 동조했고, 그의 노선을 지지했다. 가장 큰 좌파 조직들, 즉 페다인, 무자헤딘, 페이카르(Paykar)도[37] 투쟁에서 이탈했고, 자신들이 영향력을 상당히 미치고 있던 전투적 노동자, 여성, 소수민족 들을 저버렸다.

이를 정당화하면서 모든 좌파 정당은 노동자들의 '낮은 의식 수준' 운운했다. 그들은 (부당하게도) 쇼라의 요구들이 결국 경제적 요구일 뿐이라고 주장했다. 페다인과 페이카르는 쇼라가 좌파 정당들의 지도를 받아들여 정치적 요구를 내걸어야 한다고 주장했다. 그들이 제안한 정치적 요구는 사회주의적 요구처럼 들릴 수도 있지만, 기껏해야 민족주의적 요구였다. 무자헤딘은 쇼라가 노동자 통제와 이슬람 이데올로기를 결합시켜 소비에트 사회주의와 이슬람이 융합될 수 있게 해야 한다고 생각했다. 미국 대사관 점거라는 상황에서 좌파는 모든 세력이 '진보적·반제국주의적 부르주아지'와 단결해야 한다는 데 동의했다.

미국 대사관 점거를 둘러싸고 벌어진 전국적 운동은 호메이니가 반대 세력을 침묵시키는데 유리한 정치적 환경을 조성했다. 호메이니는 기회를 놓치지 않았다. 이슬람 헌법에 대한 새로운 국민투표 계획이 발표됐다. 국민투표에 반대하는 사람은 모두 시온주의자나 제국주의 앞잡이로 낙인찍혔다.

좌파 정치 단체들은 모두 '반제국주의 투쟁을 위태롭게 해서는 안된다'며 국민투표를 지지했다. 그러나 아제르바이잔계 투르크족의 근거지인 타브리즈에서 아야톨라 샤리아트마다리(자유주의적 성직자들의 지도자)의 지지자들은 호메이니의 이슬람 헌법에 맞서 총파업과 대중 시위를 조직했다. 이 저항은 무참히 진압됐다. 이런 식으로 새 헌법에 반대하는 일부 성직자와 자유주의 부르주아지조차 침묵을 강요받았다.

새 헌법은 개인의 자유, 언론·결사·집회·표현·종교의 자유(바하이교는 예외였다) 등의 권리를 보장했지만, 오직 '이슬람 규범'을 따를 때만 그랬다. 공공장소로 외출하는 여성은 이슬람 복장을 갖춰야 했다. 음악과 술은 금지됐다. 신문과 언론에서 이슬람공화국과 이슬람을 비판하는 내용은 죄다 금지됐다. 시아파 이슬람 외 다른 종교[38]가 허용됐지만(이번에도 바하이교는 예외였다) 그 신자들은 (예컨대, 여성, 술, 음악과 같은 문제에서) 이슬람 규범에 따라 처신해야 했다. 다른 민족의 존재를 인정하면서도, 그들의 언어와 문화는 인정하지 않았다.

공장에서는 이슬람 쇼라와 협회가 동원돼 이슬람화 계획이 추진됐다. 비공인 파업 물결이 다시 고조됐고, 노동자들은 사적 자본, 특히 외국 자본과의 합작 사업에 참여한 자본을 몰수하라고 요구했다. 쇼라 지도자 다수가 체포됐고, 파업 기금은 이슬람 쇼라한테 몰수됐다.

이슬람 헌법이 비준되자, 다음 단계는 대통령과 의회를 선출하는 것이었다. 이것은 정권 내 분파 투쟁이 격화하는 계기가 됐다. 영향력이 가장 큰 두 세력이 경합했다. 한편에는 비교적 정설 자본주의 재건 정책을 주장하는 자유주의적 민족주의 경향이 있었는데, 호메이니의 옛 보좌관이자 외교부 장관이었던 바니 사드르가 이끌었다. 다른 한편에는 국가자본주의적으로 경제를 재건하자는, 아야톨라 베헤쉬티가 이끄는 이슬람공화당 내의 한 경향이 있었다. 이슬람공화당은 공장 내 투쟁에 적극 개입해 이슬람 쇼라를 통제했다.

권력 투쟁의 1라운드에서는 바니 사드르가 승리했다. 1980년 1월 그가 대통령으로 선출될 수 있었던 것은 대체로 이슬람공화당이 내부 분열로 단일 후보를 내지 못한 덕분이었다. 무자헤딘은 마수드 라자비를 대통령 후보로 내세웠고 여성과 소수민족의 권리, 노동자 쇼라를 지지하는 강령을 제출했다. 그러나 정부는 "헌법에 따르면 라자비는 진정한 무슬림이 아니고 실제로는 반혁명 분자"라며 라자비에게 후보 사퇴를 강요했다. 당시 바니 사드르는 (노동자 쇼라에 대한 지지를 포함해) 무자헤딘의 강령을 수용했고, 이를 기반으로 선거에서 승리했다.

바니 사드르의 당선 이후, 사드르와 이슬람공화당의 갈등이 격화했다. 이슬람공화당은 의회와 내각에서 지지자들을 동원해 사드르의 지위를 약화시켰다. 공장에서는 이슬람공화당의 통제를 받는 이슬람 쇼라들이 성직자들의 권력을 확고히 하는 수단이 됐다. 성직자들은 노동자 쇼라와 자유주의 경영진 모두에 반대했고, '마크타비 경영진'

('이슬람 경영진')을 영입했다. 마크타비 경영진은 이슬람 쇼라와 함께 노동자 쇼라에 반대하는 캠페인을 벌였다.

바니 사드르 정부의 노동부 장관 무함마드 미르 샤데기(부르주아 민주주의 테두리 안에서 노동조합 권리를 인정했다)는 이슬람 광신도이자 이슬람공화당 내 '호자티에' 분파에 속한 타바콜리로 교체됐다. 타바콜리는 "재산, 공장, 정부는 모두 신과 그 예언자와 열두 번째 이맘의 것이다. 열두 번째 이맘(메시아)이 없는 상황에서, 이것들은 이맘의 대리인[즉, 호메이니 ─ 포야]에게 속한다"는 이유로 심지어는 이슬람 쇼라조차 못마땅해 했다.

이 기간에 많은 공장의 쇼라가 폐쇄됐다. 예컨대 타브리즈 지역의 툴-메이킹·리프트트랙·폼프이란·콤피도르 공장들, 길란노동자쇼라연맹(노동자 3만 명이 속한), 서부테헤란노동자쇼라연맹, 아와스석유산업쇼라, 철도노동자쇼라 등이 그랬다. 전에는 노동자들이 자유롭게 모이던 장소인 '노동자의 집'은 친(親)이슬람공화당 쇼라와 이슬람협회의 본거지가 됐다.

1980년 8월 정권은 이윤공유제를 폐지했다. 이윤공유제는 샤가 시행한 산업 개혁 중 하나였고, 기업들은 이 제도를 통해 이윤의 일부를 노동자들에게 지급했다. 테헤란의 한 노동자는 다음과 같이 말했다. "이것은 우리 임금의 일부이고, 전 정부가 해마다 이윤공유라는 이름으로 우리에게 지급했을 뿐이다. 이제 이슬람 정권은 이것조차 우리에게서 빼앗아간다."

노동쟁의가 여전히 들끓었다. 쇼라 폐쇄와 '마크타비 경영진'에 반대한 노동자들을 해고 한 것이 주된 쟁점이었다. 정권은 쇼라의 흔적을 모두 없애버리려 했지만, 노동자들의 계속된 저항 때문에 그러기가 어려웠다. 1980년 8월 이란 의회는 이슬람 쇼라에 관한 법률을 제정하고, 쇼라에 자문기관의 임무만 부여했다. 대다수 노동자는 이 법을 인정하지 않고 강력하게 저항했다. 전국 일간지 〈케이한〉이 실시한 여론조사 결과를 보면, 노동자들은 새 법률을 강력히 반대했다. 한 노동자는 다음과 같이 말했다. "우리는 이 법을 인정할 수 없다. 우리는 우리가 생산·분배·경영을 통제할 수 있는 법률을 원한다." 또 다른 노동자는 다음과 같이 말했다.

이 법의 목적은 노동자들의 힘을 약화시키는 데 있다. 이 법은 사실상 '조합'에나 어울릴 수준의 권리만 인정하고, 오직 자본가들의 권리만을 보호한다. 쇼라는 공장 안에서 우리 힘의 근간이다. 자본가들이 공장을 운영하는 동안 그들은 틀림없이 우리의 힘을 계속 약화시키려 할 것이다.[39]

1980년 9월 이라크가 이란을 침공했다. 그 영향으로 이란의 반혁명적 이슬람공화국은 엄청난 자신감을 얻었다. 이슬람 쇼라들은 다음과 같이 선언하는 결의안을 통과시켰다. "우리는 전쟁 중이다. 우리는 희생하고 단결해야 한다. 그리고 전쟁에서 승리하려면 심지어 주말에도 일해야 한다." 호메이니는 교육·문화 기관을 모두 이슬람화하기 위한 '문화 혁명'에 착수했다. 혁명수비대와 코미테는 좌파의 마지막 피난처인 대학에서도 좌파를 공격했고, 대학들은 무기한 휴교에 들어갔다. 베일 착용이 의무 사항이었으므로 베일을 쓰지 않은 여성은 구타당해 뼈가 부서지고 얼굴에 산(酸)을 뒤집어쓰고 화상을 입었다.

좌파는 산산조각 났고 분열했다. 무자헤딘은 기껏해야 자유주의 부르주아지의 대표자일 뿐인 바니 사드르와 동맹을 맺었다. 페다인은 두 분파로 쪼개졌다. 다수파는 투데당과 손잡고, 호메이니 정권은 반(反)제국주의 세력이므로 진보적이라고 주장했다. 반대로 소수파는 호메이니 정권이 반동적 자본주의 정권이라고 주장했다. 좌파와 쇼라, 심지어 자유주의적 민족주의자들까지 약해지면서 이슬람공화국은 그만큼 더 강력해졌다.

1981년 6월 바니 사드르는 대통령직에서 해임됐다. 호메이니 정권에 맞선 도시 게릴라들의 군사 활동이 무자헤딘의 주도로 전국에서 시작됐고, 페다인 소수파도 여기에 참가했다. 폭탄 공격으로 이슬람공화당의 최고 지도자 72명이 죽었고, 아야톨라 베헤쉬티도 그중 하나였다. 바니 사드르와 무자헤딘 지도자 라자비는 프랑스로 도망갔다. 또 다른 폭탄 공격으로 신임 대통령 라자이와 총리인 바호나르가 죽었다. 게릴라 활동과 [이라크와의] 전쟁은 정권이 모든 공장을 군사화하고 잔존 반대 세력을 모두 제거할 수 있는 절호의 명분이 됐다.

1979년 2월 민중 혁명의 성과 가운데 남은 것은 하나도 없었다. 노동자 운동은 분쇄됐다. 좌파는 붕괴해서 낡은 오류를 되풀이했다. 즉, 살인적 반(反)노동계급 정권을 무비판적으로 지지하거나 아니면 끔찍한 고립을 자초하는 게릴라 정치로 돌아간 것이었다.

결론

이란 노동계급은 끔찍한 샤 정권을 무너뜨리는 투쟁에서 핵심 세력이었다. 그러나 권력은 노동자들의 수중에 떨어지지 않았다. 오히려 호메이니가 이끄는 임시정부가 옛 질서의 잔해 위에서 등장한 새로운 국가권력의 정책과 형태를 결정했다. 호메이니 정부가 새로운 부르주아 국가 통치 체제를 발전시키면서 노동계급은 그 포로가 됐다. 결국 노동자들은 새로운 이슬람 정권의 지배를 받게 됐고, 이슬람 정권 치하에서 노동자의 권리와 힘은 샤 정권 시절과 별로 다를 바 없었다(일부 중요한 측면에서는 훨씬 나빠졌다).

반혁명은 호메이니의 가짜 '반제국주의' 가면을 쓰고 추진됐고 이란·이라크 전쟁이 시작되면서 강화됐다. 대중이 전쟁을 열광적으로 지지한 것(특히 농촌의 낙후한 지역에서)은 부분적으로 정권이 전쟁을 '혁명의 확산'으로 포장했다는 점으로 설명할 수 있다. 끔찍하게 늘어나는 사망자 수는 이슬람을 위한 죽음은 '낙원으로 가는 해방'이라는 기괴한 주장으로 옹호됐다.

전쟁은 정권이 좌파적 반대 세력을 모두 소탕할 수 있는 완벽한 빌미가 됐다. 독립적 노동조합 조직과 파업권은 '비(非)이슬람적'이라는 이유로 폐지됐고, 노동자들은 샤 정권 시절의 처지로 되돌아갔다. 여기에서 이슬람은 자본주의의 필요에 완전히 부합했다. 여성들은 결혼, 이혼, 자녀 양육권, 노동권 등과 관련된 모든 문제에서 여성의 기본적 권리를 신의 이름으로 박탈하는 가부장적 천대에 시달렸다. 민족적·종교적 소수자들은 끔찍하게 탄압받았다.

1986년의 '이란 게이트' 파문은 이슬람 정권의 진정한 성격을 드러냈다. 호메이니 정권의 2인자 라프산자니는 미국 레이건 정부와 무기 거래를 하면서 이란이 다시 걸프 지역의 경찰관 노릇을 해야 한다고 제안했다. 이제 근본주의적 이슬람은 중동, 근동, 북아프리카 전역에서 다른 진보적 발전을 목 졸라 죽일 태세가 돼 있었다. 한편 서방 지배계급은 이 새롭고 낯선 동맹 세력에 적응하고 관계를 맺으려 하고 있다.*

이런 비극적 결과가 불가피했던 것은 아니다. 1979년 2월 혁명 이후 몇 개월에 걸친 이란 노동자들의 투쟁 역사는 사뭇 다른 결과가 가능했음을 보여 준다. 이란 노동자들은 이슬람공화국이 강요하는 것과는 매우 다른 종류의 사회를 원했다. 그들은 자신들이 직접 통제하는 사회를 원했다. 그들이 쇼라를 통해 발전시킨 요구들을 보면 이 점이 분명히 드러난다.

쇼라를 통한 노동자들의 권력 투쟁은 '경제적' 요구와 '정치적' 요구를 서로 연결시켰다. 쇼라는 혁명적 기관이었다. 쇼라는 샤를 타도하는 투쟁의 불길 속에서 처음 탄생했고, 노동자들은 이 기관을 통해 노동자 권력에 대한 염원을 표현했다. 쇼라가 제기한 요구들은 임금, 노동시간, 고용조건 등에만 국한되지 않았다. 생산과 사회·정치 생활 전체에 대한 통제권이라는 문제를 핵심으로 삼았다.

샤가 타도된 뒤 여러 달 동안, 산업 현장에는 사실상의 노동자 통제가 존재했다. 그러나 이것이 새로운 사회질서의 토대로 굳어지고

---

* 이것은 현재 이란과 미국의 관계와는 사뭇 다르다. 독자들은 이 책이 1987년에 출판됐다는 점을 고려하기 바란다.

강화되려면 국가권력이라는 문제를 피할 수 없었다. 처음부터 이슬 람공화국은 쇼라를, 즉 노동자들이 생산과 분배 등을 통제하는 데 이용한 수단을 약화시키려 애썼다. 호메이니 정부는 노동자위원회들에 맞서 '이슬람' 관리자들과 중간계급 기술 전문가들을 지원했고, 법률과 규제를 동원해 노동계급 권력이 전면적으로 확장되는 것을 가로막았다.

새로운 이란 국가의 형태를 둘러싼 정치적 투쟁은 작업장에서 승리하기 위한 필수적 전제조건이었다. 일터의 사회주의적 생산관계는 노동계급이 자신의 집단적 힘을 공장을 넘어 국가 자체로 확장할 때만 보장될 수 있다. 쇼라의 요구들, 특히 쇼라 산하 '국가창설위원회'의 요구들은 지도적인 전투적 노동자들이 이 점을 뚜렷이 인식하고 있었음을 보여 줬다.

이런 식으로 노동자 권력을 발전시키는 데 성공하려면 노동자들은 요구의 기반을 확대하고 그럼으로써 혁명 전체의 기반까지 확대해야 했다. 노동자들은 자신들의 고유한 요구들을 내세울 뿐 아니라 이란 사회의 다른 피억압 부문들(실업자, 여성, 농민, 여러 민족적·종교적 소수자 등)의 요구를 수용하고 통합해야 했다. 왜냐하면 서로 겹치기도 하는 여러 집단들의 이익은 노동자의 이익과 마찬가지로 혁명이 더한층 발전하는 것과 밀접히 연관돼 있었기 때문이다. 이 집단들은 모두 호메이니의 임시정부에 맞선 투쟁에서 노동자들의 잠재적 동맹이었다.

그러나 거의 처음부터 호메이니와 그 동맹들은 호메이니의 이슬람공화국 계획에 반대하는 세력들을 분열시킬 수 있었다. 대체 어떻게 이란 혁명의 민주주의적·노동계급적 가능성에 대한 호메이니의 공격이 그토록 성공할 수 있었던 것일까? 적어도 지금까지 제시된 두 가지 설명은 매우 부적절해 보인다.

일부 평론가들은 시아파 이슬람이 이란 대중의 정신을 사로잡았다는 점을 근거로 들며 이란은 특수했다고 말한다. 첫째, 이것은 이란 노동자·농민의 종교적 독실성을 과장하는 것이다. 둘째, 종교 신앙이 광범하게 존재한다는 것만으로는 이슬람 성직자 분파가 왜 그런 식으로 정치권력을 장악할 수밖에 없었는지를 설명할 수 없다. 진실은 이슬람공화국이 이란의 부르주아 반혁명의 형태였다는 것이다. 근본적으로 동일한 결과, 즉 혁명적 노동계급 세력의 패배가 20세기 동안 여러 나라에서 매우 다양한 모습으로 반복됐다.

노동자 운동의 패배는 이란의 경제적 후진성이라는 관점에서 설명될 수도 없다. 우선 비중으로 봤을 때 현대 이란의 노동계급은 1917년 혁명 시기의 러시아 노동계급보다 훨씬 더 규모가 컸다. 두 사례에서 모두 제국주의 세계경제의 불균등한 자본주의 발전에서 비롯한 모순이 노동계급을 낡은 정권에 맞선 정치 투쟁의 최선두로 내몰았다는 점은 확실하다. 이란에서도 러시아에서처럼 '연속혁명'이라는 마르크스주의의 주장이 올바랐음이 결정적으로 입증됐다. 노동계급은 혁명운동의 중심을 차지했고, 혁명을 불안정한 '부르주아 민주주의' 단계에서 사회주의적인 노동계급 민주주의로 밀고 나아가려 했다.

안타깝게도, 이란의 좌파는 상황을 대단히 오판했다. 좌파 정당들은 일관되게 그들의 역사적 임무가 단지 샤를 타도하고 민주적 정치

체제를 세우는 것이라고 봤다. 그들이 볼 때, 혁명의 주된 내용은 '민주주의 혁명'에만 머물러야 하고 사회주의 혁명은 먼 미래의 일이었다. 그들이 프롤레타리아는 권력을 위해 투쟁해야 한다고 말했을 때 그것은 오직 '부르주아 민주주의' 혁명이라는 테두리 안의 일이었다.

이란의 피착취·피억압 대중은 샤에 맞선 투쟁 속에서 이미 자신들의 잠재력을 맛봤고, 혁명을 자신들이 직접 통제하는 사회주의 사회로 나아가게 할 수 있음을 깨달았다. 부르주아지는 그렇지 않았다. 그들은 혁명을 지속할 이유가 전혀 없었고, 도리어 혁명이 빨리 멈추고 대중이 해산되기를 바랐다. 이처럼 샤에 맞선 혁명은 곧바로 이란 사회의 미래 형태를 둘러싼 격렬한 계급투쟁으로 전환됐다. 노동자와 피억압 부문은 혁명이 멈추기를 바라지 않았다. 그들은 절박한 요구와 염원들이 모두 실현될 때까지 혁명을 계속하길 바랐다.

쇼라, 여성 단체, 토지를 점거한 농민 단체, 이란의 여러 소수민족 단체 등의 중요성이 바로 여기에 있었다. 이런 다양한 운동들이 함께 할 때 그 잠재력은 엄청났다. 그러나 실천에서 그들은 서로 단절됐다. 쇼라를 중심으로 한 노동자 투쟁은 해방을 향한 여성들의 투쟁, 민족자결권 운동, 토지를 획득하려는 농민들의 투쟁과 동떨어져 일어났다. 그리고 결국 다른 운동들도 마찬가지로 노동자들의 투쟁과 동떨어져 일어났다. 이란 좌파는 여러 운동들을 단결시킬 능력이 없었다. 왜냐하면 그들은 이런 단결이 필수적임을 이해할 수 있는 종합적 관점이 없었기 때문이다. 신문과 모임에서 여성과 소수민족의 권리라는 쟁점을 토론하면서도 좌파들은 쇼라와 실업 노동자위원회들 내에서 그런 권리들을 옹호하는 활동을 적극적으로 펼치지 않았다.

후진국 혁명에서는 사회주의 정치의 근본 문제 몇 가지가 각별히 날카롭게 제기된다. 노동계급은 민족 억압이든 여성 억압이든 문화적·종교적 억압이든 모든 형태의 억압에서 사회를 해방하기 위한 투쟁과 동떨어진 채, 그리고 그 투쟁에 반대해서 홀로 권력을 장악할 수는 없다. 민주적 권리를 최대한 확장하는 것은 노동자 권력의 필수 전제 조건이다. 무자헤딘과 투데당이 이슬람공화국을 옹호하는 호메이니의 제안에 동의했을 때, 그들은 이란의 여성과 소수민족이 계속 억압당하는 상황을 방치한 셈이었다. 좌파들이 노동자들 사이에서 여성과 민족적·종교적 소수자 등의 권리를 옹호하지 않았을 때, 그들은 적을 강화했을 뿐이었다. 그리고 좌파들이 호메이니의 가짜 '반제국주의'와 이를 위한 '민족 단결'에 동의했을 때, 그들은 자기 목을 친 셈이었다.

민중 혁명의 완전한 승리는, 혁명이 부르주아 임시정부와 단절하고 여러 혁명 세력의 요구를 실현하는 가운데 노동자 권력을 바탕으로 한 새로운 사회 형태를 향해 나아갈 때만, 그리고 이슬람 국가를 완전히 분쇄하는 결정적 투쟁으로 나아갈 때만 가능했다. 모든 세속적 쇼라의 권력을 확대하고, 그 활동을 조율하고, 쇼라를 새로운 사회의 기초로 삼는 투쟁을 벌였어야 한다는 뜻이다.

앞서 봤듯이, 이란의 부르주아지와 프티부르주아지의 처지에서 이슬람공화국 수립은 모든 혁명적 열광의 완전한 종식을 뜻했다. 그러나 현실에서는 '부르주아 민주주의' 체제라는 좌파의 원래 목표조차 달성되지 못했다. 이란의 특수한 상황에서 이 목표는 언제나 공상적이었다. 진정한 선택지는 사회주의 체제의 기초가 될 수 있는 노동자 농민의 민주 공화국을 세울 것이냐 아니면 대단히 권위주의적인 자본주의 체제를 재확립할 것이냐였다.

샤를 타도한 후 몇 달 동안 이란에는 잠재적으로 혁명적인 상황이 조성됐다. 그러나 다른 결과를 얻기 위해서는 이란 좌파의 실패한 정치(투데당, 무자헤딘, 페다인 모두 마찬가지였다)와 완전히 단절할 수 있는 혁명적 사회주의 정당이 절대적으로 필요했다. 불행하게도 그런 정당은 존재하지 않았다.

이란 좌파의 이론적 무기에는 사회주의 혁명이라는 마르크스주의 핵심 개념이 빠져 있었다. 여러 좌파 정당들의 차이가 무엇이었든 간에 그들은 모두 상호 연관된 두 가지 사상(둘 다 스탈린주의와 사회민주주의의 이론과 실천에 뿌리를 두고 있었다)을 공유했다. 첫째, 사회변혁의 전망이 부르주아적 사회관계를 전복하는 것이 아니라 민주화하는 것으로 제한돼야 한다는 사상이다. 둘째, 혁명 정당의 구실은 피착취·피억압 대중이 스스로 혁명적·자주적 활동에 나서도록 고무하고 이끄는 것이 아니라 대중을 대신해서 행동하는 것이라는 사상이다. 다른 많은 나라의 역사에서 그러했듯이 이란 역사에서도 노동자 투쟁이 사회주의를 향한 운동으로 발전할 가능성이 있는 혁명적 상황에서 좌파들은 이런 잘못된 관점을 적용했고, 결국 혁명적 운동을 거듭 패배로 이끌었다.

투데당과 무자헤딘은 호메이니의 '이슬람화' 제안을 지지했다. 이것이 노동자 쇼라의 형태로 존재했던 독립적 노동계급 조직의 약화와 파괴를 뜻했는데도 말이다. 무자헤딘과 페다인은 모두 게릴라 투쟁의 엘리트주의 정치와 결코 단절하지 못했고, 이 때문에 그들은 이란 노동자·농민의 자주적 투쟁의 발전을 자신들의 활동과 용기로 대체했다. 어느 누구도 자기 정치의 중심을 노동자·농민의 민주적 국가 창출을 위한 대중투쟁, 특히 노동자 운동의 발전에 두지 않았다. 혁명적 사회주의라는 대안을 제시할 수도 있었을 다른 조직들은 너무 작거나 노동계급 운동에 내린 뿌리도 얕아서 유의미한 결과적 차이를 낳을 수 없었다. 형식상 그들의 정치가 아무리 옳았더라도 말이다.[46]

사회주의 혁명의 중심에는 노동계급의 자기해방이 있다. 그 과정에서 앞으로 나아갈 길을 제시하는 것이(역사의 진정한 주체인 피착취 대중을 대신해서 행동하는 것이 아니라) 혁명적 사회주의 정당의 임무다. 당은 노동계급의 실천과 의식과 조직을 대신할 수 없다. 당은 노동자, 또는 피억압·피착취 대중을 대신해서 혁명을 만들 수도 없다. 혁명 정당은 노동자들이 스스로 권력을 장악해야 할 필요성을 이해하도록 꾸준하고 참을성 있게 그들과 논쟁을 벌여야 한다. 혁명 정당이 해서는 안 될 일이 있다면 노동자 운동 내에서 벌어지는 정치적 논쟁에 기권하는 것이다(이란의 좌파가 그랬다).

샤를 타도한 뒤 초기 여덟 달 동안 이란에는 혁명적 사회주의 정당이 없었다. 권력 공백을 메울 방안을 제안하거나 여러 좌파 조직들의 동요(이슬람 정권의 입지 강화에 한몫했다)를 막을 세력이 없었다. 결국 엄청난 가능성이 유실됐다. 노동자 쇼라는 독립적 전국 조직을 건설하는 용감한 활동 속에서 놀랍게 성장했다. 샤를 타도하는 투쟁의 결과로 국민의 상당수가 무기를 갖고 있었다. 그러나 쇼라가 새로 등장한 이슬람 국가에 영향을 미치는 전투적 압력 단체를 넘어

서서 스스로 무장하고 새로운 국가의 맹아로서 자체 권력을 발전시키는 방향으로 나아가야 한다고 주장하는 정당은 하나도 없었다.

물론 쇼라의 전국 조직은 1917년 러시아 혁명의 특징 중 하나인 노동자평의회(소비에트) 네트워크로 충분히 발전하지 못했다. 그러나 불가능했던 것은 아니다. 노동자평의회 네트워크로 발전하려면 쇼라는 촌락과 도시 행정의 정치적 책임을 맡아야 했을 것이고, 신생 코미테들과 경쟁하면서 코미테의 최상의 요소들을 흡수해야 했을 것이다. 이것은 결코 불가능하지 않았다. 초기의 코미테는 매우 불안정한 조직이었고, 그 구성원은 대체로 샤에 맞서 투쟁한 수많은 최상급 게릴라 투사였다. 쇼라 안에서 매우 명료한 정치적 지도가 있었다면, 그들 중 많은 수가 혁명적 사회주의 사상으로 이끌릴 수도 있었다. 그러나 그들을 끌어당길 중심축이 없었고 호메이니 정권이 입지를 강화하기 시작하자 코미테의 투사들은 도리어 이슬람공화국 쪽으로 이끌렸다.

혁명적 사회주의 정당은 단호한 무신론자로서 정치 생활과 헌법에 성직자들이 영향력을 행사하는 데 반대해야 했을 것이고, 여성 해방을 위한 투쟁, 농민들의 토지 점거, 민족적·종교적 소수자들의 권리를 지지하는 데서도 굽힘이 없어야 했을 것이다. 혁명 정당이 가장 전투적인 노동자들의 머릿속에 대단히 모순적인 이슬람 사상과 선진적 사회주의 사상이 공존하는 것을 단번에 극복하길 바랄 수는 없다. 그러나 그 당은 이슬람 혁명이라는 사상과 완전히 단절할 준비가 된 공장 내의 명확한 소수를 조직할 수는 있었을 것이다.

물론 이 모든 것이 실현되려면 혁명이 사회주의적 결론으로 나아가야 한다는 사상을 일관되고 명확하게 지지하는 혁명적 조직이 있어야 했다. 그런 조직은 호메이니 정권의 반(反)노동계급적 본질을 이해하고 이를 참을성 있게 설명해야 했을 것이다. 이런 토대 위에서 사회주의 투쟁이라는 프로젝트는 쇼라 내에서, 심지어 이슬람에 대한 환상을 간직하고 있는 노동자들 사이에서도 다수의 지지를 얻을 수 있었을 것이다.

이란의 미래, 그리고 중동 전체의 미래는 이란 이슬람공화국 정부와 혹독하게 억압당하는 대중 사이에서 불가피하게 일어날 투쟁들 안에서, 그리고 그 투쟁들을 통해서 사회주의 조직이 창출될 것인가에 달려 있다. 그런 조직이 발전하기 전까지는 1979년 이란 혁명의 비극은 계속 반복될 것이다.

05

폴란드 1980~81년

자기 제한적 혁명

콜린 바커

폴란드인민공화국은 제2차세계대전 말에 탄생했다. 1970년대 말이 되자 이 후진적이고 농업 의존적이던 나라는 세계 10위의 산업 강국 (군비 지출 규모로는 세계 8위)이 됐다. 급속한 국가 주도 발전으로 대공장과 산업 도시들이 생겨났다. 이제 노동계급은 규모가 가장 큰 계급이 됐고, 노동자들 다수는 더는 한때 농민이었던 사람들이 아니라 고등교육을 받고 문화적으로 교양 있는 '새로운 세대'였다. 이 노동계급은 1956년, 1970년, 1976년에 지배자들에 맞서 대규모 투쟁을 몇 차례 벌인 경험이 있었고, 1980년 7월에서 1981년 11월 사이에는 전후 세계에서 가장 선진적인 노동자 운동을 창출하게 된다.

1970년대 말 폴란드인민공화국은 공황에 시달렸다. 1979년 시작된 공황으로 폴란드는 그때까지 전후 산업국가들이 겪은 것 가운데 가장 심각한 산업 붕괴를 경험하게 됐다. 1979년 국민총생산은 2퍼센트 하락했고, 1980년에는 8퍼센트, 1981년에는 15~20퍼센트가 하락했다. 폴란드의 외채는 놀랄 만한 수준이었다. 소련에 빚진 수백만 루블 외에도 200억~250억 달러를 서방 은행들에 빚지고 있었다. 1970년대 초의 '경제 기적'은 참혹한 결말에 이르렀다.[1]

위기는 '경제'에만 국한되지 않았다. 1970년대 전반기의 급격한 성장으로 불평등이 확대됐다. 공직 사회의 부패는 풍토병이 됐다. 정부에 대한 대중의 신뢰는 역대 최저 수준이었다. 게다가 상황이 나아질 가능성도 별로 없어 보였다. 주택 부족은 여전히 심각한 상태였다. 식량 공급은 언제나 원성의 대상이었다. 폴란드는 유럽에서 환경오염이 가장 심각한 나라였다. 우치의 여성 방직 노동자들은 유럽 대륙에서 가장 높은 사산율(死產率)에 시달렸다.

서방 좌파 중에는 폴란드와 그 자매 체제들이 서방의 자본주의 경쟁자들보다 얼마간 더 '진보적'이라고 허황되게 생각하는 사람들이 여전히 있다. 그들은 '국가계획'과 '자산 국유화' 덕분에 동유럽이 더 우월한 사회형태라고 가정한다. 현실은 사뭇 다르다. 서방의 자본주의 열강들과 마찬가지로 동방의 국가자본주의 체제들에서도 점차 정체로 나아가는 경향, 즉 경제체제가 주기적으로 '가다 서다'를 반복하는 경향이 뚜렷이 드러난다. 한쪽에는 노동자와 농민이, 반대쪽에는 지배계급이 있는 계급 적대는 서방의 다른 국가들만큼이나 첨예하다. 그리고 그러한 적대는 전후 세계에서 가장 격렬했던 몇 차례의 계급투쟁을 통해 분출했다.[2]

현실에 등을 돌리지 않는 사회주의자들에게 폴란드 '연대노조' 운동의 경험은 마르크스주의 정치의 정수가 여전히 유효하다는 점을 강력히 웅변했다. 첫째, 그 경험은 언뜻 단일해 보이는 동유럽 국가 내부에 첨예한 계급 적대가 있음을 드러냈다. 둘째, 연대노조 운동은 자신의 해방을 위해 스스로 조직하고 그럼으로써 계급사회의 다른 피억압·피착취 집단에게 용기를 주는 현대 노동계급의 힘이 지금까지 이어지고 있고 성장하고 있음을 보여 줬다. 폴란드의 노동자 운동은 전체 대중의 진정한 지도자가 됐다. 그리고 셋째, 비극적이지만 연대노조 운동의 패배는 선진국의 가장 잘 조직된 노동조합운동조차 그 성과와 과제에 적합한 정치적 분석과 전략이 없으면 어떻게 분쇄되고 원자화될 수 있는지도 보여 줬다.

발화

식료품을 포함한 생활필수품 공급과 가격 문제는 전후의 모든 폴란드 정부가 시달린 만성적 골칫거리였다. 1970년대 말 경제 위기가 심해지자 에드바르트 기에레크가 이끄는 정부는 배급 체계를 이원화해서 물자 부족 문제를 해결하려 했고, 그에 따라 가격통제 상점 — 길게 늘어선 줄로 상징되는 배급 체계 — 외에 오로지 가격에 따라 배급이 이뤄지는 또 다른 상점이 생겨났다. 1980년 7월 1일, 정부 대변인은 질 좋은 고기는 앞으로 '가격 자유화' 상점에서만 구입할 수 있게 될 것이라고 발표했다.

이 발표는 그 뒤 6주 동안 폴란드 산업의 대부분을 뒤흔든 파업 물결 — 8월 중순 해안 도시인 그단스크-그디니아와 슈체친에서 그 절정에 이르렀다 — 의 신호탄이었다. 이 파업 물결에는 주목할 만한 특징이 몇 가지 있었다.

파업 물결은 완전히 예견된 일이었다. 그 전 4년 동안, 폴란드 정부는 파업이라면 신물이 날 정도였다. 파업이 적어도 1000건 가까이 일어났는데, 산업화한 폴란드의 자부심을 상징하는 대규모 — 더 강력하고 정치적으로 더 중요한 — '주력' 기업에 압도적으로 집중돼 있었다. 정부의 대응은 공격적이기보다는 대체로 타협적이었다. 폴란드 지배계급은 노동계급이 무슨 일을 벌일지 몰라 두려워했다. 폴란드 노동자들의 전투성을 달래려고 질 좋은 소시지와 기타 물품을 실은 냉동차들이 주요 기업의 출입구를 드나드는 일이 거듭 반복됐다. 1980년 7월, 산업 경영자들은 임금 인상 요구에 크게 양보해서라도 평화를 유지하라고 지시받았다.

정부가 긴장한 데는 그럴 만한 이유가 있었다. 1970년 폴란드 통일 노동자당 지도자였던 고무우카가 물가 인상에 대한 노동자들의 반발로 실각했다. 폭동과 거리 투쟁, 공산당 당사들에 대한 방화와 뒤이은 공장 점거가 있고 나서 가격이 도로 인하됐다. 많은 노동자들이 이러한 투쟁 과정에서 — 특히 해안 도시들에서 — 죽었고, 이러한 경험은 노동자들에게 환멸과 불신을 남겼다. 1976년 6월, 정부가 다시 가격 인상을 시도했다. 그러나 파업과 거리 시위는 물론 공업 노동자들이 주요 철로를 뜯어내는 일까지 벌어지자 정부는 후퇴할 수밖에 없었다. 이번에는 스물 네 시간도 걸리지 않았다.

이처럼 1980년에 정부가 상대한 노동계급은 양보를 얻어 낼 수 있는 자신의 힘에 대해 이미 확고한 자신감을 갖고 있었다. 실제로, 세력균형이 그렇다 보니 심지어 일부 노동자들은 요구도 하지 않았는데 임금이 인상될 정도였다. 도리어 이 때문에 진짜로 파업이 일어나기도 했다! 또 어떤 경우는, 마치 싸우면 얻는 것이 있다는 점을 증명해 주려고 작심이라도 한 듯이 경영진이 실제로 파업에 돌입한 노동자들에게만 임금 인상을 허용했고, 이 때문에 덜 활동적인 노동자들은 자신들의 더 얇은 월급봉투를 떠올리며 전투성의 실용적 이점을 심사숙고하게 됐다. "파업하지 않으면 고기 맛을 못 보리라"는 식의 풍문이 나돌아 사람들을 감질나게 했다.

파업 운동을 조율하는 중심이 전혀 없었는데도, 노동자들은 자신들의 투쟁과 요구, 승리와 패배의 소식을 전파할 정보 네트워크를 발전시켰다. 화물차 기사와 열차 기관사들이 소식을 전했고, 전화로도 소식이 오갔다. 친척이나 친구들 사이의 연락망도 재빨리 소식을 알리는 데 동원됐다(공식 언론들은 '작업 중단'에 관한 소식은 거의 보도하지 않았다).

더욱이, '반정부 인사'들로 구성된 한 핵심 그룹이 노동자 운동을 대중에게 알리는 데 중요한 구실을 했다. 노동자방어위원회(KOR)는 원래 가격 인상에 항의하는 파업과 시위를 벌이다가 희생된 라돔 지역 노동자들을 후원하고자 1976년에 설립된 단체였다. 그러나 이 단체는 모금 활동을 뛰어넘어 노동계급 조직으로 발전했다. 1977년부터 KOR의 최상급 활동가 가운데 일부는 주요 공업 중심지의 노동계급 활동가들이 모인 소규모 서클들의 주목을 끌었고, 그 서클들과

함께 등사기로 인쇄한 회보 — 〈로보트니크〉*나 〈로보트니크 비브
제자〉** 등의 이름이 붙은 — 를 제작해 배포했다. 이러한 소식지들은
노동계급의 처지와 투쟁을 알리고 '자유 노조' 요구를 포함한 '노동
자 헌장'을 선전했다.

이 노동자 서클들은 1980년 8월 이래 폴란드인들의 삶에서 핵심
적 구실을 하게 될 기층 노동자들의 지도부가 등장하는 데서 구심점
이 됐다. 소식지를 중심으로 결집한 그 서클들은 파업 소식을 수집
해 노동자들에게 퍼뜨렸다. 그들은 지난 10년간 힘들게 얻어 낸 노동
계급의 경험을 구체화하고 일반화하면서 가장 효율적인 조직 방식에
대해 전술적 조언도 제공했다.

초기 파업 투쟁이 성공하면서 7월에는 노동자들이 대담해졌고, 그
요구와 조직 형태가 더욱 발전했다. 루블린에서는 사흘 동안 총파업
이 벌어졌는데, 여러 작업장에 기반을 둔 파업위원회가 이 파업을 느
슨하게나마 조율했다. 요구는 임금 문제를 뛰어넘어 다른 쟁점들, 즉
경찰과 동일한 수준의 가족수당 지급, '가격 자유화' 특별 상점 폐쇄,
주5일 근무 시행, 노조 선거 개혁, 언론 자유 보장 등으로 확장됐다.
노동자들의 자신감과 전투성이 고조되는 과정에서 이렇게 순전한
'경제적' 요구에서 점차 '정치적' 요구로 이행하는 데는 강제적이거나
인위적인 것이 전혀 없었다.

정부의 전략은 불가피한 경우 임금 인상 요구를 수용하면서 파업

---

* Robotnik. 노동자.

** Robotnik Wybrze a. 연안 노동자.

운동이 차츰 잦아들기를 기대하는 것이었다. 운이 좀 따라 주면 임금 인상은 대공장에 국한될 것이고, 규모가 더 작고 취약한 기업들이 물가 상승의 부담을 떠안게 될 것이었다. 실제로, 8월 둘째 주에 뚱뚱보 정부 대변인은 '작업 중단'이 거의 끝났다고 서방 기자들에게 호언장담했다. 그러나 며칠 만에 운동은 완전히 새로운 수준으로 고양됐다.

그단스크에서 분출한 운동

KOR을 보며 영감을 얻은 한 노동자 서클이 그단스크에서 〈로보트니크 비브제자〉라는 신문을 중심으로 활동을 시작했다. 이 그룹은 이미 1979년부터 인근 몇몇 공장에서 해고를 막고 공장의 노조 선거에 출마하고자 조직화에 애쓰고 있었다. 그들은 KOR의 '노동자 헌장'을 노동자들에게 회람시켰고, 1970년에 죽은 노동자들을 기리는 집회를 열었다. 1980년 8월 이 그룹의 회원인 50세 여성 크레인 운전 기사 안나 발렌티노비치가 거대한 레닌 조선소에서 해고당했다. 8월 13일 수요일 밤에 열린 모임에서 이 그룹은 이제 행동에 나서야 할 때라고 결정했다. 그들은 손으로 쓴 리플릿과 포스터를 준비해, 다음 날 아침 조선소와 몇몇 다른 작업장으로 몰래 반입했다.

그들은 자신이 속한 부서에 도착하자마자 포스터를 부착하고 모임을 소집해서 파업 행동을 촉구했다. 전부터 하던 선전과 선동 덕택에 결실이 있었다. 그들이 속한 부서들은 작업을 중단하고 작업장의 나머지 노동자들에게 도움을 요청하면서 조선소 주위를 행진했다. 오전이 지날 무렵 대중 집회가 열렸는데, 조선소 관리자가 멈춰 선 불도저에 올라 파업 노동자들에게 연설하려 하면서 논쟁이 벌어졌다. 〈로보트니크 비브제자〉그룹의 일원이자 조선소에서 해고된 레흐 바웬사가 담을 넘어 군중에 합류했다. 이제 그는 관리자 옆으로 뛰어 올라 자신을 소개하고는 점거 파업의 정당성을 옹호하면서 파업을 시작하자고 주장했다.

그단스크 파업은 인근의 다른 작업장들로 빠르게 확산됐고, 대개 〈로보트니크 비브제자〉그룹의 회원들이 이 과정에서 주도적 구실을 했다.[3] 그디니아 인근의 파리코뮌 조선소와 시가전차 운전기사 대표들을 포함해 여러 작업장에서 온 대표들이 레닌 조선소 광장으로 집결했다.

토요일이 되자 조선소 노동자들의 즉각적 요구들이 수용됐다. 그들은 역대 최고 수준의 임금 인상, 발렌티노비치와 바웬사의 복직, 가족수당 인상, 1970년 소요 과정에서 경찰에게 살해된 노동자들을 위한 기념비 건립 허가 등을 보장받았다. 바웬사는 조선소의 구내 스피커를 통해 점거 종료를 발표했다. 노동자들이 출입문 밖으로 줄지어 나오기 시작했다. 사태는 이쯤에서 종결될 수도 있었다. 정부가 이미 그 전 7주 동안 수용한 지엽적 양보 조치들의 목록에 또 하나의 부분적 승리를 보태는 수준에서 말이다.

그러나 한 가지 문제가 남아 있었다. 레닌 조선소와 연대하고자 파업에 돌입했던 다른 노동자들은 아직 아무것도 얻지 못한 것이다. 그단스크의 시가전차 운전기사 헨리카 크시보노스가 화를 내며 바웬사에게 왔고, 인근의 다른 모든 작업장이 만족스러운 성과를 얻을 때까지 조선소 노동자들도 파업을 유지하라고 요구했다. 바웬사는 바로 동의했다. 그러나 조선소 관리자들은 이제 더는 방송 시스템 이용을 허용하지 않았다. 발렌티노비치, 바웬사, 조선소 간호사 알리나 피엔코프스카를 포함한 지도적 활동가들은 출입문으로 달려가 집으로 돌아가는 노동자들의 물결을 되돌리려 했다. 설득돼 남기로 한 노동자는 고작 전체의 10분의 1 정도였다. 그러나 출입문은 다시 닫혔고 점거가 재개됐다.

이것은 질적으로 새로운 발전의 시작이었다. 주말에 기업연계파업위원회(MKS)라는 새로운 기구가 만들어졌는데, 이 기구는 지역의 모든 파업 작업장에서 파견된 대표들로 구성됐다. 이 새로운 조직은 새롭고 훨씬 더 발전된 요구안을 정식화했는데, 이 요구들은 곧 '21개 조항'으로 구체화됐다. 이 요구안은 당장 제기되는 지엽적 쟁점에만 관심을 두는 것이 아니라 새로운 독립 노조 보장 요구를 가장 우선시했다. 나아가 검열 완화, 교회를 위한 새로운 권리, 정치수 석방, 의료 서비스 개선을 촉구했다.

MKS는 지역 교구와 밤새 협상을 벌였고, 일요일 아침에는 교구 사제 한 명이 조선소를 찾아와 임시로 만든 십자가에 축복을 하며 야외 미사를 집전했다. 이것은 바라던 효과를 얻었다. 전날 조선소를 떠났던 노동자들 가운데 많은 수가 되돌아와 점거가 강화됐다.

이제 MKS는 급속하게 확대됐다. 화요일이 되자 그단스크 위원회에 대표를 파견한 작업장이 250곳을 넘었다. 〈솔리다르노시치〉*라는

---

* Solidarnosc. 연대.

소식지가 발행되기 시작했는데, 이 소식지는 조선소의 인쇄기를 이용해 KOR 회원들의 도움으로 제작됐고, 하루에 3만 부까지 인쇄됐다. 정부는 그단스크와 폴란드의 나머지 지역 사이의 전화 연결을 모두 차단했다(1주일 뒤 어느 정부 대표자는 바르샤바 전화 교환소가 태풍으로 파괴됐다고 주장했다.4 심지어 협상단 내 정부 측 인사들조차 이 뻔뻔한 거짓말에 당황스러워했다). 그러나 그단스크의 새로운 조직과 새로운 요구에 관한 소식은 폴란드의 산업 중심지들로 빠르게 확산됐다. 엘블롱크에 MKS가 건설됐고, 이어서 1971년 대규모 조선소 점거 운동의 현장이었던 슈체친 연안에 또 다른 MKS가 만들어졌다. 슈체친 MKS는 그단스크 MKS와 협력하기 시작했다. 네 번째 MKS가 남쪽의 브로치와프에서 건설됐고, 그다음으로 바우브지흐에도 MKS가 만들어졌다. 다른 중심지들에서는, 노동자들이 그단스크 MKS의 요구안이 수용되지 않으면 파업에 들어가겠다고 경고했다.

처음에 정부는 새로운 노동자위원회들을 인정하지 않았고, 공장마다 개별 협상을 벌여서 분열 지배하려 했다. 그러나 MKS들은 단결을 유지했고, 정부는 조선소 안에서 그단스크와 슈체친의 MKS와 직접 공개 협상을 하는 데 동의할 수밖에 없었다.

8월이 거의 다 가도록 폴란드 통일노동자당 지도부의 강경파들은 여전히 양보보다는 탄압으로 위기를 해결하길 바랐다. 정부는 적어도 당 지도자 기에레크의 전통적 아성인 슐레지엔의 광산 지대만큼은 노동계급 반란의 물결에 휩쓸리지 않고 버텨 주리라고 여전히 기대하고 있었다. 그러나 8월 29일, 슐레지엔 광산에서 일어난 대규모 파업을 배경으로 야스트쳄비에에서 MKS가 생겨났고, 여기에는 광원 대표자들뿐 아니라 파업 중인 미용실 대표자들을 포함해 다양한 대표자들이 참여했다. 대규모 유혈 사태를 피하려면, 정부가 계급 전체 차원의 대규모 양보를 해야만 한다는 것이 분명해졌다.

8월 30일에 슈체친에서, 그리고 31일에는 그단스크에서, 정부 장관들은 '21개 조항'을 수용하는 합의문에 서명했다. 그때까지 슈체친 MKS는 외부인들에게 의심의 눈길을 보내면서 폐쇄적으로 운영됐다. 그러나 그단스크 MKS는 모든 일을 최대한 널리 알리려 노력했다. 그래서 그단스크에서는 전 세계의 텔레비전 방송이 중계하는 가운데 성대한 조인식과 함께 합의문 서명이 이뤄졌다. 사흘 뒤 야스트젱비에에서는 탄광마다 파업이 물결치는 가운데 합의문 서명이 이뤄져 주당 노동시간이 대폭 단축됐다.

폴란드의 소비에트?

MKS의 수립은 그단스크에서 레닌 조선소 노동자들만 승리를 거둔 데서 비롯한 문제들에 대한 구체적 대응책이었다. MKS가 일단 수립되자 그 조직 형태가 폴란드 노동자들이 직면한 문제들을 해결하는 데 기가 막히게 들어맞는다는 점이 입증됐다.

전체 운동의 바탕에는 대규모 작업장 점거 물결이 있었다. 모든 파업 작업장에서 그 지역 MKS에 대표자를 파견했다. 대표자들은 집행위원회를 선출했고, 이를 직접 통제했다. 국가와 벌이는 주요 협상은 마이크를 앞에 둔 채 진행됐고, 이 마이크는 수천 명의 노동자들이 협상 과정을 파악하고 평가할 수 있도록 조선소의 방송 시스템에 연결돼 있었다. 대표자들은 그날 협상 과정이 녹음된 테이프를 들고 작업장으로 돌아왔고, 위임받은 사항들에 관해 보고한 뒤 새로이 위임 사항을 지시받았다.

1956년과 1970년 심지어 1976년과는 달리, 노동자들의 분노가 거리 폭동으로 번지는 일은 없었다. 그러한 저항 형태가 벌어지는 영역은 국가가 손쉽게 ― 그리고 유혈 낭자하게 ― 통제할 수 있었다. 폴란드 노동자들은 공장 점거 전술의 창시자로 알려져 있다. 그들은 공장 점거 투쟁의 교훈을 미국에 전수했고, 이 전술은 미국에서 1930년대 말에 벌어진 대규모 누주 건설 투쟁 때 사용됐다. 바야흐로 1980년, 이 전술은 전례 없는 규모로 그 탄생지에서 진가를 발휘했다. 8월 말이 되자 대략 4000개 기업의 노동자들이 파업과 점거 운동에 참여했다.

그단스크 MKS는 만들어진 지 며칠 만에 그 지역의 필수 서비스들을 통제하기 시작했다. 파업 중이던 시가전차 운전기사와 철도 노동자들은 작업에 복귀했지만 차량에는 다음과 같은 내용의 포스터가 뒤덮여 있었다. "우리도 파업 중입니다. 다만, 여러분의 불편을 덜어 드리고자 업무를 유지하고 있습니다." MKS의 지시에 따라 택시 300대가 배치됐다. MKS는 제빵소와 통조림 공장에 노동계급이 먹을 식료품을 계속 생산하라고 지시했다. 트럭들은 MKS가 발행한 통행증이 있어야 움직일 수 있었다.

MKS가 발의해, 그단스크 지역에서는 주류 생산과 판매가 금지됐다. 점거된 공장 문 앞에서 노동자 사수대가 보드카와 과실주를 압수해 깨뜨렸다. 그디니아 항구에서는 절도 사건이 발생하면 범죄자들이 일종의 프롤레타리아 재판에 회부됐고, 죄를 저지른 사람은 남성이든 여성이든 화물 깔판 더미 위에 서서 자신이 배신한 노동자들한테 야유를 받았다. 노동자 통제, 심지어 민주적 노동자 국가 형태의 초기 단계가 흐릿하게나마 보였다.

앞서 보았듯이, 노동자들이 내걸고 싸운 실제 요구들은 더는 당장의 '경제적' 쟁점에 국한되지 않았고 정치권력의 핵심 문제로까지 확장됐다. 그단스크 MKS와 정부 사이의 마지막 논쟁은 이를 잘 보여 주는 상징적 사례였다. 점거 운동 초기에, 바르샤바를 비롯한 여러 지역의 지도적 KOR 활동가들은 정부의 예방 조처로 미리 구금된 상태였다. 그단스크 노동자 총회는 이 지식인들이 즉시 석방되기 전까지는 자신들의 지도자들이 '21개 조항' 합의문에 서명하지 못하게 했다. 안나 발렌티노비치는 다음과 같이 주장했다. "우리가 오늘 정치수들을 방어하지 않으면, 조인된 합의문은 내일 휴지조각이 될 것이다. 왜냐하면 우리가 모두 정치적이므로 저들은 우리를 정치수라 부르고 감옥에 가둬 버리면 그만이기 때문이다."[5]

MKS는 업종과 산업을 불문하고 점거에 돌입한 작업장들의 대표자로 구성된 파업위원회였다. MKS는 경제적 요구는 물론 정치적 요구를 제기하며 투쟁했고, 생산과 분배 과정의 일부를 통제하기 시작했다. 이러한 조직 형태는 비록 투쟁에서 제기되는 구체적 문제들에 대처하고자 임시방편으로 만들어진 것이기도 했지만 과거의 전투에서 얻은 쓰라린 교훈들의 조직적 정수이자 과거의 자기 조직화 양식들을 뛰어넘는 엄청난 발전이었다. 비록 폴란드 노동자들이 깨닫지 못했다 해도 그들은 자신들의 경험을 합리적으로 평가하면서 1905년 러시아 노동자들이 최초로 채택한 조직 형태, 즉 노동자평의회를 다시 만들어 냈다. 1905년과 1917년에 그 이름은 '노동자 대표 소비에트'였다. 그러나 그 형태는 노동자 투쟁이 혁명의 최고조에 이를 때마다 번번이 다시 등장했다.[6]

그러한 계급 조직은 혁명적 대중 권력기관으로 발전하거나 새로운 사회질서의 토대가 될 **잠재력**이 있다. 그러나 그러한 잠재력이 저절로 실현되는 것은 아니다. MKS가 이러한 방향으로 발전하려면 그 구성원들이 잠재력을 인식할 수 있어야 했다. 1980년의 폴란드에는 이러한 인식 비슷한 것이라도 제시할 만한 마땅한 세력이 MKS 안에도 (그 밖은 말할 것도 없고) 전혀 존재하지 않았다. 도리어 MKS는 처음부터 그러한 희망을 의식적으로 제약했다.

'21개 조항'이 한창 작성되던 와중에, 노동자들이 검열제도 **철폐** 요구를 제기했다. 어느 지방 KOR 활동가의 조언에 따라, 이 요구는 당국이 놀라지 않을 만한 수준으로 '완화'됐다. 이와 비슷하게, 폴란드 의회 자유선거 실시를 요구하자는 제안이 있었지만 제외됐다.[7] 그단스크 점거가 시작된 지 2주가 지나자 다수 지식인으로 구성된 '자문단'이 MKS 지도부 주변에 포진했다. 여러 참여자들과 논평가들의 지적처럼, 그들의 구실은 주로 타협을 종용하는 것이었다.

교회 성직자들도 노동자들에게 자제하라고 설교했다. 파업의 절정기에, 비신스키 추기경은 거의 전국적으로 방송된 설교를 통해 사실상 점거 중단을 촉구했다. 그 호소는 폴란드 노동자들에게 큰 영향을 미치지 않았다. 실추된 위신을 만회하고자 주교들은 노동자들의 행동에 더 호의적인 성명서를 추가로 발표했다.

그러나 자제하라는 촉구가 번번이 등장한 것을 모두 바르샤바 지식인들이나 교회의 영향력 탓으로 돌릴 수는 없다. 슈체친에서는 지식인들이 중요한 구실을 전혀 하지 못했지만 활동가들 사이에 자제를 추구하는 마찬가지 현상이 뚜렷이 나타났다. 노동자들이 채택한 조직 형태가 잠재적으로 혁명적이었을지라도 그들의 요구는 그렇지 않았다. 그들이 추구한 것(그리고 가장 인상적인 성과)은 무엇보다 독립 노조를 결성할 권리였다. 그것이 정부와 합의한 '21개 조항'의 첫째 조항이었다. 그러나 작성된 합의문에는 노동자들이 "당의 지도적 구실"을 받아들여서 지배자들의 존재와 권리를 인정한다는 내용도 담겨 있었다.

그렇지만 노동자들이 거둔 승리의 성과에는 폭발하기 쉬운 모순이 담겨 있었다.

높아지는 파고

폴란드 노동자들은 커다란 승리를 거뒀다. 노동자도 정부도 이 사실을 알고 있었다. 그단스크에서 합의가 이뤄진 지 며칠이 되지 않아 지배자들끼리 서로 비난을 주고받는 일이 봇물 터지듯 쏟아졌다. 폴란드 텔레비전 방송국의 부패한 사장이자 기에레크 추종자인 슈체판스키가 요란한 관심 속에 해고됐다. 기에레크 자신도 당 지도부에서 물러났고, 스타니스와프 카니아가 기에레크를 대신했다. 1956년과

1970년에는 상층의 변화가 대중운동 쇠퇴의 직접적 서막이었다. 그러나 1980년에는 노동자들이 동요하지 않았다. 노동자들이 만든 조직은 이제 역사를 만드는 일에 직접 나섰다.

그단스크 합의가 이뤄진 지 3주 뒤에, 여러 MKS에서 온 대표자들이 최초로 전국 모임을 열었다. 심지어 초창기에조차, 그 모임은 노동자 300만 명을 대표했다. 바웬사를 포함한 일부 대표자들은 지역별로 별도의 노조를 건설하자고 주장했지만, 다수는 지역마다 지부가 있는 단일 통합 조직을 지지했다. 그들은 이 새로운 노조를 NSZZ '솔리다르노시치'(독립적 자주 노조 '연대'[이하 연대노조])라고 불렀다. 임시조정위원회(TKK)가 선출돼 상위 대표자 기구의 모임 회기(會期) 사이에 노조를 운영했다. 사실상, 새로이 채택된 조직 형태는 소비에트들의 중앙집권적 연합이었다.

그 뒤 몇 달 동안 신입 노조원들이 쏟아져 들어왔다. 늦가을 무렵에는 가입 조합원 수가 1000만 명에 이르렀다. 이 수치는 전체 폴란드 노동인구의 약 80퍼센트에 해당했다. 서방 자본주의의 노동조합 운동이 수십 년에 걸쳐 이룬 것보다 더 높은 수준의 조직화가 단 몇 주 만에 이뤄진 것이다. 새 노조의 중심을 이룬 것은 대규모 산업체들이었고, 그러한 산업체에서는 흔히 숙련된 육체 노동자들이 지도적 구실을 했다. 더욱이 연대노조의 매력과 흡입력은 훨씬 더 넓은 범위까지 영향을 미쳐서, 소규모 작업장과 식료품점과 사무실과 카페, 그리고 하급 공무원들에게까지 그 물결이 거칠 것이 없었다. 연대노조는 오직 교사들 사이에서만 다수를 획득하지 못했다(교사의 48퍼센트만 연대노조에 가입했다).

연대노조는 그 조합원들도 변화시켰다. 직장 상사의 뜻을 거슬러 노조 창립 모임에 참가하는 행동 자체가 굴종이나 복종 같은 옛 습성과의 단절을 내포하는 것이었다. 연대라는 새로운 결속과 자신들의 힘에 대한 새로운 자각이 이루어졌다.

폴란드 전역에서 일어난 이런 과정은 파업과 다양한 투쟁들을 수반했다. 그단스크 합의로 노동자와 정권 간의 싸움이 끝나기는커녕, 그 합의를 계기로 물꼬가 터지자 대중의 요구와 첨예한 지역적·전국적 투쟁이 홍수처럼 쇄도했다. 8월 이후 일곱 달 동안 연대노조라는 물결의 파고는 계속 높아졌다.

10월에 [연대노조] 승인이 지연되자 한 시간의 전국적 경고 파업이 벌어졌다. 연대노조 지도자들이 새로운 노조의 규약을 등록하고자 법원을 찾았을 때, 판사들은 "당의 주도적 구실"이라는 문구를 포함시켜서 일방적으로 규약을 수정했다. 전국 각지에서 항의 시위가 벌어졌고, 추가로 전국적 파업을 벌여야 한다는 호소도 등장했다. 항소심 재판부는 정부의 지침에 따라 1심 법원의 판결을 뒤집었다. 쳉스토호바에서는 주지사가 법원의 연대노조 패소 판결을 기대하고는 경솔하게 연대노조를 불법화했다. 그의 해임을 요구하는 파업이 벌어졌고 주지사는 물러나야 했다.

슈체친에서는 그 지방의 통일노동자당 기관지가 연대노조를 비판했다. 연대노조는 40만 장의 리플릿을 인쇄하고, 시가전차들을 징발해 포스터를 잔뜩 붙이고서 차량마다 확성기를 든 학생 자원자들을 배치하는 것으로 대응했다. 이들은 확성기를 들고 시내 곳곳을 순회했고, 다음 날짜 통일노동자당 기관지에 연대노조의 답변이 담긴 유인물을 한 장씩, 단 한 부도 빠짐없이 끼워 넣었다.

11월에 보안경찰이 바르샤바의 노조 사무실을 습격했는데, 얀 나로즈니아크라는 한 자원 인쇄공이 반체제 인사 탄압에 관한 정부의 비밀 보고서 사본을 그곳에서 인쇄하던 중이었다. 이 비밀 보고서는 검찰청의 하급 공무원인 피오트르 사피엘로가 연대노조로 유출한 것이었다. 이 두 사람이 체포되자 노동자들은 시 전체 수준의 파업으로 응답했다. 그러나 두 사람이 석방됐는데도 파업 물결은 멈추지 않았다. 노동자들의 요구가 이제는 보안경찰 예산 삭감으로까지 확대됐기 때문이었다. 결국 바웬사, 그리고 마지막에 가서는 KOR의 야체크 쿠론이 간청하고 나서야 전투적인 바르샤바 철강 노동자들은 그 공세적 파업을 종료했다.

연대노조가 성장할수록 그 구성원들의 시야와 요구도 확장됐다. '21개 조항'은 대부분 문서상으로만 보장된 것일 뿐, 딱히 실행되는 것은 아무것도 없었다. 이제 노동자들은 점거와 파업을 벌이며 '21개 조항'의 요구들을 계속 밀어붙였고, 사회적·정치적 생활의 새로운 영역으로까지 요구를 확대하기 시작했다. 보안경찰이 그러한 표적 중하나였다. 또 다른 표적은 공공 자원의 전용과 남용이었다. 부패한 관리들은 자리에서 쫓겨났고, 국가가 사용하던 전용 건물들은 진료소, 어린이집, 학교 같은 사회적으로 유용한 용도로 전환됐다. 그단스크의 병원 노동자들과 학생들은 점거 투쟁을 벌여 의료 서비스 개선 약속을 받아 냈다. 카토비체에서는 노동자위원회가 식품 창고에 들어가 배급 체계에 조금이라도 부정이 있는지를 점검했다(실제로 부정이 발견됐다).

이러한 진취적 행동들은 노조의 지역 조직들에서 거듭거듭 일어났다. 전국 지도부의 공식 승인도 없이 말이다. 전국 지도부는 그러한 행동을 제한하려 했지만 허사였다.

심지어 노동자들 사이에서도 연대노조는 처음부터 임금이나 노동조건과 관련된 노동조합운동 이상의 의미가 있었다. 연대노조는 폴란드 독립 염원이라는 뿌리 깊은 감정을 일깨웠고, 교회가 미사를 매주 방송할 수 있는 권리를 얻어 냈으며, 정치적·시민적 자유, 사회의 민주화, 그리고 국제 군사동맹에서 폴란드의 위상 등에 관한 문제를 제기했다. 그 때문에 연대노조는 폴란드의 피억압·피착취 집단의 선두에 섰다.

학생들이 먼저 행동에 나섰다. 1980년 가을 학생들의 점거 물결과 새로운 독립적·자주적 학생회, 즉 '학생연대노조'의 건설과 정부의 공식 승인이 있었다. 농민들 사이에서 '농민연대노조' 결성 요구가 빗발치면서 종전의 간헐적이고 돌발적이던 선동이 결실을 맺었다. 이 쟁점은 겨울과 봄 내내 농민이 점거에 나서고 노동자들의 지지 활동이 이어지는 가운데 계속 불거졌다. 대부분의 폴란드 감옥에서는 수감자들이 위원회를 결성해 처우 개선을 선동하며 시위를 벌였고, 연대노조 조합원들이 교도소 담장 밖에서 지지 시위를 벌였다. 그리고 여러 운동과 조직이 연대노조에 자극받아 내부 변화를 겪었다. 예컨대 임차인 조직, 주말농장 모임, 생태주의자, 우표 수집가, 언론인, 예술가, 배우, 작가 등이 그랬다. '자치·독립 조합'들이 우후죽순 생겨났다. 상점 밖에 줄지어 선 구매자들도 나름의 자율적 통제를 수립해 노인이나 어린이를 동반한 사람들을 위해 자리를 남겨 두는 체계를 조직했고, 공평하게 대우하도록 상점 관리자들과 협상을 벌이기도 했다.

폴란드 사회는 자치에 기초한 참여의 열기가 넘쳐 났다. 모든 조합, 클럽, 협회가 당의 감독을 받던 사회에서 이제 모든 일이 엄청나게 자유로워졌다. 오직 정부만이 예외였다. 모든 측면에서 정부의 힘은 약해지고 있었다. 지위 고하를 막론하고 수많은 관료들이 자리에서 쫓겨났다. 당과 국가가 잃어버린 입지를 회복하려고 시도했다가는 어마어마한 저항을 초래할 것처럼 보였다. 그러한 저항이 벌어질 때마다 대중의 요구와 운동은 확대됐고 지배자들은 더욱 혼란에 빠졌다.

이원 권력

폴란드에서는 사실상 '이원 권력' 상황이 시작됐다. 한편에는 정부가 여전히 공식적인 경제적·정치적 권력 수단을 갖고 ─ 비록 행정 경찰 내에서 연대노조 건설 권리를 요구하는 움직임이 있긴 했지만 ─ 억압 기구(특히 보안경찰과 군대)를 확실히 통제하고 있었다. 그러나 국민 대중에 대한 일상적 통제 메커니즘은 급속히 붕괴하고 있었다. 정부는 고립됐고, 이제 공공연한 경멸과 조롱의 대상이 됐다. 그 반대편에는 연대노조가 있었다. 연대노조는 대중의 힘과 염원이 격렬히 분출하면서 파죽지세로 성장했고 그 중심에는 반정부 운동의 중추 세력인 노동조합들로 구성된 지역 기반의 대규모 대표자 기구들이 있었다.

지배계급 처지에서 보면, 연대노조와의 장기적 화해란 어림없는 일이었다. 경제 위기가 갈수록 심해졌으므로 바람직한 해결책은 노동자들에게 다시 규율과 복종을 강제하는 조처를 포함해야 했다. 어떤 수단을 동원해서라도 연대노조를 파괴하고 정상적 정치 질서를 재확립해야 했다. 일부 당 지도자들은 일종의 이중 전략으로 이러한 목표를 달성하고자 했다. 새로운 조직의 특징인 기본적 계급 연대를 파괴해 '산별'이나 '업종' 수준의 노동조합주의로 되돌리는 한편, 운동 지도자들을 매수하는 것이 그 전략이었다.[8] 그러나 연대노조가 매우 민주적이었고, 요구 사항도 너무나 절실한 것들이어서 이 전략은 성공하지 못했다. 당의 다른 지도자들은 노조의 약점을 찾아 공세로 전환하기를 바라면서 연대노조를 도발했다. 또 다른 지도자들은 그저 때를 기다리며 더 나은 상황이 오기를 바랄 뿐이었다.

연대노조의 처지에서는, 그 잠재력과 조합원들의 염원이 완전히 실현되고 그토록 광범한 운동의 불을 놓은 자기 조직화라는 원칙이 폴란드에서 일상생활의 진정한 토대가 되려면, 기존 국가를 타도해야 했다. 사회를 조직하는 근본적으로 상이한 두 방식이 대립하고 있었고, 그것은 각각 상호 적대적인 세력을 대변했기 때문이다. 국가와 집권당은 계급 지배, 착취, 축적 드라이브에 대중이 종속되는 것을 대표했다. 연대노조는 본질상 국가가 대중의 필요에 종속되는 것, 민중 권력 사상, 사회의 전반적 우선순위의 민주적 재조정을 대표했다. 그것은 근본적 대립이었다. 따라서 상황 논리로 보면 어느 한쪽이 다른 한쪽을 파괴해야 했다. 각자 목적에 부합하는 모든 수단을 동원해서 말이다.

그러나 그 상황에서 주목할 만한 또 다른 요소는 둘 중 어느 쪽도 아직은 완전히 승리를 거둘 만한 처지에 있지 않았다는 점이다. 지배 기구는 극도로 허약해져 있었고, 그래서 지배자들의 목표가 단기간에 달성될 가능성은 없었다. 노동자들 쪽에서는 **목표**가 상대편을 파멸시키는 것이어서는 안 된다는 생각이 지배적이었다.

연대노조 지도자들과 자문단은 자신들이 완전히 통제하지 못할 만큼 거대한 운동을 촉발시킨 것에 곤혹스러워하는 듯했다. 공식적으로, 연대노조는 '노동조합'이었다. 그러나 그러한 상투적 규정을 고수해서는 구성원들의 염원과 요구를 포괄할 수 없었다. 서류상으로 연대노조는 모호한 문구이지만 "당의 지도적 구실"을 인정했다. 노조 지도자들은 이를 당과 국가의 지배라는 근본에 도전해서는 안 된다는 것으로 이해했다. 이 문구에는 당이 폴란드 사회를 '지도해' 위기에서 벗어나게 한다는 의미도 포함돼 있었지만, 사실 당이 주도력을 발휘하는 것은 불가능해 보였다. 어느 누구도 당을 믿지 않았다. 누구나 연대노조가 지도하기를 기대했다.

이런 상황은 권력을 장악할 의지가 없는 운동에는 딜레마였다. 대체로 노조 지도자들은 자기 진영이 더 치고 나아가는 것을 막는 식으로 대응했다. 그단스크 출신의 KOR 지지자인 보그단 보루세비치는 1980년 말 어느 토론에서 이 문제를 잘 표현했다.

이 순간, 사람들은 우리가 할 수 있는 것보다 더 많은 것을 우리에게 기대한다. 보통 사회의 중심에는 당이 있다. 그러나 요즘 폴란드에는 그 중심에 연대노조가 있다. 이것은 바람직하지 않은 일이다. … 사람들은 새로운 노조가 모든 일을 해야 한다고 본다. 노조의 임무도 완수하고, 국가행정에 참가하고, 정당도 되고, 경찰 구실도 해야 한다는 것이다. 즉, 주정뱅이와 도둑을 구금하고, 도덕을 가르쳐야 한다. 이것은 우리에게 커다란 근심거리다.'

압도 다수의 대중이 새롭게 각성한 온갖 희망과 기대를 노동자 운동이 자기 주위로 결집시키는 것이 왜 "바람직하지 않은 일"이거나 "커다란 근심거리"여야 하는가? 근본적으로, 이는 지도자들과 자문단이 '너무 멀리 나아가지 말라'를 핵심 신조로 삼는 정치적 관점에 얽매여 있었기 때문이다.

[연대노조가 단순히] 노동조합이라는 규정은 운동의 실제 성격과 맞지 않는 너무 협소한 것임이 드러나고 있었다. 그러나 잠재력을 실현할 만한 대안은 발전하지 않았다. 특정 사안과 관련해서는, 노조가 '온건'해질 위험이 있다고 주장하는 연대노조 활동가 그룹이 상당히 많았다. 그러나 노조 내의 조직된 좌파 중에서 이러한 비판을 일반화한 반대파는 전혀 없었다.

이러한 쟁점들이 곪아 터지기까지는 시간이 걸렸다. 1981년 첫 석 달 동안 연대노조의 전투성은 계속 상승했다. 1월 초 농민들이 '농촌연대'를 인정하라고 요구하면서 제슈프에 있는 공공건물을 점거했다. 그리고 노조는 토요 휴무를 둘러싸고 정부와 대규모 투쟁에 돌입했다. 정부는 기업주처럼 "나라 형편상 감당할 수 없다"는 판에 박힌 변명을 늘어놓으며 그 전해 9월 초 야스트젱비에서 최종 합의한 노동시간 단축을 되돌리려 애썼다.

연대노조 조합원들은 타협할 생각이 전혀 없었다. 전국 지도부는 조합원들에게 애초 계획대로 첫 '휴무 토요일'인 1월 10일에 출근하지 말라고 호소했다. 수많은 노동자들이 그 호소를 따랐다. 필수 서비스 사업장에 근무하는 노동자들은 이 호소를 지지하는 의미로 붉은색과 흰색의 줄무늬 완장을 찼다. 그다음 주에 몇몇 산업 중심지의 노동자들이 휴무 토요일 수당을 지급하라고 요구하며 다시 파업을 벌였다. 1월 22일의 2차 '재택' 파업은 규모가 훨씬 더 컸고, 집권당 당원 100만 명도 파업을 파괴하라는 특별 지시를 무시했다. 그달 말 또 다른 전국적 파업 호소에 직면하자 정부는 양보했다.

토요일 근무에 대한 새 합의문이 작성되고 얼마 되지 않아, 비엘스코비아와 지역 전체가 부패한 지역 관리들을 파면하라고 요구하며 무기한 총파업에 돌입했다. 1주일 뒤, 교회가 개입했고 관료들이 파면됐다. 그러자 옐레니아구라에서는 비리 관료 해임뿐 아니라 호화로운 경찰 전용 특별 병원을 민간 의료 기관으로 전환하고 엄청난 면적의 일급 사냥터를 대중에게 개방하라고 요구하는 파업들이 분출했다.

2월 중순, 첨예해지는 사회 위기에 대응해 정부 내에 일종의 '자리 바꾸기'가 있었다. 바로 그 전해 9월에 임명된 총리 핀코프스키가 국방부 장관 야루젤스키 장군으로 교체된 것이었다. 야루젤스키는 이제 두 자리를 겸직하게 됐다. 야루젤스키의 '평화' 기간 선언에 연대노조 지도부가 화답했다. 그러나 파업은 계속됐다.

미에치스와프 라코프스키는 운동의 특징을 어느 정도 이해하고 있었는데, 한 달쯤 뒤에 정권을 옹호하며 다음과 같이 말했다.

칼리시에서는 파업 경고와 파업 직전의 상황이 계속됐다. 수바우키에서는 정부 요직의 일부 인사들을 겨냥한 파업이 일어날 뻔했다.

카토비체에서는 MKS가 정치적 요구들을 계속해서 제기했다. 이들은 의회의 입법 활동과 국민에게 식량을 충분히 공급하는 활동에 박차를 가하라고 요구했다. 이들은 정부가 협조하지 않으면 당연히 파업을 벌일 것이라며 최후통첩을 했다.

라돔에서는 지방정부와 중앙정부 인사들을 해임하라는 요구가 있었고, 그 외에 1976년 사건들과 관련된 요구도 많이 있었다. 우리는 라돔 연대노조와 임시 합의안을 체결했다. 비엘스코비아와에서는 우리가 이미 합의안에 서명했는데도, 지역 연대노조가 정부 요직에 있는 인사들을 추가로 해임하라고 요구했다. …

노비송치에서는 일부 공공건물의 용도를 변경하라는 요구들과 더불어 여러 지역 사안을 쟁점으로 분쟁이 벌어지고 있다. 슈체친의 지방공무원 연대노조는 임금을 비롯한 자신들의 요구가 관철되지 않으면 파업을 벌이겠다고 위협했다. 크라쿠프의 고등교육기관 노동자 연대노조는 중앙정부 인사를 교체하라고 요구했고, 사범대학 노조 조합원들은 정치적 성격을 띤 여러 요구를 제출했다. 루블린에서는 우체국에서 파업 경고가 있었는데, 서신 배달과 관련된 것이었다.

33개 지방에서 연대노조가 경찰과 보안경찰에 반대해 대규모 선전 공세를 벌였다. … 90일간의 평화 기간을 제안한 야루젤스키 장군의 호소에 대한 연대노조의 답변이 바로 이것이었던 듯하다. … 나는 취임한 지 몇 주나 지났지만 부총리 노릇을 전혀 하지 못했다. 나는 단지 소방수였을 뿐이고, 크고 작은 불을 끄러 다니기 바빴다. …

나는 엄청나게 늘어난 연대노조 집단이 정당으로 바뀌어 간다는 느낌을 지울 수가 없다. 온 나라에 반공주의 성향의 유인물과 현수막과 신문이 넘쳐난다. 나는 교수대 사진과 함께 교수대에 서야 할 사람의 죄목이 실린 유인물을 본 적 있다. 한 공장 신문에는 다음과 같이 쓰여 있다. "야루젤스키 정부의 90일 — 90명의 당 지도자를 매달기 위한 교수대 90개." 이런 것을 '파트너십'이라고 할 수는 없다.[18]

라코프스키가 실망스런 심정으로 열거한 내용은 다 사실이었지만 당시 상황의 한 가지 핵심적 요소를 간과했다. 이 기간 내내, 연대노조 내 전투적 분위기가 고조된 것은 지배 세세의 일부 분파가 주도한 일련의 주도면밀한 도발 때문이라는 점이다. 기존 체제의 많은 지배자들은 여전히 예전 방식으로 지배하려 했다. 우치에서 지역 병원 책임자는 교회가 환자들에게 제공한 햄을 빼돌렸다. 이 '교황이 하사한 햄' 횡령 사건으로 3월 10일 이 관리자를 해고하라고 요구하는 100만 명 규모의 파업이 일어났다. 노동자들과 타협하기를 한사코 거부했던 일부 지배자들은 충돌을 부추겨서 국가가 노조 분쇄에 나설 수밖에 없게 만들거나 소련 군대를 끌어들일 구실과 명분으로 삼으려 애썼다. 지배계급의 지위와 특권이 위협받고 있었다. 따라서 지배계급 내의 강경파들이 다양한 공세를 시도할 수밖에 없었다는 점은 놀라운 일이 아니었다.

연대노조는 다음과 같이 항의했다.

최근 몇 주간 관료들의 오만하고 악의적인 선전, 이미 결정된 일들을 문제 삼아 사회와 연대노조에 대항하려는 시도가 다시 벌어졌다. 노동조합, 검열제도, 노동자 참여에 관한 새로운 입법 활동이 봉쇄됐고, 정치 재판을 벌이려는 의도로 독립적 조직의 많은 활동가들을 체포하는 일이 자행되고 있었다. 이는 그단스크 협약 4조를 어기는 것이다.[17]

3월 초, 야체크 쿠론이 체포돼 여섯 시간 동안 구금됐다. KOR의 또 다른 구성원인 아담 미흐니크를 상대로 비슷한 시도가 벌어지자 브로츠와프 노동자들은 그를 보호하고자 '노동자 방위대'를 만들었다. KOR의 창립자이자 86세의 고령인 안토니 파이다크와 연대노조 조합원들이 '신원 미상의 괴한들'에게 끔찍한 폭행을 당했다. 기존 체제의 일부는 유대인 혐오를 부추기는 선전과 집회를 조장하고 후원하기 시작했다.

비드고슈치에서 일어난 위기

바로 이러한 상황에서 3월의 중대한 위기가 터졌다. 폴란드 전역에서 농민조합, 즉 농촌연대 합법화를 요구하는 선동이 계속됐다. 비드고슈치에서는 이미 연대노조 조합원들이 그 운동을 지지하며 관공서를 점거한 상태였다. 3월 19일, 그들은 당 대표자들과 협상하고자 지방 청사로 향했다. 협상이 결렬됐고 노동자들은 점거를 유지했다. 추가 협상에서 평화적 해결이 합의되는 듯하더니 경찰 200여 명이 농성장을 습격해 조직적으로 연대노조 조합원들을 구타했다. 27명이

다쳤는데, 그중에는 전국 지도부의 일원인 얀 룰레프스키도 있었다.

이것은 연대노조 조합원들을 상대로 노골적인 폭력이 사용된 첫 사례였다. 비드고슈치 전역에서 50만 명이 파업에 돌입했고, 지역 노조 사무실을 지키고자 조합원 수천 명이 모여들었다. 3월 23일, 300여 명이 참석하는 전국대표자회의가 개최됐고, 전국적 행동을 요구하는 기층의 압력이 회의를 압도했다.

노동자들의 분노가 워낙 커서 처음에는 즉시 전면 총파업안이 올라왔다. 바웬사는 자제를 촉구했다가 무시당하자 회의장 밖으로 나가 버렸지만 이내 되돌아왔다. 결국 절충안으로 합의됐다. 3월 27일 네 시간 전국 총파업을 벌인 뒤 정부가 노동자들의 요구를 이행할 말미를 나흘 준다는 것이었다. 요구안에는 비드고슈치 폭행 사건 책임자 처벌, 농촌연대 인정, 정치수 석방, 반정부 인사 기소 중단, 파업 참가자 전원에게 임금 전액 지급이 포함됐다. 이러한 요구들이 받아들여지지 않으면, 3월 31일부터 무기한 총파업이 시작될 예정이었다.

분위기는 한껏 달아올랐고, 양측은 결정적 대결을 준비하고 있었다. 네 시간 파업은 대단히 단호했다. 심지어 공영 텔레비전 프로그램조차 결방됐고 빈 화면에 "파업 중입니다"라는 안내 자막이 깔렸다. 이것이 전면 총파업을 위한 최종 리허설이었다면, 정식 공연은 성공할 듯했다.

3월 31일을 준비하는 과정에서, 지역마다 가장 큰 공장에 파업 본부가 설치됐다. 이 본부들은 바리케이드로 둘러싸여 요새화됐고, 식량과 침낭이 비축됐다. 바르샤바 연대노조 사무실에 있던 어느 젊은 여성은 다음과 같이 회상했다.

집으로 돌아갈 리가 없었으므로 우리는 사무실 바닥에 침낭을 깔고 잤다. 스카우트 단원들이 꽃을 가져다줬고, 할아버지들은 소시지와 바꿀 수 있는 배급 카드를 가져왔다. 할머니들은 시원한 음료수, 잼, 담요 등을 들고 왔다. 온 나라가 마치 압축된 용수철 같았다. 우리는 '저들'의 가장 악랄한 짓에 대처할 각오가 돼 있었다. 사기는 하늘을 찔렀고, 민중의 120퍼센트가 우리 편이었다.[12]

정부는 비드고슈치에 경찰을 엄청나게 많이 배치하고 "우리의 친구"(소련을 뜻한다)가 개입할 것이라는 야비한 경고를 발표했다. 바르샤바 조약에 따른 군사훈련들이 "상황의 심각성"을 이유로 연장됐다. 그러나 정부는 자신의 기반을 확신하지 못했다. 정치국의 다수가 즉각 국가비상사태를 선포하고 경찰과 군대를 투입해 파업을 분쇄하자고 했지만 야루젤스키는 총리와 군 통수권자 직에서 물러나겠다며 으름장을 놨다.[13] 그런 방법으로는 승리를 장담할 수 없다고 판단한 듯하다.

그 대신에 야루젤스키는 더 교활한 수를 썼다. 그는 교회의 지지에 기대를 걸었다. 비신스키 추기경과 교황은 노동자들에게 자제를 촉구했다. 교회의 호소는 8월에 그랬듯이 대다수 노동조합 활동가들에게 거의 영향을 미치지 못했다. 그러나 노동조합 상층 간부들에게는 효과가 있었다. 레흐 바웬사는 직접적으로 압력을 받았는데, 이 압력은 한 시간 동안 추기경을 독대한 것과 더 중요하게는 노조 지도부 내 교회 '자문단'을 통해 가해졌다.

바웬사는 총파업 조직 준비에 여념이 없던 다른 노동조합 지도자들에게는 전혀 알리지 않은 채 마지막 순간에 TKK, 노동조합 공동 조정위원회, 몇몇 '자문위원'으로 구성된 극소수 인사들과 함께 비밀리에 정부와 협상을 벌였다. 그리고 나서 그단스크 출신의 안제이 그비아즈다를 설득해서 함께 텔레비전에 등장해 파업이 취소됐다고 발표했다.

연대노조 내의 반응은 혼란스러웠다.

많은 활동가들이 이 협상을 받아들였다. 협상 덕분에 연대노조가 결과를 장담할 수 없는 중대한 전투를 피할 수 있을 것처럼 보였기 때문이다. 적지 않은 소수 활동가들은 몹시 분노했고, 어떤 사람들은 그 협상을 기리켜 비엔시의 '뮌헨 협정'*이라고 불렀다. 많은 노동자들은 총파업을 취소하지 말고 좀 더 제한된 형태의 행동을 강구했어야 한다고 생각했다. 그래도 비공인 파업을 계속한 공장이 단 한 곳도 없었다는 것은 눈에 띄는 점이다. 바르샤바에 있던 어느 젊은 여성의 다음과 같은 증언은 당시 많은 사람들의 심정을 대변한다.

그것은 종말의 시작이자 사기를 꺾는 짓이었다. 그 배신 이후 사흘 동안 나는 온 몸이 아픈 것 같았고, 너무 우울한 나머지 죽고 싶었다. 그것은 너무나 끔찍한 실수였다. 나는 정말로 파업까지 갔으리라고는 생각하지 않는다. 정부가 물러섰을 것이다. 소련 군대? 그들도 오지 않았을 것이다. 왔다면 너무 격렬한 싸움이 벌어졌을 것이기 때문이다. 그들은 우리가 끝까지 싸우리라는 것을 알고 있었다.[14]

---

* 1938년에 영국과 프랑스가 나치 독일의 수데텐란트 병합을 승인한 협정.

얀 룰레프스키와 비드고슈치 활동가들은 병상에서 그 협상을 비난했다. 카롤 모젤레프스키는 항의의 표시로 노조 대변인 자리에서 물러났다. 그단스크에서는 안나 발렌티노비치가 바웬사를 신랄하게 비판했고, 이 때문에 지역 지부 공동 의장직에서 쫓겨났다. 바웬사에게 속았다고 생각한 그비아즈다가 사직서를 제출했지만 반려됐다. 그는 나중에 "바웬사에게 보내는 공개서한"을 써서 바웬사의 비민주적 행태를 비난했다.

어쨌든 비드고슈치 패배 이후 연대노조는 결코 전처럼 단결하지 못했다. 내부에서 긴장이 고조됐다. 온건파는 신경질적일 만큼 방어적이었고, 비판 세력은 연대노조 내에서 '급진적' 경향의 맹아를 발전시키기 시작했다.

연대노조의 위기

총파업의 느닷없는 취소는 심각한 후퇴였다. 노조는 협상에서 거의 아무것도 얻지 못했다. 정부는 비드고슈치 습격에 연루됐다고 드러난 관리들을 정직시키고 책임자를 색출하자는 데 동의했지만 총파업 취소 이후 이 문제는 더는 거론되지 않았다. 왜냐하면 습격의 조직적 성격을 보건대 최고위층의 승인 없이는 일어날 수 없는 일이었기 때문이다. 정부는 농촌연대 문제를 '검토'하는 데 동의했다. 5월에야 농민조합이 법적으로 인정됐다. 연대노조는 자체 주간신문을 발행할 권리를 얻었지만, 여전히 국가의 검열을 받아야 했고 발행 부수도 제한됐다. 노조원 대다수는 신문을 거의 볼 수도 없었다. 그 대가로 노조는 "비드고슈치의 긴장 상태 때문에 경찰이 개입할 만도 했다"는 점을 인정했다. 잠재적 파급 효과를 고려할 때 이것은 충격적 양보였다.

3월 말의 세력균형은 노조 쪽에 더할 나위 없이 유리했다. 연대노조 전체가 완전히 하나가 돼 네 시간의 전국 총파업을 통해 자신의 능동적 단결력을 막 과시한 참이었다. 집권당 당원인 수많은 노동자들도 적어도 다른 파업 노동자들에게 뒤지지 않을 만큼 단호하게 파업에 참가했다. 아홉 달 동안 운동이 상승한 이후 노동자들의 자신감은 높아졌고, 국가기구는 동요하고 분열하고 확신을 잃었다. 소련의 개입으로 말하자면, 그것은 언제나 있던 위험이었다. 그 위험은 훨씬 더 의미심장한 기획, 즉 연대노조의 탄생을 막지 못했었다. 객관적으로 보더라도, [소련 개입의] 위험은 1981년 3월보다 1980년 8월에 훨씬 더 컸다.

아홉 달 동안 계속 고양되고 발전한 노동자 운동은 첫 주요 장애물에 걸려 넘어졌다. 총파업 취소는 연대노조 현장 조합원들의 사기를 심각하게 떨어뜨렸다. 그 뒤 석 달 동안 폴란드에서는 이렇다 할 파업이 단 한 건도 벌어지지 않았다. 조합원들은 혼란에 빠진 채 갈피를 잡지 못했고, 자신감이 곤두박질쳤다. 7월이 돼서야 여러 부문에서 연대노조 조합원들의 조직적 활동이 재개됐다.

그런데 대체 왜 이러한 낭패를 보게 됐을까? 총파업을 벌이는 편이 나았든 취소하는 편이 나았든 문제는 총파업이 취소된 방식이었다! 그것은 연대노조 창립의 토대가 된 원칙을 배신한 것이었다!

MKS의 개방적 민주주의는 한 줌도 안 되는 전국 지도부와 소수 자문단의 독재로 대체됐다. 공개 협상은 사라지고 이제 협상은 철저히 비밀리에 진행됐다. 바웬사와 자문단과 함께 바르샤바 호텔에 묵고 있던 지역 지도자들도 상황이 어떻게 돌아가는지 전혀 알 수 없었다. 비드고슈치의 위기로 연대노조가 얼마나 관료화됐는지가 고통스러울 정도로 분명하게 드러났다.

그러나 운동 자체의 발전 과정에서 더 일반적인 문제가 등장했다. 연대노조는 정확히 무엇이고, 최대 목표를 무엇으로 삼아야 하는가 하는 문제 말이다. 공식적으로, 1980년 8월에 생겨나 그 뒤 몇 달 동안 발전한 것은 '노동조합'이었다. 이 용어는 연대노조의 역동성이나 그 안에 담긴 희망, 그것이 내세운 요구들을 포용하기에는 애초부터 어울리지 않았고, 이제는 훨씬 더 부적절해졌다. 우르수스 트랙터 공장의 활동가이자 바르샤바 지부 의장을 맡고 있던 즈비그니에프 부야크는 자신의 공장에서 다음과 같이 말했다. "정부의 바람대로 우리 자신을 그저 노동조합으로만 간주한다면, 우리는 가라앉는 배에 탄 선원들의 노조나 다름없는 신세일 것이다." 시간이 지날수록, 노동조합은 자신이 처한 상황 때문에 자신을 재규정할 수밖에 없었다.

비드고슈치 사태는 연대노조가 더는 손쓸 수 없는 위기, 즉 완전한 탈진과 한계에 빠졌음을 보여 준 것은 아니었다. 그러나 그것은 노조의 발전의 첫 국면이 끝났음을 보여 줬다. 이제부터 연대노조는 새로운 방향으로 나아가야 했다.

따라서 비드고슈치 사태 이후, 연대노조 내부에서 이제 어디로 나아가야 하는지(이론적 측면과 실천적 측면 모두에서)를 놓고 논쟁이 고조될 수밖에 없었다. 연대노조는 어떻게 성장해야 하는가? 연대노조가 주목해야 할 사안들은 무엇인가? 연대노조의 목표는 어디까지인가? 어떤 식으로 투쟁해야 하는가? 어떤 정책으로 누가 지도해야 할 것인가? 이 논쟁에 말 그대로 운동의 생사가 걸려 있었다.

마비된 집권당

'이원 권력' 상황이 유지되는 한 가지 조건은 상호 대립하는 두 세력이 모두 무기력한 경우다. 비드고슈치의 사례에서 드러났듯이, 연대노조의 약점은 정권이 강력한 공세를 펼쳐 승리를 굳힐 기회가 될 수도 있었다. 그러나 그것은 정권 자신이 그러한 일격을 가할 힘을 모을 수 있을 때만 가능한 일이었다. 정권은 여전히 허약했고, 부분적으로 무장해제된 상태였으며, 대규모 공세를 감행할 만한 능력이 없었다. 그러므로 바웬사와 자문단이 노동자 운동에 입힌 손상이 곧장 결정적이고 파괴적인 효과를 낳지는 않았다.

제2차세계대전 이후 폴란드인민공화국의 핵심 통치 기구는 폴란드 통일노동자당이었다. 이 기구는 전쟁 이전의 공산당과는 전혀 유기적 관련이 없었다. 이제는 없어진 공산당의 지도부는 노동계급 투쟁의 진정한 유산을 간직한 인물들이었고, 거슬러 올라가면 그 계보가 로자 룩셈부르크의 당으로까지 이어진다. 그러나 그들은 1930년대 말 스탈린에게 살해됐고, 그 당은 해산되고 말았다. 전쟁 후반기와 그 뒤 시기에 만들어진 당은 위로부터 건설된 완전히 새로운 기구였다. 이 당은 산업 발전과 자본축적 추진의 대행자였지, 결코 노동자 투쟁의 정당이 아니었다. 이 당이 존재 이유로 삼는 것은 착취의 최적화였고, 따라서 노동자들의 뜻을 거스르는 정당이었다. 이 당과 가장 유사한 정당을 꼽는다면 신생 독립국가의 '운동 정당들(movement parties)'이 있는데, 이들은 모두 국민경제 성장, 세계 자본주의에서 다른 국가들과 벌이는 경쟁, 노동 대중 통제가 주요 관심사였다.

당은 지배 관료를 선발·조직하고, 지배자들의 계획을 지역과 작업장에 전파하는 구실을 했다. 당원이 되면 다양한 보상을 받을 수 있었는데, 예컨대 더 나은 일자리를 얻거나 귀중품 — 부족한 물질적 재화는 물론 세간에 알려지지 않은 정치적 '내부 정보' — 을 접할 기회를 얻을 수 있었다. 해가 지나면서 엄격하던 당 교의의 이데올로기 강조가 완화됐다.[15] 당원의 의무도 줄었다. 이따금씩 열리는 당 회합에 출석하고 1년에 한 번 열리는 노동절 행진에 참가하는 정도로 충분했다. 더는 특정 신념 체계를 고수하라고 강요하지 않았다. 당내 분위기나 사회적 구성 면에서 통일노동자당은 갈수록 서구의 보수 정당을 닮아 갔다.

이데올로기적 투철함이 느슨해지면서 일상적인 정치적·경제적 생활에서의 부정부패도 늘어났다. 산업화 덕분에 고학력 노동자들이 늘어나는 것과 동시에, 지배층은 더 공공연히 잇속을 챙기고 이기적 행태를 보였다. 권력을 독점하면서 그들은 안에서부터 더 썩어 가고 있었다. 지배자들의 부패는 점점 더 광범한 층의 사람들 사이에서 만

성적 불신과 공분을 샀는데, 이러한 정서는 지배자들의 통치가 극도로 무능해 보인다는 사실 때문에 더욱 깊어졌다.

실제로, 당은 도덕성 붕괴라는 점진적 위기를 겪고 있었다. 그러나 당이 정치권력을 독점하는 상황에서, 경선이나 민주적 당 구조 혁신 운동으로는 당이 개혁될 수가 없었다. 아마도 — 옛 공산당이나 사회당의 전통을 물려받은 사람들을 포함해 — 여전히 모종의 사회주의자를 자처하거나 개인적으로 당의 몇몇 측면에 비판적인 당원들이 제법 있었을 것이다. 1960년대 당내 모차르파(派)가 노골적으로 유대인 혐오를 조장했을 때도 많은 당원들은 이를 탐탁지 않게 여겼다. 훨씬 더 많은 당원들은 직장 동료들 사이에서 당이 인기가 형편없다는 점, 갈수록 확대되는 부패의 풍조, 당 구조상 비판의 기회가 없다는 점을 걱정했다. 그러나 그들은 공개 비판을 했을 때 닥쳐올 위험을 감수하기보다는 대체로 입을 다물었다.[16]

연대노조의 등장은 이처럼 봉쇄돼 있던 비판 의식과 염원을 해방시켰고, 그 결과 통일노동자당을 뿌리째 뒤흔들었다. 첫째, 연대노조는 정권과 대중, 특히 정권과 대공장의 핵심 노동계급 사이에 놓인 골이 얼마나 깊은지를 드러냈다. 둘째, 연대노조가 국가기구의 인사들에게 연타를 퍼부으면서 파면, 사임, 비리 폭로, 보직 변경이 일종의 유행이 됐다(예컨대, '평상시'에는 해마다 지방 1등 서기관 49명 중 9명이 교체됐는데, 1980년의 마지막 넉 달 동안에는 22명, 1981년의 처음 6개월 동안에는 31명 이상이 교체됐다).[17] 셋째, 연대노조는 당내 광범한 부문의 하급 당원들이 정치적으로 참여할 수 있는 완전히 새롭고 더 매력적인 틀을 제공했다. 약 100만 명의 당원이 연대노조에 가입했고, 그중 많은 수가 열성 활동가가 됐다.

연대노조의 등장은 평당원들이 당 개혁에 나서도록 고취했다. 나중에 '수평파' 운동으로 알려진 운동이 공업 도시 토룬에서 처음 등장했다. 이곳의 어느 공장 지부 서기였던 즈비그니에프 이바노프는 연대노조의 조직 형태를 모델로 삼아 여러 공장의 당 지부를 연계하는 위원회를 제안하며, 비상 당대회 소집을 촉구하기 시작했다. 대회 소집 목적은 (통상적인 위로부터 지명이 아닌) 자유선거에 의한 대의원 선출 원칙을 쟁취하고, 당 전체가 연대노조와의 공동 협약을 더 긴밀하게 발전시키고, 경제개혁 등으로 나아가도록 압력을 가하는 것이었다. 그러나 '수평파'는 정치권력의 일당 독점이라는 원칙에는 도전하지 않았다. 연대노조 지도자들과 마찬가지로, 그들도 "당의 지도적 구실"이라는 제약을 넘어서지 못했다.

이바노프 자신은 당규를 위반했다는 이유로 2월에 출당됐지만, 그의 지부는 그를 다시 서기로 선출했다. 1981년 4월 중순 '수평파' 운동은 절정에 이르렀는데, 토룬에서 열린 전국 대회에 폴란드의 전체 주(州) 가운데 3분의 1에서 당 대의원을 파견했다. 한편, 당 지도부는 특별 당대회 소집 요구와 자유선거에 의한 대의원 선출 원칙에 동의했다.

'수평파'가 당내에서 등장한 유일한 분파는 아니었다. '수평파'와 대립하는 '카토비체 포럼'이라는 다소 수상쩍은 세력이 있었는데, 이들은 당 기구의 강경파로 구성됐고, 공개적 회합은 전혀 열지 않았지만 폴란드와 러시아의 당 매체들을 통해 연대노조에 강경하게 대처하라고 촉구하는 주장을 꾸준히 발표했다. 그리고 봄에는 유대인 혐오 단체인 '그룬발트애국동맹'이 재빨리 합법 조직으로 등록하고 유인물을 찍어 내기 시작했다. 한 저술가의 지적대로 그 논조는 나치 기관지 〈데어 슈튀르머〉*를 연상시켰다.[18]

당대회는 1981년 7월로 예정돼 있었다. 초여름 내내 당 지부마다 치열한 선거운동이 벌어졌다. 많은 고위 지도자들이 대의원으로 선출되지 못했다. 기존 중앙위원 143명 가운데 40명만이 당대회 대의원으로 선출됐다. 이러한 굴욕을 보고 러시아는 장문의 협박성 서한을 보냈다. 그러나 '수평파'도 거의 선출되지 못했다. 당선자들은 대개 현 지도부에 대해 명확히 찬반을 밝히지 않은 덕분에 선택됐다.

당대회 대의원의 압도 다수(80퍼센트)는 처음 선출된 사람들이었다. 그리고 당의 진정한 계급적 성격이 대의원의 사회적 구성에서 드러났다. 이전의 '하향식' 선임 절차에서는 대의원의 상당수가 노동자였다. 이제, 자유선거를 치르자 대의원 가운데 20퍼센트만이 '노동자'였고, 그나마도 그중 4분의 1은 현장 관리자였다. 당대회는 '중년의 중간계급 지식인들'의 회의였다. 여성은 단지 5퍼센트에 불과했다.

결국, '개혁' 당대회는 그 어떤 의미 있는 결정도 내리지 못했다. 신임 중앙위원회와 정치국은 그 구성이 크게 바뀌었지만 중요한 경제적·정치적 개혁 프로그램은 결정하지 못했다. 당이 진정한 위기 해결책을 제시할 실질적 능력이 전혀 없다는 것이 당대회에서 드러났다. 심지어 내부 개혁 요구조차 무위로 돌아갔다. 예컨대, 신임 중

---

* Der Stürmer. 돌격대.

앙위원회는 한 달 가까이 아무런 보고도 받지 못했다고 불평했다. 대의원으로 선출되지 못한 지역 당 서기들이 어떤 식으로든 다시 중앙위원으로 임명됐다. 비밀투표로 선출된 최초의 당 서기장 카니아는 세 달도 채 안 돼 야루젤스키에게 자리를 내주고 쫓겨났고, 이후 야루젤스키는 당규를 무시하며 당 서기장, 국방장관, 총리를 겸임하게 된다.

당대회가 끝나고 며칠 뒤, 우치에서는 식량 부족에 항의하는 시위대가 통렬한 구호가 적힌 팻말을 들고 있었다. "제9차 당대회의 유일한 성과는 굶주림이다." 그동안 당내에서 비판적 목소리를 내던 사람들, 예컨대 언론인협회 대표 스테판 브라트코프스키나 그단스크 연대노조 활동가 보그단 리스 같은 사람들은 즉각 제명됐다. 그 전까지 서서히 진행되던 노동계급 당원들의 탈당(당대회 전까지 약 13퍼센트가 탈당)은 이제는 썰물 빠져나가듯 했다(12월 13일까지 42퍼센트가 탈당했고, 군사 쿠데타 이후에는 훨씬 더 많은 수가 탈당했다).

당은 더는 효과적 통치 메커니즘이 아니었다. 당대회 이후, 통치 체제의 중심은 당에서 군대로 옮겨 갔다.

교착상태에 빠진 연대노조

정부와 연대노조 둘 다 어느 정도의 내부 무기력증을 겪으면서, 이제는 누가 먼저 자체 재정비하는지가 중요해졌다. 어떤 점에서 폴란드의 비극은 한마디로 반동 세력이 노동자 운동보다 먼저 이론적·실천적으로 명확해졌다는 것이다. 당대회 이후 폴란드 지배자들은 점차 정부 내에서 군대의 영향력을 강화하며 노동자 운동을 공공연하게 공격했고, 치명적 일격을 가할 기회가 무르익을 때까지 자기 세력을 결집하고 점검하는 한편 자신의 적을 약화시키려 했다. 그들은 노동자들이 가져간 것을 거의 모두 되찾을 셈이었다.

비드고슈치 사태는 연대노조 내부에 충격을 불러일으켰고, 결국 자기 자신에게 의지할 수밖에 없게 만들었다. 연대노조는 변해야 했다. 마르크스는 다음과 같이 쓴 적이 있다. 모든 혁명운동은 발전 과정에서 어느 순간에 운동의 전진을 추동할 "반동의 채찍"이 필요하나고 말이다. 비드고슈치에서 연대노조는 바로 그 채찍을 맞았다. 이제 문제는 노조 내 누군가가 새롭고 명료한 전망을 세워 새로운 상황에 적합한 지도를 제공할 수 있느냐 하는 것이었다.

그러나 그 뒤 몇 달 동안 실제로 연대노조에서 두드러졌던 것은 명료함보다는 혼란의 심화였다. 이런 점에서 연대노조가 합법적으로 존재했던 마지막 8개월 보름의 기간은 간단히 정리하기 어렵다. 뚜렷한 발전 패턴이 없었기 때문이다. 여러 경향과 운동이 서로 중첩돼 상호작용했다. 어떻게 봐도 위태로운 상황이었고 연대노조가 정치적 칼날을 급진적으로 벼려야 했지만, 어느 누구도 적절한 해결책을 내놓지 못했다. 막바지에 이르러서야 지도부 내에서 중대한 방향 전환이 일어날 수 있다는 조짐이 나타났다. 그러나 그때는 너무 늦었다.

잠정적이지만 그러한 경향 가운데 일부를 살펴보자.

온건화와 관료화

연대노조 지도부의 두드러진 성향은 '온건'하다는 것이었다. 그들은 1980년 8월 협약이 정권과 항구적 관계를 맺는 기초이기를 바랐다. 연대노조는 정권에 부분적으로 정당성이 있음을 인정하고 정권을 폴란드 사회개혁을 위한 공동 기획의 '동반자'로 대우하고자 했다. 적대적 요소도 있었지만, 이를 이유로 서방의 노동조합운동처럼 체제 전체를 위험에 빠뜨릴 생각은 없었다. 연대노조는 일부 사안에서는 정부의 양보를 원하면서도 다른 사안에서는 정부와 타협할 준비가 돼 있었다.

이러한 생각은 어디서 비롯했을까?

한 가지 그럴듯해 보이는 답은 교회 지도자들인데, 이들은 폴란드 사회에서 근본적으로 보수적 구실을 했다. 폴란드에서 당과 교회의 지도부는 서로 완전히 적대한 것이 아니라 오랫동안 상호 적대와 협력 사이에서 복잡한 균형을 유지했다. 1956년 이래로 교회 지도자들은 위기 때마다 번번이 정권을 지지했고, 그 대가로 사제와 수녀 확보, 성당의 개축이나 신축, 종교의식, 출판, 공립학교에서의 종교교육 같은 대규모 교회 기구를 위한 공간을 보장받았다.[19]

따라서 작업장 점거가 확대되던 1980년 8월 비신스키 추기경이 당 지도자인 기에레크[20]의 직접적 요청에 따라 노골적으로 파업에 해를 끼치는 설교를 한 것은 전혀 새삼스러운 일이 아니었다. 2월 비엘스코비아와에서 벌어진 파업에 동브로프스키 주교가 개입해 노동자들에게 정부 당국을 믿으라고 설득한 것 역시 마찬가지다. 비드고슈치 사태 당시, 정부는 교황의 메시지 —"폴란드 사람들의 말을 들어 보니, 노동자들은 파업을 원치 않았다" — 를 대대적으로 선전했다. 비신스키 추기경은 바웬사가 총파업을 취소하도록 압력을 가했다.

쿠데타 직전에도, 그리고 그 뒤에도 교회 지도자들은 계속해서 도를 넘지 말라고 설교했다. 그들은 자신보다 왼쪽에 있는 세력들, 심지어 온건파들조차 못 미더워 했고, 흔히 노골적으로 적대적인 태도를 보였다. 주교단 총무는 1980년 12월 KOR을 비난하는 성명을 발표했다(나중에 압력에 밀려 철회해야 했다).

많은 폴란드 노동자들이 교회를 존중하는 이유는 무엇보다 교회가 노동자들의 불만을 대체로 정당하다고 인정하기 때문이다. 폴란드 가톨릭은 영국 노동당과 정치적으로 비슷한 구실을 했다. 즉, 대중의 불만을 너그러이 인정하면서도 노동자들이 자신의 요구를 위해 실제로 싸우는 것은 만류한다. 노동당이 모든 병폐를 해결할 방책으로 투표함을 내민다면, 주교들은 기도하라고 말한다. 그러나 원리는 같다. 교회는 고통받는 노동자들을 대변하지만 투쟁하는 노동계급을 대변하지는 않는다.

그러나 교회 지도자들의 말이 언제나 먹히는 것은 아니다. 가장 독실한 노동자들이 가장 보수적인 것도 결코 아니다. 예컨대, 슐레지엔의 광원들은 작업에 따르는 위험이 커서 신앙심이 깊어지게 마련이었다. 그러나 그들의 전투성은 1980년 8월 연대노조가 최종적으로 승리를 거두는 데 엄청나게 기여했다(또한 그들은 야루젤스키가 군사 쿠데타를 일으켰을 때도 가장 격렬하게 정부에 맞서 싸우게 된다). 추기경과 교황을 가장 신랄하게 비판한 사람들 가운데 일부는 사실 가장 열렬한 신자였다.[21] 신을 믿는다고 해서 노조가 주교 뜻대로 움직여야 한다고 믿는 것은 결코 아니다! 여하튼 교회는 정치적으로 단일한 집단이 아니다. 예컨대, 노동자와 농민의 일상적 삶을 좀 더 잘 아는 많은 성직자들은 '급진 해방신학'을 지지하는 데까지 나아가기도 한다. 파업에 대한 그들의 개입 — 예컨대, 점거된 공장에서 미사를 집전하는 일 등 — 은 흔히 노동자들의 연대를 강화하는 데 기여했다.

게다가, 연대노조는 대체로 세속적 노동계급 운동이었다. 1981년 9월 연대노조 총회에서 회기 중 일일 미사를 지내지 않기로 결정한 것이 이 점을 보여 준다. 주교들의 사상과 다를 바 없는 보수적인 사상이 실천에서 연대노조 상층 지도부를 지배했다면, 이를 설명하는 데는 뭔가 다른 것이 필요하다. 그러한 사상은 별도의 전달 벨트가 있었다. 그것은 주로 '자문단'이었다.

지금껏 그 어떤 노동자 운동에도 연대노조의 자문단과 같은 기구는 없었다. 바르샤바 지식인 계층 — 옛 집권당원들, 가톨릭 지식인 서클 회원들, KOR 회원들 — 은 노조의 주요 회의에 직접 참가했다. 실제로 바르샤바의 어느 지역 총회에서는 두 개의 '최고 회의'가 별도로 열렸는데, 하나는 선출된 노동자들로 구성된 노조의 상임집행위원회 회의였고, 다른 하나는 선임된 지식인들로 이뤄진 자문단 회의였다. 행동을 위한 주요 제안은 모두 자문단의 검토를 거쳐야 했다.

처음부터, 즉 그단스크 때부터 자문단은 연대노조 내에 자리를 잡았다.[22] 그단스크 조선소에 파견된 바르샤바 지식인 대표단은 단순히 '연대 인사'를 전하러 온 것이 아니었다. 그들은 협상 진행에 대해 '조언'을 했다. 이 대표단의 일원이었던 야드비가 스타니슈키스와 타데우시 코발리크는 대표단이 노동자들의 전투성에 얼마나 충격을 받았는지, 그리고 노동자 운동을 누그러뜨리려고 시종일관 어떻게 개입했는지를 설명한 적이 있다. 스타니슈키스는 지식인들이 협상장에 뭔가 다른 "언어"를 들여왔음을 시사한다. 즉, 계급의식적 언어가 아니라, 정부와 노조의 "전문가들"이 편안하게 대화를 나눌 수 있도록 차분하고 "교양 있는 언어"를 들여왔다는 것이다.

새로운 '전문가들'의 조언에 따라, MKS 지도자들은 "당의 시노적 구실"을 인정하는 문구를 수용했다(그리고 이 문구는 대의원들의 투표를 거치지 않고 최종 합의문에 은근슬쩍 포함됐다). 그단스크 협상에서 자문단의 입김이 갈수록 커진 것은 MKS의 민주적 운영이 쇠퇴하기 시작한 것과 관련 있다. 이제 세부 협상은 밀실에서 이뤄졌고 노조 집행부와 MKS 주요 기구 간 회의는 점차 뜸해졌다. 그리고 원칙을 둘러싼 문제는 더는 대의원들의 표결에 붙여지지 않았다.[23]

일단 연대노조가 설립되자 이 자문단은 바웬사 주위에 있는 일종의 '궁정 측근'이 됐다. 이들은 바웬사의 우유부단함을 이용했고, 그의 연설문을 많이 써 줬으며, 끊임없이 온건화 압력을 가했다. 이것은 폴란드 의회에서 가톨릭 정당 소속 의원을 지낸 마조비에키(1981년 4월부터 연대노조의 주간지 편집자였다)나 역사가인 게레메크나 변호사이자 기독교민주당원이었던 실라노비츠키에게만 해당되는 얘기가 아니다. 한때 혁명적 마르크스주의자였다가 KOR의 창립

멤버가 된 쿠론도 마찬가지였다. 사실 결정적 순간에는 과거 국가 탄압의 대상이었던 더 급진적인 반체제 인사들이 과거 노동계급 투쟁과 아무런 연관도 없었던 더 우파적으로 보이는 조언자들보다 더 효과적으로 중재자 구실을 할 수 있다.

확실히, 연대노조의 강점의 일부는 연대노조가 노동계급 이외의 계급한테도 지지받았다는 점이다. 그러나 연대노조의 계급을 뛰어넘는 호소력에는 위험도 존재했다. 연대노조는 지도부 내 지식인들의 우세한 영향력에 정치가 좌우되는 '인민전선'이 돼 버릴 수 있었다. 그리고 이것은 **계급** 문제였다.

폴란드 지식인들에게는 엘리트주의적 경향이 있었다. 이들의 상상력은 폴란드의 국경을 넘어서지 못했고, 그 역사와 사회적 구실은 국가의 성장에 직접 연동돼 있었다. 이들은 언론의 자유와 국가의 사생활 불간섭 문제에서는 노동자들과 이해관계가 같다. 그러나 정신노동과 육체노동의 분리는 지식인을 특별한 존재로 만드는 중요한 요소다. 지식인들이 어느 계급을 '대표'하는 경향이 있다면, 그것은 하급 관료 같은 '신흥 프티부르주아지'다.[24] 지식인들의 본래 활동 영역은 관료 사회 내 책략이다. 즉, 그들은 본능적으로 혁명적이지 않다.

지식인들은 '자문단' 구실을 하며 연대노조의 내부 정치에 심대한 영향을 미쳤다. 연대노조 안에서든 밖에서든 그들은 가톨릭 교리, 민족주의, 자유주의의 혼합물을 대표했다. 그들은 결코 **사회주의** 정치 전통, 즉 노동계급 국제주의와 프롤레타리아의 사회적 헤게모니 장악 투쟁의 전통을 대표하지 않았다. 도리어 많은 지식인들은 여기에 공공연하게 적대감을 드러냈다. 지식인들이 연대노조를 설명하는 방식은, 국민적 운동의 확산은 지지하지만 노동계급적 성격은 극구 폄하하는 식이었다. 지식인들은 계급 적대와 노동자 권력을 위한 투쟁의 필요성을 흐리면서 '국민적 단결'과 '합리적 해결'이라는 환상을 퍼뜨렸다.

온건한 전략을 추구하다 보니 지도자들은 장기적 합의의 발전을 위협할지도 모를 아래로부터의 운동을 가로막고 억제하고 억눌러야 했다. 나로즈니아크와 사피엘로의 체포 때문에 일어난 바르샤바 파업의 여파 속에서, 바웬사는 이제 노조가 합법화됐으니 '비공인' 파업은 없어져야 한다고 주장했다.

정말이지 온 나라에 소요가 만연한 듯하다. 여기는 작업 중단, 저기는 연좌 파업, 그리고 또 다른 곳에서는 단식투쟁이 벌어진다. … 비록 타당한 이유가 있더라도, 파업이 아니라 다른 방법으로 불만을 해결할 수 있다.

1981년 여름과 가을, 바웬사는 전국을 순회하며 파업을 중단하라고 호소했고, 새로운 요구를 제기하지 말라고 노동자들을 압박하면서 자제를 촉구했다.

운동이 관료화되고, 결정을 내리는 지도자와 그저 따르기만 하는 회원 사이의 확연한 분리가 고착되면, 운동을 온건화하기가 상당히 수월해지기 마련이다. 똑같은 상황이 계속 되풀이됐다. 1981년 1월 교황을 만나고 돌아온 바웬사는 곧장 당시 총리인 핀코프스키와 독대했다. 비드고슈치 사태를 둘러싼 중요한 협상이 비밀리에 진행됐다. 1981년 11월 말이 되자 바웬사는 노조 전국위원회와 사전 협의도 하지 않고 야루젤스키와 교회 대표자들과 회담했다.

조합원들의 무관심과 노조의 관료화는 동전의 양면이다. 비드고슈치 사태 이후 조합원들의 활동은 어느 정도 소강상태에 빠졌다. 3월 이후 석 달이 넘도록 파업이 단 한 건도 없었다. 노조 회합에 나오는 인원도 줄었다. 초여름에 연대노조의 첫 전국 대회에 파견할 대의원을 선출하는 모임들이 열렸는데, 많은 수가 정족수 미달이었고,[25] 노동계급 후보들은 자진 사퇴했다. 같은 기간에 연대노조 내 기구들에 대한 지식인들의 장악력은 강화됐다. 지식인들은 대표자 선출 모임에서 우세를 점하는 경향이 있었다. 그들은 더 조리 있게 말했고, 대의원직을 다수 확보했다.

1981년 가을, 연대노조 대회를 지배하게 된 세력은 노동계급 대의원이 아니라 지식인들이었다. 지역 활동가들이 반대했는데도 이 대회에서 연대노조 내 권한을 상층 기구로 더 집중하고 바웬사에게 대정부 협상의 완전한 재량권을 주는 내용의 결의안이 채택됐다.[26] 의장으로 선출되자, 바웬사는 주로 지식인들로 구성된 18인의 상집회의 구성원을 마음대로 선임했는데, 의장 선거 과정에서 바웬사에 맞섰던 사람들은 완전히 배제됐다.

온건파의 영향력이 세지면서 스타니슈키스가[27] 노조 내부의 "침묵의 영역"이라고 부른 것이 강화됐다. 조합원의 다양한 필요와 염원은 적절하게 전달되지 못했다. 특히 비드고슈치 사태 이후, 노조 지도자들은 지역 연대노조의 회보와 포스터를 검열하려 했고, 몇몇 지부는 이에 항의하는 파업을 짧게 벌이기도 했다. 노조 내부의 비판과 공개적 논쟁은 어느 정도 잠잠해졌다. 그 효과 하나는 많은 노동자들이 실망감 때문에 연대노조의 활동에 적극적으로 참여하지 않게 됐다는 것이다. 논란을 부를 만한 사안들은 공개적으로 발표되지 않았는데, 예컨대 자문단의 영향력 문제나 지도자들이 스스로 평균임금보다 훨씬 높은 봉급을 받도록 결정한 사실 등이 그랬다. 자문단은 비판 세력을 끈질기게 공격했는데, 그들이 연대노조의 "단결을 깨뜨리려" 한다고 비난했다. 자문단의 주장인즉, 정권이 노조 내의 공공연한 이견들을 악용한다는 것이었다. 흔히 그러한 주장만으로도 논쟁을 봉쇄하기에 충분했다.

개혁주의 ― 온건파를 이보다 더 잘 **표현**하는 말이 있을까 ― 는 특정한 이론과 전술을 포함하는 전략이다. 가장 일반적인 수준에서, 온건파는 기존 체제에서 바꿀 수 있는 부분과 보존할 부분을 구분하고자 했다. '국가'가 위협받는 일은 없어야 했지만, '시민사회'는 자유화될 수 있었다. 이 구분이 ― 특히 폴란드 상황에서는 ― 매우 모호하긴 했지만, 그 함의는 명백했다. 즉, 국가만이 보유할 수 있는 힘 ― 특히 군대와 경찰 ― 의 통일성을 훼손하려는 시도는 금지돼야 한다는 것이다. "동반자를 위협해선 안 된다"는 것이다. 당의 "지도적 구실"은 아무리 느슨할지라도 "우리가 절대 넘지 말아야 할 한계"였다.

어떤 점에서 온건파 전략의 **전제**는 지도력을 제공하고 단호하게 행동할 수 있는 정부의 존재였다. 그해 여름 쿠론은 많은 폴란드인들이 "나라를 도탄에서 건져 낼 정부"를 기대한다고 보고했다.[28] 1981년 10월 바웬사는 야루젤스키가 당 지도부에 합류한 것에 조심스럽게 기쁨을 나타내며 폴란드에는 강한 정부가 필요하다고 선언했다.

물론 거대한 노동자 운동의 초기 단계에 개혁주의자들이 지도부로 부상하는 것은 전혀 드문 일이 아니다. 그것은 흔히 벌어지는 현상이다. 폴란드에서 연대노조 내 개혁주의 진영은 결코 매우 안정적인 세력을 형성하지는 못했다. 왜냐하면 폴란드의 실제 상황이 일종의 이원 권력이었기 때문이다. 즉, 경쟁 상대이자 양립 불가능한 두 세력이 국가의 미래를 놓고 다투고 있었다. 온건파는 이러한 사실을 헌법의 기본 원리로 전환시켜서, '사회'와 '국가'로 이원화된 상황을 새로운 질서의 기초로 만들려 했다. 그러나 위기의 규모, 체제의 특징, 연대노조의 대중운동으로서의 반체제적 성격 때문에 '온건파'의 구상은 유토피아적 몽상이 됐다. 정권은 특히 1981년 여름부터 노조를 계속 공격했고, 협상을 결렬시키며 당장 완전히 굴복하라고 요구했다. 연대노조 조합원들의 광범한 부문도 위기가 가하는 날카로운 압력을 느끼며 계속해서 더욱 전투적으로 대응하라고 요구했다.

모든 지식인들이 ─ 넓은 의미에서 ─ '자제'의 필요성에 동의했다고 해도, 이들을 동질적 집단으로 이해해서는 안 된다. 예컨대, KOR의 구성원들은 흔히 교회의 자문단보다는 더 급진적이었고, 현장 조합원들이 가하는 급진적 자극에 더 개방적이었다. 특히, 그들은 현장 조합원들과 직접 대화를 시도했는데, 흔히 자신의 논지를 방어하려고 핵심을 비켜 가며 얼버무려야 했다. 예컨대, 아담 미흐니크는 어느 공장 지부에서 연설하던 도중 노동자들에게서 경영자의 무능과 부패에 대한 불평을 들었다. 그는 다음과 같이 설명했다. "맞습니다. 그러나 문제는 단순히 개인의 성품이 아니라 이러한 타락을 부추기는 체제입니다. 그리고 경영자를 바꿔도 마찬가지일 것입니다." "옳소!"

한 노동자가 외쳤다. "그러니 체제 전체를 끝장냅시다!" 미흐니크는 재빨리 한발 물러섰다. "특수한 지정학적 현실[을 고려해야 합니다. — 바커] … 그렇게 간단한 문제는 아니에요. …"[29]

이러한 제약 속에서는 솔직한 토론이 어려웠다. 지도자들은 스스로 상황이 위태롭다고 느끼면서도 장광설과 지적인 말장난, 분위기를 띄우는 농담 따위로 도피하며 위기감을 감추려 했다. 투렌이 기록했듯이, "미흐니크의 언사, 그리고 정말이지 대다수 활동가들의 언사는 이러한 모순을 교묘히 이용한 애매한 문구와 말장난으로 가득했다."[30] 온건파는 확고히 지지받는다는 느낌도 나아갈 방향에 대한 확신도 없었다. 그들은 대안적 전망이 표현되지 못하게 방해했을 수는 있었지만 그들 자신도 확고한 목표는 없었다.

급진파들

온건파 지도자들이 도전받지 않았던 것은 결코 아니다. 특히 비드고슈치 사태 이후, 더 '급진적인' 경향들이 노조 내에 등장했다. 그러나 이러한 경향들 가운데 어느 것도 조직적 분파로서 분명한 모습을 갖추지 못했고 대안 전략을 세우지도 못했다. 도리어 급진파들의 대응은 뒤죽박죽이었고, 흔히 정치적이기보다는 도덕주의적으로 대응했다. 일부는 검증된 정치적 차이가 아닌 개인적 친분 관계에 바탕을 두는 지역적 파벌이 됐다.

슈체친에서는 1980년 가을부터, 지역 연대노조 신문인 〈예드노시

츠)*를 중심으로 모인 어느 그룹이 폴란드를 정권과 노동계급의 화해할 수 없는 적대에 의해 형성된 사회로 규정하고, 이 두 세력 간의 결정적 한판 승부가 (조만간) 도래할 수밖에 없다는 결론의 기사들을 발표했다.[31] 어느 '근본주의자' 그룹도 비슷한 견해를 피력했는데, 이들은 1981년 가을 노조 대회에서 다음과 같은 선언문을 발표했다.

당 기구는 새로운 지배계급이 됐고, 이들은 권력의 세 가지 핵심 요소 ― 소유권, 물리력, 선전 기구 ― 를 독점했다. 약속했던 무계급 사회는 커녕 역사상 가장 노골적인 계급 지배 사회가 만들어졌다. 이 사회의 한편에는 정치적·경제적·교조적 권력이 있고, 다른 한편에는 모든 것을 빼앗긴 사람들, 칼 마르크스가 말했듯이, 잃을 것이라고는 쇠사슬밖에 없는 대중이 있다.[32]

그러나 두 그룹 모두 자신들의 견해로부터 특수한 조직적 결론을 도출하지는 않은 것으로 보인다. 그리고 바로 이 점에서 그들은 스스로 무기를 내려 놓은 것이나 다름없었다. 실제로, 근본주의자들의 선언문은 다음과 같은 문장으로 끝났다. "연대노조는 스스로 권력을 장악하기 위해 싸우거나 정당이 되기 위해 투쟁하지 않는다."

그단스크의 안나 발렌티노비치는 총파업 취소 결정이 내려진 방식에 큰 충격을 받았고 주로 바웬사 개인에만 초점을 맞춰 비난했다. 그녀는 조선소 위원회 표결에서 패배해 쫓겨났고 점차 고립됐다. 3월

---

* Jednosc. 단결.

31일에 바웬사와 함께 텔레비전에 출연해 총파업을 취소했던 안제이 그비아즈다는 자신이 속았다고 느끼고는 바웬사에게 보내는 '공개서한'을 써서 노조 내 비민주적 관행에 우려를 표명했다.[33] 그는 현장 조합원들의 활동이 연대노조의 힘을 유지하는 데 필수적이며, "노조 내 독재는 연대노조가 체제에 흡수되기 위한 필요(충분)조건이고 모든 것을 허사로 되돌리는 짓"이라고 강조했다.[34] 그를 중심으로 비공인 그룹 ― 지역에서는 '성좌'('그비아즈다'가 폴란드어로 '별'을 뜻한다)라는 이름으로 알려졌다 ― 이 발전했지만, 어떠한 명확한 전망도 갖고 있지 않았다.

부분적이지만, 바웬사는 비드고슈치 시태에 대한 노조의 대응을 결정하고자 모인 자리에서 급진파의 한계를 표현한 적이 있었다. 당시 그는 TKK가 자신의 조언을 따라야 한다고 요구하며 다음과 같이 선언했다. "나는 공장 노동자들의 지지를 받고 있고, 심지어 전국 조정위원회 전체의 의사를 거스를 수도 있다." 이것은 그저 터무니없는 허풍이 아니었고, 급진파들도 이를 알고 있었다. 비드고슈치 사태 이후 카롤 모젤레프스키는 항의의 뜻으로 연대노조 대변인에서 물러나며 다음과 같이 불평했다.

노조는 노조를 통치하는 왕을 만들어 냈다. 왕의 주위에는 궁정 측근들이 있고 권력은 바로 그들에게 있다. 의결 기구는 그다음일 뿐이다. 그리고 왕은 허수아비가 아니므로 권력은 의결 기구가 아니라 궁정에 있다. 이는 노조에게 자멸적인 구조다.[35]

이것이 문제의 일부라면, 급진파들은 무엇을 했어야 하는가? 개인의 성품만을 문제 삼는 방식으로 싸우는 것은 손발을 묶고 싸우는 것이나 다름없었다. 그리고 '민주주의'라는 문제를 추상적으로 제기하는 것도 별 도움이 되지 않았다. 수많은 연대노조 조합원들에게 바웬사는 연대노조의 힘과 단결을 상징했다. 그가 그러한 상징으로서 필요했다는 사실은 조합원들이 자신들의 힘을 확신하지 못하고 있음을 보여 주는 것이었다. 바웬사를 약화시킬 수 있는 방법은 현장 조합원들 스스로 자주성과 자신감을 강화하는 것뿐이었다. 급진파에게 필요했던 것은 연대노조를 위한 총체적 대안 강령을 발전시키는 것이었으며 그 과정에서 내부 민주주의라는 문제가 실질적 쟁점이 될 수 있었을 것이다.

가을에 열린 대회에서 지역 지도자 세 명 ― 슈체친의 마리안 유르치크, 비드고슈치의 얀 룰레프스키, 그리고 안제이 그비아즈다 ― 이 연대노조 위원장 선거에서 바웬사에 대항해 출마했다. 그들은 모두 합해 45퍼센트를 득표했다. 그러나 그들의 선거 연설은 전혀 명료하지 않았다. 실제로, 그비아즈다는 출마 이유를 묻는 질문에 "노조 규약에 따라 그럴 권리가 있기 때문"이라고 답했을 뿐이다. 그들에게 자신감이 없었던 한 가지 이유는 자신들이 이길 리 만무하다는 점을 알고 있었다는 것이다. 만약 조합원 총투표를 했다면 바웬사가 90퍼센트는 얻었을 터였다. 더 근본적인 이유는 어느 누구도 선명한 대안을 제시하지 않았다는 것이다. 바웬사 외의 후보들에게 돌아간 표는 일종의 항의성 투표, 즉 실질적 도전이라기보다는 현장 조합원들의 불만을 무시하지 말라는, 지도부를 향한 '경고'였다.

더 급진적인 활동가들은 흔히 전문가와 자문단의 구실에 가장 크게 반발했다. 그러나 이들은 이러한 반대를 넘어 어떠한 종류의 이데올로기나 이론도 믿지 않는 태도로 나아갔다. 불신과 적대감에 압도된 나머지, 그들은 흔히 극도로 도덕주의적이었고, 자신들의 심경을 강령적 용어로 표현할 능력이 없었다. 프랑스 사회학자 알랭 투렌은 연대노조 조합원들에 대한 대단히 귀중한 연구를 수행했는데, 폴란드 사회 체제와 지배 체제 전반에 대한 연대노조 조합원들의 강력한 분노와 불신의 감정을 밝혀냈다. 그러나 그가 또한 지적했듯이, 연대노조 조합원들 사이에 널리 퍼져 있던 급진적 변화 염원은 여전히 "내적 언어"에 머물렀고, 결고 정치적 전략으로 전환되지 못했다.[36]

자주 관리 운동

명확한 반대파의 부재는 그 자체로 연대노조 내부에서 일어난 잠재적으로 희망적일 수도 있었을 여러 발전에도 영향을 미쳤다.

그중 하나가 '자주 관리' 운동이었다. 1980년 가을에 '노동자평의회의 부활'은 유별나게 중요한 요구는 아니었다. 사실, 최종 협약은 "노동자 자치 기구가 경영에 참여하는 진정한 참여"와 연계된 "기업 자율성의 파격적 확대"를 제안했다. 그러나 이 조항들이 협약에 포함된 것은 노동자들의 압력 때문이 아니라 "양측 자문단이 행사한 영향력" 때문이었다.[37] 1980년 8월 전까지 개혁주의 지식인 모임에서 오고간 토론의 초점은 경제개혁의 필요성에 대한 것이었고, 그러한 구상에서 공장 내 노동자들의 경영 참여는 매우 중요했다.

8월 이후 몇 달 동안, 자주 관리는 거의 주목받지 못했다. 연대노조의 관심은 노조 인정 투쟁과 정부와의 투쟁 과정에서 생겨난 엄청나게 많은 당면 쟁점들에 있었다.

그러나 노동자 통제는 회피할 수 있는 사안이 아니었다. 연대노조를 '노동조합'이라는 규정에 가두기가 불가능하다는 점이 갈수록 명백해졌다. 거듭되는 투쟁 속에서 조합원들은 운동의 염원을 제약하는 한계를 계속해서 넓히고 있었다. 또 경제 위기가 워낙 심각하다 보니 노조 때문에 경제개혁이 가로막혔다는 정권의 선전과 노동조합의 전형적 요구들 — 임금 인상, 노동시간 단축, 노동조건 개선 — 이 정면으로 충돌했다. 연대노조 활동가들은 정부의 논리를 반박하는 주장과 작업장에서 자신들의 지위를 개선할 수 있는 일련의 요구안이 필요함을 점점 더 절실하게 느꼈다.

주된 동력은 1981년 봄 대공장들에서 나왔다. 여러 부문의 활동가들로 구성된 '네트워크'가 새로 생겨나 일련의 토론 모임을 시작하면서 요구안을 정식화했다. 이러한 활동은 비드고슈치 위기의 여파 속에서 확대됐는데, 현장 조합원들이 부분적 사기 저하를 겪고 있던 바로 그때였다. 따라서 대체로 '네트워크'는 이 문제에 관심을 보이는 다수의 지식인들과 협력하는 **활동가들**의 운동으로서 등장했다. 이런 상황이 '네트워크'의 사상이 발전하는 방식에 영향을 미쳤다. '네트워크'는 1960년대 영국의 '노동자통제연구소'와 마찬가지로 '토론 모임'에 머무는 경향이 있었다. 즉, '네트워크'는 노동자 운동 자체의 생생한 실천과는 직접적 연관이 전혀 없이 일부 흥미로운 아이디어들을 구상했다. 이러한 조건 때문에 흔히 지식인들이 각별히 중요한 구실을 했다.

바웬사 주변의 지도자 그룹은 매우 신속히 '네트워크'의 주장들을 채택했다. 이것은 노조 강령의 주된 특징이 됐고, 가을 대회에서 채택됐다.

'네트워크'가 핵심적으로 문제 삼은 것은[38] 경제를 질식시키는 국가 관료들의 통제였다. 두 가지 핵심 목표가 설정됐는데, 경제적 의사결정의 탈집중화와 기업 민주화가 그것이었다. 각 기업은 스스로 자금을 조달하고, 중앙의 지침이 아니라 경제적 타당성이라는 척도에 따라 생산 목표를 결정해야 한다. 기업 내에서는 민주적인 노동자평의회가 관리자를 선임하고 일상적 운영을 통제해야 한다. 여기에 더해 "지역 차원의 자주 관리"를 통해 각 지역의 민주주의를 증진시키기 위한 주요 조처가 단계적으로 취해져야 한다는 것이다.

이 주장의 기본 구상은 경제 분야 전체가 정치적 영향력이 배제된 투명한 공간이어야 하고, 그 공간에서 권력은 정치적 결정이 아니라 "합리적" 시장 원리들에 달려 있다는 것이다. "시민사회"에 대한 국가의 영향력은 과세나 인센티브 등의 "명시적" 수단들로 제한돼야 한다.

이 구상에는 심각한 약점이 몇 가지 있었다. '네트워크'의 일부 사상가들은 자유 시장을 이상화하며 이를 관료적 계획을 대체할 유일한 대안으로 취급했다. 그들은 "이윤 지향적" 기업 운영의 결과 — 실업, 임금 격차 증대 등 — 를 외면했다. 노동자 통제와 시장 선호가 어떻게 실제로 양립할 수 있는지 설명하지 않았다.(자문단 일부[39]는 공공연히 "유능한" 관리자들에게 의사 결정권을 일임하자고 주장했는데, 이러한 견해는 진정한 노동자 통제와는 배치됐다!) 관료적 통제에 대한 사회주의적 대안, 즉 작업장에 기반을 둔 노동자평의회를 통해 민주적으로 도출되는 계획 메커니즘은 전혀 고려되지 않았다.

'네트워크'의 제안은 집권당 내 경제 개혁론자들의 제안과 본질에서 다르지 않았다. 정부의 제안을 넘어선 것은 단 두 가지 측면이었다('네트워크'의 제안은 당의 기업 활동 개입 중단과 경영자 임명에 관한 '노멘클라투라'[당 관료층]의 통제 폐지를 요구했다).

또 다른 약점은 '네트워크'가 자신의 제안을 작업장에서 노동자들의 행동으로 쟁취할 투쟁 요구가 아니라 기존 체제가 채택할 만한 "좋은 아이디어"로 정식화했다는 것이다. 이것은 엄청난 모순일 수밖에 없었는데, 왜냐하면 '네트워크'의 아이디어에는 체제에 대한 근본적 도전이 함축돼 있었기 때문이다. 노동자 자주 관리의 전제는 노동자들이 경제의 전반적 방향을 통제하는 것이다. '네트워크'의 강령은 다음과 같이 선언했다. "핵심 계획에는 사회의 목적이 드러나야 한다." 그러나 이러한 목적을 진지하게 추구하면 국가와의 정면 대결이 불가피해진다.

'네트워크'의 강령은 권력이라는 결정적 문제를 얼버무렸다. 이 대목에서 다시 한 번 지식인 '전문가들'이 끼친 영향을 확인할 수 있다. 고전적 개혁주의의 방법대로, '네트워크'의 강령은 노동자평의회와 의회의 내 '상원'을 결합하자고 제안했는데, 이 상원은 "경제 전문가들"로 구성될 것이었다.

문서상으로, 자주 관리 제안은 연대노조의 견해보다 좀 더 급진

적으로 보였지만, 조합원 대중의 일상적 경험과는 동떨어진 채 정식
화됐다. 마르크스주의 사회학자 스타니슈키스가 썼듯이, "진정한 자
주 관리를 위한 투쟁은 조합원 대중보다는 노조 활동가들에게 더 중
요해 보인다."[40] 우르수스의 즈비그니에프 부야크는 여름에 이 문제에
대해 다음과 같이 언급했다.

우르수스의 모임에서 사람들은 나를 경계했다. 내가 이러한 자주 관리
는 권력 장악 과정의 시작이라고 설명하고 나서야 사람들은 내 말을 이
해하고 이에 동의했다.[41]

그러나 현실에서 자주 관리 사상이 정말로 권력 장악으로 이어지
는지는 전혀 분명치 않았다.

1981년 7월부터 줄곧, 노동자 전투성의 새로운 물결이 지역의 파
업과 식량난 항의 시위로 분출했을 때, '네트워크' 활동가들의 다수
는 바웬사 그룹만큼이나 이러한 상황이 끝나기를 간절히 바랐다. 그
들은 노동계급 대중조직의 부활을 자신들의 사상을 실천으로 옮길
기회로 여기기는커녕, 입법화를 위해 개혁안을 준비하는 엄중한 작
업에 방해가 된다며 파업에 반대했다. 그 결과, '자주 관리'가 연대노
조 공식 강령의 일부가 되긴 했지만 실제로 공장 자체에 기반을 두
는 방식으로는 거의 발전하지 못했다. 11월에 노조가 작업장에서 '자
주 관리 위원회'의 기초를 수립하기 위한 실제 조처들이 거의 실행되
지 않았다고 보고함으로써 이 점이 명확해졌다.

투쟁의 부활

1981년 봄과 여름에 경제 위기가 심화됐다. 모든 주요 생산지표가 더 급격한 하락세로 접어들었다. 1월과 7월 사이 공식 수치들은 다음과 같이 하락했다. 공공 상점에서 판매되는 상품의 시장가치 13.6퍼센트 하락, 석탄 생산 21.3퍼센트 감소, 투자 21.1퍼센트 감소, 주택 건설 29.2퍼센트 감소, 수출 18.3퍼센트 감소, 수입 9.4퍼센트 감소.[42]

부품과 원자재 부족 때문에 점차 생산에 차질이 빚어졌다. 생필품 공급은 꾸준히 악화됐다. 육류 배급량이 줄었다. 비누, 세제, 화장지가 모두 공급 부족 상태였다. 공식적으로는 기초 생필품들이 배급됐다. 그러나 실제로는 심지어 배급표가 있어도 물건을 배급받는다는 보장이 없었다. 다음과 같은 씁쓸한 농담이 유행했다. "폴란드식 샌드위치가 뭔지 아나? 빵 배급표 두 장 사이에 낀 고기 배급표라네." 식료품과 연료 가격의 엄청난 인상이 발표됐다. 암시장이 확대됐다. 긴 줄에 서서 한없이 기다리는 고역 — 하루 세 끼를 먹기 위한 악전고투 — 때문에 불평이 갈수록 커졌다. 어디서든 폴란드 노동자들은 허리띠를 졸라매야 한다는 얘기를 들었다. 노조의 전문가들도 똑같이 말했다.

비드고슈치 사태 이후 연대노조의 현장 조합원들은 부분적으로 사기가 떨어지기는 했지만 여전히 조합원으로 남아 있었고 노조가 주된 희망의 원천이라고 생각했다. 여름이 되자 경제 위기 때문에 노동계급 투쟁이 새롭게 분출했다. 다만 이번에는 대다수가 '비공인 파업'이었다. 지도부의 반응은 싸늘했고, 때로 적대적이기까지 했다.

7월 8일 우편 노동자들이 파업에 돌입했다. 다음 날 폴란드 항공이 폐쇄됐다. 항공 노동자들은 군 장성이 경영자로 임명된 데 항의하며 투쟁에 나섰고 스스로 경영자를 선택하겠다고 주장했다.

이러한 파업들에 바로 뒤이어 쿠트노를 비롯한 여러 도시에서 식량난에 항의하는 행진과 시위가 잇달아 벌어졌다. 섬유 산업 중심지인 우치에서는 수만 명이 다음과 같은 분노에 사무친 현수막을 앞세우고 사흘 동안 거리를 누비며 행진했다. "하나의 유령이 폴란드를 배회하고 있다. 굶주림이라는 유령이!", "굶주린 민중은 지배자들을 집어삼키는 법이다." 슈체친이 우치의 뒤를 이었다. 8월에는 바르샤바에서 50만 명이 파업을 벌였다. 승용차와 화물차를 동원한 차량 시위대가 당사 앞을 지나려다 가로막히면서 도심 전체가 이틀 동안 통행 불능 상태에 빠졌다. 슐레지엔의 광산 지역에서는 노동자 100만명이 파업을 벌였다. 그디니아의 항만 노동자들은 수출용 식료품 선적을 거부했다. 비드고슈치에서는 운송 노동자들이 부패한 관리자에 항의해 파업을 벌였다. 라돔에서는 1976년의 노동자 탄압에 대한 진상 조사를 요구하며 다시금 파업이 분출했다. 8월 19일과 20일에는 연대노조에 대한 언론의 중상모략에 항의하는 인쇄공들의 파업으로 중앙 언론사가 대부분 마비됐다. 올슈틴에서는 이 파업의 여파로 그 뒤 17일 동안 비공인 파업이 계속됐다. 쳉스토호바에서는 식량 배급을 둘러싸고 파업이 벌어졌다.

파업을 대하는 노조 지도부의 반응은 대부분 부정적이었다. 정권이 연대노조가 경제를 파괴하고 있다고 주장하자, 지도부는 두 달간의 파업 중단을 선언했다. 나아가 광원들에게 1981년의 남은 '휴무'

토요일에 자발적으로 작업하라고 요구했다.

전국위원회는 모든 조합원들에게, 즉 폴란드의 모든 노동자들에게 우리 자신을 위해서라도 자유 시간을 희생할 것을 촉구한다. 올해 말까지 여덟 차례의 휴무 토요일에 일을 하자는 것이다. 우리는 이것이 노조 활동이 보장된 나라에서는 전례가 없는 일이라는 것을 안다. 우리는 모든 조직과 노조 지도부에게 독자적으로 쟁의행위에 나서지 말 것을 호소한다.[43]

광산 지역에서 열린 회합들에서는 연대노조 지도자들과 광원들 사이에 성난 설전이 수없이 벌어졌다. 한 광원은 전국위원회에 다음과 같이 말했다. "당신들은 사람들더러 휴무 토요일에도 일하라고 부추기고 있소. 정부를 도와야 한다면서 말이지. 그러나 우리더러 정부를 도와야 한다고 말하는 자들은 대체 누구요?"[44] 정부가 막대한 추가 보너스를 약속했어도 거의 절반에 가까운 광원들이 휴무 토요일 작업을 거부했다. 광원들은 분열했고 사기가 저하됐다.

파업 물결은 9월과 10월에도 계속 고양됐다. 9월 말 어느 순간에는 폴란드 전역의 3분의 2에서 파업이 벌어지고 있었다. 남부의 철강 중심지인 카토비체에서는 식량 부족에 항의하는 파업이 분출했다. 바르샤바 부근의 섬유 중심지인 지라르두프의 여성 노동자들은 바르샤바에서 물품을 구입하는 데 익숙한 상태였다. 그러나 이제 그들의 배급표로는 지역 내 상점에서만 물건을 구입할 수 있도록 제한됐다. 거기에는 아무 물건도 없는데 말이다. 그들은 3주 동안 파업을 벌였다. 바웬사를 포함해 전국 지도자들이 방문했지만 작업을 재개하도록 설득하는 데 실패했다. 노동자들은 전국 노조 회의를 저지하고자 분노에 찬 대표단을 파견했다. "당신들의 토론과 해결 방안은 이제 지겹다! … 뭔가 **행동**을 하라! 당신들은 사내도 아닌가?"[45] 압도적으로 여성이 다수였던 이 파업은 일종의 '교대제'로 조직됐다. 즉, 교대로 공장 점거를 유지하는 식이었다. 이들을 방문한 어느 바르샤바 활동가가 전면 점거 파업을 할 생각이 있는지 물었다. 그들은 승리할수 있다면 그럴 것이라고 분명하게 말했다. 이웃의 지원을 이끌어 내고, 가족들의 도움을 얻고, 아기들을 위해 탁아소 시설을 설치하는 등의 일을 하겠다는 것이었다. 그 활동가는 노조가 소속 조합원들의 헌신을 이끌어 내지 못하고 쓸 수 있는 힘을 잘못 사용하거나 외면한다고 (속으로) 결론 내렸다.

여름과 가을에 벌어진 파업들의 특징 가운데 하나는 이 파업들 덕분에 연대노조 조합원 가운데 새로운 계층 — 항공 노동자, 인쇄공, 여성 노동자, 가정주부 등 — 이 처음으로 자주적 활동에 뛰어들었다는 것이다. 그 전만 해도 연대노조의 '후진적' 부문에 속하던 사람들이 절망적 경제 상황과 정부에 대한 점증하는 환멸 때문에 행동에 나서지 않을 수 없게 되면서 운동을 앞으로 밀어붙이려 했다. 온갖 쟁점 — 식량 공급, 공장 안에서 당의 구실에 대한 도전, 지역 책임자의 권한, 수출 정책, 검열, 부당한 처우 등 — 이 이러한 파업들에서 제기됐다. 간접적으로든 직접적으로든, 이 파업들은 연대노조가 행동에 나설 것을 촉구했다.

그러나 연대노조는 파업과 시위들을 억누르려 애썼다. 〈로보트니크)의 편집장 얀 리틴스키가 쓴 기사가 이를 잘 보여 준다. 1980년 이전 3년 동안 그는 종종 소규모 경제 파업들을 보도하고 고무했다. 그러나 이제 굶주림에 항의하는 운동을 부정적으로, 즉 "비공인 파업으로 변질될 위험이 있고 노조가 좀처럼 벗어날 방법을 찾지 못하는 위험한 상황"이라고 묘사했다.[46] 노조 지도자들은 황급히 전국을 순회하며 노동자들에게 행동을 중단하라고 촉구했다. 9월 연대노조의 주간지는 편집부 서기인 크시스토프 비슈코프스키가 쓴 "극단주의자들과 어리석은 철부지들"이라는 기사를 특집으로 뽑았는데, 이 기사는 노조의 구실이 국가 전체의 이익을 옹호하는 것이어야 한다고 주장했다.

10월에 연대노조 상집회의가 노동자 35만 명이 광산과 다른 핵심 산업부문에서 벌이고 있던 파업을 중단하라고 촉구하는 의회 호소문을 지지했지만, 효과가 없었다. 바로 뒤이어 노조 지도부는 하루 전국 파업을 호소했는데, 이렇게 하면 열기가 좀 가라앉으리라는 기대 때문이었다. 그러나 파업은 그 뒤로도 몇 주 동안 계속됐다. 모든 부문의 조합원들이 느끼는 쓰라린 절망과 분노는 단 하나도 지도부에 반영되지 않았다.

이 모든 아래로부터의 분출은 서로 고립된 채 파편화되고 결합되지 못했다. 지도부 내의 어떤 부문도 투쟁들을 서로 연결하려 하지 않았고 어떻게 하면 이 투쟁들이 정부를 겨냥한 새로운 공세 속에서 결합될 수 있을지 제시하지 않았다. 급진파들은 도움이 될 만한 주장이나 실천을 전혀 하지 못했다. 결국 11월 중순부터 파업 물결이 잦아들었다. 조합원들은 점점 더 지쳐 갔고, 노조에 대한 실망으로 등을 돌리고 있었다.

연대노조의 마비와 목표 재설정

이런 상황은 점점 더 많은 연대노조 지도자들 사이에 심각한 불안감을 불러일으켰고, 이는 1981년 여름 KOR이 주최한 활동가들의 허심탄회한 좌담회에서 잘 드러났다. 이 좌담회 소식은 〈로보트니크〉에 실렸다.[44]

〈로보트니크〉의 편집자 얀 리틴스키는 다음과 같이 말했다.

우리는 지금 막다른 길에 몰려 있는 듯하다. 경제와 국가가 붕괴하고 있나. … 성부가 어떻게 나오는지 지켜보거나 양보인을 두고 협상하는 것은 부질없는 일처럼 보인다. 연대노조는 서서히 기울고 있다. 노조는 조합원들을 실망시키고 있다.

주요 지식인 자문위원인 브로니스와프 게레메크는 다음과 같이 말했다.

내가 틀릴 수도 있지만, 이 자리에 있는 사람들 중 위기에서 벗어날 방법을 아는 사람은 없는 것 같다. 대재앙이 임박했다. 그것이 우리를 짓누르고 있다. … 노조가 직면한 가장 큰 위험은 추동력을 상실했다는 것이다. 다시 말해 노조가 … 점차 급진화하는 사회를 억누르는 … 보수적 세력이 될 수도 있다.

우르수스 공장 출신이자 바르샤바 연대노조 의장인 즈비그니에프 부야크는 다음과 같이 말했다.

우리의 운동은 점차 약화되고 있다. 운동이 시작될 때 그 바탕에는 정
부와 당에 대한 커다란 증오가 있었다. 그러나 이제 이것만으로는 충분
치가 않다. 목표가 바뀌어야 한다. 조합원들은 지도부의 정책을 이해하
지 못한다. … 시위, 파업, 지역적 투쟁이 하나의 통합된 전체를 이루지
못한다. … 지금 이 순간 사람들은 명확한 강령을 기다리고 있다. 사람
들은 이해하든 못하든 간에 "이게 바로 위기 타개책"이라는 말을 듣고
싶어 한다.

이 좌담회에서 연대노조가 자신의 구실과 목표에 관한 새로운 구
상을 내놓을 필요가 있음이 드러났다. 9월에 연대노조 상집회의의
일원인 그제고시 팔카는 노조가 처한 곤란한 처지를 설명했다. "경
제적·사회적 문제들을 해결할 방안을 마련하지 못하면, 정부의 잘못
된 정책에 반대한다 해도 얼마 못 가 정부의 정책 실현에 협력할 수
밖에 없다."[48]

이런 압력을 받은 연대노조 지도부는 늦여름과 초가을에, 특히 연
대노조 전국 대회에서 새로운 강령을 공들여 작성했다.[49] 이제 연대
노조는 스스로 '노동조합'이 아니라 폴란드 사회의 철저한 개혁을 추
구하는 '사회운동'이라고 규정했다. 이제 연대노조의 공식 목표는 '자
치공화국'이 됐다.

어떤 점에서 연대노조 강령의 공식적 발전은 거대한 일보 전진이
었다. 이 강령은 폴란드 노동자 대중의 "내적 언어", 즉 사회의 전면

적 변화 요구를 명문화하고 공식화했다. 강령의 핵심에는 "민중 권력" 요구가 있었고, 이를 실현하려면 "정부와 국가행정의 진정한 사회화"가 필요했다. 강령이 제시한 비전은 철저히 민주적인 사회, 즉 노동 대중이 두려움이나 방해 없이 그리고 의사 표현에 아무런 제약 없이 자신의 정치적·사회적·경제적·문화적 삶을 통제하는 사회였다.

그러나 동시에 강령은 대단히 모순적이었다. 강령은 경제 위기를 해결하기 위한 일련의 즉각적 조처와 경제적·사회적 생활을 원활하게 할 장기적 개혁을 제안했다. 대부분 훌륭했다. 그러나 강령은 결정적 문제 — 어떻게 하면 이러한 개혁을 이룰 수 있는가 — 를 회피했다. 강령은 분야마다 혁명적 목표를 제시했지만, 혁명적 수단의 필요성은 부정했다. 강령의 목표는 기존 정치체제 안에서는 실현될 수 없었다. 체제가 스스로 해체될 것이라는 공상적 가정을 하지 않는 한 말이다. 그러나 기존 정치체제를 결정적으로 분쇄할 필요성은 어디에서도 읽을 수 없었다.

연대노조가 스스로 '노동조합'이라고 규정했을 때, 연대노조는 '스스로 부여한 한계' 안에 자신을 가두겠다고 선언한 셈이었다. 이제는 연대노조가 노동조합운동의 한계를 벗어나 스스로 정치적 행위자임을 인정하면서 공식적으로 도약했지만, 여전히 정권과 완전히 결별하고 싶은 마음과 기존의 법적 테두리 안에 머물고 싶은 열망 사이에서 갈팡질팡했다. 현실에서는 '자기 제한'으로 인한 갈등을 극복하지 못했고, 결국 더 높은 수준의 갈등에 휩싸이게 됐다.

적절한 정치 강령이라면 궁극적 목표를 명시하는 데만 그쳐서는 안 된다. 운동이 어떻게 그 목표에 도달할 수 있는지도 제시해야만

한다. 바로 이 점에서 연대노조의 강령은 완전히 실패했고, 현실의 문제, 즉 어떻게 강령 성취를 위한 투쟁으로 조합원들을 이끌 것인가 하는 문제를 회피했다. 1914년 이전 독일 사회민주당의 '최대 강령'이 그랬듯이, 연대노조의 강령은 많은 점에서 훌륭했지만 전진을 위한 실질적 계획이 아니라 한낱 장식품에 그치게 될 실질적 위험이 있었다.

연대노조는 전국 대회를 통해 좀 더 '정치적인' 자기규정으로 나아갔고 대회를 주도한 것은 노동자들보다는 지식인들이었다. 투렌은 다음과 같이 논평했다. "운동의 노동조합적 요소 자체는 대회에서 거의 보이지 않았다. 연대노조는 사회 해방을 위한 운동에 훨씬 더 가까워 보였다."[50] 이러한 면에는 진전이 있었지만, 동시에 후퇴도 있었다. 왜냐하면 연대노조가 자신의 기반인 노동계급의 즉각적인 경제적 관심사로부터 동떨어질 위험이 있었기 때문이다. 실제로 그러한 경제적 사안들은 가을 내내 파업이나 지역 운동의 형태로 표출됐다. 언제나처럼 지도자들의 행동과 관심사는 조합원들의 행동이나 관심사와 동떨어져 있었다.

정권이 전쟁을 준비하다

비드고슈치 사태 이후 몇 주도 안 된 1981년 4월, 정권은 군사훈련을 실시해 노동자들을 상대로 군사적 수단을 사용할 수 있을지 점검했다.[51] 그러나 아마도 이 시점까지는 이 방법을 실제로 사용할 것인지 확정하지 못했을 것이다.

그러나 여름이 되자 정치적 수단만으로는 연대노조를 굴복시킬 수 없다는 점이 분명해졌다. 정권의 주요한 정치적 수단인 당은 이미 그 무능을 드러냈다. 따라서 폴란드의 지배자들은 군대에 구원의 희망을 걸었다. 7월에 열린 당대회에서 야루젤스키는 다음과 같이 말했다. "현 시국에 우리 군은 흔들리지 않았다. 군은 단결과 기강을 유지했다. 군은 언제든 조국과 사회주의적 업적을 수호할 준비가 돼 있다."

정부는 조심스럽게 행동했다. 정부는 매번 상황을 점검하고 자신의 세력을 준비시키고, 적의 강점과 약점을 가늠했다. 정부의 첫 조처는 민간 행정 분야에서 군의 비중을 높이는 것이었다. 여름에 몇몇 장군들이 주요 기업과 부처를 관할하는 데 투입됐다(7월에 폴란드 국영 항공사가 파업에 들어간 것도 바로 이 때문이었다).

많은 국영기업에서 — 그리고 군 시설과 군 인쇄소 등에서 일하는 민간인 직원들도 — 연대노조 가입은 인정되지 않았다. 연대노조는 이 문제를 검토하고자 '위원회'를 설치했다. 그러나 이 위원회는 지도부의 조언에 따라 해당 노동자들과 상의도 없이 정부와 비밀리에 협상을 벌였다. 격노한 슈체친 지역 인쇄 노동자들은 협상이 진행되고 있던 바르샤바의 정부 청사 앞에서 시위를 벌였고, 결국 협상은 결렬됐다. 이러한 부문에서 노조는 승인받지 못한 채로 남아 있었다.[52]

독립 노조 결성 권리를 요구하는 일반 경찰들 사이의 운동은 그 지도자들이 해고되는 탄압을 받았다. 연대노조 내 상당수가 경찰노조 결성을 지지했지만, 연대노조는 경찰의 노조 결성 권리를 방어하는 어떠한 행동도 하지 않았다.

정치적 전선에서는, 정권이 반(反)연대노조 선전 공세를 개시했다. 이것은 8월 초 부총리 라코프스키의 주도로 실행됐는데, 그는 연대 노조 지도자들이 권력을 탐내고 있다고 비난하며 연대노조와의 협상을 결렬시켰다. 9월에 '자주 관리'에 관한 새 법안이 의회에 제출됐는데, 이 법안은 '필수 산업'에 근무하는 노동자들은 관리자를 선출할 수 없도록 규정했다. 바로 전날 노조 대의원대회에서 그러한 제한을 일체 받아들이지 않기로 표결했는데도, 바웬사와 극소수 지도자들은 그 법안을 수용했다. 이 때문에, 속개된 대의원대회에서 격한 언쟁이 일어났고, 쿠론 등은 바웬사의 행동을 옹호했다.

이 시기까지 정권은 자신의 계획을 착실히 점검하고 있었다. 유명한 강경파 스탈린주의자인 알빈 시바크라는 노동자가 이미 9월 초 연설에서 그 계획의 주된 개요를 폭로했다. 장군들이 이끄는 6인 위원회가 군과 경찰을 동원해 대중 저항을 분쇄할 것이고, 그들은 연대노조에 대한 지지가 약화될 때까지 몇 달이라도 기다릴 것이라는 내용이었다. 그러나 연대노조 지도부는 그러한 경고를 무시했다.

10월에 열린 당 중앙위원회 회의에서 스타니스와프 카니아가 당 서기장 자리에서 쫓겨났다. 그 자리를 대신한 것은 야루젤스키 장군이었는데, 이제 그는 당 서기장, 국방부 장관, 총리 자리를 독차지하게 됐다. 이어서 정부 장관직이 장군들로 채워졌다. 바웬사는 야루젤스키의 권력 장악을 환영하다시피 하는 연설을 했다. "분명한 것은 한 사람의 손에 권력이 집중된다는 사실이다. 우리에게 필요한 것은 우리와 협상할 수 있는 강하고 합리적인 정부다."[53] 이 무렵 정권은 체포할 사람들의 명단을 작성하고 있었다. 쿠데타 뒤에 드러난 체포 대상자 명단에 이미 10월에 폴란드를 떠난 사람들이 포함돼 있는 것을 보면 이를 알 수 있다.

여전히 정권은 자신의 준비 과정을 감추고 있었다. 야루젤스키는 10월에 제대할 예정인 징집병들에게 "경제 위기 해결을 지원하기 위해" 두 달 더 군에 남아 있게 될 것이라고 발표했다. 병사들은 연대노조에 이를 알리는 서한을 보냈지만, 연대노조는 대처하지 않았다.

10월 말과 11월에 정권은 연대노조 활동가들을 공공연히 공격하기 시작하며 노조의 반격 태세 정도를 시험했다. 카토비체와 브로츠와프에서는 경찰이 거리 선전을 하던 연대노조 조합원들을 체포했고, 이에 항의하는 시위대를 폭력적으로 해산시켰다. 슐레지엔의 소스노비에츠에서는 "신원 미상의 사람들"이 연대노조 모임에 최루탄을 투척했다. 호주프에서는 연대노조 조합원들이 구타당했다. 봄까지만 해도 이런 식의 공격은 대중 파업을 낳았다. 그러나 이제는 산발적인 지역적 항의 파업이 일어날 뿐이었다.

10월 말부터는 소규모 군부대가 지방과 소도시에 파견됐다. 공식적 이유로는 경제 위기 극복을 지원하기 위해서라고 했지만 실상은 그것이 아니었다. 정권은 자신의 기구들을 시험하고 군부대들의 충성도를 점검하는 한편, 군대에 대한 대중의 지지를 얻으려 애쓰고 있었다. 연대노조에서는 아무런 경계의 목소리도 나오지 않았다.

11월 비슷한 부대들이 "민방위 준비 태세 점검을 위해" 공장들로 파견됐다. 노조 지도자들의 반응은 여전히 태평했다.

또 10월 28일, 의회는 비상사태 시 정부에 계엄 선포 권한을 부여하는 법률이 곧 표결에 부쳐질 것이라는 통보를 받았다. 표결이 당장 이뤄지지는 않았다. 그러나 이것은 정부가 군대를 배치할 계획이 있으면 의회에 통보해 충분한 주의를 줄 것이라는 인상을 줬다. 연대노조는 이러한 잔꾀에 속아 넘어갔다.

11월 야루젤스키는 — 부분적으로는 군사적 준비에서 주의를 돌리기 위해 — 바웬사와 교회 지도자들에게 정부 개혁을 위한 3자 회담에 참석해 달라고 요청했다. 바웬사와 자문단 일부는 전국위원회 다수의 반대도 무릅쓰고 야루젤스키와의 회담에 참석했다. 그러나 그들은 어떤 사안을 두고도 표결에서 질 것이 뻔한 '국민화합전선'에 구색 갖추기로 초대받았을 뿐임을 깨닫게 됐다. 그 대가로 그들은 어떤 개혁도 보장받지 못한 채 엄청난 물가 인상에 대한 책임마저 떠안아야 할 판이었다. 그들은 이 회담을 일언지하에 거부하고 자리를 박차고 나왔지만, 공식 언론들은 연대노조 때문에 진척이 없다고 비난을 퍼부었다.

정치로의 전환

연대노조 지도부는 위협이 고조되는데도 대처 방안을 두고 분열하고 주저했다. 파업 물결이 그칠 줄 모르자 노조 상집회의는 "감정에 휩싸인 비조직적" 투쟁을 중단하라고 거듭 촉구했다. 11월 첫째 주에도 여전히 65곳의 작업장에서 파업이 벌어지고 있었고, 그중 옐레니아구라에서 벌어진 파업의 규모가 가장 컸다. 연대노조 활동가의 해고에 반대해 노동자 16만 명이 참가한 이 파업은 지도부의 작업 복귀 종용도 아랑곳하지 않고 유지됐다.

대체로 11월 중순이 돼서야 파업이 끝났는데 이것은 순전히 지치고 실망한 탓이었다. 많은 노동자들이 분노에 찬 무관심 상태에 빠졌다. 일부는 정부의 선전을 받아들여 경제 혼란의 책임을 노조 탓으로 돌릴 조짐마저 보였다.[54] 연대노조가 행동을 호소할 때 노동자들이 기꺼이 호응할 가능성은 분명히 줄어들고 있었다. 12월 3일 카롤 모젤레프스키가 라돔에서 한 얘기는 의심할 여지 없이 사실이었다. "노조는 더 강해지지 못하고 오히려 더 약해져 버렸다. 그리고 모든 활동가가 이 사실을 느끼고 있다. 어기에는 몇 가지 이유기 있다. 경제 위기의 결과인 피로, 일련의 사태 막바지에 느끼는 피로가 그것이다. 일부 사람들은 이러한 상황이 계속되자 그 책임을 우리 탓으로 돌린다."[55]

연대노조는 출범할 때 자기부정적 규정을 받아들여 '정치'에 관여하지 않겠다고 선언했다. 그 견해는 현실과 전혀 들어맞지 않았고, 가을이 되자 많은 활동가들이 연대노조의 위기와 마비를 감지하면서 명백히 정치적 해결책을 모색하는 쪽으로 기울었다.

그 일부는 완전히 민족주의적인 정치, 특히 '독립폴란드연합'(KPN) 쪽으로 이동했는데 KPN은 소련에 대한 대중의 혐오를 분명하게 표현한다는 점에서 호소력이 있었다. KPN ― 그 뿌리는 전쟁 이전의 우익 정당으로 거슬러 올라갈 수 있다 ― 은 어떤 점에서도 노동자 정당이 아니었다. 그것은 폴란드 정치를 계급적 관점이 아닌 순전히 '애국적' 관점에서 해석했다. 그러나 KPN은 많은 연대노조 활동가들이 보기에는 적어도 연대노조 상집회의보다 더 전투적으로 말하는 듯했다. 사실, KPN의 전략은 본질적으로 '온건'했고, 그것의 민족주의는 "우리 폴란드 군대"가 실제로 폴란드 민중을 적대하는 도구가 될 가능성을 보지 못하게 했다. 야루젤스키야말로 이런 환상에서 이득을 보게 될 것이었다.

나머지 활동가들은 다른 해결책을 찾으려 했다. 11월 22일, 한 달 전까지만 해도 정당 건설이라는 사상을 비난하던 쿠론은 자기 아파트에서 '자치공화국 추진 클럽'의 창립 모임을 열었다. 그 목표는 민주주의 국가에서 활약할 정당의 중핵을 형성하는 데 있었다. 그러나 그 모임 — 경찰의 습격을 받았다 — 에서 발표된 성명은 여전히 자기 제한적 규정에 갇혀 있었다. 성명은 중앙 국가권력의 타도와 대체가 아니라 중앙정부가 "노동자나 지역의 자치기관들에 의해 최대한 제약"돼야 한다고 주장했다.

많은 작업장에서 당 기구를 몰아내자는 결의안이 통과됐다. 1982년 2월에 예정된 지방선거를 자유선거로 치르자는 요구가 점차 거세졌고, 미래의 폴란드 정부 형태에 대해 국민투표를 치르자는 요구도 쏟아져 나왔다.

정당과 정치적 해결책이라는 구상으로 기운 것은 적어도 연대노조가 지금까지 고수한 자기 제한에서 한층 더 벗어난 것이었다. 그러나 이 모든 사태 전개에서 '정치'는 연대노조 외부에 있는 것, 즉 구체적으로는 허약한 폴란드 의회에 중심을 둔 특수한 '정치적' 활동 영역으로 취급됐다. 노동자들의 경제적 힘을 직접 동원하는 것을 정치 강령의 일부로 삼고자 하는 세력은 전혀 없었다. 모든 세력이 국가권력에 정면 도전해서는 안 된다는 생각에 여전히 사로잡혀 있었다. 국가권력을 노동자 권력으로 대체하는 쪽으로 노동자들의 경제적 힘을 이끌어야 하고, 그러기 위해 연대노조 안에서 투쟁하는 것을 자신의 과제로 삼는 당이 건설돼야 한다고 주장하는 이는 아무도 없었다. 따라서 '정치'로의 전환은 관심 있는 활동가들의 특별한 영역으로 남았을 뿐 현장 조합원들을 끌어들이지는 못했다.

이런 점에서, 자주 관리 운동에서 생겨난 새로운 발전은 훨씬 더 희망적인 것이었다. 이미 여름에, 일부 지역의 활동가 그룹들이 온건한 '네트워크'에 불만을 표출하며, '루블린' 그룹을 결성했다. 그들은 노동자 통제를 더 분명히 강조했다. 그들은 순수한 유도계획 경제에 반대했고, 의회 내 상원과 공조하는 "아래로부터 경제계획 수립"을 지지했다.

결정적으로, 그들은 개혁을 획득하기 위해 입법적 수단만을 사용하자는 생각에 회의적이었고, 활동가의 관점에서 자주 관리 기구들을 '자주 관리를 쟁취하는 조직이자 생산을 통제하는 사례'로 봤다. 그들은 "능동적 파업"(생산을 유지하면서도 노동자들이 생산을 통제하는)을 활용하자고 주장하기 시작했다.[58]

가을이 되자 활동가들 사이에서 이 그룹의 영향력이 커졌다. 일부 지역, 특히 우치에서 그들은 능동적 파업을 실천으로 옮길 준비에 착수했다. 구상은 간단했다. 노동자들이 생산과 분배 수단을 장악한 뒤, 대중의 필요에 따라 직접 운영한다는 것이었다. 일부는 이 구상이 지닌 잠재적으로 혁명적인 의미를 깨달았다. 즉, 능동적 파업은 "노동자 권력을 향한 투쟁 전략"의 일부가 될 수 있었다(동일한 이유로 상집회의의 일부 지식인 전문가들은 "좌경 세력과 트로츠키주의자들이 조장한 사상"이라며 그 계획을 비난했다).[57]

'루블린 그룹'은 늦가을 무렵 노동자 운동 내에서 급진적 경향이 강화되고 있었음을 보여 줬다. 그들의 계획은 현장 조합원들을 의미 있는 활동으로 다시 끌어들일 수 있다는 커다란 장점이 있었다. 그래도 그들의 사상에는 여전히 몇 가지 약점이 있었다. 첫째, 그들의 사상은 여전히 토론 단계에 머물러 있었다. 그 사상은 뒤늦게 발전했고, 그래서 실천으로 옮겨질 기회를 결코 얻지 못했다. 둘째, 그 사상에는 혁명적 잠재력이 있었지만 여전히 개혁주의적 관점 ― 능동적 파업을 협상 압박용으로 사용하려 한다거나 아무 권한도 없는 의회를 위한 자유선거를 쟁취하려 한다거나 ― 이 뒤섞여 있었다. 셋째, 어느 참가자가 지적했듯이, 그들의 사상은 "군대를 우리 편으로 만들기 위한 투쟁"이라는 과제를 소홀히 했다.[58]

최후의 나날

11월 말이 되자 결정적 대결이 곧 닥치리라는 점이 분명해지고 있었다. 정부는 계엄통치법 통과를 추진했고, 산업 중심지에 군부대를 배치했다.

앞에서 살펴본 것처럼, 연대노조 활동가들 사이에서 급진적 경향이 새롭게 발전하고 있었다. 일부 작업장에서는 전투적 해결책들이 인준됐는데, 여기에는 정부 불신임 국민투표를 시행하자는 요구가 포함됐다. 몇몇 지역 중심지에서는 능동적 파업을 준비하고 있었다. 대규모 시위 계획이 발표됐다.

12월 초 정권은 갑자기 탄압을 강화했다. 노동자 투쟁은 대체로 잠잠했지만, 학생들은 연이은 대규모 점거 물결에 참가하고 있었다. 점거된 대학 중 하나가 바르샤바 소방 학교였는데, 정부는 이 학교가 군사시설이라고 주장했다. 학교는 진압경찰(ZOMOs)에 포위됐다. 수많은 군중이 학생들을 방어하고자 모였다. 12월 2일 수요일 진압경찰 수백 명이 학교에 난입해 점거자들을 쫓아냈다. 정부가 연대노조에 맞서 처음으로 노골적 무력을 사용한 것이었다.

다음 날, 연대노조 지도자들이 리돔에서 만났다. 정부는 이 모임을 도청했고, 지도자들의 발언 가운데 일부를 공개했다. 그 내용을 보면 위기 때문에 마침내 — 비록 뒤늦긴 했지만 — 연대노조 지도부가 좀 더 급진적인 전망으로 내몰리고 있었음을 알 수 있다. 바로 그 전날, 바웬사는 소방 학교 밖에 모인 군중을 향해 다음과 같이 말했다. "노조는 정부가 만만히 볼 수 없는 강력한 무기입니다. 그러나 아무 때나 쓸 수 있는 무기는 아닙니다." 이제. 그는 다음과 같이 선언했다. "충돌은 불가피하며 일어날 것입니다. 모든 환상을 버립시다. 그들은 우리를 계속해서 모욕하고 도발했습니다." 한때 자기 절제를 주장하던 영향력 있는 선도자 쿠론은 이제 다음과 같이 말했다.

선거와 새 선거법 문제, 이른바 과도적 개혁 준비 체제를 완전히 거부하는 문제, 비상사태 선포 문제를 둘러싸고 투쟁을 벌여야 합니다. 이제 정부 제압을 목표로 행동해서 그 발판을 준비해야 한다.

다른 대표자들은 능동적 파업에 돌입하고 노동자 방위대를 조직할 필요가 있다고 말했다. 어느 대표자는 라디오와 텔레비전을 장악해야 한다고 제안했다. 발언자들은 임시정부 수립을 촉구했다. 바르샤바에서 온 세베린 야보르스키는 바웬사에게 다음과 같이 말했다. "만일 당신이 한 발짝이라도 물러서면, 내가 직접 당신의 목을 치겠소. 내가 하지 못하더라도, 다른 누군가가 그럴 거요."[59]

이러한 뒤늦은 급진화 경향은 어디에서나 뚜렷했다. 그 뒤 며칠 동안 우치 지역의 공장 회합에서 능동적 파업과 노동자 방어대 조직에 찬성하는 방안이 통과됐다. 우치의 지도자인 안제이 스워비크는 바야흐로 상황은 "혁명적"이라고 선언했다. 12월 12일에 열린 노조의 전국위원회는 비드고슈치 사태 이후 가장 급진적인 분위기 속에 치러졌다. 대의원들은 비상사태법에 맞서 총파업을 포함한 파업 투쟁을 벌이기로 결의했다. 정부에 대한 국민의 신임을 묻는 국민투표도 직접 조직하기로 했다. 교회 자문단은 반대표를 던졌다.

그러나 이 최후의 나날에 노조 지도자들이 좌선회했다 할지라도, 그것은 너무나 때늦은 일이었다. 그날 밤 전국위원회 참가자들이 호텔에서 자는 동안, 정권이 선수를 쳤다. 진압경찰이 호텔을 포위해서 공격했다. 위원들이 체포돼 수감됐다. 폴란드 전역에서 연대노조 활동가 수천 명이 잠을 자다가 체포돼 밖으로 끌려 나왔다. 일요일 아침 6시 야루젤스키는 군사 쿠데타를 선언하며 연대노조의 활동을 불허하고 계엄령을 선포했다.

글렘프 추기경은 방송에서 국민들에게 저항하지 말라고 호소했다. 쿠데타에 대한 노동자들의 대응은 불균등하고 산발적이었다. 파업과 점거가 200여 건 있었는데, 주로 대공장과 슐레지엔의 몇몇 탄광에 집중됐다. 며칠 뒤 이러한 저항들은 경찰과 군대의 폭력적 개입으로 분쇄됐다. 부예크 광산에서는 노동자 아홉 명이 살해당했다. 지에모 비트와 피아스트 광산에서는 3주 동안 지하 갱도가 점거됐다. 피아스트 광원들이 마침내 지상으로 올라왔을 때, 자신들만 싸우고 있었음을 깨닫고는 충격에 휩싸였다. 그들은 폴란드 전체가 함께 파업에 나서지 않았다는 사실을 도저히 믿을 수 없었다.

기습으로 인한 당혹감, 갑작스러운 통신 두절, 파업을 이끌거나 참가하는 사람은 누구든 엄벌에 처하겠다는 정부의 포고, 지도부 체포는 모두 쿠데타에 대한 노동자들의 내응이 비교적 낮은 수준에 미물렀던 이유를 설명해 주는 요소다. 그러나 심지어 쿠데타 전부터 이미 연대노조 조합원들의 대다수가 패배감에 휩싸여 있던 것도 사실이었다. 야루젤스키의 쿠데타가 비교적 성공적이었던 것은 연대노조 현장 조합원들이 사기 저하로 와해돼 있었기 때문이다.

다른 결과가 가능했을까?

역사에서 모든 '가정'이 그러하듯, 이 질문에 답하는 것은 물론 엄밀히 말해 가능하지 않다. 그러나 야루젤스키의 쿠데타 같은 일이 일어나리라는 것은 상황 논리상 필연적이었다. 폴란드 지배자들과 노동자 운동 사이의 적대가 구조적으로 뿌리 깊었기 때문에 충돌은 불가피했다. 위기의 규모, 연대노조가 제기한 요구들의 반체제적 성격,

소련에 대한 폴란드 정부의 예속 때문에 장기적으로 타협은 불가능했다. 따라서 타협책을 옹호한 사람들은 운동을 그릇된 방향으로 이끈 것이다. 그리고 그들이 제시한 전술들 덕에 야루젤스키의 승리가 더욱 쉬워졌다. 그들은 자기 진영을 혼란에 빠뜨리고 사기를 떨어뜨리는 한편, 적대 세력을 약화시킬 기회는 죄다 걷어차 버렸다.

그단스크 파업에서 야루젤스키 쿠데타까지 열여섯 달에 이르는 여정 동안 연대노조는 엄청나게 진화했다. 연대노조는 '자유 노조 쟁취'를 시작으로 산업에 대한 노동자 통제를 요구하는 데까지 나아갔다. 노조는 '자치공화국' 요구를 발전시켰고, 마침내 위기를 타개하는 매우 정치적인 해결책을 추구하기 시작했다. 그러나 이 모든 발전을 거치는 내내, 한 가지 요소만은 변함없었다. 다시 말해, 연대노조 지도부는 고전적 개혁주의 전망에 여전히 갇혀 있었고, 국가 타도가 대두되지 않도록 운동을 제약했다. 그들 자신의 표현을 빌리면, 국가는 건드리지 않은 채, 흔히 '시민사회'라고 부르는 영역만을 해방시키려 했다.

그러한 의미에서, 그들은 국가의 고유한 힘과 이익을 보장해 준 셈이었다. 그에 수반되는 위험들을 감안하면 그들의 전략은 재앙으로 이어질 수밖에 없었다. 실제로 그렇게 되자 지도부는, 그들 중 많은 사람들이 인정했듯이 완전히 당황하고 말았다.[48] 그러나 그들이 당황한 것은 이론적 준비가 잘못 돼 있었기 때문이다. 즉, 사태 판단을 잘못한 것이다.

야루젤스키의 승리는 필연적이지 않았다. 그가 승리하려면 국가의 물리력, 즉 군대와 경찰의 기강과 단결이 중요했다. 계엄령이 선포되기 이전 몇 달 동안, 연대노조에게는 그러한 기강과 단결을 약화시킬 기회가 많았지만 의도적으로 그 기회들을 이용하지 않았다. 연대노조는 징집병이 다수인 사병들 사이에서 선전 활동을 펼치지 않았고, 사병들이 복무 기간 연장에 항의했을 때도 연대하지 않았다. 노조 결성 권리를 요구하는 행정경찰들에 대한 지지도 조직하지 않았다. 심지어 국영 인쇄소와 해군 시설 등에서 일하는 민간인들의 노조 결성 권리에 대해 공개 캠페인을 벌이기는커녕 비밀 협상 원칙을 받아들였다. 국가기구의 통일성을 약화시킬 방안을 제안한 조합원들은 주요 위원회에서 배제됐다.[61]

그러나 최후의 순간 직전까지도 가능성은 계속 나타났다. 1981년 12월 초 소방관들의 점거 현장 밖에는 무장한 진압경찰 — 폴란드인들에게는 두려움과 증오의 대상이었다 — 이 배치됐다. 소방관들을 지지하는 수많은 사람들은 경찰들의 머리 너머로 소방 학교 유리창을 향해 음식과 담배를 던져 줬다. 점거위원회의 즉흥적 대응은 탁월했다. 그들은 가장 좋은 담배를 모두 거둬서는 진압경찰 대원들에게 전달하고자 밖으로 나왔다. 점거위원회는 부대원들에게 말을 걸었고 추위에 고생이 많다며 위로를 보냈다. 마침내 학교를 점령하라는 명령이 떨어졌을 때, 그 진압경찰 부대원들은 "신뢰할 만하지 못하다"는 이유로 철수해야 했다. 소방 학교가 무력 장악된 뒤 '시민방위군노조창립위원회'는 소방 학교 공격에 경찰을 동원한 것에 항의했다. 위원회는 "시민방위군은 사회 전체의 이익을 보호하고자 만든 것이지 소수 지배자들의 이익을 지키고자 만든 것이 아니다" 하고 선언했다. 또, 모든 경찰관이 "정치적 분쟁이나 정당한 대중 행동을 억압하는 데 경찰이 동원되는 것"에 항의해야 한다고 선언했다. 물론 이들은 경찰 내 소수파였다. 그러나 얼마나 중요한 소수였던가!

협상과 타협을 종용하던 사람들은 국가기구를 약화시키는 행위를 절대 용납할 수 없었다. 그들이 볼 때 "동반자를 쓸데없이 적대시하는 일은 없어야 했다." 즉, 국가의 활동 영역, 국가의 권한과 권력은 보장돼야 했다. 연대노조는 적과 맺은 '합의'를 지키기 위해 자기 세력을 억눌러야 했다. 그들이 앞으로 나아가려 하고, 새로운 요구를 제기하고, '비공인 파업'을 벌일 때마다 말이다.

이런 의미에서 연대노조 지도부는 패배를 자초했다.

폴란드 노동자들이 권력 장악을 준비해야 한다는 사상을 적극적으로 펼치는 조직된 사회주의자 경향이 연대노조 내에 존재했다면 결과는 달랐을지 모른다. 그러나 연대노조 내에서 등장한 여러 '급진적' 경향 가운데 어느 경향도 그 문제를 제대로 이해하지 못했다. 어느 경향도 1981년 여름에서 가을 동안에 일어난 파업 물결에 직접 개입하지 않았다. 어느 경향도 노조 지도 기구들 내 개혁주의 지식인 '자문단'의 득세에 도전하지 않았다. 연대노조 지도부를 비판하는 데서 나아가 조직상의 결론을 이끌어 내고 현장 조합원들 사이의 전투적 경향에 뿌리내린 급진적 분파를 건설하는 일에 나선 세력은 아무도 없었다.

심지어 매우 작은 소수로도 상황이 달라졌을지 모른다. 따지고 보면, 1976~80년 연대노조 탄생으로 가는 길을 닦은 것은 KOR을 중심으로 한 소규모 그룹이었다. 그 기간에 KOR의 기여는 절대적으로 중요했다. 그들의 기여가 없었다면 그단스크와 그 밖의 지역들에서 기회를 살려 8월의 파업 운동을 탁월하고 포괄적인 새 형식으로 이끈 노동계급 지도자의 중핵이 형성되지 못했을 것이다.

그러나 KOR은 용기 있고 진취적인 조직이었지만 개혁주의자들의 동맹이었고 그 기여는 1980년 8월 이후에 대체로 끝이 났다. KOR은 방향 감각을 상실했고,[62] 이를 상징하듯 1981년 9월 연대노조 전국 대회에서 해산을 발표했다. 8월 이후의 사태 발전에서 가장 안타까운 것은 KOR의 절정기 때만큼 명확한 전망과 과감한 결단력을 갖춘 새로운 그룹이 등장해서 대중운동이 권력 장악을 향해 나아가도록 이끌지 못했다는 점이다.

물론, 연내노조 내에서 혁명적 사회주의 경향이 발전하기는 쉽지 않았을 것이다. 일부 반박하기 쉽지 않은 주장들이 제기됐다. 예컨대, 소련이 헝가리와 체코를 침공한 역사 때문에 "너무 멀리 나가서는 안 된다"는 주장이 설득력이 강했다. 그렇지만 소련 제국은 약화되고 있었다. 주목할 만한 사실은 소련이 결국 폴란드에 군사적으로 개입하지 않았다는 점이다. 소련이 개입하지 못할 이유가 너무도 많이 있었다.[63] 어쨌든, 소련의 위협 때문에 자제해야 한다면 연대노조의 탄생 자체도 어려울 수 있었다.[64] 그러나 실제로는 그리 되지 않았다. 1980년 8월 노동자들은 그런 위협을 간단히 무시했다. 8월 이후 소련의 위협이라는 논리는 한편에서는 정부가 애용하는 자기정당화 수단으로, 다른 한편에서는 연대노조 내 개혁주의적 주장의 일부로 이용됐다. 그런 주장은 연대노조를 무장해제하고 약화시키려는 주장이었고, 실제로 패배로 몰았다.

물론, 폴란드 노동자들의 승리는 운동이 폴란드 국경 너머로 확산되는 데 달려 있었다. 올바른 사회주의라면 흔들림 없는 국제주의 관점을 견지해야 마땅하다. 동유럽 나머지 나라들에서 오는 반향은 연대노조의 기대보다 훨씬 더 약했다. 그에 따른 고립감이 노동자 운동 내에서 보수적·민족주의적 경향을 강화했다.

그렇다 하더라도, 패배의 결정적 요인은 혁명적 대안의 부재였다. 또, 이 때문에 패배는 더욱 혹독했다. 예컨대, 야루젤스키의 쿠데타 이후 5년이 지나 이 글을 쓰는 현 시점까지도* 폴란드의 지하운동 내에 사회주의 조직이 등장하고 있다는 뚜렷한 조짐이 없다. 이처럼 지하활동에 몸담았던 수십만 명의 폴란드 노동자, 학생, 교사, 지식인과 그 밖의 사람들에게는 1980~81년의 위대한 운동에서 문제가 무엇이었는지, 이제 어디로 나아가야 하는지 명료한 인식이 없다.

현재 폴란드의 활동가들은 전 세계 나머지 지역의 가장 훌륭한 좌파적 전통들에서 실천적으로나 이론적으로 단절돼 있다. 정권이 '사회주의'와 '마르크스주의'의 언어를 전유하고 철저히 왜곡했다는 사실 때문에 유효한 전통이 복구되고 발전하기가 매우 어려운 상황이다.

그러나 연대노조가 남긴 유산의 일부는 야루젤스키 정부가 유럽에서 가장 고립돼 있고 가장 무능력한 정권이라는 점이다. 야루젤스키 정부는 살아남았다. 그러나 그것은 어떤 긍정적 업적 때문이 아니라 노동계급이 야루젤스키 정부를 타도할 수단을 미처 발견하지 못했기 때문이다. 야루젤스키 정권은 노동자들이 다시 일어서리라는

---

* 이 책은 1987년에 처음 출판됐다.

것을, 노동자들과 마찬가지로 아주 잘 알고 있다. 그러나 새로운 반체제 운동에는 승리의 전망에 대한 어느 정도의 인식, 과거의 오류에서 배우기 위한 일정한 수단, 다음번에는 어떻게 하면 더 효과적으로 행동할지에 대한 어느 정도의 실마리가 필요하다. 혁명적 사회주의 사상이라는 명료한 출발점이 없으면 그러한 어려움을 어떻게 극복할 수 있을지 알기 어렵다.

폴란드나 동유럽의 다른 지역에서 진정한 사회주의 경향의 조직이 발전하는 것은 당연히 어려운 과정일 것이다. 그러나 그것은 우리의 유일한 희망이자 사활적 과제다.

06

전망

콜린 바커

이 책에서 다룬 사건들에서 볼 수 있듯이 노동계급의 혁명적 잠재력, 즉 의식과 조직 면에서 창조적으로 도약하며 기성 권력 구조에 근본적 도전을 제기하는 능력은 여전히 유효할 뿐 아니라 발전하고 있다. 그런 의미에서 이 사건들은 노동계급이 정치적 세력으로서 유효성을 상실했다고 말하는 사람들에 대한 현실의 응답이다.

1980년대 말에 인류의 필요와 요구를 충족시킬 수 있는 세계 자본주의의 능력은 갈수록 난관에 부딪혔다. 성장률은 하락하고 대량 실업은 해결될 조짐이 보이지 않는다. 부채가 산더미처럼 늘어나고 모든 정부가 자국의 노동계급에게 위기의 대가를 떠넘긴다. 이런 상황에서 우리는 더 많은 혁명적 분출들을 예상할 수밖에 없다. 이 책에서 다룬 운동들은 다가올 거대한 사회적 격변의 선례들이다. 이 운동들은 사회주의 이론의 [경험적] 자료로서 귀중한 가치가 있다.

이 책에서 다룬 것과 같은 거대한 사회적 위기들은 계급 세력균형의 실제 변화를 평가하는 데 필요한 결정적 준거를 제공한다.

이런 모든 사건들의 두드러진 특징은 노동계급 투쟁의 **규모**다. 특히 프랑스와 폴란드에서 벌어진 대중 파업들에는 역사상 가장 많은 노동자들이 참가했다. 금세기[20세기] 동안 자본주의의 발전은 자신의 가장 중요한 생산력, 즉 노동계급을 어마어마하게 증대시켰다. '제3세계'에 속하는 많은 나라에서 노동계급은 이미 가장 규모가 큰 계급이 됐다.[1]

질적인 변화 역시 일어났다. 예컨대, 제2차세계대전 이전의 노동운동과 비교할 때, '화이트칼라' 노동자 부문의 참여는 두드러진 특징이었다.[2] 마찬가지로 여성 노동자들도 중심적으로, 그리고 대규모로 참여했다.[3]

순전히 숫자로만 보더라도, 이런 변화들은 국제 노동계급 세력의 엄청난 성장을 입증한다. 그러나 숫자만으로는 충분치 않다. 정치야말로 결정적인 문제다.

이런 운동들이 각별히 중요한 까닭은 이 모두가 — 정도의 차이는 있지만 — 혁명적 사회주의 전망이 주는 열정에 의해 고취됐기 때문이다. 운동의 참가자들이 이를 꼭 의식하고 있었던 것은 아니다. 예컨대, 폴란드에서는 사회주의와 마르크스주의라는 용어를 지배계급이 너무나 더럽힌 나머지, 노동자 운동은 자신의 염원을 표현하기 위해 다른 **표현들**을 애써 찾아야 했다. 그러나 이런 운동들의 핵심 동력은 모두 경제·사회 생활에 대한 대중의 민주적 통제, 즉 집단적 자기해방에 대한 보편적 요구였다. 바로 그런 점에서 이 운동들은 혁명의 예행연습이었다.

노동계급 운동의 역사에서 끊임없는 논쟁 주제가 하나 있다. 사회주의는 어떠한 수단을 통해 성취될 수 있는가? 다시 말해 '사회개혁'이 필요한가 아니면 '사회혁명'이 필요한가? 이 주제에 관해서는, 어떤 수단을 사용해야 하는가 하는 문제만이 아니라 사회주의라는 목표 자체의 의미에 대한 논쟁도 동시에 제기됐다.

1845년에 마르크스와 엥겔스는 《독일 이데올로기》에서 사회혁명이 필요한 이유를 간략히 제시했다. 공산주의 사회에는 '공산주의적 의식'의 발전이 필요하다. 그리고 이 발전에는 '사람들의 대규모 환골탈태'가 반드시 수반돼야 한다. 이것은 오직 현실의 운동, 즉 혁명을 통해서만 이뤄질 수 있다.

> 혁명은 필수불가결하다. … 이는 지배계급을 타도할 수 있는 방법이 혁명뿐이기 때문만은 아니다. 그것은 또한, 오로지 혁명을 통해서만, 지배계급을 타도하려는 계급이 자신에게 눌어붙은 온갖 낡은 오물을 떨쳐낼 수 있고, 따라서 새로운 사회를 건설하는 데 적합해 질 수 있기 때문이기도 하다.[4]

첫 번째 이유는 비교적 친숙하다. 지배계급은 역사의 무대에서 결코 스스로 퇴장하지 않는다. 그들에게 계급사회의 방어는 곧 인류 문명 자체의 방어와 같은 말이다. 이 때문에 흔히 그들의 자기 방어는 마치 절체절명의 성전(聖戰) 같은 양상을 띤다. 그들은 권력의 핵심을 방어하기 위해 필요한 모든 수단을 동원할 것이다. 지배계급이 그들의 지배와 특권을 위협하는 공격에 대해 나타내는 격렬한 분노에 비하면 피억압 피착취자들의 그 어떤 폭력도 언제나 하찮은 것이었다. 특히 칠레는 이 점을 상기시키는 무시무시한 사례다. 오직 지배계급이 그 수중의 무기들을 강제적으로 빼앗겼을 때, 다시 말해 착취의 조건들을 회복할 물질적 수단들을 박탈당했을 때, 대중의 자치에 기초한 무계급 사회가 발전할 수 있다.

그러나 마르크스와 엥겔스의 두 번째 주장이 훨씬 더 중요하다. 혁명석 사회주의의 핵심 사상은 "노동계급의 해방은 노동계급 스스로 이룩해야 한다"는 것이다. 노동자의 자기해방은 기존 사회구조 내에서는 성취될 수 없다. 계급사회는 우리를 분열시키고 자신을 하찮게 여기게 만든다. 그리고 우리 스스로 사회를 운영할 수 있는 능력을 부정한다. 마르크스가 말했듯이 "모든 시대마다 지배적인 사상은 지배계급의 사상이다." 자본주의에서는 자신의 일상적 경험 탓에 스스로 사회를 운영할 능력이 없다고 믿는 노동계급이 거듭거듭 만들어진다. "눌어붙은 낡은 오물", 즉 다른 계급의 지배에 복종하는 것이 불가피하다는 학습된 믿음은 우리를 모두 계급사회의 한계 안에 가둔다. '모든 권력은 타락한다'는 말이 있다. 하지만 무기력은 훨씬 더 심한 타락을 낳는 법이고, 그리되면 사회주의는 실현 불가능한 몽상으로 보일 것이다.

이런 순종적 의식을 — 실천 속에서 — 타파하는 것이 바로 사회혁명의 구실이다. 사회주의를 선전하는 것만으로는 이런 장벽을 극복할 수 없다. 노동계급 헤게모니에 대한 자각은 지배계급의 약점, 그리고 집단적 연대의 진정한 힘을 실제로 경험하는 것을 통해서만 발전할 수 있다. 노동자들이 지배 능력을 얻을 수 있는 유일한 길은, 그 능력을 행사하기 시작하면서 그 힘의 증대를 가로막는 내적·외적 장애물을 모두 극복하는 것이다. 새로운 사회 형태의 필수적 기초를 스스로 쌓아가는 과정에서, 노동자들 자신의 의식이 변한다. 혁명적 사회주의의 관점에서 볼 때, 사회혁명에서 일어나는 가장 근본적인 과정은 지배계급을 폭력으로 축출하는 것이 아니라 노동자들이 사회를 통치하는 데 필요한 능력을 스스로 발전시키는 것이다. 오직 사회혁명을 통해서만 이러한 자기 변혁이 일어날 수 있다.

사회혁명을 옹호하는 주장은 계급 지배가 폐지되고 사회·경제·정치 생활의 모든 과정이 대중적·민주적 의사 결정과 통제에 의해 이뤄지는 새로운 사회질서인 사회주의라는 전망과 떼려야 뗄 수 없게 이어져 있다. 마르크스가 말한 '프롤레타리아 독재' 또는 '생산자 연합의 지배'의 핵심 의미가 바로 이것이었다. 핼 드레이퍼가 절묘하게 표현했듯이, 혁명적 사회주의라는 전망은 곧 '아래로부터 사회주의'라는 말로 요약된다.[5] 그것은 다수 대중이 — 사회와 자신을 모두 집단적으로, 그리고 의도적·의식적으로 재구성하는 과정에서 — 자본주의 사회의 주요 전제들을 스스로 일소하지 않는 한 실현될 수 없다.

전 세계 지배계급의 권력과 그 이데올로기들은 '아래로부터 사회주의'에 반대한다. 그러나 그들이 전부는 아니다. '위로부터 사회주의'를 핵심으로 하는 여러 이론과 실천들 역시 '아래로부터 사회주의'에 반대한다. 게릴라 운동의 근본 정치와 더불어 온갖 종류의 개혁주의와 스탈린주의 정치가 이런 해악에 뿌리 깊이 오염돼 있다.

이런 상이한 전통 ─ 그 뿌리가 적어도 부르주아지의 계몽주의까지 거슬러 올라간다 ─ 의 중심에는 한 가지 핵심 사상이 있다. 현명한 소수, 훈련받은 자, 교육받은 자, 영웅적 소수가 인류를 대신해 사회 문제들을 해결한다는 것이 그것이다. 이 사상에 따르면, 자본주의의 무질서와 혼란은 사회주의 엘리트, 즉 최선의 해결책을 아는 자들이 관리하는 잘 조율된 계획 사회로 대체돼야 한다. 즉, '위로부터 사회주의'에서 계급사회의 핵심 전제 ─ 지배자와 피지배자의 구분 ─ 는 그대로 유지된다. 바로 이 점에서 개혁주의는 57개나 되는 변종*이 모두 근본적으로 유사하다. 현실에서 개혁주의는 계급사회의 토대들과 아무 모순도 없다. 개혁주의의 '사회주의' 전략은 항상 자본주의를 새로운 형태로 발전시키자는 제안으로 귀결된다.

이 책에서 지금까지 다룬 운동들은 모두 이런 종류의 정치야말로 재앙적이라는 것을 보여 줬다. 개혁주의 사상과 실천은 이런 운동들 내부에서 등장해 번번이 그 운동을 패배로 이끌었다. 바로 이 쟁점 때문에 20세기 혁명적 사회주의에 가장 중요한 전략·전술 문제들이 제기되는 것이다.

역사적으로 모든 사회혁명은 '혁명적 상황', 즉 특수한 사회적 조건에서 시작됐다. 혁명적 상황이 모두 성공한 혁명으로 끝나는 것은 결코 아니지만, 분명 그런 상황은 필수불가결한 출발점이다.

---

* 이 책이 쓰일 당시의 SI(사회주의인터내셔널) 소속 정당 숫자를 말하는 듯하다.

레닌의 정리는 탁월하다. "혁명적 상황이란 지배계급이 더는 예전의 방식으로 **지배할 수 없고**, 피착취계급도 더는 예전의 지배 방식을 **참지 않으려 하는 상황이다.**"[6] 이 책에서 다룬 다섯 개의 사건들은 모두 나름의 혁명적 상황의 요소들 — 사건마다 발전의 정도 차이는 있었지만 — 이 있었다. 혁명적 상황이란 사회적 위기의 순간, 즉 사회가 그 발전 과정에서 진정한 갈림길을 맞이하는 역사적 전환점이다. 다시 말해 그러한 순간에는 다수 대중이 새로운 사회 형태를 강제하든지, 아니면 지배계급이 자신의 권력을 약간 새로운 형태로 재확립하든지 하는 **양자택일**만이 가능하다. 그 시기는 언제나 불안정하고, 비교적 짧은 기간만 지속된다.

이런 상황은 어떻게 발생하는가? 대부분의 시기에 사회혁명은 가능성이 거의 없는 유토피아적 희망처럼 보이는 것이 사실이다. 사회의 지배적 관념들은 질서와 지속성, 즉 단순한 반복을 역설한다. 사회주의자들, 특히 혁명가들은 극소수이고 그들의 사상은 기껏해야 기이하게 보일 뿐이다.

흔히들 계급사회의 그런 '정상적(正常的)' 발전 시기에는 '계급의식'이 없는 게 문제라고 말한다. 이 용어는 대개 잘못 이해되고 있다. '계급의식'은 단지 계급 분열과 지배에 대한 수동적·지적 인식을 일컫는 것이 아니다. 그런 인식은 변화 가능성에 대한 냉소적 불신이나 높은 수준의 실천적 보수성과 얼마든지 병존할 수 있다. '정상적' 상황에서 빠진 것은 다른 무엇보다 계급의식의 **능동적** 측면, 즉 현실 사회구조를 변혁할 수 있는 노동계급의 집단적 힘에 대한 실천적 자신감이다.

그러나 '정상상태'에 대한 정반대의 일면적 이해도 있을 수 있다. "모든 시기마다 지배적인 사상은 지배계급의 사상"이라는 마르크스의 경구는 흔히 지배계급이 피착취 계급들의 정신을 **완전히** 지배하고, 근저의 비판 의식 따위는 존재하지 않으며, 노동계급은 조지 오웰의 공상과학 소설 《1984년》에 나오는 '프롤'들이나 다름없다는 뜻으로 받아들여진다. 그런 관념은 터무니없이 과장된 것인 데다 엘리트주의적이다.

사실, 자본주의의 '정상'상태에서 노동계급 의식의 '전형적' 패턴 같은 것이 존재하더라도 그 패턴은 대단히 불균등하고 모순적이다. 왜냐하면 자본주의 사회의 일상적 작동 방식은 노동계급을 내결로, 즉 투쟁에 나서 결국 조직을 건설할 수밖에 없도록 내몰기 때문이다. 계급 대결이야말로 자본주의의 변치 않는 핵심인 것이다.

계급 대결의 경험은 불균등하고 불연속적이고 부분적이기 때문에, 보통 그 조직적 표현 역시 그러하다. 노동계급은 부문별로 나뉘어 있고 분열돼 있다. 한 부문이 싸우는 동안 다른 부문은 싸우지 않는다. 노동자들은 착취와 억압의 근원보다는 그 결과에 반대한다. 대결의 전반적 수준에는(예컨대 파업의 패턴에서 볼 수 있듯이) 강도와 범위의 기복이 있기 마련이다. 특수한 조직 유형들(모종의 정치를 지닌)이 생겨나 의식과 투쟁의 이런 모순적 패턴을 표현한다. 이들의 특징이 바로 '개혁주의'다.

'개혁주의'는 딱 부러지게 설명하기 어려운 현상인데, 왜냐하면 내적 모순이야말로 개혁주의의 본질이기 때문이다. 개혁주의는 대립물들의 복잡한 혼합의 표현이다. 개혁주의는 계급사회의 구조적 적대와 갈등에서 생겨난다. 그러나 그것은 또한 투쟁과 저항이 기존 사회의 한계를 벗어나지 않도록 제한한다. 예컨대, 개혁주의의 한 형태인 노동조합주의는 노동자들이 임금, 노동조건, 고용 등을 둘러싼 투쟁 요구들을 통해 자본주의에서 겪는 일상적 경험을 조직적으로 표출할 수 있게 해 준다. 노동조합은 조합원 다수에게 매우 불연속적인 참여만을 요구한다. 노동조합은 '단체교섭' 등을 통해 자본가 권력의 폐해 중 일부에 맞서 싸우지만, 그와 동시에 자본가 권력 자체는 인정하고 그에 순응한다. 개혁주의의 다른 형태인 의회주의 역시 많은 노동자들의 처지 개선을 위한 법률 개혁을 약속하면서도 국가권력 구조 자체는 받아들인다. 개혁주의는 기성 체제의 틀 안에서 그 체제를 옹호하기도 하고 맞서기도 한다. 그것은 단지 체제에 부분적으로 반대할 뿐 체제의 온갖 조직 형식과 전제(前提)들을 물려받는다. 개혁주의는 자신의 적수를 흉내 내며 '정치'와 '경제'에 대한 자본주의 특유의 구분을 그대로 받아들인다.

'정상'상태에서 개혁주의 노조와 정당이 노동자들의 지지를 받는 것은 노조와 정당이 자본주의 권력에 제한적으로나마 대항할 능력이 있기 때문이다. 동시에 이런 형태의 조직들은 그 지지자들이 특정 한계를 넘어서지 못하도록 대열을 흐트러뜨리고 사기를 떨어뜨리기도 한다. 이런 내적 모순들 때문에 자연히 그들 내부에는 관료적 형태의 조직이 발전한다. 관료와 현장 조합원, 지도하는 자와 지도를 받는 자, 국회의원과 유권자 사이의 구별이 생겨나는 것이다. 개혁주의는 변화를 향한 염원을 표현하는 동시에 그 가능성에 확고한 장벽을 세운다.

자본축적 과정이 발전할수록 개혁주의 제도 역시 발전한다. 자본 생산에 타격을 가할 수 있는 현대 노동계급의 잠재적 능력이 증대하기 때문이다. 노조 관료들과 온건 사회주의 정당들은 현대 자본주의와 국가에 없어서는 안 될 안전판이라 할 수 있는데, 이는 저항을 누그러뜨리고 제한할 수 있는 능력이 바로 그들에게 있기 때문이다.

그럼에도 그들이 존재할 수 있는 것은 그런 저항이 끊임없이 되풀이되기 때문이다. 자본주의 사회 노동자들의 행동과 의식에서 전투성과 보수성의 상대적 비중은 때에 따라 다르다. 엄청나게 다양한 상황이 계급의식을 발전시키기도 하고 제약하기도 한다. 그러나 계급 갈등이 자라나는 토양만큼은 언제나 일상적 착취 경험에 의해 다시 씨가 뿌려지고 비옥해진다. 노동자의 '자제'는 결코 손쉽게 저절로 이루어지는 과정이 아니다. 심지어 평온한 시기에도 그렇다. 그것은 늘 아슬아슬한 일이고 성공하는 데는 노력과 조직이 필요하다. 폭발의 **잠재력**은 끊임없이 회복된다.

이 책에서 다룬 급격한 고양들은 모두 일상적 투쟁 수준이 먼저 높아지고 난 다음에 벌어졌다. 한 가지 공통적인 지표는 파업 건수의 증가였다. 파업 투쟁의 쟁점들은 대체로 지역적이고 협소했으며 '경제적'이었다. 그러나 그 쟁점들은 두 가지 중요한 특징의 징후였다. 첫째, 노동자들의 필요와 이를 충족할 수 있는 체제의 실제 능력 사이의 격차가 확연히 벌어지고 있었다. 둘째, 대중의 자신감이 조금씩 고양되고 있었다. 흔히 이 두 가지가 결합되는 것은 노동자들에게 경제 위기의 대가를 떠넘기려는 지배계급의 시도가 완전히 성공하지 못했을 때였다. 이런 실패를 보며 노동자들은 자신감을 얻고 지배자들의 힘에 대한 경외심을 누그러뜨렸다.

　파업 건수 증가 외의 다른 요소들도 같은 결과를 낳을 수 있다. 예컨대, 1934년 프랑스에서 파시스트들을 물리쳤던 대규모 시위들은 1936년 총파업 운동의 중요한 전주곡이었다.[7] 1978년 이란에서는 샤에 맞서 고조된 대중 저항, 즉 노동계급이 아닌 세력들이 시작한 시낭송회와 가두 시위들이 공장 안에 희망과 용기를 불어넣었다. 폴란드에서는 1976~80년에 반체제 인사 탄압에서 드러난 정부의 우유부단한 태도가 대중의 자신감을 고취하고 반체제 인사들의 청중을 늘리는 데 한몫했다.

　물론 어떤 상황에서든 필요조건, 즉 대중과 지배계급의 자신감과 그 균형에 미세하지만 실질적인 변화가 일어나고, 그래서 실제 계급 세력균형이 변하는 상황이 조성될 수 있다. 국가 통제가 그 일관성과 힘을 잃는 기미를 보이면 대중의 자신감은 조금씩 커지기 마련이다.

　그런 변화가 특정 단체나 정당의 활동에 의해 일어나는 것이 아니라는 점에서, 이런 일들은 모두 '자생적으로' 일어나는 셈이다. 그때 정치적 일반화가 반드시 수반하는 것은 아니다. 대중 정서의 고양은 부분적이고 파편적이고 지역적으로 일어나기 때문이다. 사회 전체가 그런 변화에 반드시 영향을 받는 것도 아니다. 한 노동자 집단이 특정 고용주들에 맞서 작은 힘겨루기에 나섰다고 가정해 보자. 그리고 작은 성과를 얻었다고 치자. 그러면 다른 노동자 집단들도 그들 나름대로 작은 승리를 위해 나서도록 고무받을 것이다. 이때 사장들이 어느 선까지는 용인하는 것처럼 보인다. 한두 걸음 물러서는 것처럼 말이다. 그러면 대중은 감사는커녕 마치 실험 결과를 기록하듯 이렇게 생각할 것이다. '저들이 우리를 대하는 태도가 조심스러워졌어. 점점 초조해하는 거야.'

당연한 얘기지만, 그런 발전들이 있다고 해서 그 뒤에 반드시 모종의 급격한 사회적 폭발이 일어나는 것은 아니다. 어느 순간 뭔가 일반화의 초점이 등장하지 않는다면 자신감과 전투성은 파편화한 형태로 성장할 수 있다. 그리고 전면적 위기를 촉발하지 못한 채 다시금 사그라질 수 있다. 또, 일반화가 일어나기는 하되 순전히 의회주의의 한계 안에 머물러 버리는 형태일 수도 있다. 예컨대 1960년대와 1970년대 초 영국의 비공인 파업과 직장위원회 운동이 그랬던 것처럼 말이다.

'혁명적 상황'을 창출하는 데는 그 이상의 것이 필요하다. 그럼에도 자본주의에서의 평범한 일상적 계급투쟁을 통해 대중의 자신감과 의식이 조금씩 고양되지 않는다면, 어떠한 대규모 사회운동도 분출하지 못할 것이다.

바로 이 때문에, '정상적' 시기에 계급 사이에서 끊임없이 벌어지는 소규모 '게릴라 전투'에 주목하는 것이 중요하다. 그런 지역적이고 제한적인 투쟁들 속에서, 계급의 투사들이 형성 단련되고, 세력에 대한 평가가 이뤄지고, 승리와 패배의 교훈들이 체득되고, 중대한 사상들의 작은 씨앗들이 뿌려지는 것이다. 이런 소규모 투쟁들을 하찮게 여기고 그 안에서 조직하기를 마다하는 사회주의자들은 스스로 그 쓸모없음을 드러내는 셈이다.

대규모 사회적 위기가 실제로 시작되는 과정에는 항상 예기치 못한 요인이 있는 듯하다. 마치 단 한 번의 외침으로 눈사태가 일어나듯, 작은 사건 하나가 역사적으로 중요한 운동을 촉발할 수도 있는 것이다. 1871년 파리코뮌은 보불전쟁이 초래한 혼란과 궁핍 속에서 프랑스 정부가 노동자들이 돈을 모아 구입한 내포를 압수하려 하자 시작됐다. 1905년 러시아 혁명은 차르의 군대가 경찰 첩자인 가폰 신부가 이끄는 친(親)제정 평화 시위대에게 발포하면서 시작됐다. 1917년 2월 혁명은 여성 직물 노동자들의 시위로 시작됐다. 1918년 독일제국을 붕괴시킨 혁명은 수병들이 누가 봐도 전력이 우월한 영국 해군을 상대로 싸우라는 자살이나 다름없는 명령을 거부하면서 시작됐다.

나중에 역사가들은 왜 그런 사건이, 그 시점에, 그런 조건에서, 사회 전체를 타오르게 하는 불씨가 됐는지 따져볼 수 있다. 그러나 당시에는 항상 뜻밖의 요인이 있기 마련이다.

이 책에서 다루는 사건들도 마찬가지다. 1968년에 파리의 학생들이 세계 역사상 최대 규모의 총파업의 뇌관이 될 것이라고 누가 예상했겠는가? 학생들은 물론 노동자들도, 국가도 전혀 예상 못했다. 구(舊)체제를 타도할 계획을 세운 포르투갈군 장교들은 그들의 쿠데타가 대중적 사회 세력들의 독립적 행동을 촉발할 것이라고는 전혀 생각하지 않았다. 그단스크 조선소에서 한 작은 노동자 그룹이 모여 여성 크레인 기사의 해고에 항의하는 시위를 조직하기로 결정하고 몇 장 안 되는 포스터를 만들었을 때, 그들은 자신들이 연대노조를 건설하게 될 줄은 꿈에도 몰랐을 것이다. 칠레에서는 화물차주들의 보이콧에 맞선 수세적 투쟁으로 시작된 운동이 그 엄청난 규모 때문에 급격히 공세적 투쟁으로 전환됐다.

사건의 정확한 내용이 무엇이든, '뭔가 일은 벌어지게 마련이다.' 그 작은 사건은 복합적이고 미묘한 사회적 화학 반응에 의해 광범한 사회적 반작용을 낳는 촉매제가 된다. 엄청나게 많은 사람들이 능동적 정치 활동 속으로 쏟아지듯 뛰어든다. 며칠, 심지어 몇 시간 전만 해도 불가능해 보였던 방식으로 말이다. 그 효과는 금세 체감된다. 삶의 일상적 패턴들은 붕괴된다. 전에는 조직돼 있지도 않고 수동적이었던 어마어마한 규모의 대중이 돌연 폭발적으로 스스로 조직하기 시작한다. 그와 동시에 지배 질서가 혼란에 빠진다.

모든 거대한 사회운동의 시작 단계는 사회를 옥쇄는 빗장을 열어젖히며 대중의 엄청난 민주적 열망을 해방시킨다. 그러나 대개 그런 과정의 발단이 된 사건들 자체는 '민주적' 방식으로 일어나지 않는다. 하나의 집단은 독립적으로 행동한다. 그렇지만 그들이 가한 충격이 사회 전체로 파급되면서 그들은 때로는 단 몇 주 만에 메아리처럼 되돌아오는 대중의 광범한 지지를 받게 된다. 단호한 소수의 행동과 요구는 비슷한 처지의 사람들 — 다른 도시의 학생들, 다른 공장의 노동자들 — 뿐 아니라 다른 계급, 즉 다른 피착취·피억압 집단들도 집단적 행동으로 끌어들인다. 유리한 처지에 있는 한 집단의 행동이 성과를 거두면 이것은 다른 운동들이 갑자기 높아진 대중 반란의 물결에 합류하게 만드는 신호가 된다.

그런 상황에서는, 레닌이 1905년 혁명을 다루며 '축제 때의 활력'이라고 부른 것이 분출한다.[ii] 이 용어는 정말 적절하다. 혁명적 상황이 발전하면 수많은 사람들의 심리에 엄청난 변화가 일어난다. 새로운 희망이 등장한다. 과거 경외하고 복종하던 습관들은 허물어진다. 개인과 집단의 힘에 대한 새로운 자각이 발전한다. 계급사회의 '상식'은 갑자기 힘을 잃는다. 정상적으로 보이던 일상적 사회관계들은 변형된다. 작업장에서, 국가에서, 학교와 대학에서, 가족 내에서 오랜 기간 이어져 온 위계들이 흔들리거나 심지어 붕괴된다. 오랜 분열들, 즉 여러 노동자 집단들 사이의, 민족·인종 집단 사이의, 농민들 사이의, 남성과 여성 사이의 분열이 산산조각 나고, 새로운 연대의 발전 속에서 재구성된다. 평범한 사람들이 전에는 그들에게 허용되지 않았던 과업을 수행하고 책임을 맡게 된다. 새로운 종류의 능력과 함께 새로운 분업 체계, 새로운 권력이 등장한다.

대중의 자신감과 상상력은 비약적으로 발전한다. 그와 더불어 실천적 사고 능력 역시 증대된다(복종의 습관이야말로 정신을 마비시키는 주범이다). 모든 '피억압자들의 축제'에서는 집단적 환희가 갑자기 분출한다. 사고방식은 변하고 가능성의 지평이 확대된다.

대중의 이러한 진출은 모든 잠재적 혁명 상황의 시초 과정이자 대규모 사회 진보의 필수불가결한 조건이다. 대중의 의식, 힘, 사회관계, 상상력의 변화는 그런 발전 과정을 거치지 않고는 불가능하다. 의식은 일상적인 사회적 실천과 분리될 수 없기 때문이다. 새로운 상황들을 표현하려고 새로운 언어와 상징, 예술 형식들이 채택된다. 포스터, 상징, 신문, 전단, 배지(badge), 농담 등의 범람은 수많은 대중의 의식 속에서 진행되는 심원한 변화들을 보여 준다. 새로운 도덕 원칙들이 선언되고 낡은 규범들은 도전받는다.

그런 상황에서 기성 권위가 혼란에 빠지고 허물어지고 교란되는 것은 당연하다. 대중의 자신감 증대는 반대로 지배계급의 사기 저하와 내부 분열을 낳는다. 자신감은 효과적 지배의 가장 중요한 전제조건이다. 바야흐로 전에는 신성시되고 당연하게 여겨졌던 것들이 하루아침에 의심받고, 심지어 조롱의 대상이 된다. 전에는 목에 힘주고 다니던 자들이 이제는 말을 더듬고, 그들에게 고개를 숙이던 사람들은 당당히 그들의 얼굴을 쳐다본다.

모든 혁명적 상황은 일련의 수많은 지역적 부문적 행동들을 거치며 발전한다. 포르투갈 노동자들이 '사네아멘투'[정화]라고 부른 것이 혁명의 초기 단계에 나타난다. 과거 억압의 혐오스러운 상징들이 타도된다. 경찰이 무장해제를 낭하고, 관리사와 경영자가 직업징에서 추방되고, 정부 관리가 자리에서 쫓겨나고, 권위적인 교사들이 학생과 제자들의 반발에 직면하고, 동상과 기념비들이 끌어내려진다(심지어 폴란드에서 지배자들은 그들의 옛 악행들을 되새기는 새로운 공공 기념물들을 용인해야 했다). 그런 숙청에서 살아남은 자들은 돌연 '화해'가 필요함을 깨닫고는 — 시련의 시절이 지나면 그들의 권위가 완전히 회복될 것이라는 (은밀한) 기대를 품은 채 — 종종 대규모 개혁을 승인하기도 한다.

기존의 재산법은 도전을 받는다. 부동산이 점거된다. 물건과 장소의 기존 용도가 바뀐다. 토지와 작업장이 점거된다. 그 과정에서 여러 부문의 대중이 전에는 접근할 수 없었던 사회생활 영역에 진출해 이를 통제하게 되고 새로운 사회적 경험을 얻는다. 노동자들이 이사회 회의실을 차지하고, 군중이 고관들의 관저에 들어가고, 기밀문서들이 공개되고, 노동자 위원회가 물류 창고를 감독한다. 닫혀 있던 것이 열리고, 대중의 주목을 받는다.

전에는 대중이 통제할 수 없었던 사안들을 새로운 기구들이 결정한다. 수송과 공급은 이제 인민위원회가 관할한다. 교육 내용이 토론에 붙여진다. 가격과 공급은 이제 어찌할 수 없는 '자연법칙'이 아닌 대중의 힘에 좌우된다.

이런 부분적이고 지역적인 전진들은 또한 의식 변화의 한 원인이 된다. 포부와 요구는 더욱 발전한다. 겨우 얼마 전까지만 해도 엄청난 승리로 환영받았을 일이 이제는 불충분해 보인다. 전에는 작업 복귀의 계기가 됐던 큰 폭의 임금 인상이 이제는 파업이 더 많이 벌어지는 계기가 된다. 대중의 시야가 확장되고 새로운 세력균형에 의해 가능성의 한계가 달라지면서 '협약들'이 깨진다. 오래된 요구들과 새로운 요구들이 어울리지 않는 듯한 조합을 이뤄 함께 나타난다.

학습 과정이 빨라진다. 오랫동안 굳건했던 복종의 패턴들이 무너지고 새로운 충성이 발전한다. 정치적 유대 관계가 변한다. 수많은 부문에서, 대중은 그들이 이전 몇 년 간 이룬 것보다 더 많은 진전을 며칠 또는 몇 주 만에 이뤄낸다.

그런 환경에서 혁명적 사회주의 사상은 엄청나게 약진할 수 있다. 별안간 그런 사상이 많은 사람들의 실제 경험과 맞아떨어지기 때문이다. 그러나 혁명적 사회주의 사상이 얼마나 약진할 수 있는지는 대중운동의 증대하는 상상력과 창조성뿐 아니라 그런 사상을 제공하고 어떻게 그런 사상이 현실에서 실현될 수 있는지 보여 줄 수 있는 조직된 혁명적 사회주의자들의 능력에도 달려 있다.

이렇게 갑자기 사회구조들의 유동성이 커지고 그에 따라 희열이나 힘을 느끼게 되더라도 그것 자체로는 계급 지배의 토대들을 뒤흔드는 것을 넘어 나아가는 데 충분치 않다. 대중 행동이 분출하는 그런 시기에는 사회제도 변화에 대한 광범한 요구가 제기될 수 있다. 그러나 그런 요구가 새로운 조직적 형태로 구체화되지 않는다면 초점을 잃은 채 급격히 수그러들 수 있다.

많은 점에서 1968년 프랑스 운동의 결말이 바로 그랬다. 그 운동은 찬란한 불꽃처럼 타올랐고 폭발적으로 번지는 불길 속에서 전에는 감춰져 있던 많은 것들을 환히 드러냈지만, 거의 그만큼 빠르게 그 에너지를 소진했다. 1968년 5월과 6월에 노동계급 전투성과 혁명적 비사어구가 임청나게 분출했다. 그러니 노동자 운동의 독립적인 조직적 발전은 제한됐다.

근본적 약점은 바로 노동자 운동 내 여러 정치 경향들 간의 세력 차이에 있었다. CGT의 노조 관료들과 공산당은 독립적인 작업장 조직을 향한 발전을 막고, 점거된 공장들 사이에 그리고 파업 노동자들과 학생들 사이에 자율적인 연결망이 수립되는 것을 막으려 안간힘을 썼다. 그들은 성공을 거뒀고, 이는 대체로 혁명적 좌파의 작업장 내 영향력이 너무 미약했기 때문이었다. 장차 있을 사회주의 혁명의 예행연습으로서, 프랑스 5월의 사건들은 대중이 환희와 근본적 변혁을 체감했다는 점에서 극적이며 시(詩)적이었다. 하지만 실질적인 조직상의 발전이라는 면에서는 별 성과가 없었다. 프랑스 국가는 잠시 심각한 위기에 빠졌지만 그에 맞설 대안적 정치체제는 심지어 윤곽조차 드러내지 못했다.

한편으로, 5월의 사건들은 매우 광범한 사회 계층들이 현존 사회

조직에 근본적으로 도전하는 사상들을 받아들일 태세가 돼 있거나 심지어 갈망한다는 사실, 그리고 바로 이 때문에 부르주아 지배가 상시적인 **잠재적 불안정** 상태에 있다는 사실을 보여 준다. 대중의 비판의식과 상상력이라는 드러나지 않은 세계야말로 주류 언론과 사회과학이 늘 무시하고 부정하는 현대 자본주의의 특징 가운데 하나다. 하지만 다른 한편으로, 그 숨겨진 능력이 실제로 발전하거나 쇠퇴하는 정도는 거의 계급 조직을 둘러싼 실천적 문제들에 달려 있다. 노동자들이 가장 기초적인 작업장 수준에서 진정한 현장 조합원 위원회들을 건설하는 데 성공하지(그런 위원회들을 지역적·전국적 수준의 노동자 대표 평의회로 연결시키는 것은 고사하고) 못한 곳에서는 심지어 사회변혁을 향한 이상과 대중의 열정이 아무리 만개하더라도 영속적인 성과를 거두기 어렵다.

기성 권력 구조가 위협받는 정도는 반체제 운동이 새로운 종류의 대중 기구들을 얼마나 발전시키고 강화하느냐에 달려 있다. 관료적 노동조합주의와 의회주의 정치라는 낡은 조직 형식에 얽매인 채로는 운동이 멀리 나아갈 수 없다.

이 책에서 다룬 프랑스 이외의 사례들에서 작업장의 조직 형태들은 혁명적 발전의 초기 단계에 신속히 건설됐다. 하지만 그 사례들에서는 노조 관료들의 영향력이 프랑스에서보다 더 적었다. 칠레의 사례에서 주목할 것은 가장 잘 조직된 노조 부문들이 우파의 위협에 반대하는 대규모 운동에서는 더 후진적인 부위에 속했다는 점이었다. 코르돈이 가장 덜 발전한 곳도 바로 이런 부문들이었다. 포르투갈에서는 노동조합 구조가 처음부터 취약했기 때문에 작업장 조직이 — 흔히 이제 막 형성된 노조 관료층의 직접적 반대를 거스르며 — 성장할 수 있는 여지가 있었다. 이란에서는 노조의 취약성 때문에 쇼라가 발전할 여지가 생겼다. 그리고 낡은 '공식' 노조들이 철저히 관료화하고 국가에 종속돼 있던 폴란드에서는 노동자 운동이 바로 그런 무능하고 부패한 기구들의 해체를 요구하면서 형성됐다.

그러나 이렇게 보면 한 가지 문제가 제기된다. 핵심적인 노동력이 노조로, 그것도 대단히 관료적인 기구들로 조직돼 있는 서방 자본주의에서 어떻게 프랑스 상황 같은 일이 일어날 수 있는가 하는 것이다. 노동자 운동을 훼방하는 노조 관료들의 능력은 새삼스럽지 않다. 이런 소선에서 관선은 — 대규모 격변이 일어나기에 앞서 현장 조합원 반대파와 작업장에 기반을 둔 노동조합운동의 네트워크가 혁명적 사회주의자들의 영향력과 지도 아래 이미 의식적으로 발전해 있느냐 하는 것이다.[9] 프랑스에서 결정적 문제로 판명된 것이 바로 그런 네트워크의 취약성이었다. 파업의 지도권을 놓고 경합할 세력이 미약했던 것이다. 점거의 개방과 민주화를 옹호하고, 작업장들 사이의 연계를 주장하고, CGT 관료들이 강요한 작업 복귀에 반대하자고 주장할 그런 세력 말이다.

대중운동이 시작될 때부터 혁명적 사회주의 세력의 실제 비중은 운동의 양상과 가능성에 커다란 영향을 미친다.

민주적인 작업장 파업위원회는 20세기의 모든 중요한 혁명적 노동계급 운동에서 기본적인 요소였다. 노동자들은 바로 이런 파업위원회를 통해 자본가계급과 직접 충돌하며 처음으로 자신들의 힘이 얼마나 커졌는지 가늠하고 자기 조직화 능력을 시험해 볼 수 있다. 바로 이곳 — 계급투쟁의 자연스런 중심 — 에서 운동은 자신이 자본가 권력에 도전할 것인지, 즉 단지 임금과 노동조건뿐 아니라 규율·분배·생산 통제권을 둘러싼 문제에도 도전할 것인지를 결정한다. 또한, 이런 가장 기초적인 수준에서, 노동계급을 이끌 혁명 정당의 실제 능력이 실천의 검증을 받는다.

사회를 운영할 수 있는 독자적 능력에 대한 노동자들의 실천적 자신감은 국가권력을 향한 투쟁이라는 대규모 정치 무대에서뿐 아니라 그들이 가장 잘 아는 영역, 즉 착취와 생산 영역의 수많은 '지엽적' 사안들을 둘러싸고 구체적·직접적으로 발전한다. 이런 수준의 투쟁들과 연관을 맺고 진정한 지도를 제공할 수 없는 '좌파'는 현실에서 완전히 무능력할 수밖에 없다. 이란의 페다인과 무자헤딘이 분명히 보여 준 것처럼 말이다. 노동자 운동의 전진이 벽에 부딪히고 후퇴를 강요받을 때(1981년 3월에 연대노조가 그랬다), 운동이 부활하고 세력을 재조직할 수 있는 곳은 바로 작업장이다. 특히 가능성을 인식하며 기회를 포착하는 사회주의 세력이 존재할 때 그럴 수 있다. 바로 이것이 칠레의 좌파와 폴란드의 급진파가 모두 실패한 일이다.

평범한 노동자들이 자신의 경험에서 깨닫지 못하는 한, 노동계급의 자기해방은 한낱 몽상으로 남을 것이다. 사회의 기저에서 벌어지는 다양한 투쟁들이야말로 혁명을 낳는 진정한 근원이다. 언뜻 보기에는 그 목표가 종종 제한적이고 국지적으로 보일지라도 말이다. '초좌파주의'의 덫에서 헤어나지 못하는 좌파들은 늘 이 사실을 망각한 채 대중 자신의 욕구와 의식이 아닌 자신의 욕구와 의식을 앞세운다. 물론 모든 혁명적 상황에서 노동계급의 자신감이 크게 전진 도약하는 일들이 벌어지지만 그렇다 해도 각각의 도약은 그 출발점에 따라 사뭇 달라지는 것이 사실이다.

많은 노동자들이 새로운 기회들이 찾아오고 있다는 징후를 포착하는 것은 무슨 대단한 혁명적 일반화 덕분이 아니다. 오히려 난생 처음으로 노조를 만들 수 있다고, 오만한 관리자를 통제하거나 심지어 쫓아낼 수도 있다고, 임금 인상이나 노동시간 단축을 쟁취할 수 있다고 느낄 때 그런 징후를 포착한다.

유능한 혁명 정당이라면 운동의 가장 선진적 부위만이 아니라 머뭇거리는 부위까지 앞으로 나아가도록 고무해서 이런 불균등에 대응할 수 있어야 한다. 사실 투쟁의 특정 시기에 노동계급이 어느 부문이 '전위' 구실을 할지 미리부터 결정짓는 요인 따위는 없다. 폴란드에서 그랬듯이, 대공장 내의 덩치 큰 노동자 집단들은 스스로 운동의 지도부로 올라설 수 있는 전략적 힘이 있다. 그러나 노동조합 조직화라는 면에서는 아마도 훨씬 '후위'에 위치할 소규모 작업장의 노동자들이 때로는 노동조합 관료주의에서 상대적으로 더 자유로울 수 있고, 따라서 새롭게 급진적 주도력을 발휘하는 데 더 개방적인 모습을 보인다. 칠레가 바로 그랬다. '훨씬 후위에서' 출발한 부문들이 때로는 운동 전체가 전진하는 데 핵심적 추진력을 제공하기도 한다. 대중운동은 각 부문의 상호작용을 통해 성장한다. 다시 말해, '일상적' 시기에 약점으로만 보이던 차이와 구분이 전 계급이 투쟁에 나설 때는 힘의 원천이 될 수 있다.

운동의 속도와 제기되는 이슈들의 이러한 다양성은 혁명 조직에게 중요한 전술적 과제들을 제기한다. 노동자 운동의 성공은 압도 다수의 대중이 사회를 재구성할 수 있는 자신의 힘을 자각하는 방향으로 — 불균등하고 모순적이지만 서로를 강화하면서 — 발전할 수 있느냐에 달려 있다. 이런 점에서 '후위의 발전'은 전위의 발전만큼 중요하고, 기성 사회에 대한 대중적 도전의 전반적 양상을 규정하는 데서 결정적이다. 바로 이 때문에, 즉 노동조합주의의 한계를 뛰어넘는 운동을 위해서는 노동조합 안에서 압도 다수의 지지를 얻기 위해 계속 투쟁하는 것이 중요하다.

사회주의의 핵심에는 생산을 통제하고자 하는 노동자들의 염원이 있다. 우리가 살펴본 사건들의 특징은 — 실천적 해결 방안을 요구하는 특정 사안들에 직면했을 때 — 파업위원회가 얼마나 쉽게 노동자 통제의 수단으로 스스로 전환할 수 있었는가 하는 것이다. 프랑스에서는 소수의 특정 작업장들을 제외하면 그런 발전이 충분히 이뤄지지 못했다. 그러나 다른 모든 사건들에서는 그런 발전들이 중요했다.

물론 특히 이란의 경험에서 명확히 드러나듯, 작업장위원회는 심지어 작업장의 민주적 통제를 요구하는 공장평의회로 발전했을 때조차 그 자체만으로는 성공할 수 없다. 노동자 통제를 향한 운동은 두 가지 상호 연관된 조건에서 전진할 수 있다. 첫째, 작업장위원회들은 선출된 대표자들에 기초한 더 높은 수준의 기구들을 건설함으로써 자신들의 투쟁을 조율해야 한다. 포르투갈의 인테르엠프레사스와 세투발 투쟁위원회가 — 상당히 덜 발전된 수준이기는 했지만 — 그런 사례였다. 훨씬 더 높은 수준까지 발전한 것으로는 칠레의 코르돈, 폴란드의 MKS와 연대노조를 들 수 있을 것이다. 두 번째 조건은 운동이 **정치권력**과 정면으로 맞서 싸우는 것이다. 소비에트로 완전히 변모하지 못한 노동자평의회는 국가라는 암초에 부딪혀 산화할 것이다.

조직상의 창발성은 상승하는 혁명적 물결에서 나타나는 가장 핵심적인 측면들 가운데 하나다. 공장위원회와 공장을 연계하는 평의회의 발전은 온갖 종류의 다른 대중조직들, 즉 세입자위원회, 거리위원회, 학생조직, 농민조합, 병사위원회 등이 나란히 발전하는 데 영향을 미친다. 이들은 함께 솟구쳐 올라 낡은 권위에 도전하고 일상생활을 재조직하기 시작한다. 또한, 진정으로 혁명적인 운동이 불러온 생생한 민주주의적 충격 때문에 낡은 조직들의 내부에서 변화가 일어나고, 지도부가 교체되고, 목적과 활동 방식이 변경된다. 대중이 헌신할 새로운 정치적·조직적 초점들이 생겨난다. 이런 새로운 체계들 내부에는, 새로운 지도자들이 흔히 완전히 무명 상태에서 등장해 새로운 희망과 가능성을 또렷하게 이야기한다. 새로운 기구들은 새롭게 등장하는 사회질서의 핵심 요소가 된다. 이 기구들을 방어하고 확대하는 것이 곧 대중이 발전하는 과정 자체와 다름없다.

그 첫 단계에 들어선 혁명적 상황이 얼마나 공고해질 것인지는 옛 사회에서 착취당하고 억압받던 계층들이 사회생활의 모든 분야에서 그들 자신의 수많은 직접 민주주의 조직들을 발전시키고 그들 자신의 통제 아래 이들을 조율하기 시작하는 정도에 따라 다르다.

그들이 구현한 새로운 대중조직과 민주적 사회관계는 낡은 사회와 새로운 사회적 세계의 가능성 사이에 놓인 핵심적인 가교(架橋)다. 그런 새로운 조직들은 엄청난 충성과 희망의 대상이 된다. 이 조직들이 — 비록 부분적일지라도 — 근본적으로 민주적이고 사회주의적인 질서의 시작을 표현하기 때문이다. 그런 새로운 조직들의 특징을 이루는 실질적인 민주주의 — 투쟁 속에서 발전한 민주주의 — 야말로 사회 조직의 새로운 형식이 부상하고 있음을 보여 준다. 그리고 바로 그런 점 때문에 그런 민주주의는 계급사회의 위계적이고 독재적인 권력에 근본적으로 도전한다.

혁명적 상황이 이 지점까지 발전하게 되면 완전히 대립되는 원칙들 사이의 갈등이 전면화한다. 바야흐로 사회는 적대 세력들 간의 대립, 즉 그 본성상 불안정할 수밖에 없는 권력 간의 팽팽한 대치 상태에 의해 지배된다. 한편에는, 상처 입고 약해졌지만 결코 아직 완전히 분쇄되지는 않은, 지배계급 수중의 계급사회 기구들이 있다. 다른 한편에는, 여전히 형성 과정에 있고 나아갈 방향이 확실치 않은, 새롭게 떠오른 민주적 대중조직들이 있다. 두 세력은 서로를 참을 수 없게 된다. 어느 한 쪽이 자신의 원칙을 관철하려면 무슨 수를 써서라도 다른 쪽을 약화시키고 분쇄해야만 한다.

이것이 바로 '이원 권력'이라고 부르는 상황이다. 한동안, 양립할 수 없는 두 경쟁적 권력, 즉 두 부류의 조직들 사이에 — 각자 다른 원칙들을 관철하기 위해 안간힘을 쓰며 상호 대립하는 — 불안정한 균형이 유지된다. 그런 정치적 위기 상황은 결코 영원히 지속될 수 없다. '정상상태' — 필수품의 일상적인 생산과 분배, 사회생활의 평범한 일상 — 는 어떤 식으로든 회복돼야 한다. 그러나 대립하는 세력들 사이에 승부가 날 때까지는 그럴 수 없다. 따라서 핵심은 이것이다. 누가 누구를 지배할 것인가?

그런 상황에서는 그 상황의 진정한 성격을 부정하는 개혁주의 경향이야말로 대중운동에 가장 위험하다. 이들은 '절제', '타협', '균형'을 도모한다는 명분으로 이제 모든 사회관계에 구조화한 적대를 누그러뜨리려 한다. 만일 이런 중차대한 시기에 일관된 혁명 조직이 나서서 현실을 직시해야 한다고, 그리고 대중조직들이 완전한 승리를 향해 계속 전진해야 한다고 주장하지 않는다면, 전체 운동은 패배를 피할 수 없다.

로자 룩셈부르크는 1905년 혁명의 교훈을 다룬 그녀의 탁월한 소책자에서 혁명적 운동이 벌어지는 시기에는 '정치적' 쟁점과 '경제적' 쟁점 사이의 벽이 허물어진다고 지적했다. '정상적' 상황에서 개혁주의는 '경제'문제에 관심을 쏟는 '노동조합주의'와 이른바 '정치'를 칼같이 구분하는 반면, 혁명적 노동자 운동은 그 둘을 완전히 새롭고 역동적인 방식으로 결합시킨다.

운동은 … 경제투쟁에서 정치투쟁으로만 나아가지 않는다. 그 반대로도 움직인다. 모든 거대한 정치적 대중 행동은 일단 그 정점에 이른 뒤에는 수많은 경제 파업들로 분출한다. 그리고 이것은 거대한 대중 파업만이 아니라 혁명 자체에도 그대로 적용된다. 정치투쟁이 확산되고 명료해지고 복합적 성격을 띠어감에 따라, 경제투쟁은 약해지기는커녕 오히려 확장되고 조직화하며 마찬가지로 복합적 성격을 띠게 된다. 이 둘 사이에는 가장 완전한 상호작용이 존재한다. …

한마디로, 경제투쟁은 하나의 정치적 중심에서 다른 정치적 중심으로 옮아가는 매개체 구실을 한다. 정치투쟁은 경제투쟁을 위한 토양을 주기적으로 비옥하게 만든다. 여기에서 원인과 결과는 계속 서로 뒤바뀐다. 따라서 대중 파업의 시기에 경제적 요소와 정치적 요소는 … 단지 노동계급 투쟁의 상호 교차하는 두 측면일 뿐이다. … 그리고 그 두 측면의 통일이 바로 대중 파업이다.[19]

이런 통찰은 최근의 거대한 노동자 운동들에도 정말이지 꼭 들어 맞는다. 실제로, 어떻게 흔히 '경제적' 요구들과 '정치적' 요구들이 단일한 요구안에서 결합됐는지는 어렵지 않게 알 수 있다. 투쟁 속에서 노동자들이 실제로 경험하고 느끼는 것은 굳이 두 영역을 날카롭게 구분할 필요가 없다 — 그리고 그래서도 안 된다 — 는 것이다. 왜냐하면 그런 분리 자체가 자본주의의 산물일 뿐 무언가 보편적이고 초역사적으로 필요한 것이 아니기 때문이다.[1] 특히, 생활조건과 노동조건을 둘러싼 투쟁이 **통제**라는 쟁점에 이르게 되면 '정치'와 권력의 문제가 즉시 대두된다.

또한, 로자 룩셈부르크가 지적했듯이, '정치'와 '경제'의 상호작용은 전체 노동계급의 다양한 부문들 사이의 상호작용에서 핵심적 구실을 한다. 노동자 운동은 결코 완전히 동질적일 수 없다. 운동의 전위가 — 실천에서든 의식에서든 — 정치권력이라는 정점을 향해 치닫고 있는 바로 그 순간에조차 노동계급의 다른 부문들은 여전히 처음으로 행동에 나서고 있을 수 있다. 그들이 처음으로 스스로 조직하고 집단적 행동에 나서게 되는 쟁점들은 협소한 '경제'적 문제일 수 있다. 그럼에도 — 그들의 이전 경험이라는 관점에서 보면 — 그들의 투쟁은 선두에 선 전투적 부문들이 제기하는 '선진적' 쟁점들만큼이나 의식에 커다란 변화를 가져온다. '경제'투쟁의 승리는 '정치' 투쟁으로의 급격한 도약을 가능하게 한다. 그 역도 마찬가지다.

'정치'와 '경제' 사이의 장벽이 허물어지기 위한 **조직상의 조건**이 있다. 노동자 투쟁이 '노동조합' 조직('업종', '산업', '조합원 자격' 등에 따라 노동계급 내부를 날카롭게 구분하고, '정치'는 늘 별개의 영역으로 취급한다) 자체의 고질적 한계에 갇혀 있는 한, 노동자들의 요구와 운동이 개혁주의가 찬양하는 구분들을 뛰어넘는 것 역시 더욱 어려워진다. 이런 관념상의 경계를 뛰어넘을 수 있게 해 주는 것은 바로 — 작업장위원회와 노동자평의회 같은 — 새로운 유형의 민주적 기구들의 출현이다.

다양한 작업장들을 지역 전체를 포괄하는 일종의 노동자평의회에 가입시키며 그 조직들을 한층 발전시킨 운동들은 더 나아가 '경제'문제와 '정치'문제들을 결합시켰다. 칠레의 코르돈이나 그단스크 공장연계파업위원회의 특징을 어떻게 규정할 수 있을까? 이 조직들은 그 성격과 염원에서 '경제적'이었나 아니면 '정치적'이었나? 진실은 어느 한쪽이 아니라 둘 다였다는 것이다. 이 조직들이 특별한 힘을 가질 수 있었던 것도, 그리고 지배계급이 이 조직들을 증오하게 된 것도, 바로 이 때문이다. 이 조직들은 노동자 권력의 맹아였고, 노동자 권력은 정치 영역과 경제 영역의 그 어떤 분리도 받아들이지 않는다.

대규모 노동계급 투쟁을 구체적으로 거론하려면 반드시 복잡성과 불균등성, 즉 여러 부문들 사이의 상호작용과 그 각각이 전체 운동의 쇠퇴에서 한 구실의 상대적 경중을 파악해야 한다. 하지만 이게 전부는 아니다.

왜냐하면 현대 사회가 양대 진영으로 분열하는 **경향**이 있더라도, 결코 그 경향이 완전히 실현되지는 않기 때문이다. 프롤레타리아와 부르주아지 외의 다른 계급들 때문에 정치적 그림은 복잡해진다.

모든 위대한 혁명적 마르크스주의자들이 이해했던 것처럼, 노동자 운동이 사회관계의 변혁을 염원할수록 그 운동은 단지 노동자들의 운동에 그쳐서는 안 된다. 사회주의는 프롤레타리아의 처지에 대한 처방 이상의 것이다. 그것은 모든 인류가 지배와 억압에서 해방되는 것을 뜻한다. 진정으로 혁명적인 운동이라면 고통받는 인류 전체에게 손을 내밀고 그들을 자신의 깃발 아래 모아야 마땅하다.

이렇게 되지 않을수록 전체 운동은 약해진다. 폴란드 노동자 운동은 반체제 지식인, 정치범, 학생, 농민들의 대의를 앞장서 대변함으로써 엄청난 도덕적 권위를 얻었다. 또, 이런 부문들이 폴란드 노동자 운동의 지도권을 확고히 지지한 덕분에, 그리고 연대노조 구성원들이 일반적인 사회·정치 쟁점들을 지원하려고 기꺼이 자신들의 산업적 힘을 동원할 태세가 돼 있었던 덕분에, 폴란드 노동자 운동은 실제 힘이 더욱 커졌다. 바로 이러한 포용적 정신 때문에 연대노조는 보편적 사회 해방 운동이 됐다. 이것은 연대노조가 노동자 운동으로서 하는 구실과 어긋나기는커녕 연대노조에 활력을 불어넣는 요소였다. 반면, 포르투갈 혁명은 북부 농민들의 처지에 사실상 전혀 관심을 기울이지 않았고, 이것은 궁극적으로 운동이 약해지는 중요한 원인이 됐다.

이런 쟁점은 근본적인 정치적 중요성을 지닌다. 만일 1979년 당시 이란 좌파의 약점이 어떤 것들이었는지 알고 싶다면, 이란 좌파가 노동자들 사이에서, 즉 쇼라와 그 밖의 다른 곳에서, 여성들이 자신의 삶을 결정할 권리, 종교적 소수파들이 완전히 자유롭게 신앙생활을 할 권리, 소수민족들이 이란 국가에서 분리 독립할 권리를 확실히 지지하면서 공개적으로 당당하게 운동을 벌이지 못했다는 사실만 살펴봐도 충분할 것이다. 억압과 착취에 맞선 운동이 분열되고 부문에 따라 갈라진다면, 그런 운동은 패배할 가능성이 훨씬 높을 것이다. 칠레의 첫 코르돈이 산업 지대 중심부가 아니라 도시와 농촌 노동자들의 투쟁을 단결시키려는 노력 속에서 만들어졌다는 사실은 주목할 만하다. 그단스크 노동자들이 정부와 협상하는 과정에서 마지막까지 애를 먹은 '난제'는 반체제 지식인들의 석방 문제였다. 1981년 초에 공장에서 근무하는 연대노조 회원들을 대상으로 실시된 여론조사는 다수의 노동자들이 두 가지 관점을 동시에 가지고 있다는 사실을 보여 줬다. 하나는 지도부가 정권을 상대하는 방식이 "너무 무르다"는 것이었고, 다른 하나는 현 시기 가장 시급한 문제는 토요일 근무를 둘러싼 자신들의 투쟁이 아니라 농민들이 그들 자신의 연대노조 조직을 건설할 권리라는 것이었다.

대중운동은 서로 다른 계급의 여러 피억압 피착취 집단들을 행동으로 이끌기 마련이다. 그리고 농민과 소상인, 학생 등의 정서와 전투성은 이들과 가장 밀접한 노동계급 계층들에게 영향을 미칠 수밖에 없고, 결국 전체 계급 운동이 그 영향을 받게 된다. 문제는 이런 집단들이 운동에 참가하게 될 것인지 말 것인지가 아니라 이들이 어떤 조건에서, 어떤 목적으로 참가할 것인가 하는 것이다. '인민전선'은 운동의 선진 부위를 억눌러 운동의 가장 보수적인 계층들에 보조를 맞추게 하기 때문에 재앙으로 가기 마련이다. 반면, 헤게모니를 쥔 노동계급은 사회의 더 후진적이고 보수적인 '중간계층들'이 노동계급의 혁명적 수단을 통해 그 계층들의 문제를 해결하도록 이끌려 노력한다. 즉, 헤게모니를 쥔 노동계급은 자신의 단호함과 전투성으로 중간계층들이 그들의 필요와 요구를 혁명적 방식으로 관철하도록 이끌기 위해 노력한다. 그리고 중간계층들을 지원하기 위해 노동계급 자신의 힘을 동원한다.[12]

이것은 노동계급이 지배계급의 영향력으로부터 이런 집단들을 전취(戰取)하기 위해 자신의 투쟁을 제한해야 한다는 뜻이 결코 아니다. 역사적 경험이 보여 주듯, 노동계급이 자제하고 머뭇거린다면 이는 지배계급이 주도권을 되찾고 이런 중간 집단들이 그들의 지배를 다시 신뢰하도록 만들 기회를 줄 뿐이다. 반대로, 오직 노동계급이 자신의 목표를 추구하는 데서 극히 단호한 모습을 보일 때만, 농민과 학생, 그리고 다른 중간 집단들은 혁명적 투쟁으로 그들 또한 해방될 수 있다는 것을 납득하게 될 것이다.

노동자 운동이 선진적일수록 동맹 세력들이 노동자 운동의 원칙들을 받아들이도록 설득하기가 더 쉽다. 전투적 혁명적 노동계급 발전의 절정(絶頂)이라 할 정치 형태, 즉 노동자평의회는 ― 바로 그 본질적인 단순함과 발전에서의 개방성 때문에 ― 다른 피억압 피착취 집단들에게도 잘 들어맞는 형태다. 따라서 이란의 소수민족들과 농민들이 그들 자신의 쇼라를 결성한 것이나 폴란드의 농민들과 학생들이 모두 그들의 투쟁 조직에 '연대노조'라는 명칭과 함께 그 민주적 구조를 차용했던 것은 전혀 놀라운 일이 아니다.

어떤 혁명적 운동도 그 최초의 분출에서 완전한 승리에 이르기까지 평탄하게 진행되지 않는다. 오히려 혁명적 운동은 발전 과정에서 여러 위기들을 겪고, 그런 위기들은 기존의 정치와 조직, 지도부에 도전을 제기한다.

대중적 분출의 초기 국면들에서는 광범하고 굳건한 단결을 이루었다는 의식이 늘 두드러지는데, 이런 상황에서는 대립과 긴장이 물밑에 가라앉아 있다. 대개 처음에 대중운동의 지도부로 급부상하는 이들은 매우 온건한 정치를 가진 사람들, 즉 혁명에 이르기 전(前) 시기에 이미 어느 정도 대중의 신임을 얻은 다양한 부류의 개혁주의자들이다. 그들이 지도부로 부상할 수 있는 것은 ― 부분적으로는 ― 그들이 새롭게 각성한 수많은 대중의 여전히 뿌옇고 막연한 염원들을 매우 명료하게 진술할 수 있기 때문이다. 계급사회의 '정상'상태에서 겪는 일상의 경험은 노동자들이 대중 연설에 대한 자신감을 갖지 못하게 만든다. 하지만 사회 내의 '중간적 계층들' 사이에서는 그런 능력이 더 발달돼 있다. 지방의회 의원들, 노동조합 간부들, 일부 지식인들, 자유주의적 성직자들, 다양한 부류의 '전문직' 노동자들이 그런 계층들인데, 이들은 한마디로 계급사회의 부사관(副士官)이라 할 수 있다. 이들의 생활 조건에서도 제한적인 부류의 투쟁적 정치가 생겨날 수는 있다. 그러나 이들의 원래 활동 영역은 적대하는 사회 세력들 사이의 **중재** 활동, 즉 자본주의 사회의 일상적 제도들 안에서 책략을 부리는 것이다. 보통 이 계층에서 개혁주의 정치의 간부들이 배출된다.

대중운동의 초창기 지도부로 부상하는 이런 사람들은 매번 똑같은 구실을 한다. 즉, 이들은 운동의 추진력을 제한하려 애쓴다. 일단 초기 국면이 지나가면 이들의 활동과 사상은 운동의 발전에 주된 위험이 된다.

왜냐하면 초기의 혁명적 분출로 지배세급이 단번에 분쇄되는 것이 아니기 때문이다. 초기의 분출은 지배계급을 일시적으로 약화시키고 혼란에 빠뜨릴 수 있다. 하지만, 그들은 여전히 살아남아 이제 자신의 잃어버린 기반을 되찾고 대중운동의 위협을 분쇄하려고 필사적으로 애쓸 것이다.

그러나 바로 그런 상황에서, 개혁주의 지도자들은 '절제'가 필요하다고 대중운동을 설득한다. 이미 쟁취한 성과들이 안전하므로 전반적인 전진은 더 필요하지도 않고 심지어 바람직하지도 않다는 허황한 착각 속에서 말이다. 이들은 계급들 사이의 새로운 타협이 위태로워지는 일은 결코 없어야 한다고 주장한다. 더 이상의 '혼란'은 위험하며, 구체제에서 살아남은 세력들을 달래고 평온이 회복될 수 있다는 믿음을 줘야 한다는 것이다. 이 책의 앞에서 봤듯이, 그런 관점을 제기하는 목소리들은 매우 다양했다(공산당과 사회당의 지도자들, 자유주의 지식인들, 한때 게릴라였던 사람들, 물라와 주교들 등).

그들의 주장에 담긴 함의는 늘 똑같다. "너무 많은 것을 요구해서는 안 된다. 이제는 타협해야 할 때다." "국익을 위해 노동자들은 '부문적' 요구들을 제한해야 하고 억압받는 소수민족들은 도를 넘지 말아야 한다." "농민들은 너무 많은 토지개혁을 기대해선 안 된다." "여성들은 너무 지나친 요구를 내세워선 안 된다." "우리는 지배계급 내의 진보적 요소들과 협력해야지 이들을 겁먹게 해서는 안 된다. 고립시켜야 할

것은 소수의 반동분자들이다" 기타 등등. 개혁주의자들의 '현실주의'
는 왜 혁명을 이 단계에서 멈춰야만 하는지, 왜 구세력들과의 대결이
아니라 양보가 필요한지를 설명하는 온갖 이유를 애써 만들어 낸다.

그리고 항상 똑같은 실천적 결론이 뒤따른다. 그런 지도자들에게
명성을 가져다준 바로 그 대중적 세력이 이제는 고분고분하게 뿔뿔
이 흩어져 집으로 돌아가야 한다는 것이다. "코르돈과 노동자위원회
는 노동조합에 종속돼야 한다.""'비공인' 파업은 바람직하지 않고 아
나키즘적이다.""여성들은 정숙해야 한다.""'위험한' 요구들을 피해야
한다"는 등의 주장이 이어진다. 이런 관점들을 표현하는 사람들은
항상 급진 운동의 보수적 부위를 대변하는데, 이들은 두려움과 피로
감, 덜 발전한 상상력을 파고든다. 이들은 혁명적 가능성을 지닌 운
동들을 시궁창에 빠뜨리고 반동이 승리하도록 길을 여는 세력이다.

그러나 이들이 설파하는 대중운동의 해산은 결코 쉽사리 저절로
이뤄지지 않는다. 반체제 대중운동의 부상 자체가 모든 계층 대중의
희망과 힘을 끌어올리며 해방적 관점이 성장하도록 하기 때문이다.
수많은 사람들이 스스로 발전시킨 집단적 힘에 대한 자각을 소중히
여기고 이를 잃고 싶어 하지 않는다. 이들은 옛 사회로 돌아가는 퇴
각이 아니라 전진을 원한다.

항상 그런 운동들에서는 곧 초기 지도부와 기층 활동가들 사이에
날카로운 대립이 발전한다. 매번 그런 갈등이 전면에 드러나게 되는
계기는 지배계급의 공격이다. 마르크스가 1848년 혁명을 다루며 언
급했듯, 운동이 앞으로 나아가도록 자극하는 데는 종종 '반동의 채
찍'이 필요하다.

이 책에서 다룬 사건들은 그런 채찍의 여러 사례들을 보여 준다. 샹젤리제에서 있었던 드골 지지자들의 시위, 칠레 화물차주들의 보이콧, 칠레와 포르투갈에서 있었던 쿠데타 시도, 여성과 민족적 종교적 수수파들의 권리에 대한 호메이니의 공격, 비드고슈치에서 벌어진 연대노조 활동가 구타 사건 등이 그것이다. 좀 더 지역적인 수준에서 벌어지는 더 작은 규모의 온갖 공격들도 그런 사건들과 비슷한 구실을 했다.

이런 공격들 가운데 일부는 성공을 거뒀고, 실제로 이런 여러 운동들의 최종 결과를 좌우했다. 대중운동은 혼란에 빠졌고 새로운 투쟁을 위해 자신의 세력들을 결집할 수 없었다. 그리고 패배한 채 이전으로 돌아갔다. 1975년 11월 25일의 공격은 매우 작은 규모였지만 포르투갈 혁명의 종지부를 찍기에 충분했다. 호메이니의 이란 좌파 세력 흔들기는 혼란과 항복을 끌어냈다. 칠레와 폴란드에서 벌어진 군부 쿠데타들은 독립적 노동계급 조직들을 분쇄할 수 있었다. 그러나 이런 패배들 가운데 그 어떤 것도 처음부터 불가피한 것은 아니었다.

왜냐하면 다른 공격들도 똑같은 결과를 가져올 수 있었지만, 오히려 더 높은 수준의 전투성과 대중 세력의 부분적 재편을 불러일으켰기 때문이다. 칠레에서 소우페르의 쿠데타 시도는 잠시나마 코르돈의 강화로 이어졌다. 포르투갈 혁명은 군사 쿠데타 시도 때문에 두 차례나 좌경화했다. 1980년 11월에 바르샤바 연대노조 조합원 두 명이 체포된 사건은 도시 전체가 파업 운동에 나서게 만들었을 뿐 아니라 철강 노동자들이 자기 노조 지도자들의 나약함에 도전하며 새로운 정치적 요구를 제기하는 데까지 나아가게 했다.

이런 위기들은 혁명적 경향과 개혁주의 경향이 운동의 진정한 지도권을 놓고 전투를 벌여야만 하는 순간들을 만들어낸다. 그런 순간들은 두 세력 사이의 힘의 우열을 시험하는 한편 혁명 정당들이 그 영향력 면에서 중요한 진전을 이룰 수 있는 기회를 제공한다. 동시에, 이런 순간들은 좌파의 실패와 약점이 가장 위험천만한 결과를 낳을 수 있는 순간이기도 하다.

왜냐하면 이원 권력 상태란 대단히 일시적이기 때문이다. 만일 대중운동이 자신의 적을 분쇄하지 못하면, 운동은 힘을 잃은 채 스스로 파멸을 맞이할 것이다. 그리고 그 대가는 — 특히 칠레, 이란, 폴란드의 사례에서 드러나듯이 — 참혹할 수 있다.

그런 순간에 중요한 것은 대중이 새로운 주도력을 발전시키느냐 하는 것이다. 그런 일이 일어나려면, 기층 활동가들이 새롭고 더 명료한 전망 쪽으로 전취돼야 한다. 개혁주의 지도부가 정치적으로 도전받아야 하고, 덩치 큰 노동자 조직들이 새로운 종류의 독립적 행동과 조직 쪽으로 넘어와야 한다. 트로츠키의 말을 빌리면, 혁명적 운동은 "연차근사법을 통한 대중의 능동적 방향 재설정"*을 통해 전진한다.[5] 즉, 혁명적 운동의 정치적 목적, 염원, 믿음은 위기에 어떻게 대응할 것인가를 둘러싼 실천적 논쟁에 혁명적 운동이 어떻게 대응

* 연차근사법(the method of successive approximation, 축차근사법이라고도 한다)은 원래 수학 용어인데, 대중이 이런저런 근사치(여러 대안들)를 연속해서 시험해 보며 그중 가장 참에 가까워 보이는 쪽을 향해 능동적으로 진로를 수정해 나간다는 뜻으로 이해하면 될 듯하다.

하느냐에 따라 달라진다.

바로 여기에서 좌파의 문제가 한 번 더 전면에 부각된다. 개혁주의 지도부의 파괴적 결말을 피할 수 있느냐 하는 것은 대안적 전망이 명료하게 제시되느냐, 그리고 다른 지도가 제공되느냐에 달려 있다. 운동의 전진은 혁명 정당의 존재와 활동에 달려 있다. 그렇게 되지 않는다면, 운동이 더욱 전진하는 데 유리하게 작용할 동력들 — 그런 위기의 순간들마다 아래로부터 솟아나온다 — 이 파편화한 채 소실돼 버리고, 결국 전체 운동이 지배계급의 결정적 공격에 무방비 상태로 남겨질 위험이 있다.

근본적으로 이것이 우리가 살펴본 여러 운동들의 운명이었다. 좌파는 실패했고, 이는 그들이 결코 개혁주의에 제대로 도전하지 못했고 적합한 조직을 갖추지 못했기 때문이었다.

모든 혁명적 운동이 부딪히는 결정적 문제는 바로 국가권력 문제다. 계급사회의 구성 원리는 소수가 [다수를] 착취하며 지배한다는 것이다. 즉, 압도 다수의 대중은 사실상 직접적 자치에서 배제되고 일상생활의 조건을 통제하지 못한다. 기존의 국가기구들은 대중의 지배를 가로막는 직접적 장벽이다.

마르크스 이래로 혁명적 사회주의의 핵심 주장은 "노동계급은 기존의 국가기구를 손에 넣어 그것을 자신의 목적에 맞게 사용할 수는 없다"는 것이었다.[14] 기존의 국가기구는 — 의회제에서건 독재정권에서건 — 노동계급의 민주적 자치(自治)가 실현되는 것을 직접적으로 방해한다. 이것은 우익이 정부를 지배하는 곳에서만이 아니라 칠레처럼 좌파 정당이 집권한 곳에서도 사실이다. 노동자 통제와 노동자 권력 — 사회주의적 비전의 정수 — 은 관료적 국가기구와 대립한다. 그것이 군대와 경찰이건 '공공 기관'이건 '복지국가' 등등이건 말이다. 그 밖의 다른 어떤 태도를 취하든 그것은 매번 노동자 운동을 무장해제하고 만다.

이런 관점에서 보면, 개혁주의의 특징은 다른 무엇보다 바로 그 **친국가적** 성격에 있다. 개혁주의는 다수 대중의 복종을 원칙으로 삼는다. 이런 점에서 개혁주의의 온갖 다양한 구현체(具現體)들은 엄밀히 말해 **반혁명적인** 성격을 공유한다. 개혁주의 좌파 정당·노조·교회·운동 등의 공통된 특징이 바로 이것이다. 즉, 이들은 국가권력을 해제하고 분쇄하는 것에 반대한다. 칠레 공산당은 고위 장성들이 '애국심'을 찬양했고, 쿠데타가 임박했음을 경고하는 수병들을 배신했다. 포르투갈 공산당은 파업을 억제하는 법률을 지지했고, 나토에 반대하는 집회에 반대했다. 한때 이란의 좌파 게릴라였던 이들은 호메이니가 벌인 '반제국주의' 투쟁 사기극에 속아 국민국가를 지지했다. 그것이 노동자평의회의 파괴를 뜻했는데도 말이다. 폴란드의 주교들과 한때 영웅적 반체제 투사였던 사람들조차 국가의 '핵심적 이익'이 훼손돼서는 안 된다고 주장했다.

분명 이런 관점에 도전하는 움직임이 있었고, 그것은 바로 노동자 운동 내부에서 생겨났다. 그러나 그런 도전들은 파편화한 상태로 남아 있었다. 개혁주의 관점에 반대하는 혁명적 그룹들은 비참하리만치 극소수여서 결과에 이렇다 할 차이를 가져올 수 없었다. 더 규모가 큰 급진적 좌파적 그룹들 가운데 어느 누구도 진정한 대안을 제시하며 대중이 온건파 지도자들에게 느끼는 불만을 일관된 혁명적 방향으로 이끌지 않았다. 좌파 대다수가 중요한 기회들을 놓쳤고, 근본적으로 이는 국가에 대한 태도가 혼란스러웠기 때문이다.

실제로 좌파들은 흔히 개혁주의적 입장의 핵심 내용들을 받아들였다. 현실의 노동자 운동이 거둔 실제 성과들이나 작업장에 뿌리를 둔 위원회들과 나란히 성장한 다른 다양한 대중조직들은 그들 정치의 중심이 아니었다. 그들은 이런 조직이나 성과에서 새로운 사회질서의 밑그림을 포착하고 이런 맹아적 경향들을 제대로 현실화하려고 투쟁하지 않았다. 그렇게 하려면 개혁주의자들과의 확실한 정치적 단절이 필요했을 것이다. 그러나 그들은 오히려 자신의 적들이 그들을 무장해제하게 만들었다.

일부는 여러 형태의 '단계론'을 받아들였는데, 이런 이론들의 함의는 항상 대중투쟁이 '너무 멀리' 나아가면 안 된다는 것이었다. 대규모 대중 반란이라는 현실에 직면해서 좌파 조직들은 당장 노동자 권력을 위해 투쟁하는 것은 불가능하다고 주장했다. 폴란드에서 연대노조 내부의 다양한 '급진파' 그룹들은 '자기 제한적 혁명'이라는 지도부의 한결같은 주장에 사실상 전혀 이의를 제기하지 않았다. 포르투갈에서 다양한 마오주의 그룹들은 ― 그들과 반목했던 공산당과 마찬가지로 ― '후진국 포르투갈'에서는 오직 '부르주아 민주주의 혁명'만이 가능하다고 주장했다. 이란에서는 주요 좌파 조직들이 모두 이런 관점을 받아들였다.

어디에서나 실천적 함의는 분명했다. 즉, 노동자 투쟁과 조직들 가운데 일부가 부적절하다고 선언되거나 ― 그런 상황에서는 흔히 '경제주의'란 딱지가 즐겨 사용됐다 ― 그런 투쟁과 조직들의 중요성이 평가절하되고 이들을 발전시키고 일반화하려는 진지한 노력이 전혀 이뤄지지 않았다. 칠레의 사회당과 공산당은 코르돈이 이미 그들의 지도와 무관하게 자신의 지도부를 발전시켰으며 완전히 새로운 전진의 길을 제시하고 있다는 점을 전혀 이해하지 못했다. 포르투갈의 혁명적 그룹들은 노동자 위원회와 인테르엠프레사스 같은 기구들의 중요성을 평가절하했다. 페다인과 무자헤딘은 쇼라의 투쟁이 갖는 중요성을 이해하지 못했고, 결국 호메이니가 쇼라를 파괴하도록 방치했다. 폴란드의 급진파들은 연대노조의 기층 활동가들로부터 나오는 다양한 추동력을 조율·조직하려는 노력을 전혀 하지 않았다.

이런 그룹들 가운데 어느 하나도 마르크스가 1848년 혁명에서, 그리고 트로츠키가 1905년과 1917년 혁명에서 이끌어 냈던 교훈, 즉 마르크스와 트로츠키가 '연속혁명'이라고 불렀던[15] 교훈을 이해하지 못했다. '단계론'은 노동계급의 중요성 — 혁명적 상황에서 자본가의 착취에 맞선 노동자 투쟁은 전체 운동을 왼쪽으로, 즉 '민주주의 혁명', '민족 해방', '정치 개혁' 같은 한계들을 넘어서도록 밀어붙인다 — 을 무시한다. '선진국'과 '후진국' 모두에서 오늘날의 혁명적 운동들은 사회주의 변혁의 문제를 곧바로 당면 과제로 제기한다. 이와 같은 근본적인 이론적 논점을 이해하는 데서 **출발**하지 않는 좌파는 실패하거나 찌그러질 것이다. 왜냐하면 '단계론'의 논리 자체가 반드시 어느 시점에서는 그 신봉자들이 노동자 투쟁에 맞서 기존 국가를 편들게 만들기 때문이다. 그 명분이 '당장 생산을 재개해야 한다'(사장들이 필요하다는 뜻이다)는 것이든 '제국주의에 맞선 민족적 투쟁'이든 '타협의 필요성'이든, '단계론' 신봉자들은 노동계급과 그 요구에 반대하는 편에 서게 된다. 칠레, 포르투갈, 이란, 폴란드의 이런저런 좌파들이 바로 그랬다.

의회주의 환상에서 깨어나지 못하는 이들도 똑같은 문제를 드러낸다. (이 책에서 다룬 사례들 가운데) 가장 비극적인 것으로는 칠레 사회당의 좌파를 들 수 있을 것이다. 그들이 설파한 사회주의는 '아래로부터 사회주의', 즉 자기해방의 원칙이었다.[16] 그러나 노동자 운동과 민중연합 정부가 반목하는데도, 이들은 계속 양다리를 걸치려 했다. 심지어 좌파는 국가에 대해 개혁주의자들과 똑같은 환상을 유포했다. 마이크 곤살레스는 민중연합 정부에 입각한 군 장성들을 보는 MIR의 비참하리만치 끔찍한 관점을 인용한다. 마찬가지로, 사회당의 좌파 사무총장인 알타미라노는 소우페르 대령의 6월 29일 쿠데타 시도 이후 다음과 같이 선언했다.

민중과 군대, 경찰 사이의 단결이 지금처럼 굳건했던 적은 일찍이 없었다. … 그리고 이 단결은 우리가 수행하고 있는 역사적 전쟁에서 새로운 전투를 치를 때마다 거듭 발전할 것이다.[17]

번번이 좌파들은 노동계급과 국가 사이의 근본적 대립을 부각시키고 이로부터 실천적 교훈을 끌어내기는커녕 자신이 알고 있는 사실조차 부정했다. 칠레에서 좌파는 아옌데 정부와 결코 완전히 단절하지 못했다. 아옌데 정부가 군대를 동원해 코르돈을 무장해제하고 파괴할 때조차 말이다. 구리 광산의 광부들이 중요한 파업을 벌였을 때, 칠레 좌파는 국가를 편들며 노동계급을 분열시켰다. 포르투갈에서 MES는 혁명적 미사여구를 사용했지만 개혁주의 정당에 압력을 가하는 것을 자신의 임무로 여겼다. '정설 트로츠키주의자들'은 사회당과 공산당의 개혁주의와 정치적으로 분명히 단절해야 한다고 호소하기는커녕 그들에 대한 환상을 퍼뜨렸다. 이란의 무자헤딘은 이슬람식 국가 통제와 노동자 통제를 서로 연결시키려 애썼다. 페다인 다수파는 호메이니가 미국 대사관을 상대로 '성전'을 선포하자마자 국가 편에 서서 쇼라와 대립했다. 폴란드의 급진파들은 '국가를 지지'해야 할 필요성에 단 한 번도 공개적으로 의문을 제기하지 않았다. 이 모든 경우에, 성장하는 노동자 운동과 기존 국가기구 사이의 대립이 타협 불가능한 지경에 이른 상황에서도 좌파 내의 주요 분파들은 이 문제를 회피하거나 그보다 더한 악수를 뒀다. 이들에 반대했던 세력은 수가 너무 적어서 결과에 어떤 의미 있는 차이도 만들어 낼 수 없었다.

이런 식으로, 운동의 엄청난 가능성은 실현되지 못했다. 이런 혁명의 예행연습들은 굴레에서 벗어난 노동자 운동에 내재한 잠재력을 잠시나마 찬란하게 보여 줬다. 그러나 예행연습들은 결코 그 마지막 장까지 이르지 못했다. 그것은 이런 운동을 패배로 이끌게 될 세력들의 주장에 맞서며 대안적 지도를 제공할 능력과 준비가 된 혁명적 사회주의자들의 조직이 매번 충분히 조직돼 있지 않았기 때문이다.

이 책에 기록된 패배들의 가장 중요한 원인은 바로 조직 좌파들의 실패였다. 그런 결론을 피할 길은 없는 듯하다.

19세기에 마르크스가 자신의 사상을 발전시켰을 때, 그는 정치조직과 노동계급의 의식이라는 문제에 거의 관심을 기울이지 않았다.

(만약 그랬다 해도) 그는 자본주의에서 착취와 투쟁의 경험이 거의 저절로 혁명적 의식과 조직의 발전으로 이어질 것으로 본 듯하다.[18] 노동계급 운동 안에서 개혁주의 문제가 갖는 영속성은 20세기가 돼서야 안전히 명백해졌다. 마르크스 이후 세대의 혁명적 이론가들, 특히 레닌, 룩셈부르크, 트로츠키, 그람시는 개혁주의를 설명하고 대처하는 문제와 직접 씨름해야 했다. 혁명조직과 전략·전술의 문제가 마르크스주의 이론의 필수 요소가 됐고 훨씬 더 중요해졌다.[19]

한편으로, 20세기에는 자본주의 생산력이 엄청나게 증대했고, 무엇보다 노동계급이 엄청나게 성장했다. 20세기는 전쟁과 혁명의 시대였고, 마르크스와 엥겔스가 단지 짐작만 할 수 있었을 규모의 거대한 계급투쟁들이 벌어진 시대였다. 다른 한편, 20세기는 — 지금까지는 — 노동계급에게 패배의 시기였다. 그런 패배들에서, 개혁주의 정치는 절대적으로 핵심적인 구실을 했다.

혁명적 관점에서 봤을 때, 사회민주주의는 제1차세계대전 발발 당시에 그 파산을 만천하에 드러냈다. 사회민주주의는 그 후로도 번번이 그랬다. 1968~75년에 프랑스, 칠레, 포르투갈에서 사회당이 했던 구실은 전혀 새로울 게 없었다.[20] 게다가, 제2인터내셔널의 배신에 정면으로 도전하며 나타났던 공산당 운동은 — 러시아 혁명의 변질에 뒤이어 — 개혁주의 정치의 아류나 다름없는 것으로 다시 전락하면서 몰락했다.[21] 이 책의 앞에서 묘사된 사건들에서 여러 공산당들이 했던 구실은 이에 대한 충분한 근거일 것이다.

그러나 개혁주의 세력들의 이런 파산이 곧장 고전적·혁명적 마르크스주의의 부흥으로 이어지지는 않았다. 그런 전통을 고수했던 세력은 여전히 소수이고 개혁주의 세력에 포위돼 있다. 오히려, 1950년대와 1960년대에 가장 영향력 있는 '좌파적' 견해들은 이따금 분출한 좌파 민족주의에 더 가까웠고, 엄밀해 말해 좌파 민족주의의 계급적 성격은 늘 부르주아적이었다. 그 결과는 전 세계 좌파의 혼란이었다.[22] 그 효과가 어떤 것이었는지는 이 책의 앞 장들에 매우 분명히 드러나 있다.

오늘날 세계 자본주의는 명백히 위기에 빠져 있다. 세계의 지배계급들은 핵전쟁이라는 궁극의 야만주의로 서로를, 그리고 우리 모두를 위협하고 있다. 경쟁하는 분파들의 밥그릇 싸움(자본주의의 바탕이다)은 집단적 필요의 관철을 ─ 점점 더 참을 수 없는 방식으로 ─ 가로막는다. 인류 전체의 물질적 필요를 충족할 수 있는 통일된 세계의 가능성이 과거 어느 때보다 커진 이 순간에도 여전히 수많은 사람들이 기아에 허덕인다. 인류의 필요를 확장하는 것을 목표로 삼는 진정한 성장은 갈수록 억제된다. 인류의 긴급한 필요를 해결하는 데 기여할 수 있는 기술과 힘을 지닌 수많은 노동자들이 실업 때문에 생산 활동에서 배제되고 있다. 막대한 자원이 낭비된다. 실현 가능한 구상들이 억눌린다. 기성 질서에 대한 불신이 커진다. 비록 적절한 배출구를 찾지 못하고 있지만 말이다. 이런 상황에서 우리는 전 세계에서 더 크고 폭발적인 계급투쟁들이 벌어질 것이라고 기대해야 마땅하다. 그런 투쟁들의 결과가 바로 인류의 미래를 결정할 것이다.

지난 20년간[이 책이 다루고 있는 1960년대 말에서 1980년대 중반까지] 좌파들이 저지른 실수들은 새로운 것이 아니었다. 그것들은 모두 그 전에 사회주의자들이 저지른 실수들의 비참한 반복이었다.

마르크스주의의 힘은 그것이 노동계급의 조직된 기억 구실을 할 때 가장 커진다. 앞서 묘사한 사건들은 그것의 부재를 보여 주는 기록들이다. 미래를 위한 질문은 다음과 같다. 더 현실적인 혁명적 이론과 실천이 바야흐로 그 지지자들을 빌진시키고 끌어당길 수난들을 찾을 것인가? 아니면, 전 세계의 좌파들이 자신의 역사적·정치적 의식을 되찾을 때까지 훨씬 더 많은 패배를 겪어야 하는가?

거듭 말하지만, 비어 있는 고리는 유능한 혁명적 사회주의 조직이었다. 그 공백은 바로 지금 여기에서 실천적으로 또 현실적으로 메워지기 시작해야 한다. 한 줌도 안 되는 사회주의자들이 새로운 '인터내셔널'을 선언하는 것은 아무런 의미가 없다. 기층에 뿌리내린 그들의 실제 세력이 단 한 나라에서만이라도 혁명적 운동에 지도를 제공하기에 충분치 않은 상황에서는 말이다. 자신을 속일 수는 있어도 세상을 속일 수는 없다. 필요한 것은 더 겸손한, 하지만 현실적인 시작이다.

사회주의 조직의 문제는 대중의 분출이 시작될 때까지 미룰 수 없다. 마르크스주의자들이 당의 맹아조차 갖추지 못한 채 혁명적 상황에 뛰어든다면 참담한 결과를 맞이할 뿐이다. 이 책의 앞 장들은 그 결과들을 생생히 보여 주는 충분한 자료들을 제시한다. 고양되는 노동자 운동 속에서 개혁주의는 결코 일관된 반대에 부딪히지 않았다. 가장 선진적인 부문들 ─ 그들의 실제 경험상 그들은 개혁주의자들에게 반대하지 않을 수 없었다 ─ 은 대안적 조직의 축을 전혀 발견하지 못했다. 어느 누구도 노동자 조직들 안에서 벌어지는 논쟁과 투쟁들 속의 다양한 사상들에 개입해 마르크스주의 사상의 새로운 지지자들을 쟁취할 태세가 돼 있지 않았다. 혁명적 활동가들 — 이들의 지도력은 이미 다양한 산업 부문의 노동자들에 의해 시험을 받은 상태였다 — 의 네트워크가 조직돼 노동조합 관료들에게 도전하거나 동료 노동자들에게 대담한 전술과 전진을 제안하는 일은 결코 일어나지 않았다. 고정 독자층이 있는 혁명적 신문도 전혀 없었다. 회원들이 다른 국제적 역사적 투쟁들을 다 함께 토론하고 배우는 관행을 발전시켜 둔 조직도 없었고, 위기의 순간에 경종을 울릴 수 있는 조직도 없었다. 그 결과, 초좌파들의 바보짓과 개혁주의자들의 순응이 너무나 쉽게 함께 횡행했다.

그런 상황에서 좌파들은 아무런 무기도 없는 채로 남게 된다. 분명, 어떤 혁명적 상황이든 수그러들 때까지는 시간이 걸리기 마련이고 혁명적 사상과 조직이 급속하게 확산될 수 있는 엄청난 기회를 제공한다. 그런 상황에서 발전의 속도는 엄청나게 빨라진다. 그러나 바로 그 엄청난 발전 속도는 또한 중차대한 사안에 대한 결정들이 신속히 이뤄져야 한다는 것을 뜻하기도 한다. 즉, 효과적인 혁명 조직의 발전을 시작하기에는 너무 늦을 가능성이 높은 것이다. 따라서 그런 발전이 성공하려면 작지만 확고한 시작이 이미 이뤄져 있어야만 한다. 볼셰비키가 1917년 10월에 혁명을 지도할 수 있었던 것은 이미 2월에 집단적 전통을 지닌 당원이 수천 명이나 있었기 때문이다. 로자 룩셈부르크의 조직(스파르타쿠스단)은 1918년 혁명의 시기가 돼서야 만들어졌고, 일관된 혁명 전략마저 없었다. 결국 독일혁명은, 그리고 그와 더불어 세계혁명도 1919년 1월에 끔찍한 패배를 겪어야 했다.[23]

혁명을 가능하게 만드는 것은 노동계급의 에너지와 상상력, 그리고 대담함이다. 그러나 혁명은 운동에 이론적·실천적 방향을 제시하려고 지도권을 놓고 투쟁하는 혁명적 조직이 그런 노동계급 내부에 존재할 때만 승리할 수 있다. 지배계급은 자신들의 원칙에 따라 자기 세력을 조직하고 지도부를 선택 구성한나. 개혁주의자늘도 마찬가지다. 혁명가들은 그러면 안 된다는 생각은 바보들이나 할 짓이다.

이 책에서 다룬 사건들은 사회주의자들의 핵심 과제를 명백히 보여 준다. 노동계급의 일상적 투쟁에 뿌리내린 국제적인 혁명적 경향의 발전이 바로 그것이다. 이것이 없었던 것이야말로 이런 패배들의 결정적 요인이었다. 사회주의자들의 핵심 과제는 노동자 투쟁과 그 밖의 여러 운동을 진정으로 지도할 수 있는 혁명 정당을 모든 곳에서 발전시키는 것이다.

그런 정당을 건설하는 일이 쉬울 것이라고 가정하는 것은 어리석은 일일 것이다. 여기에 마법 같은 공식 따위는 없기 때문이다. 겸손과 현실주의가 필수적이다. 혁명가연하는 허세, 즉 비록 처음에는 헌신적 사회주의자들의 작은 그룹에서 시작할지라도 이를 조직하고 회원을 가입시키고 발전시키려 진지하게 노력하지 않고 눈에 잘 띄는 구호들이나 내거는 것으로 만족하는 것만큼 쓸모없는 짓도 없다. 부르주아지는 혁명가들을 흥분 상태의 참을성 없는 이상주의자로 우스꽝스럽게 묘사한다. 사실, 진정한 혁명적 사회주의 정치는 깊은 인내심에 기초해야 한다. 여기서 인내심이란 몇 부 안 되는 신문을 판매했을 때, 논쟁에서 승리했을 때, 단 한 명이라도 마르크스주의로 설득해서 새로 조직했을 때, 대도시에 조그만 지회를 건설했을 때, 어딘가 새로운 곳에 지인을 만들었을 때, 기꺼이 성취감을 느끼는 그런 태도를 말한다. 1917년 혁명 와중에, 레닌이 내건 볼셰비키 정당의 구호는 거창한 미사여구식 허풍이 아니라 훨씬 더 겸손하고 현실적인, 따라서 대단히 효과적인 구호였다. "참을성 있게 설명하라."

마르크스주의 조직은 여러 핵심 원칙들에 기초하는데, 이 원칙들은 거듭거듭 입증돼야 하고, 실천에서 일관되게 적용돼야 한다. 이 원칙들은 새로운 경험에 비추어 끊임없이 발전되고 풍부해져야 한다. 이 원칙들을 망각한다면, 좌파는 방향을 잃은 채 표류할 것이고, 더 많은 역사적 기회들을 놓칠 것이며, 결국 이 책에서 논의한 것과 같은 패배들이 반복될 것이다.

첫째, 노동계급의 특수한 저지와 능력 때문에, 착취 조건에 밎신 노동계급의 투쟁은 사회주의 변혁을 위한 핵심 동력이다. 여기에 중심을 두지 않는 사회주의 전략은 결코 성공할 수 없다.

둘째, 자본주의는 사회적 생산의 국제적 체제이고, 현대 세계의 모든 국가들을 규정짓는다. '일국사회주의'는 망상이다. 타당성 있는 사회주의 정치는 일관되게 국제주의적이어야 한다.

셋째, 사회주의적 진보는 기존 국가를 모두 남김없이 타도하고 이를 모든 정치·경제·사회적 결정에 대한 통제권을 장악 유지하고 있는 민주적 노동자평의회와 다른 대중조직들의 체제로 대체할 때 가능하다. 이를 위해서는 반드시 착취계급을 제외한 모든 계급에게 민주적 권리들이 완전히 보장돼야 하고, 마찬가지로 인종차별, 민족주의, 성차별, 종교적 차별과 그 밖의 차별과 배제에 단호하게 반대해야 한다.

넷째, 노동자 운동 내의 모든 형태의 개혁주의와 기회주의에 맞서 단호히 투쟁해야 한다. 그것이 노동조합 관료의 모습으로 나타나든,

프티부르주아적 좌파 지식인의 모습으로 나타나든, 대리주의적이고 엘리트주의적인 정치 종교 단체들의 모습으로 나타나든 말이다. 그들에 맞서 독립적인 기층 노동계급 조직과 통제의 필요성을 끊임없이 강조해야 한다.

다섯째, 사회주의는 모든 형태의 억압에서 인류를 해방하기 위한 투쟁이다. 바로 이런 이유로 한 국민국가가 다른 국민(민족)을 지배하는 온갖 형태의 제국주의에 적극적이고 분명하게 반대해야 한다.

여섯째, 이런 전략을 추구하려면 원칙에 부합하는 선전 선동 활동에 헌신하는 사회주의자들의 혁명적 대중정당을 건설해야 한다. 그런 정당은 자본에 맞선 노동자들의 실제 일상 투쟁들과 직접 연관을 맺어야 한다. 이런 투쟁이 처음에는 아무리 무미건조하고 보잘것없어 보이더라도 말이다. 왜냐하면 자본에 맞선 노동자들의 일상적 투쟁이야말로 세계 자본주의 체제의 타도를 위한 결정적 출발점이기 때문이다.

적어도 두 세대 동안 혁명적 좌파는 악전고투하는 극소수에 불과했다. 오랫동안 우리는 스탈린주의와 그것이 더럽힌 마르크스주의의 어두운 그늘 아래 살았다. 전후 장기 호황은 개혁주의의 영향력을 강화했다. 그러나 바야흐로 '위로부터 사회주의'의 이런 두 가지 전통들이 모두 기진맥진한 상태라는 것이 갈수록 많은 곳에서 명백해지고 있다. 이 전통들은 노쇠하고 지친 이들 외에는 어느 누구에게도 매력을 주지 못하고 있다. 사회변혁 전략으로서 그들은 파산했다. 그들의 사이비 대용품에 지나지 않는 마오주의, 게릴라 정치, 좌파 민족주의 역시 마찬가지다.

사회주의는 과거 어느 때보다 위협받고 있는 인류에게 세계의 재건을 위한 유일한 희망을 제공한다. 그러나 그것은 사회주의자들이 과거의 패배에서 교훈을 얻고 자신들의 이론과 실천을 재구성할 수 있을 때만 가능하다. 세계가 다시 위기에 빠져 있고 엄청난 대중 반란들이 재차 터져 나올 조짐을 보이는 상황에서, 바야흐로 혁명적 마르크스주의, 즉 일관된 아래로부터 사회주의는 인간 해방을 위한 이론이자 실천으로서 그에 합당한 지위를 쟁취할 수 있다.

후주

한국어판 머리말

1 대단히 안타까운 역설이었다. 신정부의 첫 번째 노동부 장관인 야체크 쿠론은 1964년 카롤 모젤레프스키와 함께 '당에 보내는 공개서한'을 작성한 인물이다. 그때는 노동자 혁명이 필요하다고 공공연히 주장했던 쿠론이 1990년에는 텔레비전 대담 방송에서 실업 증가가 불가피하다고 설명했다.

2 Lawrence Goodwyn, *Breaking the Barrier: The Rise of Solidarity in Poland*, New York: Oxford University Press, 1991, p Ⅹ Ⅹⅰ.

3 Rosa Luxemburg, *The Mass Strike: The Political Party and the Trade Union*, London: Bookmarks, 1986[국역: 《대중파업론》, 풀무질, 1995].

4 'The Economics of the Arab Spring', *Financial Times*, 24 April 2011.

5 제프리 웨버(Jeffery Webber)는 볼리비아의 경험을 연대순으로 기록한 논문 세 편을 *Historical Materialism*(vol 16.2-4, 2008)에 연재했고, 이를 바탕으로 *From Rebellion to Reform in Bolivia: Class Struggle, Indigenous Liberation, and the Politics of Evo Morales*, Chicago: Haymarket, 2011을 펴냈다.

머리말

1 이 창립 규약의 초안은 마르크스가 작성했다. 규약 원문은 Karl Marx, *Political Writings*, volume 3(Penguin: Harmondsworth, 1974) pp 82-84를 참조하시오.

2   이들 중 일부에 대해 사회주의적 관점에서 비판적으로 개관한 것을 보려면 Ellen Meiksins Wood, *The Retreat From Class* (Verso: London 1986)를 보시오.

3   우리가 글을 쓰는 동안, 지금도 전투가 진행 중인 남아프리카공화국 흑인 노동자들의 혁명은 아직 그 정점에 이르지 못했다. 이 책에서는 남아공 사례를 살펴보지는 않지만 이 격렬하고 장엄한 투쟁은 우리가 뒤에서 다루게 될 가능성과 한계들을 많은 부분 공유하고 있다. 예컨대, Alex callinicos, "Marxism and revolution in South Africa", *International Socialism* 2:31, spring 1986를 보시오.

1장_ 프랑스 1968년 "상상력에 권력을!"

이 글의 참고 자료는 대부분 당시에 발간된 언론이다. *Le Monde, Le Figaro, L' Humanité, Voix Ouvrière, The Economist, The Times*에 덧붙여 당시 잠시 동안 발간된 인쇄물, 인터뷰, 주료 지점 증언에 기반한 수많은 출판물 — 특히, T Cliff and I Birchall, *France the Struggle Goes On* (London 1968), P Seale and M McConville, *French Revolution 1968* (Harmondsworth 1968), A Hoyles, *Imagination in Power* (Nottingham 1973), *Paris: May 1968* (Solidarity Pamphlet No 30; Bromley 1968) — 이 있다. 또, *Partisans* (No 42, May-June 1968)의 특별호와 *Lutte Ouvrière* issues 19-39 (November 1968-April 1969)에 연재된 "Mai-Juin ul Fil des Jours"도 귀중한 자료였다. 이 글에서 제시된 분석은 대개 *France the Struggle Goes On*에 힘입은 것이다(당시의 다소 들뜬 어조는 누그러뜨려서 썼다). 또, 정치적 의구심이 없는 것은 아니지만 *Lutte Ouvrière* 경향의 출판물에서도 많은 것을 배웠다.

1968년에는 수없이 많은 글이 쓰이고 정신없이 번역됐다. 시간이 촉박한 우리로서는 문법과 교정마저 사치처럼 느껴질 정도였다. 따라서 당시의 문서를 인용하면서 몇 가지 확실한 누락이나 오탈자는 허락 없이 수정했다.

1   *The Economist*, 18 May 1968, 특히 pp xi, xii, xiii, xiv, xx and xxxii.

2   A Gorz, "Reform and Revolution" in R Miliband and J Saville (editors), *The Socialist Register 1968* (London 1968) p 111 (고르의 글은 1966년 스웨덴에서 처음으로 한 연속 강의들을 바탕으로 했다).

3   간략한 참고 문헌을 보려면 J Gretton, *Students and Workers* (London 1969) pp 312-17을 보시오.

4   1 June 1968.

5   더 상세한 설명을 보려면 I Birchall, *Workers Against the Monolith* (London 1974) chs 6, 9 and 10와 A Werth, *De Gaulle* (Harmondsworth 1965)을 보시오.

6   *The Economist*, 25 May 1968; Seale and McConville, p 154.

7   Seale and McConville, p 155.

8   G Lefranc, *Le Mouvement Syndical* (Paris 1969) pp 173-76.

9   L Humanité, 7 May 1968.

10   Hoyles, p 16; Cliff and Birchall, p 23.

11   *The Economist*, 18 May 1968.

12   G Pompidou, Pour Rétablir une Vérité (Paris 1982) p 223; Gretton, p 41.

13   Cliff and Birchall, p 12 (인용된 구절은 토니 클리프의 글에서 따왔다).

14   Lefranc, pp 222-23.

15   G and D Cohn-Bendit, *Obsolete Communism: The Left-Wing Alternative* (Harmondsworth 1969) p 118.

16   Seale and McConville, p 33.

17   *Le Monde*, 3 May 1968.

18   *Paris: May 1968*, p 1.

19   Jean-Jacques Lebel in *Black Dwarf*, 1 June 1968.

20   Seale and McConville, p 87.

21   See UNEF/SNESup, *Le Livre Noir des Journées de Mai* (Paris 1968).

22   *Daily Mirror*, 22 May 1968.

23   Pompidou, pp 184-85.

24   *Paris: May 1968*, pp 11-12.

25   Hoyles, pp 17-18 and 64-72.

26   Hoyles. pp 21-22.

27   Hoyles. pp 22-23.

28   *Le Monde*, 26-27 May 1968.

29   L Humanité, 29 May 1968. (일부에서는 파업 노동자 수가 900만 명이라고도 하고 1000만 명이라고도 한다. 그 상황에서 정확한 수를 헤아린다는 것은 불가능했다. 수치를 가장 적게 잡는다 해도 이는 노동계급 역사상 가장 많은 파업 참가자 수다.)

30   Roger Smith in *Black Dwarf*, 1 June 1968.

31 물론, 노동자들은 1936년 5~6월의 공장 점거 전통 또한 따랐다. J Danos and M Gibelin, *June '36* (Bookmarks, London 1986)를 보시오.

32 Hoyles, pp 41-42.

33 *Le Monde*, 22 and 28 May 1968.

34 *L'Humanité*, 27 May 1968.

35 *Le Monde*, 28 May 1968.

36 *L'Humanité*, 28 May 1968.

37 *Le Monde*, 21 May 1968.

38 E Mandel, "Leçons de Mai 1968" in *Les Temps Modernes* no 266-7. *New Left Review* 52, 1968에 실린 "Leçons de Mai 1968"은 이 글을 영역한 것이다.

39 더 자세한 내용은 아래를 참조하시오.

40 *New Left Review* 52.

41 J-Ph Talbo, *La Grève à Flins* (Paris 1968) p 23.

42 Hoyles, pp 32-33.

43 *Lutte Ouvrière* 5, August 1968.

44 Cliff and Birchall, pp 36-39.

45 Seale and McConville, p 123.

46 G and D Cohn-Bendit, pp 81-82.

47 *Lutte Ouvrière* 9, 18 September 1968을 보시오.

48 *Le Monde*, 21 May 1968.

49 *Le Figaro*, 30 May 1968.

50 Seale and McConville, p 168(100 상팀은 1968년 환율로 대략 10펜스에 해당한다).

51 *Le Figaro*, 30 May 1968.

52 생나제르의 어느 파업 노동자는 노동자들의 결정을 파리로 알리는 데 우편함만큼 좋은 것도 없다고 주장했다(*Le Figaro*, 30 May 1968). 캉에서는 시내로 들어가는 모든 도로가 24시간 동안 차단됐다(Mandel, *New Left Review* 52).

53 낭트에 대한 이 설명은 Seale and McConville, pp 166-68 (*Cahiers de Mai*, no 1, 15 June 1968에 근거), Hoyles, pp 32 and 44-46, *Le Figaro*, 30 May 1968에 실린 피에르 부아(Pierre Bois)의 기사를 근거로 한다.

54 Cliff and Birchall. pp 17-18.

55   J Besançon, *Les Murs ont la Parole* (Paris 1968) p 25.

56   J Pesquet, *Des Soviets à Saclay?* (Paris 1968)를 보시오.

57   Seale and McConville, pp 130-33.

58   *Le Monde*, 23 May 1968.

59   *Daily Mirror*, 23 May 1968.

60   의료진이 그러한 기숙 생활의 실태를 밝힌 리플릿을 보시오(Hoyles, pp 19-20에서 인용).

61   A Quattrochi and T Nairn, *The Beginning of the End* (London 1968) p 67.

62   *The Economist*, 15 June 1968.

63   Talbo, p 17.

64   *Lutte Ouvrière* 21,11 December 1968.

65   Bureau pour le Développement des Migrations intéressant les départements d'Outre-mer. 해외 영토 및 이민자 지원국.

66   *Le Monde*, 1 June 1968.

67   *Partissans* 42, May-June 1968, pp 84-85.

68   Talbo, p 85.

69   Cliff and Birchall, p 35.

70   Besançon, pp 169 and 83.

71   A Touraine, *Lettres à une Etudiante* (Paris 1974) p 109.

72   *The Times*, 13 May 1968.

73   Hoyles, p 33.

74   Seale and McConville, pp 134-37.

75   *Le Monde*, 22 May 1968.

76   Seale and McConville, pp 107-108; Besançon, p 107.

77   Seale and McConville, pp 104-105.

78   G and D Cohn-Bendit, p 79.

79   Hoyles, pp 43-44. 당시의 포스터들은 *Atelier Populaire – texts and posters* (London 1969)를 보시오.

80   Besançon에서 당시 구호들을 볼 수 있다.

81   Besançon, pp 42 and 87.

82   Pompidou, p 197.

83 *The Economist*, 1 June 1968.

84 *Le Monde*, 29 May 1968.

85 *L'Humanité*, 25 May 1968.

86 이 사실은 Les Evans, *Intercontinental Press*, 10 June 196에서 인용한 것이다. 나는 잉글랜드 남부의 인쇄공들도 이같이 거부했다고 들은 바 있으나 그것을 입증할 만한 문헌을 가지고 있지는 않다.

87 *Le Monde*, 1 June 1968.

88 *Le Monde*, 9 May, 15 May, 17 May and 19-20 May 1968.

89 *Le Monde*, 15 May 1968.

90 *Le Monde*, 17 May 1968.

91 *The Times*, 31 May 1968.

92 *Le Canard Enchaîné*, 19 June 1968(더 상세한 내용은 *Action*, 14 June 1968에 실려 있지만 그 간행물은 당국에 압류당했다).

93 *Partisans* 42, May-June 1968, pp 188-90.

94 Pompidou, 특히 pp 190-205.

95 Pompidou, p 201.

96. *The Times*, 16 June 1982, *Le Monde*, 22 June 1982를 보시오.

97 *Le Monde*, 30 June, 3 July, 9 July 1982를 보시오.

98 *Le Figaro*, 30 May 1968 사설.

99 *L'Humanité*, 10 July 1968.

100 I Birchall, Workers Against the Monolith, 특히 chs 9, 10 and 13을 보시오.

101 *L'Humanité*, 3 May 1968.

102 *L'Humanité*, 15 May 1968.

103 *L'Humanité*, 17 May 1968에 실린 CGT 성명서(5월 16일 저녁 9시). 또, 조르주 세기와의 인터뷰는 *Le Monde*, 19-20 May 1968를 보시오.

104 Gretton, p 181.

105 *L'Humanité*, 29 May 1968.

106 *Lutte Ouvrière* 30, 12 February 1969.

107 *Lutte Ouvrière* 25, 8 January 1969.

108 *L'Humanité*, 8 June 1968.

109 *Paris: May 1968*, p 10.

110 *Partisans* 42, May-June 1968, pp 131-32에 인용된 기자회견문.

111 *L'Humanité*, 10 June 1968에 인용된 Europe 1 방송.

112 *L'Humanité*, 15 May 1968.

113 F Mitterrand, *Ma Part de Vérité* (Paris 1969) p 105.

114 J Lacouture, *Pierre Mendès-France* (Paris 1981) p 474.

115 C Estier, *Journal d'un Fédéré* (paris 1970) p 234. 또, Mendès-France 자신의 설명은 P Mendès-France, *Choisir* (Paris 1974) pp 138-39를 보시오.

116 매니아들은 M-A Burnier, *Histoire du Socialisme 1830-1981* (Paris 1981) p 99에 실린 프랑스 좌파의 계보를 참조할 만하다.

117 G and D Cohn-Bendit, pp 199-245를 보시오. 콩방디가 *Socialisme ou Barbarie* 그룹의 자유 지상주의적인 옛 트로츠키주의자들에게 의존한 정도를 보려면 G and D Cohn-Bendit, p 18을 보시오.

118 *Lutte Ouvrière* 5, August 1968을 보시오.

119 *Paris: May 1968*, p 42.

120 Hoyles, p 17.

121 Hoyles, p 21.

122 *Voix Ouvrière* 26, 20 May 1968.

123 *Voix Ouvrière*, PCI와 JCR은 자기들끼리 상설적 공동조정위원회를 설립하고 공동 리플릿을 적어도 한 차례 발행했다(*Partisans* 42, May-June 1968, pp 73 and 126). 그러나 이것은 당시에 필요한 단결에는 크게 미치지 못했다.

124 프랑스전국학생연합이 공산당과 CGT가 조직한 대중 시위에 함께하지 못한 이유는 *Lutte Ouvrière* 5, August 1968를 보시오.

125 *Le Monde*, 1 June 1968.

126 Gretton, p 196.

127 Seale and McConville, p 212.

128 *The Economist*, 8 June 1968.

129 *Lutte Ouvrière* 37, 2 April 1969.

130 Estier, p 243.

131 Seale and McConville, p 212.

132 *Partisans* 42, May-June 1968, pp 190-93.

133 *The Economist*, 22 June 1968.

134 *The Times*, 29 May 1968에 실린 마크 울먼(Marc Ullman)의 기사를 보시오.

135 *The Economist*, 29 June 1968.

136 Lefranc, p 247.

137 *L'Humanité*, 6 June 1968.

138 G Pompidou를 보시오. *Lutte Ouvrière* 26, 15 January 1969에서 인용.

139 *Lutte Ouvrière* 2, 3 July 1968, *Analyses et Documents* No 156, *Nouvelle Avant-Garde* No 1, *Action* No 5에 실린 기사를 바탕으로 쓴 글이 Cliff and Birchall, pp 32-33에 실려 있다.

140 *Lutte Ouvrière* 30, 12 February 1969에 실린 여러 진술을 보시오. 되돌아 보건대, 혁명가들이 후보를 내지 않은 것은 전술적으로 오류였을 수도 있다고 생각한다. 그렇지만 당시에는 나도 보이콧 전술에 의심을 품지 않았다.

141 *L'Humanité*, 2 July 1968.

142 *L'Humanité*, 22 June 1968.

143 Gretton, p 269를 보시오.

144 알랭 크리빈(Alain Krivine)은 1969년 내신에서 1.1퍼센트를 득표했다. 1974년에 크리빈과 아를레트 라기예르(Arlette Laguiller)는 2.69퍼센트를 득표했다. 1981년에 라기예르는 2.30퍼센트를 득표했다. 1968년에 불법화된 그룹들은 모두 재빨리 조직의 명칭을 바꾸고 재편했다.

2장_ 칠레 1972~73년 노동자들이 단결하다

1 철도가 전체 국가 화물의 3분의 1을 운송했고, 나머지 3분의 2는 도로를 통해 운송됐다. 파업이 벌어지기 얼마 전에 정부가 도로 운송 산업을 확대할 뜻을 발표했었다는 사실은 참으로 아이러니한 일이었다.

2 사실 그는 '파트리아 이 리베르타드'라는 소규모 극우 테러리스트 조직의 회원이었는데, 이 조직은 파시즘 이론에 공공연히 동조했다. '파트리아 이 리베르타드'는 1970년 말에 슈네이더 장군(아옌데에 호의적이었다) 암살과 그에 뒤이은 일련의 폭력 사건에 연루된 바 있었다. 1972년 10월부터 이 조직은 군사 쿠데타 모의에 적극 가담했고, 그 지도자들 — 파블로 곤살레스(Pablo Gonzalez)와 로베르토 타이메(Roberto Thieme) — 은 1973년 이후 군사정권의 열렬한 지지자가 됐다. 역설적이게도, 둘 모두 나중에 피노체트와 반목했다. '파트리아 이 리베르타드'는 부유한 집안의 청년들과 (소상점주나 화물차 소유주 같은) 양대 계급 사이에 낀 하층 중간계급 부문에서 그 사회적 기반을 찾았다.

3 민중연합의 정치는 Ian Roxborough, Phil O'Brien. Jackie Roddick:

State and Revolution in Chile (Macmillan, London 1977) (이후부터는 Roxborough, 1977로 표기) 4장에 상세하게 묘사돼 있다. Ann Zammit (editor), *The Chilean Road to Socialism* (Brighton 1973)도 참조하시오.

4   기본적 지표들은 Roxborough, 1977, pp 131-32에서 볼 수 있다. 더 완전하게 다룬 것으로는 S Ramos, *Chile, una economia de transicion?* (Chile, 1972)를 보시오.

5   칠레를 둘러싼 논쟁은 M Gonzalez, "The Left and the Coup in Chile", *International Socialism* 2:22, winter 1984, pp 45-86에서 다뤄졌다.

6   F Casanueva and M Fernandez, *El Partido socialista y la lucha de clases en Chile* (Santiago, 1973)를 보시오. 또, C Altamirano, *Dialectica de una derrota* (Siglo XXI, Mexico 1977)도 보시오.

7   이런 주장은 우파가 1970년 선거에서 공동 후보를 내는 데 합의할 수 없었고, 실제로 두 명을 출마시켰다는 사실에 기초한다. 국민당(National Party)을 대표한 알레산드리(Alessandri)는 토지 소유주들의 이익과 주요 금융 기업들의 관심사를 대변했다. 커다란 내부 분란들을 겪은 후에, 기독민주당은 라도미로 토믹(Radomiro Tomic, 당내에서 좌파로 여겨졌다)을 내세웠다. 결국, 투표는 셋 사이에 매우 고르게 나뉘었는데, 아옌데가 36퍼센트, 알레산드리가 34.9퍼센트, 토믹이 27.8퍼센트를 득표했다.

8   Monica Threlfall, "Shantytown dwellers and people's power", in P O' Brien (editor), *Allende's Chile* (Praeger, New York 1976) pp 167-91을 보시오. J Giusti, *Organizacion y participacion popular en Chile* (FLASCO, Santiago 1973)도 보시오.

9   MAPU는 1968년에 만들어졌고 민중연합 동맹의 일원이 됐다. 기독교좌파는 프레이 정부에서 농업부 장관을 지낸 자크 촌촐(Jacques Chonchol)을 중심으로 1971년에 만들어졌다.

10 Gonzalez, pp 65-68를 보시오. Tom Bossert, *Political argument and policy issues in Allende's Chile* (University of Wisconsin Press, 1976)의 대단히 훌륭한 분석도 보시오.

11 사실 구리 기업들은 프레이 정부 아래에서 굉장히 실적이 좋았다. 아옌데의 광산 '칠레화' 정책은 칠레 국가가 해당 기업들의 지분을 — 인하된 가격에 — 매입하고 장래의 모든 투자에 책임을 지게 되는 것을 뜻했다. 이런 투자는 더 많은 해외 차입을 통해 재정이 조달됐다. 한편, 대규모 구리 다국적기업들은 여전히 시장과 국제가격을 통제했다.

12 국유화된 기업의 완전한 목록은 Roxborough, 1977, pp 90-93에 제시돼 있다.

13 '헌법 준수 협정'의 전체 내용은 Roxborough, 1977, p 104을 보시오. '헌

법 준수 협정'에 대한 아옌데 자신의 설명은 Debray, *Conversaciones con Allende* (Mexico 1971) pp 116-117을 보시오.

14 Allende, *Chile's road to socialism* (Harmondsworth: Penguin. 1973) ch 9. pp 90-100를 보시오. 아옌데의 핵심 보좌관인 후안 가르세스(Joan Garces)는 *Chile Hoy*에서 '국가 내의 이원 권력'에 대한 자신의 견해와 함께 이런 주장을 펼쳤다. Garces, *El estado y los problemas tacticos del gobierno de Allende* (Siglio XXI, Mexico 1973)를 보시오.

15 집권 첫해 정부의 경제 실적에 대해서는 Roxborough 1977, ch 4를 보시오. *Monthly Review*, December 1973. pp 1-11에 실린 폴 스위지(P Sweezy)의 논문도 보시오.

16 미국도 군사원조(액수가 크게 늘어났다)를 제외한 모든 원조를 중단하고 칠레에 외채 상환을 요구하는 등 여기에 일조했다. 미국의 구실에 대해서는 *The ITT Memos: Subversion in Chile* (Spokesman Books, Nottingham 1972)과 P Agee, *Inside the Company: A CIA Diary* (Penguin, Harmondsworth 1975) 그리고 the report of the US Senate Select Committee 1975, *Covert Action in Chile: 1963-1973*를 보시오.

17 토지문제에 관해서는 D Lehmann (editor), *Agrarian reform and agrarian reformism* (Faber, London 1974)에 실린 I Roxborough, "Agrarian policy in the Popular Unity government" (University of Glasgow Occasional Paper, 1974)와 D Lehmann. 'Agrarian reform in Chile 1965-72'를 보시오. 노동계급 운동의 파업과 정치 성향에 대해서는 *Correo proletario*, number 2: London, November 1975, pp 4-5를 보시오.

18 이런 논평은 라도미로 토믹이 한 것이고 *Morning Star*, 7 August 1972에 인용돼 있다.

19 토론 전체에 대해서는 Bossert를 보시오. MIR과 MAPU의 대응은 1974년에 *Politique Hebdo* (Paris)로 출판된 문서 모음과 Roxborough 1977, ch 4에서 볼 수 있다.

20 MAPU (*Politique Hebdo*) ch 2를 보시오. MAPU의 혼란은 더 심각했는데, 왜냐하면 MAPU가 내내 마르크스-레닌주의에 기초한 혁명 정당을 자처했기 때문이다(*El segundo año del gobierno popular*, Santiago, November 1972)에 실린 MAPU 5차 총회의 회의록을 보시오). MIR의 대응은 완전히 오락가락했다(*Punto Final*을 보시오).

21 *Chile Hoy* no 3, 30 June/6 July 1972, p 6를 보시오. 베르가라는 에르미다 사태 이후 다시 나타나 — 이때는 내무부 차관 자격으로 — 거의 똑같은 논평들을 내놓게 된다(후주 26을 보시오).

22 전체 토론은 *Chile Hoy* no 1, 16-22 June 1972, pp 4-6에 다시 실렸다. 나

는 이 대단히 훌륭한 주간 평론지(사회당 당원들이 편집하긴 했지만 논쟁을 빠짐없이 지속적으로 싣고 있다)를 이 첫 호에서 1973년 8월 30일자 마지막 호까지 계속 인용하게 될 것이다. *Chile Hoy*와 MIR의 저널인 *Punto Final*은 당시 상황에 대한 가장 완전하고 정확한 설명을 제공한다. *Chile Hoy*에 실린 기사들은 피오 가르시아(Pio Garcia)가 편집한 선집 *Las Fuerzas armadas y el golpe de estado en Chile* (Siglo XXI, Mexico 1974)에 출판돼 있다. 이 시기 전체에 관해서는 Altamirano 특히 4장을 보시오.

23 *Chile Hoy*, no 6, 23-30 July 1972, pp 10-11를 보시오.

24 이것은 코르돈이 무시됐다는 뜻이 아니다. *Chile Hoy*와 *Punto Final*은 이때부터 거의 지속적으로 코르돈에 대한 토론을 다루게 된다. *Chile Hoy* no 8, 4-10 August 1972, pp 4-5를 보시오. 최초의 강령은 Roxborough 1977, pp 170-71와 Allende에서 볼 수 있다.

25 O'Brien p 31을 보시오. Gallitelli and Thompson (editors), *Sindicalismo y regimenes militares en Chile y Argentina* (CEDLA, Amsterdam 1982)에 실린 Hurtado Beca, "Chile 1973-81"를 보시오.

26 *Chile Hoy* no 9, 11-17 August 1972, pp 6-7와 no 10, 18-25 August 1972, pp 6-7를 보시오.

27 예를 들어, *International Socialist Review* (New York) October 1973에 실린 E 곤살레스(E Gonzalez)의 흥미로운 분석을 보시오.

28 P Santa Lucia, "Industrial workers and the struggle for power", O'Brien, pp 140-41를 보시오. 또한 *Chile Hoy* no 8, pp 6-7를 보시오. no 11의 p 32와 29에 MIR 사무총장인 미겔 엔리케스의 견해가 나와 있다. MAPU의 견해는 MAPU (Paris, 1974) ch 2, B에서 볼 수 있다.

29 *Chile Hoy*, no 8, p 6를 보시오.

30 "사실 1973년 무렵 칠레에 남아 있는 유일한 부르주아 민주주의자는 아옌데, 공산당, 그리고 사회당의 일부였다"고 C Kay는 "The Chilean road to socialism: post mortem", *Science and Society*, summer 1976, p 224에서 말한다.

31 *Chile Hoy* and *Punto Final*. Chile Hoy, no 21, 3-9 November 1972, pp 15-18에 게재된 10월 이전 우익의 전략에 대한 마르타 아르네케르(Marta Haernecker)의 요약을 보시오.

32 이 시기에 관한 정보의 자료로는 역시 *Chile Hoy*와 *Punto Final*을 들 수 있고, 대다수 책들의 설명도 여기에 의존하고 있다. 예를 들어 M Raptis, *Revolution and Counter-Revolution Chile* (Allison and Busby, London, 1974)를 보시오.

33   *Punto Final*, no 170, 7 November 1972, p 6에서 인용.

34   *Chile Hoy*, no 19, 20-26 October 1972, p 5.

35   언론 부문에서의 투쟁에 대해서는 아르망 마텔라르(Armand Mattelart)와 세렌(CEREN)에 있는 그의 그룹의 뛰어난 저술을 보시오. *Cuadernos de la Realidad Nacional*에 실려 있다. 이 글의 일부는 Harvester Press에서 발간된 에세이 선집 *Multinational corporations and the mass media* (1978)에서 볼 수 있다. 또한 M Gonzalez, "Ideology and culture under Popular Unity", O'Brien, pp 106-127도 보시오.

36   *Chile Hoy*, no 19, p 5.

37   우익의 전략에 대해서는 Ian Roxborough, "Reversing the revolution: the Chilean opposition to Allende", O'Brien, pp 192-216와 J Petras and M Morley, *How Allende fell* (Spokesman, Nottingham, 1974)를 보시오.

38   *Punto Final*, no 170, p 6.

39   *Punto Final*, no 170, p 6.

40   *Punto Final*, no 170, p 6.

41   *Chile Hoy*, no 20, 27 October-2 November 1972, p 30.

42   Roxborough 1977, pp 167-8 and 172-4를 보시오. 또 Raptis, pp 103-4를 보시오.

43   Bossert와 *Correo proletario*를 보시오.

44   예를 들어, Allende, pp 192-3를 보시오.

45   이런 주장이 반복되는데, 예컨대, *Chile: trade unions and the resistance* (London: Chile Solidarity Campaign 1975)라는 소책자가 그러하다. 이 소책자는 11쪽에서 "코르돈은 CUT가 지역 수준에서 확대된 것으로 볼 수 있었다"고 말한다.

46   El segundo ano, p 383.

47   Bossert, p 221.

48   *New Chile*, London, no 2, January 1973, pp 2-3를 보시오. 또 MAPU, *Chile 1973: ni reforma ni revolucion* (La Pulga, Medellin 1973) p 18도 보시오.

49   Garces, pp 214-17를 보시오. 여기에서 가르세스는 *Ercilla*와 *Chile Hoy*에 실린 군사령관 프라트스 장군과의 인터뷰를 강조한다. 예컨대, 가르세스는 "아옌데 정부에 협력하는 데 동의했던 군인들은 반동적 우익들이 상상했던 그런 종류의 군인들이 아니었다!" 하고 주장한다.

50   *Chile Hoy*, no 22, 10-16 November 1972, p 32.

51 *Chile Hoy*, no 22, p 32.

52 *Chile 1973*에서 인용된 문서를 보시오.

53 *Chile Hoy*, no 22, 10-16 November 1972. Garces에서 재인용.

54 *Punto Final*, no 170, 7 November 1972, p 3.

55 *Chile Hoy*, no 58, p 5.

56 이는 기독교좌파의 지도자였던 보스코 파라(Bosco Parra)의 견해다. *Punto Final*, no 171, 21 November 1972, pp 6-7에 실린 인터뷰에 나와 있다.

57 *Punto Final*, no 172, 5 December 1972, pp 4-5에 실린 가브리엘 아부르토(Gabriel Aburto)의 말이다.

58 그런 논의의 화급함은 당시 여러 정당의 문헌들 — *Chile Hoy*와 *Punto Final*, *Puro Chile* 같은 잡지들은 물론 다양한 조직의 신문들(*El Siglo*(공산당), *La Aurora*(사회당), *El Rebelde*(MIR)과 그들 각각에서 벌어진 격렬한 논쟁) — 을 통해 느낄 수 있다.

59 레닌은 러시아 혁명 과정에서 유사한 순간에 직면해, "4월 테제"에서 특정 과제들에 대한 날카롭고 빈틈없는 분석을 내놓았고, 대중조직들의 힘과 전투성에 기초하되 다른 무엇보다 운동의 정치적 지도를 둘러싼 전투에서 승리를 거두는 것을 통해 당을 건설했다. "정부가 부르주아지의 영향력에 굴복하는 한, 정부 전술의 실책에 대한 참을성 있고 체계적이며 끈질긴 설명, **특히 대중의 필요에 맞춘 설명**을 제시하는 것이 혁명가의 과제이다."("April Thesis", p 9, 강조는 내가 추가한 것)

60 이 토론회는 *Punto Final*, no 173, 16 January 1973, Documentos section, pp 1-22에 전체 내용이 실려 있다.

61 E Gonzalez를 보시오.

62 *Punto Final*, no 183, 6 May 1973, p 4에 실린 인터뷰에서.

63 P Santa Lucia, p 147.

64 P Santa Lucia, p 148.

65 Roxborough in O'Brien, pp 205-7를 보시오.

66 Roxborough 1977를 보시오.

67 이런 사례는 매우 많다. 예컨대, 1973년 2월 12일에 MAPU의 정치위원회는 "정부에 혁명적 대응을 요구"하고 "민중연합 내에 혁명적 축"을 건설할 필요가 있다고 주장했다(*Chile 1973*, pp 54-55). 5월 논쟁에서 MIR 산하 노동자 조직들의 지도자는 코르돈이 CUT 등의 지도를 받아야 한다고 주장했다.

68 이런 주장의 특히나 저급한 사례 중 하나로는 C Kay, "The making of a coup", *Science and society*, 1974를 보라. Edinburgh Solidarity Campaign

Bulletin, *Chile Hoy*, 1974, no 2, p 9에 실려 있다. 반대의 주장으로는 H Prieto, *The gorillas are amongst us* (Pluto Press, London 1974) pp 34-36를 보시오.

69 Prieto를 보시오.

70 *Punto Final*, 3 July 1973, p 13.

71 *Punto Final*, no 183, 8 May 1973, "La toma de Constitucion"를 보시오.

72 *Punto Final*, no 182, 24 April 1973, p 4.

73 *Punto Final*, no 187, 3 July 1973, p 9에는 'Un congreso fuera de onda' (그 시대와 어울리지 않는 대회)였다고 묘사돼 있다.

74 *Punto Final*, no 185, 5 June 1973, pp 16-18를 보시오.

75 P Garcia가 *Chile Hoy*, no 55, 6 July 1973에서 인용.

76 P Garcia에서 인용. Santa Lucia도 보시오.

77 Prieto, p 37.

78 Prieto, p 39.

79 *Punto Final*과 *Chile Hoy*를 보시오. 사회당 지도부는 노동계급에게 무기가 전혀 없다는 점을 자랑해 댔다. *Chile Hoy*, nos 58 and 59를 참조하시오.

80 알타미라노는 6월 29일의 실패한 쿠데타 뒤에 이렇게 말했다. "민중과 군대, 경찰 사이의 단결이 지금처럼 굳건했던 적은 일찍이 없었다. … 그리고 이 단결은 우리가 수행하고 있는 역사적 전쟁 속에서 새로운 전투를 치를 때마다 거듭 발전할 것이다."(*Le Monde*, 16-17 September 1973에서 대략적으로 인용) 그는 공산당 사무총장 루이스 코르발란이 8월 초에 산티아고의 대규모 시위에서 한 말을 따라 하고 있었다(코르발란에게는 안 된 일이지만 그의 연설은 영국 공산당의 저널인 *Marxism Today* 1973년 9월호에 실렸다).

81 *Punto Final*, no 189, 31 July 1973.

82 Roxborough 1977, p 176.

83 Gonzalez in O'Brien, pp 118-21를 보시오.

84 이 연설문이 영국 공산당의 저널인 *Marxism Today* 1973년 9월호에 실린 것은 비극적 역설이었다.

85 *Punto Final*, No, 189, July 31, 1973, pp 4-7에 개재된 MIR 사무총장 미겔 엔리케스 인터뷰를 보시오.

86 Gonzalez, 1984를 보시오.

87 영국 공산당의 소책자 *Chile: Solidarity with Popular Unity*, London을 보시오.

88 쿠데타 이래로 칠레의 1970~73년 과정에 대해 엄청난 양의 저술과 분석이

이뤄졌지만, 대개 민중연합 집권기의 이러저런 관점들을 정당화하고 합리화하려는 목적으로 쓰였다는 것은 칠레의 경험이 갖는 여러 역설들 중 하나다. 그러나, 쿠데타 직후에는, 쿠데타와 그 이후 나날들의 만행과 야만성에 강조점이 있었다. 이에 대한 다양한 설명으로는 다음과 같은 저술들이 언급될 수 있다. *Chili: le dossier noir* (Gallimard, Paris, 1974), R Silva, *Evidence on the terror in Chile* (Merlin, London, 1975), Chile Solidarity Campaign(UK)이 발간한 잡지 *Chile Fights*(1973년 후반 이후로), *Chile: The story behind the coup* (NACLA, New York, 1973), *Marxism Today*, February, 1974에 개재된 이탈리아 공산당 서기장 E 베를링구에르(E Berlinguer)의 중요한 연설이 있다.

3장_ 포르투갈 1974~75년 민중 권력

이 글을 위한 자료는 대부분 내가 직접 구한 것이다. 나 자신이 1975~76년에 여러 차례 포르투갈에 체류했고, 그 이후로도 몇 차례 포르투갈을 다시 방문한 바 있다. 나는 혁명에 참가한 많은 활동가들을 인터뷰했으며, 그들 모두에게 특별한 감사의 뜻을 전하고 싶다. 현재까지 출판된 책 중 가장 유용한 것은 Phil Mailer, *Portugal: The Impossible Revolution?* (Solidarity, London 1977)이다. 이 책의 약점은 메일러(Mailer)가 원칙적으로 모든 정당과 노동조합에 반대하는 주장을 펴는 자유 지상주의자라는 점이다. 1974년 4월 25일의 쿠데타에 대한 가장 읽을 만한 설명은 *Portugal: The Year of the Captains* (Sunday Times Insight Team, 1975)에 있다. 또, Douglas Porch, *The Portuguese Armed Forces and the Revolution* (Croom Helm, London 1977) 도 언급할 만하다.

1   Luis Solgado de Matos, *Investimentos estrangeiros en Portugal* (Lisbon 1973).

2   Easter 1984에 실린 아우지스티뉴 로세타(Augistinho Roseta)와의 인터뷰. 로세타(1960년대에 학생운동 지도자였다)는 섬유노조에서 여러 해 동안 간부로 일했다. 1974~75년에 징집 장교로 복무했다.

3   Antonio de Figueiredo, *Portugal: Fifty Years of Dictatorship* (Penguin, Harmondsworth 1975) pp 231-2에서 인용.

4   Figueiredo, p 233에서 인용.

5   Mailer, p 44.

6   Charles Downs, "Residents Commissions and urban struggles in revolutionary Portugal", in Graham and Wheeler, *In Search of Modern*

Portugal (University of Wisconsin 1983).

7   *Portugal: The Year of the Captains*, p 120.

8   로세타와의 인터뷰.

9   자세한 내용은 Maria de Lourdes, Lima dos Santos and others, *O 25 de Abril E as Lutas Socias Nas Empresas* (Porto 1976)를 보시오.

10   '파시즘은 물러가라'(O fascisme nao passara)는 슬로건은 1974년 내내 시위 현장에서 빈번히 들을 수 있었는데, 1930년대 스페인 내전의 반파시즘 투쟁의 기억을 떠올리게 하곤 했다. 여기에서 카에타누 정권이 정말로 파시스트 체제였는지 아니면 권위주의 독재였는지가 우리의 관심사는 아니지만, 포르투갈의 파시즘에 맞선 투쟁의 이미지는 흔히 더 심층적인 정치적 분석을 가로막을 만큼 강력한 정서적 감흥을 불러일으켰다.

11   Gallagher, *Portugal: A Twentieth Century Interpretation* (Manchester University Press 1983) p 172.

12   Richard Robinson, *Contemporary Portugal* (Allen and Unwin, Loodon 1979) p 136.

13   1984년 리즈나브의 로샤(Rocha) 조선소의 금속가공 노동자인 카를루스 N(Carlos, N)과의 인터뷰.

14   *Portugal: The Year of the Captains*, p 152.

15   1974년에 노동자위원회의 구성원이었던 플레세이스(Plesseys) 노동자와 1984년에 한 인터뷰.

16   로세타와의 인터뷰.

17   Figueiredo, p 238.

18   *Combate*, no 7, 27 September 1974의 재판본. 리즈나브에서 벌어진 활동을 더 자세히 살펴보려면 Maria de Fatima Patriarca, "Operaios da Lisnave de 12 Sept 1974", *Analise Social*, no 56 (Lisbon 1978)를 보시오.

19   *Causa Operario*에 실려 있다.

20   메일러의 책에 빠짐없이 실려 있다.

21   두 그룹 모두 '제4인터내셔널 통합서기국'에 가입돼 있었는데, 내부의 이견 때문에 격렬한 논쟁이 벌어졌다.

22   프랑스 일간지 *Libération*에 실린 기사에서 발췌했다. "*Portugal: A Blaze of Freedom*" (Big Flame, London)에 재수록됐다.

23   Downs, p 163.

24   포르투갈 사회당에 대한 유용한 분석으로는 Ian Birchall, "Social Democracy and the Portuguese Revolution", *International Socialism* 2:6.

autumn 1979이 있다.

25 노동부가 실시한 설문에 따르면, 리스본에서 일어난 점거의 원인은 다음과 같았다. 기업주의 사업 포기 44.3퍼센트, 계약 위반 15.4퍼센트, 경영자의 무능력 11.5퍼센트, 불법 해고 11.5퍼센트, 사기 9.6퍼센트, 파산 7.0퍼센트였다(Nancy Bermao, "Workers' management in industry", Graham and Wheeler (editors), *In Search of Modern Portugal* (University of Wisconsin 1983)에서 인용). 또, Jack Hammond, "Workers' control in Portugal: The revolution and today", *Economic and Industrial Review*, no 2, November 1981를 보시오.

26 Tony Cliff and Robin Peterson, "Portugal: The last three months". *International Socialism* 1:87, March 1976 ('Robin Peterson'은 이 장을 쓴 지은이의 필명이다)에서 인용.

27 Denis MacShane, *New Statesman*, 18 July 1975.

28 Robin Peterson, "The failure of workers' power in Portugal", *International Discussion Bulletin* no 5 (Socialist Workers Party, London 1977)을 보시오. 또, Paul Sweezy, "Class struggles in Portugal", *Monthly Review*, September 1975, pp 19-22을 보시오.

29 Mailer, p 229에서 인용.

30 Mailer, p 231.

31 Tony Cliff, *Portugal at the Crossroads* (a special issue of *International Socialism* 1:81-2, September 1975), p 39.

32 Richard Robinson, p 242.

33 Gunter Walraff, *The Undesirable Journalist* (Pluto Press, London 1978) pp 13-14.

34 *Expresso*, 9 August 1975, Cliff, p 29에서 인용.

35 Mailer, p 275.

36 *Expresso*, 9 August 1975, Cliff, p 29에서 인용.

37 북부의 RTM 지역 수송대에서 사병으로 복무 중인 조르즈(Jorge)와의 인터뷰(1980년 8월).

38 1975년 9월 SUV 집행부 중 한 명과의 인터뷰(*Os SUV em Luta*에 실렸고 *Imprecor*, no 35에 번역돼 실렸다).

39 Jorge와의 인터뷰.

40 *Os SUV em Luta*, in *Imprecor* no 35.

41 Jeanne Pierre Faye, *Portugal: The Revolution in the Labyrinth*

(Spokesman, Nottingham 1976) pp 49-50. 포르투갈이 또 다른 칠레가 될 것이라는 두려움은 '국제사회주의자들'을 포함해 포르투갈 바깥의 대다수 혁명적 좌파들이 공유했다..

42   Charles Downs, "Community Organisation, Political Change and Urban Policy: Portugal 1974-6" (PhD Thesis, University of California 1980).

43   심지어 제4인터내셔널 영국 지부조차 1975년 11월 25일의 사건들을 "초좌파 그룹들"의 "정신 나간 모험"으로 규정했다(그들이 발행하는 *Red Weekly*, 4 December 1975를 보시오).

44   Marshall and Ferreira, *Portugal's Revolution: Ten Years On* (Cambridge 1998).

4장_ 이란 1979년 혁명 만세! … 이슬람 만세?

1   이 시기는 Shaul Bakhash, *Iran: Monarchy, Bureaucracy and Reform under the Qajars. 1858-1896* (Ithaca Press, London 1978)와 N Keddie, *Religion and Rebellion in Iran: The Iranian Tobacco Protest of 1891-1892* (London 1966)을 보시오.

2   E G Brown, *The Persian Revolution of 1905-1909* (Cambridge 1910) and A Kasravi, *Tarikhe Mashroteh Iran* (The History of the Constitution of Iran) (Farsi, Tehran 1976).

3   Ramy Nima, *The Wrath of Allah* (Pluto Press, London 1983) ch 1.

4   토지 개혁에 대해서는 A K S Lambton, *The Persian Land Reform 1922-1966* (Clarendon Press, Oxford 1969)와 E J Hoogland, *Land and Revolution in Iran 1960-1980* (University of Texas Press 1982)를 보시오.

5   산업화에 대해서는 J Bharier, *Economic Development in Iran 1900-1910* (Oxford University Press, New York 1971)와 Fred Halliday, *Iran: Dictatorship and Development* (Penguin, London 1979)을 보시오.

6   Halliday, pp 127-28.

7   Nima, p 15.

8   Halliday, pp 147-58.

9   Ervand Abrahamian, *Iran Between Two Revolutions* (Princeton University Press, Princeton 1982) pp 435-40.

10   Halliday, pp 173-83.

11   Nima, p 51.

12 이 시기의 산업화를 보려면 Halliday, chs 5-7와 J Bharier, *Economic Development in Iran, 1900-1970* (Oxford University Press, New York, 1971) ch 13을 보시오.

13 투데당은 소련과 관계를 맺고 있었지만 1920년대 이란 공산당과는 아무런 직접적 연관도 없다. 이란의 공산주의 운동에 대해서는 Sepehr Zabih, *The Communist Movement in Iran* (University of California Press 1966)을 보시오. 또, Abrahamian과 *Historical Documents: The Workers, Social Democratic and Communist Movement in Iran* (Farsi, Mazdak Publications)를 보시오.

14 Abrahamian, p 446.

15 샤리아티의 사원 후세이니예 에르샤드(*Hoseiniye Ershad*)는 1960년대 말 SAVAK에 의해 폐쇄되고 벽돌로 봉쇄됐다. 샤리아티 자신은 샤의 감옥에서 수년간 복역한 뒤 1977년 런던에서 심장마비로 사망했다. 사실상, 감옥에서 당한 고문의 결과였다.

16 Fereydoun Hoveyda, *The Fall of the Shah* (Weidenfeld and Nicholson, London 1979) p 6에 인용된 US News and World Report 26 June 1978 기사.

17 Abrahamian, p 520.

18 *Khabar Kargar* (Workers News, Journal of the Tehran Industrial Plants), number 6, February 1980 (Farsi, Tehran), and *Akhbareh Mobarezateh Tabagheye Kargar* (News of Workers Struggle), published by the Fedayeen Guerrilla Ashraf Deghhani Group (Farsi), April 1980.

19 '이윤공유제'는 12개 항목으로 이뤄진 샤의 '백색혁명'(1963년) 강령 중 네 번째 항목이었다.

20 1976년 이란에서는 5만 명으로 추산되는 외국인들이 숙련 기술자와 경영자로 종사하고 있었다. 동시에 이란 노동자들은 대규모 실업 상태에 있었다.

21 Assef Bayat, "Workers Control", *MERIP Report* 113 (Middle East Research and Information Project, London) March-April 1983. 또, Assef Bayat, *Workers and Revolution in Iran* (Zed Books, London 1987)을 보시오.

22 1942년에 '이란노동조합중앙평의회'가 결성됐다. 1946년에 이르면 그 회원 수는 40만 명에 이르렀다. 1940년대와 1950년대 내내 이란 노동자들은 억압적 국가에 맞서는 투쟁에서 가장 중요한 구실을 했다. 석유산업 국유화에서도 총파업이 가장 핵심적이었다.

23 Bayat.

24 Chris Goodey, *MERIP Report* 88, June 1980.

25 *Paygham Emrouz* (radical daily newspaper, Farsi) 5 March 1979.

26 *Keyhan* (Iranian daily newspaper, Farsi), Reports on workers and industries, 1 October 1979.

27 *Paygham Emrouz*, 1 March 1979. 7번 항목과 13번 항목에서 '병가 중 급여 지급'이 반복된 것은 원문에서도 그렇다.

28 *Ayandegan* (radical daily newspaper, Farsi) 31 March 1979.

29 *Ayandegan*, 19 April 1979.

30 *Ettellaat* (daily newspaper, Farsi) 28 April 1979.

31 *Ayandegan*, 11 April 1979.

32 *Paygham Emrouz*, 6 March 1979.

33 Bayat.

34 *Keyhan*, 9 August 1979.

35 *Khabar Kargar*, October 1979.

36 *MERIP Report* 88, June 1980, p 4에서 프레드 핼리데이(Fred Halliday)의 인용.

37 페이카르는 이란 좌파 중에서 무자헤딘과 페다인 다음으로 큰 조직이다. 페이카르는 무자헤딘에서 탈퇴한 마오주의적 반(反)이슬람주의 단체였다. 작업장에서 가장 적극적이었으며, 상당수 조직원들이 호메이니의 감옥에 투옥되면서 조직이 거의 해체됐다.

38 호메이니가 권력을 잡은 후 수많은 바하이교 신자들은 종교적 신념 때문에 처형당했다.

39 Bayat.

40 이란 혁명기에 이란 좌파 내에는 네 가지 서로 다른 노선이 있었다.

첫째, 페다인 다수파(1979년 분열의 결과로)는 투데당의 지도 아래 있었다. 그들은 러시아와 동방 블록을 사회주의로 여겼다. 그들은 이란의 비자본주의적 발전 노선을 추구했고, 1984년까지는 이슬람공화국과 호메이니 정권을 반제국주의 세력으로 보고 지지했다.

둘째, 페다인 소수파는 규모가 더 작은 세 조직(Cherikhaye Fedayee Khalghg Ashraf Dehghani, Rahe Fedayee, Rahe Kargar)과 마찬가지로 소련과 동방 블록을 사회주의로 여겼지만 이슬람공화국과 호메이니를 지지하지는 않았다. 1980년 이후 세 조직 중 첫 번째는 쿠르디스탄에서만 활동할 정도로 조직이 위축됐고, 다른 두 그룹은 서로 통합해 Sazemane Kargarane Enghelabi가 됐다.

셋째, 세 번째 견해는 다양한 마오주의 조직들의 노선이었다. 이들은 마오쩌 등의 정치적 교리에 의지해 제3세계에 신민주주의 혁명을 일으키려 했고, 제3세계가 사회주의적 제국주의와 경제적 종속을 통해 자본주의에 종속돼 있다고 이해했다. 가장 중요한 조직은 페이카르였는데, 이들은 1975년에 무자헤딘으로부터 분열했고, 동시에 이슬람 이데올로기에 반대했다. 그 밖의 조직으로는 Razmandegan, Ettehadiehe Kommonistha, Arman Baraye Azadieh Tabagheh Kargar, Ranjbaran, Toofan, Sahand가 있었다. 페이카르를 포함해 대부분의 조직이 호메이니 정권 아래에서 많은 회원을 잃고 해체됐다. 1982년에는 Sahand가 쿠르디스탄의 Komoleh와 통합해 이란 공산당(Hezbe Komoniste Iran)을 결성했다. 이 당은 여전히 사회주의 혁명을 위한 전제 조건으로서 부르주아 민주주의 '단계'를 추구한다.

넷째, 마지막 그룹은 소련이 사회주의라는 사상을 거부한 조직들이었다. 소련의 실제 성격에 대한 분석에는 서로 차이가 있었지만 말이다. 그 중 두 트로츠키주의 단체가 호메이니 정권을 지지했는데, 이 두 조직(HVK와 HKE)은 모두 제4인터내셔널에 가입돼 있었다. '공산주의자단결'(Vahdate Komonisty), Ghiam, Zamane Noe, Andishe va Enghelab와 제4인터내셔널의 또 다른 가맹단체인 HKS를 포함한 나머지는 호메이니에 반대했다.

반정부 세력 중에는 이란쿠르드민주당(쿠르드 민족국가를 추구하는 친소련 민족해방운동)과 무자헤딘 이슬람 게릴라 조직도 있었다.

5장_ 폴란드 1980~81년 자기 제한적 혁명

이 글을 위한 자료는 대부분 두 권의 책 Solidarnosc: From Gdansk to Military Repression (written with Kara Weber), a special issue of International Socialism (second series) 15, 1982와 Festival of the Oppressed: Solidarity, Reform and Revolution in Poland 1980-1981 (Bookmarks, London 1986)에서 얻은 것이다. 너그럽게 자신들의 시간을 내준 많은 폴란드 연대노조 조합원들에게 특별히 감사하다. 그들의 이름은 익명으로 처리됐다. 나는 그들의 논평과 경험에서 정말 많은 것을 배웠다.

1   경제 위기의 상세한 측면, 위기의 패턴과 그 원인은 Colin Barker and Kara Weber, Solidarnosc: From Gdansk to Military Repression의 2부에서 상세히 다룬다.

2   전반적 개관은 Chris Harman, Class Struggles in Eastern Europe (Pluto Press, London 1983)을 보시오.

3   이 사실은 At the Lenin Shipyard (New Star Books, Vancouver 1981)에 수록된 스탄 퍼스키(Stan Persky)의 생생한 증언에서 잘 드러난다.

4   A Kemp-Welch (editor), *The Birth of Solidarity: The Gdansk Negotiations, 1980* (Macmillan, London 1983) p 53.

5   *Women's Voice* 46, November 1980과의 인터뷰.

6   Donny Gluckstein, *The Western Soviets* (Bookmarks, London 1985)에 는 특히 노동자평의회 경험에 대한 정치적 교훈들 중 많은 부분에 대한 무척 유용한 논평이 실려있다.

7   Jadwiga Staniszkis, *Poland's Self-Limiting Revolution* (Princeton University Press, 1984) p 45; Alain Touraine, *Solidarity: Poland 1980-81* (Cambridge University Press, 1983) p 38.

8   이 전략은 카토비체 지부 당 서기인 안제이 자빈스키(Andrzei Zabinski)가 1980년 12월 보안경찰 간부들에게 한 '비공개' 연설에서 자세히 설명됐다. Timothy Garton Ash, *The Polish revolution: Solidarity 1980-1982* (Cape, London 1983) p 150를 보시오.

9   *Labour Focus on Eastern Europe*, 4:4-6, p 15.

10 *The Guardian*, 28 March 1981.

11 *The Guardian*, 19 February 1981.

12 Mary Craig, *The Crystal Spirit: Lech Walesa and his Poland* (Hodder and Stoughton, London 1986) p 203에서 인용.

13 *Financial Times*, 26 March 1981.

14 Mary Craig, p 204.

15 이러한 완화는 Ray Taras, *Ideology in Socialist State: Poland 1956-1983* (Cambridge University Press, 1984)에서 볼 수 있다.

16 특히 전문직의 경우, 당원이 아닌 것은 용인되지만 당에서 나온 경우는 문제 를 삼고는 했다.

17 Paul G Lewis, "Institutionalisation of the Party-State Regime in Poland" in Bronislaw Misztal (editor), *Poland after Solidarity: Social Movements versus the State* (Transaction Books, New Brunswick 1985) p 43.

18 Kazimierz Brandys, *A Warsaw Diary, 1978-1981* (Chatto and Windus/ The Hogarth Press, London 1984) p 209. 새로이 공인된 가톨릭 기구 인 '폴란드연구단체(PZA)'는 폴란드 '민족문화'의 '유대 문화화'에 저항하자 고 호소했다. Jan Toporowski, "Poland: Cliffhanger Democracy", *New Statesman*, 12 June 1981.

19 Colin Barker, *Festival of the Oppressed: Solidarity, Reform and Revolution in Poland, 1980-1981* (Bookmarks, London 1986)의 4장을

보시오. 또, Michael Szkolny, "Revolution in Poland", *Monthly Review*, 33:2, June 1981를 보시오. Bogdan Szajkowski, *Next to God … Poland: Politics and Religion in Contemporary Poland* (Frances Pinter, London 1983)에는 무척 많은 자료가 실려 있다.

20 Szajkowski, p 94; Peter Raina, *Independent Social Movements in Poland* (London School of Economics/Orbis Books, London 1981).

21 Wladyslaw W Adamski (editor), *Sisyphus Sociological Studies, Volume 3: Crises and Conflicts, The Case of Poland 1980-1981* (PWN - Polish Scientific Publishers, Warsaw 1982) (Barker, pp 65-66에서 발췌)에 실린 그디니아 항만 노동자 J 가이다(J Gajda)의 탁월한 회고록 "August 1980 As I Saw It"을 보시오.

22 폴란드 베테랑 트로츠키주의자인 루드비크 하스(Ludwik Hass)는 이를 두고 "사실상 계급 협력"이라고 불렀다. "Die Tragödie von Solidarnosc sind der Berater![솔리다르노시치의 비극은 자문단이다!]"(interview with Ludwik Hass by Ernst Haenisch), *Klassenkampf* 10, March-April 1982. 번역해 준 이언 버철에게 감사드린다.

23 Jadwiga Staniszkis, "The evolution of forms of working-class protest in Poland: sociological reflections on the Gdansk: Szczecin case", *Soviet Studies* 33, 2 April 1981와 Tadeusz Kowalik, "Experts and the Working Group" in Kemp-Welch (editor)에 각각 실린 회고록에 상세한 내용이 있다.

24 마르크스주의의 대부분은 20세기 자본주의의 이 중요한 계층을 이해하기 위해 여전히 노력해야 한다. 이 계급은 서구의 노동운동에서는 물론이거니와 '공산주의' 국가나 후진국의 '민족주의' 운동에서도 중추적 구실을 했다. Leon Trotsky, *History of the Russian Revolution* (Gollancz, London 1965), pp 184-85와 Tony Cliff, "Deflected Permanent Revolution", *International Socialism* (first series) 12, spring 1963 그리고 Alex Callinicos, "The 'New Middle Class' and Socialist Politics", *International Socialism* (second series) 20, summer 1983에서 이 계급을 다양하게 분석한다. 바로 이 계급이 '대리주의' 경향의 원천이다.

25 Martin Myant, *Poland: A Crisis for Socialism* (Lawrence and Wishart, London 1982) p 189.

26 Touraine (p 142)이 이 결의안이 기층의 행동과는 배치되지만 "정권에게 양보를 강요할 수 있는 집중적 공격"이라고 해석한 것은 분명히 오류다. 왜냐하면 지도부는 그러한 공격을 구상한 적이 없었기 때문이다.

27 Staniszkis 1984, pp 112-13.

28 *Niezaleznosc*, 18 September 1981에 실린 인터뷰. Staniszkis 1984, p 13에

서 인용.

29 Lawrence Weschler, *Solidarity: Poland in the Season of its Passion* (New York: Simon and Schuster, 1982) p 85.

30 Touraine, p 78.

31 *Labour Focus on Eastern Europe* 4:4-6, spring 1981. pp 26-32.

32 *Tygodnik Solidarnosc*, 25 September 1981.

33 Stan Persky and Henry Flam (editors), *The Solidarity Sourcebook* (New Star Books, Vancouver 1982)에 실려 있다.

34 Gdansk Polytechnic Student Solidarity paper, *Servis*, 24 July 1981에 실린 인터뷰.

35 Harman, pp 249-50의 인용.

36 Touraine, p 72.

37 Kowalik, p 154.

38 그들이 쓴 글은 Network of Solidarity Organisations In Leading Factories의 명의로 영어로 출판됐다. *Position on Social and Economic Reform of the Country* (Gdansk, 5 September 1981).

39 특히 바르샤바의 Maciej Madeyski. Barker and Weber, p 66를 보시오.

40 Staniszkis 1984, p 25.

41 *Robotnik*, August 1981.

42 Leszek Szymanski, *Candle for Poland: 469 Days of Solidarity* (Borgo Press, San Bernadino 1982) p 34.

43 *Tygodnik Solidarnosc* 21, 21 August 1981.

44 *Tygodoik Solidarnosc* 22, 28 August 1981.

45 Ash, p 250.

46 *Labour Focus on Eastern Europe* 5:1-2, spring 1982, p 15.

47 "One Year After August - What Shall We Do Next?" *Robotnik*, September 1981은 *Labour Focus on Eastern Europe* 5:1-2, spring 1982, pp 15-19에 영역돼 실려 있다.

48 Staniszkis 1984, p 22.

49 대회에서 채택된 강령 전문은 *Labour Focus on Eastern Europe* 5: 1-2, spring 1982에 실려 있다.

50 Touraine, p 142.

51 *Sunday Times*, 20 December 1981

52 어느 폴란드 정보 제공자가 알려 온 소식.

53 *The Guardian*, 20 October 1981.

54 이 기간 내내 수없이 이뤄진 여론조사 일부에서 이 사실을 볼 수 있다. David S Mason, "Solidarity, the Regime and the Public", *Soviet Studies*, 35:4, October 1983을 보시오.

55 *Washington Post*, 20 December 1981.

56 Zbigniew Kowalewski, "Solidarnosc on the Eve", *Labour Focus on Eastern Europe*, 5:1-2, spring 1982를 보시오.

57 Kowalewski.

58 Kowalewski, pp 28-29. 루블린 그룹의 사상이 그람시와 토리노 공장위원회 이론가들의 초창기 이론과 오류를 얼마나 답습했는지 살펴보는 것도 의미가 있을 것이다. Gluckstein, 특히 chs 9 and 10을 보시오.

59 Szymanski, pp 55-56.

60 일례로 Barker, pp 148-49 and 188-89에 인용된 즈비그니에프 부야크 (Zbigniew Bujak)와 아담 미흐니크(Adam Michnik)의 진술을 보시오.

61 바르샤바의 제보자.

62 *Labour Focus on Eastern Europe*, 5:1-2, pp 15-19.

63 Harman, pp 240-41과 Barker, pp 157-58을 보시오.

64 '현실주의자'들은 혁명적 상황에서 매우 비현실적일 수 있다. 그단스크의 협상 동안 투옥돼 있었던 KOR의 야체크 쿠론은 나중에 다음과 같이 논평했다. "내가 그곳에 있었다면 나는 그들에게 독립 노조 보장 요구가 너무 지나치다고 말했을 것이다. 정말로 나는 그것이 불가능하다고 믿었다. 사실 [처음부터] 알고 있었다." Denis MacShane, *Solidarity: Poland's Independent Trade Union* (Spokesman Book, Nottingham 1981) p 134.

6장_ 전망

1 이 기초적이지만 결정적인 논점에 대한 추가 논의를 위해서는 Nigel Harris, *Of Bread and Guns* (Penguin, London 1983)를 참조하시오.

2 자본주의적 발전이 진척될수록 이 점이 더욱 명백해진다. 따라서 칠레나 이란보다는 프랑스와 폴란드에서 이런 변화가 더 확연히 드러난다. 사실, 특히 이란에서는 정권이 화이트칼라 노동자의 최상층(예컨대 기술 관리자 등)을 이용해 공장의 노동자 통제를 약화시켰다.

3   이 책에서 다룬 사건들에서 '여성 문제'가 크게 중요한 특징으로 나타나지 않았다는 점도 주목할 만하다(이란은 두드러진 예외적 사례다). 폴란드에서 여성 노동자들은 — MKS에 파견된 대표자였거나 요리 따위의 전통적인 '봉사' 활동을 하는 경우를 제외하면 — 대체로 그단스크의 공장 점거에서 배제됐다. 조선소에 대한 군사 공격의 위험 등을 이유로 여성을 배제하는 결정이 내려졌다. 현재까지 폴란드에서는 이렇다 할 의미 있는 여성 운동이 발전하지 않았고, 그런 결정에 이의를 제기하는 경우도 별로 없었다. 나의 소식통(조선소의 여성 노동자)은 그런 결정이 옳다고 생각했다. 비록 그녀 자신은 어떻게든 꾀를 내서 자신의 작업장 점거에 참가할 방법을 찾아냈지만 말이다. 다른 한편, 그단스크에서 노동자 운동이 제기한 '21개 항목'에는 탁아소와 여성 편의 시설 개선이 — 계급적 요구로서 — 포함됐다.

4   Karl Marx and Friedrich Engels, *The German Ideology* (Progress, Moscow 1964) p 86 (수정 번역).

5   Hal Draper, "The Two Souls of Socialism", in *International Socialism* 1: 11, winter 1962-63.

6   V I Lenin, *Left-Wing Communism: An Infantile Disorder*.

7   Jacques Danos and Marcel Gibelin, *June '36: Class Struggle and the Popular Front in France* (Bookmarks, London 1986).

8   V I Lenin, *Two Tactics of Social Democracy*.

9   이런 문제들에 대한 탁월한 논의가 있다. 이런 문제들이 제1차세계대전 말엽의 봉기들에서 어떻게 나타났는지는 Donny Gluckstein, *The Western Soviets* (Bookmarks, London 1985)를 참조하시오.

10   Rosa Luxemburg, *The Mass Strike* (Bookmarks, London 1986) pp 50-51.

11   마르크스는 이미 1843년부터 이런 분리(마르크스의 표현으로는 '시민사회'와 '국가')를 다룬 글을 썼다. "On the Jewish Question", in Karl Marx, *Early Writing* (penguin, Harmondsworth 1975) pp 233-34을 보시오. 연대노조의 지식인 지도부가 이런 분리의 중요성을 자신들의 정치적 원칙으로 복원시키려 했다는 사실을 지적하는 것은 서글픈 일이다.

12   그람시의 '헤게모니' 개념은 유러코뮤니스트식(式) 해석 때문에 완전히 왜곡됐다. 그의 사상은 '인민전선'이나 '광범한 민주주의 동맹'이라는 우파적 양보 정치를 뜻한 적이 결코 없었다. 크리스 하먼의 "Gramsci versus Eurocommunism", in *International Socialism* 1:98 and 1:99, May and June 1977를 보시오. 그람시가 말한 '헤게모니' 개념의 간단한 사례를 알고 싶으면, 자본과의 '역사적 타협'이라는 투항이 아니라 볼셰비키가 프롤레타리아 혁명의 슬로건으로 '모든 토지를 농민에게'를 채택했다는 사실을 봐야 한다.

13 Leon Trotsky, *The History of the Russian Revolution* (Gollancz, London 1965), p 18.

14 Karl Marx and Friedrich Engels, *Manifesto of the Communist Party*의 1872년판 서문은 파리코뮌의 경험에 비추어 쓰였다.

15 Karl Marx and Friedrich Engels, "Address of the Central Committee to the Communist League (March 1850)" in Karl Marx, *Political Writings*, volume 1 (Penguin, Harmondsworth 1973); Leon Trotsky, *Results and Prospects* (1906) and *The Permanent Revolution* (1930).

16 Mike Gonzalez, "The coup in Chile and the left", in *International Socialism* 2:22. winter 1984.

17 *Le Monde*, 16-17 September 1973, Ralph Miliband, "The Coup in Chile", *Socialist Register* 1973, p 474에서 인용.

18 이것의 여러 측면들에 대한 유용한 논의로는 Carol Johnson, "The problem of reformism and Marx's theory of fetishism", in *New Left Review* 119, January-February 1980가 있다.

19 특히 Chris Harman, "Party and Class", in *International Socialism* 1:35, winter 1968-69와 John Molyneux, *Marxism and the Party* (Bookmarks, London 1986)를 보시오.

20 이에 대한 탁월한 고찰로는 Ian Birchall, *Bailing Out the System: Reformist Socialism in Western Europe 1944-1985* (Bookmarks, London 1986) 가 있다.

21 이 과정에 대한 간결한 검토로는 Duncan Hallas, *The Comintern* (Bookmarks, London 1985)를 보시오. 1945년 이후의 그 과정은 Ian Birchall, *Workers against the Monolith* (Pluto, London 1974)을 보시오.

22 따라서 이 문제를 제기(하고 그에 대한 답변의 핵심을 제공)할 필요가 있다. John Molyneux, *What Is the Real Marxist Tradition?* (Bookmarks, London 1985)를 참조하시오.

23 Donny Gluckstein, *The Western Soviets*을 보시오. 또, Donny Gluckstein, "The Missing Party"; Alex Callinicos, "Party and class before 1917"; Donny Gluckstein, "A rejoinder to Alex Callinicos" in *International Socialism* (second series), issues 22, 24 and 25, winter, spring and autumn 1984을 보시오.